KB215048

차가운 의학,
따뜻한 의사

The Human Side of Medicine :
LEARNING WHAT IT'S LIKE TO BE A PATIENT
AND WHAT IT'S LIKE TO BE A PHYSICIAN

by Laurence A. Savett, M.D.

차가운 의학,
따뜻한 의사

지은이 : **Laurence A. Savett, M.D.**
옮긴이 : **박재영**

청년의사는 젊은 생각으로
건강한 삶에 필요한 책을 만듭니다.

이 책은 **Ս** NOVARTIS의 후원으로 제작되었습니다.

너희의 자녀들을 부지런히 가르쳐라.
- 구약성서 신명기 6장 7절

나는… 개념들과 가르침의 말씀들과 내가 배운 모든 것들을
나의 아들들과 내 스승의 아들들과 제자들에게 나누어 줄 것이며…
의료법에 따라… 이 서약과 맹세를 지킬 것을 서약합니다.
- 히포크라테스 선서 중에서

환자를 고통 받고 있는 내 동료 인간으로만 보게 하소서.
- 메이모니데스(Moses Maimonides, 12세기 유명한 유대인 랍비이자 의사 - 역주)에 바쳐진
의사의 선서 중에서

목차

제2부. 의사가 된다는 것

제3부. 의사-환자 관계

역자서문

의사가 만나는 것은 결국 사람이다

사람들은 말한다. 우리 나라 의사들이 너무 차갑다고, 의사들이 환자를 조금만 더 따뜻하게 대해 줬으면 좋겠다고 말이다. 의사들도 할 말이 없지 않다. 잘못된 우리 의료 제도로 인해 빚어지는 어쩔 수 없는 부분이 많다고, 본디 정확하고 과학적인 것을 추구하는 것이 현대의학의 본질이기 때문에 그렇게 느껴질 뿐, 차가운 것은 의학이지 의사들이 아니라고 말이다.

　의사들의 항변은 일부는 맞지만 일부는 틀렸다. 불합리한 제도를 감안하고 현대의학 자체의 특성을 고려하더라도 우리 의사들은 차갑다. 다른 나라 의사들에 비해 우리 나라 의사들이 유독 쌀쌀맞다는 사람들의 생각도 실은 틀린 것이다. 다른 나라의 국민들도 모두 이런 불만을 갖고 있고, 의료 제도에 대해서도 다들 불평이 많다.

　사람들이 병원이나 의사에 대해 가지는 불만들의 기저에는 여러 가지 요소들이 복합되어 있다. 그 중에는 의사들이 책임져야 할 부분도 있고 국가가 책임져야 할 부분도 있다. 물론 환자들이 너그럽게 이해해야 할 부분도 적지 않다.

하지만 한 가지 지극히 분명한 것은, 어찌 됐든 의사들은 조금 더 따뜻해져야 한다는 사실이다. 그래야 환자들에게 이득이 되고, 환자에게 득이 되는 일을 하는 것은 의사라는 직업의 숙명이자 존재의 이유이기 때문이다.

그럼에도 불구하고 의사를 양성하는 교육 과정에 따뜻한 의사, 인간미 넘치는 의사를 키우기 위한 내용은 별로 없다. 공부해야 할 것이 너무 많기 때문이기도 하고, '그런 덕목이 가르친다고 길러지는 것이겠느냐' 하는 생각에 가르칠 생각도 안 했기 때문이기도 하다.

그러나 1990년대 이후 선진국들을 중심으로 이런 흐름은 달라지기 시작했다. 의사에게 필요한 인간미도 '가르쳐질 수 있다'는 쪽으로 생각이 바뀌었고, 의과대학의 교육과정에 인문사회의학 계열의 과목들이 포함되기 시작한 것이다. 지금은 우리 나라에서도 많은 의과대학에서 이런 내용들을 교육하고 있다.

이 책은 인문사회의학 과정의 교재로 사용되기 위해 쓰여진 것이다. 인문사회의학 분야의 모든 내용이 체계적으로 정리되어 있는 것은 아니지만, 원제가 'The Human Side of Medicine'인 것에서 보듯이, 의학이 단순한 과학이나 기술이 아니라 '사람'을 다루는 학문인 이상 의사들이 어떤 점을 염두에 두어야 하는지를 다룬 책이다. 다양한 실제 사례들이 포함되어 있으며, 오랜 세월 임상에서 환자를 진료한 저자의 체험에서 우러난 교훈들이 상술되어 있다. 관련 내용을 가르치는 교육자들에게 필요한 내용들도 적잖이 포함되어 있다.

사실 우리말로 된 번듯한 인문사회의학 교과서는 아직 없다. 미국 출장 중에 우연히 발견한 이 책을 굳이 번역하려 했던 것은, 이 책의 소개를 통해 아직은 초보적 수준에 머물러 있는 우리 인문사회의학 교육의 발전에 조금이라도 도움이 될 것이라 믿었기 때문이다.

앞으로 더 많은 의과대학들이 인문사회의학 과정을 개설하기를, 이미 과정이 개설된 대학들은 더 오랜 시간 동안 더 풍부한 내용을 교육하게 되기를, 그리하여 더 이상 나빠질 수 없을 정도로 나빠진 의사-환자 관계가 조금이나마 개선되기를 희망한다. 그리고 그 과정에 이 책이 조금이나마 기여할 수 있다면 더 없이 기쁘겠다.

이 책의 주된 독자들이 관련 분야 전공자들이기에, 원저자가 주석을 달아 놓은 용어 외에는 의학용어들에도 일일이 역주를 달지는 않았다. 다만 의료 시스템이나 문화가 우리와 크게 다른 미국에서 쓰여진 책이기에, 이해를 돕기 위해 몇 군데에는 역주를 덧붙였다.

시장성이라고는 도무지 없는 이 책의 출간에는 한국노바티스의 후원이 결정적 역할을 했다. 의사 출신의 CEO로 인문사회의학 교육의 필요성을 누구보다 잘 알고 후원해 주신 안드린 오스왈드 사장을 비롯한 한국노바티스의 임직원 여러분께 심심한 사의를 표한다.

2008년 2월
박재영

추천의 글

닥터 로렌스 사벳은 내과의사이자 의과대학 교수로서 존경할 만한 이력을 가진 분이다. 지금은 직접 진료를 담당하지 않지만, 그는 여러 대학에서 의대생들의 훌륭한 조언자이자 스승의 역할을 정력적이고 헌신적으로 수행해 오고 있다. 이런 역할은 의사에게 주어진 특별하고도 흥미진진한 일이다.

그는 자신의 이런 경험을 바탕으로 하여 매우 유용한 이 책을 집필했다. 나는 이 책을 매우 재미있게 읽었으며, 의업에 뜻을 둔 모든 사람이 한번쯤 읽어봐야 할 책이라고 생각한다. 이 책은 특히 아직 직업을 선택하지 않은 청소년들, 즉 의학을 공부하는 것에 관심은 있으나 아직 마음을 정하지 못한 학생들에게 필요한 책이다. 또한 의과대학 학생과 전공의들, 그리고 그들을 가르치는 교수들에게도 유용한 책이며, 의사와 함께 병원에서 일하는 의료 관련 종사자들에게도 읽히고 싶은 책이다. 하지만 그게 전부는 아니다. 이 책은, 닥터 사벳이 일러두기에서 밝혔듯이, 의사에게 전문적인 기술과 인간미 모두를 기대하는 환자들에게도 중요한 책이다. 나는 '바람직한 환자의 역할'에 대한 열렬한 지지자인데, 이 책은 환자와 의사 사이에 파트너십이 필요하다는 점을 강조하고 있다.

오랜 경험을 바탕으로, 닥터 사벳은 '의사가 된다는 것'이 뜻하는 바가 무엇인지를 기술하고 있지만, 그는 의사에 의해 행해지는 일상적인 업무들에 대해 더 자세히 기술하고 있다. 그는 의사-환자 관계의 역학에 대해 서술하며, 동시에 그것이 얼마나 깨지기 쉬운 것인지를 서술하고 있다. 그는 의사로서의 풍부한 경험에서 뽑아낸 사례들을 활용하여, 연민, 공감, 감수성과 같은 주제를 다루고 있다.

이 책에 등장하는 다양하고도 멋진 사례 연구들은 좋은 결정과 나쁜 결정이 어떻게 내려지는지, 좋은 교육과 나쁜 교육은 어떻게 행해지는지, 판단의 과정이 얼마나 중요한지, 신중하지 못한 생각이 어떤 좌절을 불러오는지 등등 여러 가지를 시사한다. 닥터 사벳의 생생한 체험들이 녹아 있는 이 책은 신뢰와 동시에 감동을 준다.

이 책은 또 의학에 있어서의 인본주의에 관한 모든 것들을 다루고 있다는 점에서 매우 유용하다. 제목도 정말 잘 붙였는데, 나는 마무리 장(章)에 등장하는 다음 문장이 마음에 든다. "좋은 의학은 우연히 일어나는 것이 아니라 사려 깊게 계획되고 실행되는 것이다." 이 말에서 알 수 있듯이, 닥터 사벳의 책은 사려 깊고 세심하게 관찰하기, 그리고 어떠한 편견이나 선입관 없이 심사숙고하기에 초점을 맞추고 있다. 또한 이 책의 많은 부분은 좋은 청자(聽者)가 되는 일에 할애되어 있다.

이 책은 모든 의과대학 학생들이 읽어야 한다. 아니 한 번 읽는 것으로는 부족하다. 의과대학에 입학하기 전에 한 번 읽어야 하고, 의과대학을 다니는 중에는 여러 차례 반복해서 읽어야 한다. 오늘날, 많은 의과대학의 커리큘럼에서 인본주의라는 주제는 너무 소홀히 다루어지고 있다. 의과대학 교수들은 이 책이 나온 것에 감사해야 하며, 그들 스스로가 숙독해야 마땅하다. 보건의료와 관련된 분야로 진학할 것을 염두에 두고 있는 사람들에게 조언을 해야 하는 처지에 있는 사람이라면 자신의 도서 목록에 이 책 한 권쯤은 포함시켜야 한다. 이 책은 또 의대 진학 이전의 학생들을 위한 세미나에서 "의사는 과학의 도움을 받는 '인본주의적' 직업인가, 아니면 인본주의의 도움을 받는 '과학적' 직업인가?" 따위의 질문을 해결하는 데에도 유용하게 활용될 수 있을 것이다.

의학의 인문학적 특성이라는 소중한 주제에 관심을 기울여 준 닥터 사벳에게 감사한다. 이런 책을 써 줘서 정말 고맙다고 말하고 싶다.

- 윌리엄 H. 하베이, Ph.D.
얼햄 대학교 생물학과 교수, 보건의료인상담가협회 회장

일러두기

"당신의 역할모델은 누구인가? 당신의 스승은?"

의사가 된다는 것은 평생을 배움에 헌신한다는 뜻이다. 나는 의예과 학생들에게 묻고 싶다. "당신의 역할모델은 누구인가? 당신의 스승은 누구인가?" 나는 나의 스승들에게 감사한다. 확신하건대, 그들 대부분은 자신들이 얼마나 큰 영향을 끼쳤는지 모르겠지만.

나는 많은 것을 나의 환자들로부터 배웠다. 환자들은 내게 교과서에 나오지 않는 것들을 가르쳤는데, 이런 것들이다. 미묘한 질병의 양상, 어떻게 말하는 것이 최선인지, 연민이 담긴 언어, 어떤 것이 효과가 있으며 어떤 것은 그 반대인지, 사람들은 힘든 상황을 어떻게 헤쳐나가는지, 그리고 삶의 의미와 영적인 그 무엇. 이 책에는 환자들의 이야기가 가득 담겨 있다. 나는 자신들의 이야기를 나의 학생들과 함께 헌신적으로 공유해 준 캔서마운트(CanSurmount, 캐나다 암협회에서 운영하는 암환자 및 가족들을 위한 프로그램의 이름 - 역주) 회원들에게 감사한다. 또한 캐롤 린드버그에게 특별한 감사의 인사를 드리는데, 그는 성 바오로 참사회의 조정자로서 우리와 그들을 연결시켜 주었다.

나는 1969년부터 미네소타 대학교 의대에서, 또 1994년부터는 맥칼리스터 대학에서 강의를 할 수 있었던 것을 명예롭게 생각한다. 나는 학생들로 인해 나의 배움을 계속할 수 있었는데, 특히 맥칼리스터 대학의 학생들(알얀드로 베고리아, 에릭 브라운, 로버트 칼슨, 티에르 크리슨, 니나 데이비스, 레베카 에그버트, 시저 에르콜, 폴 에반스, 미건 플롬, 수잔나 포드, 에릭 가이글, 마리사 게터, 풍 집, 로라 굿스피드, 톰 허만슨, 카린 홀트, 카라 험머, 줄리 놀, 냇 콩타웜, 안소니 구, 제시카 매덕스, 타라 맥닐리, 워메이드 메스티-보르헤스, 캐롤린 네우스, 로라 노이만, 안나 퍼슨, 에이미 포웰카, 브리타 쇼스터, 미스티 샤너한, 안드레아 스턴버그, 캐스린 스타인거, 팡 타오, 제시카 토빈, 카이 투오미넨, 에이미 포디시, 그리고 지네트 지겐푸스)에게 감사한다. 이 외에도 여러 학생들이 세미나 시간을 통해 내 생각과 개념들을 시험하고 다듬고 정의하고 비평하는 일에 도움을 줬다. 나는 또한 미네소타 대학교 의과대학의 두 학생, 헨리 라이터와 테드 할렌드의 통찰력에 감사한다.

밥 펠드먼, 마이크 글래스고우, 루벤 호이겐, 루 라흐터, 레옹 올레닉, 멜라니 수처레이, 크리스 볼프-이들 중 누구도 의사는 아니다-를 통해 나는 "전문가란 무엇인가?"라는 질문에 관한 개념을 정리할 수 있었다.

나중에 나는 나의 부모님의 병환에 대해 언급할 것이다. 두 분 모두 심각한 질병과 싸워야 했지만, 결코 포기하지 않으셨다. 그들이 펼친 의학 드라마의 한 참가자로서, 나는 나의 부모님과 내 누이인 에니드로부터 무엇이 훌륭한 돌봄인지와 무엇이 그저 그런 돌봄인지를 배웠으며, 질병이 가족 전체의 사건임을 깨달았다. 다른 가족들과 친구들도 내게 훌륭한 의학적 돌봄과 부끄러운 태만함에 대한 이야기를 들려주었는데, 나는 그들의 눈을 통해 환자가 된다는 것 혹은 환자의 가족이 된다는 것의 의미를 좀 더 잘 이해할 수 있게 되었다. 그런 이야기들 중 많은 부분이 이 책에서 다루어질 것이다.

몇몇 저자들은 진료와 교육에 관한 나의 방법들에 영향을 끼쳤다. 나는 로버트 콜스를 만난 적은 없지만, 그의 특별한 지침을 수용했다. 그의 책 〈이야기의 부름〉과 그가 제시한 의대생 교육과 관련된 사례들은 내가 맥칼리스터 대학에서 강좌를 마련하는 데에 아이디어를 제공했다. 그리고 '이야기'의 중요성에 대한 그의 생각은, 비록 나에게 아주 새로운 것은 아니었지만, 내가 오랫동안 가르쳐 온 내용이 옳았음을 입증해 주었다.

몇 년 전에 나는 〈의학적 선택, 의학적 기회, 즉 환자와 그 가족과 의사들이 어떻게 불확실성에 대처해야 하는가〉라는 책을 우연히 접했다. 그 주제는 나를 애태우던 것이었는데, 그 책을 읽으면서 나는 늘 사용해 오면서도 다른 사람과는 한번도 토의해 보지 않았던 또 다른 개념을 명확히 할 수 있었다. 저자 중 한 명인 해롤드 부르스챤은 나의 초청으로 성 바오로 참사회가 의사들을 위해 마련한 저녁 세미나에 온 적이 있다. 여러 해 동안 이따금 나는 우리 학생들이 그의 책에 대해서, 또 불확실성에 대해서 쓴 글들을 보내곤 했다.

고교 시절 나의 역사 선생님이었던 우티카 자유학원의 프랑크 메이슨 선생님은 내게 책에 쓰여져 있는 것보다 배울 것이 훨씬 더 많음을 알려주었다. 그의 강의는 교과서에 적힌 것 이상의 정보와 개념들을 제공했는데, 그로 인해 나는 가르치는 데 있어 또 다른 방법이 있을 수 있다는 점을 깨우쳤다. 세상에는 나쁜 선생과 좋은 선생과 정말로 좋은 선생이 있다는 사실을 나는 그때 처음으로 깨달았던 셈이다. 그는 좋은 선생이라는 점에 있어 나의 첫 번째 전범이었다. 해밀턴 대학에서 4년 동안 내게 독일어를 가르쳤던 오토 리트케로부터는 학생과 선생 사이의 관계의 중요성을 배웠다. 무언가를 잘 가르친다는 것은 단순히 그 주제에 통달하는 것만을 뜻하는 것이 아니라 실제로 가르치는 행위를 얼마나 잘 수행하느냐의 문제인 것이다. 나는 가끔 그가 취했던 익살스러운 행동을 따라하고 있는 나의 모습을 발견하는데, 예를 들자면 그가 그랬던 것처럼 얼굴에는 미소를 띠고 눈을 깜빡이면서 "X군, 당신은 위대한 통찰력을 가진 사람이니, 이 점에 대해 한번 말해 보게나"라고 말하는 것이다.

내가 만났던 최고의 스승은 얼 슈바르츠인데, 그는 우리 가족 모두를 가르쳤고 나는 지금도 그에게서 가르침을 받고 있다. 그는 작문과 시, 발표하는 방법, 학생들과의 유대 등의 주제에 대한 뛰어난 능력으로 청중을 압도했으며, 나이와 관계없이 모든 청중들을 존중했다. 게다가 그의 강의는 엄청나게 재미있기도 했다.

나에게 영향을 끼친 모든 의사들 중에서 우리 가족의 주치의였던 어빙 크레이머야말로 내게 최초이자 가장 강력한 영향을 준 분이다. 내가 최고의 의사를 떠올릴 때마다, 그는 나의 전범이다.

로체스터 대학교 의·치과대학의 조지 엥겔은 환자에 대한 나의 접근 방식을 형성하는 데에 도움을 줬다. 그는 정의하기 어려운 의학의 인본주의적 측면에 대해 개념을 세우고 상세한 설명을 덧붙였으며, 여러 환자들의 사례를 통해 그것을 다듬었다. 또한 그는 모든 처치에 있어 정신사회적 배경이 고려되어야 한다는 점을 가르쳤고, 그러한 기술에 대한 교육을 커리큘럼의 핵심에 놓았으며, 환자를 인터뷰하는 방법을 실제 시범을 통해 우리에게 가르쳤다. 우리가 병원에서 처음으로 행한 임상실습은, 내과 병동에서든 외과 병동에서든, 환자와의 만남이었는데, 우리의 행동은 그를 비롯한 내과-정신과 합동 과목을 담당하는 교수진들의 감독 하에 이루어졌다.

클리블랜드 시립병원의 두 분 선생님도 특히 인상적이었다. 로렌스 위드는 '문제 중심 의무기록'을 고안했다. 이것은 체계적으로 추론하는 방법을 뜻하는데, 나의 진단 및 치료 과정을 조직적으로 기록하는 데에 도움이 되었다. 다시 말하면 내가 의문점을 발견하고 그 의문을 풀기 위한 단서들을 환자의 이력과 내 생각의 흐름에서 추론해 내는 과정에 초점이 맞춰진다는 것이다. 나는 이 방법을 나의 진료 과정에서 줄곧 적용했는데, 학생들을 가르치는 도구로서도 매우 훌륭한 것이었다. 호흡기내과 의사인 V. N. 카푸르는 내게 흉부 X-선 사진을 판독하는 법을 가르쳤다. CT 스캔이 개발되기 훨씬 이전에, 그는 다른 사람들이 발견하지 못하는 단서를 단순 X-선 사진에서 발견하곤 했는데, 그는 내게 그 방법들을 전수해 줬다. 그는 내게 비정상 X-선 사진에 대해 단계를 밟아 체계적으로 접근하는 방법을 알려준 것인데, 그것은 곧 다른 임상 상황에 대한 접근법으로도 유용한 것이었다.

글로스터에서 나의 선배였던 월터 오도넬은 훌륭한 내과의사이자 작가이자 의료사회학도였는데, 그는 내게 어려운 말을 환자에게 하는 방법을 가르쳐 줬다. 그는 주말을 할애하여 자신의 환자들의 이야기를 나에게 기꺼이 말해 주었고, 나 또한 그에게 나의 경험을 이야기해 주었다. "환자들의 문제 중 90%는 대부분의 의사들이 인지하고 있는 범위의 90% 안에 들어 있다"라는 경구는 그가 한 말이다. 그는 또 내게 사무실을 효율적으로 운영하는 방법도 일러주었다. 그는 자신의 기록들을 구술하여 비서로 하여금 체계적으로 받아쓰도록 했고, 복사본을 환자의 차트와 자신의 다이어리에 별도로 보관하여 추후 집필 관련 자료로 활용했다. 나는 진료를 하면서 그의 방법을 차용하였는데, 이 과정의 어느 날의 실제 기록들은 이 책의 제8장과 제22장에 소개되어 있다.

글로스터 의대의 학장인 워렌 밥슨에게 가르침을 받을 수 있었던 것은 대단한 행운이었다. 그는 꼼꼼한 외과의사였으며 대단한 진단자인 동시에 늘 한결같은 교육자였다. 나는 그가 나에게 십이지장 궤양 환자를 의뢰하던 순간을 생생하게 기억한다. 그는 나를 병상 곁으로 부른 다음 "이 소리를 들어보게. 간 마찰음(hepatic friction rub)일세."라고 말했는데, 그것은 매우 드물게 발견되는 현상인 동시에 내가 의심하고 있던 복강내 천공을 진단할 수 있는 결정적 증거였다. 그는 나에게 한 환자를 함께 진료하는 여러 의사들끼리의 협동에 대해서도 가르쳤다. 때로는 불확실하더라도 위험을 무릅쓴 치료를 시도할 필요가 있음도 가르쳤다. 나는 그가 환자들에게나 다른 의료진들에게나 부드러우면서 확실하고 신뢰를 주는 태도를 견지함을 보고 배웠다. 그의 경험과 환자에 대한 헌신, 그리고 애디슨 길버트 병원, 더 나아가서는 지역사회에 대한 헌신은 대단한 신뢰를 얻고 있었다.

　성직자이자 외과의사로 한때는 선교사로 일했던 고든 애딩턴은 성바오로 병원 시절의 절친한 동료였다. 우리는 환자 진료에 있어서도 동료였지만, 의학의 진정한 의미 혹은 다른 종류의 영적인 문제에 대한 관점에 있어서도 동료였다. 나는 역할모델을 찾는 일을 지속했다. 미네소타 대학의 정형외과 의사인 데니스 클로이지는 1997년 당시 통증과 복잡한 질병의 불확실성과 씨름하고 있던 나와 내 아내를 인간애로 지탱해 주었다.

　작가이자 편집자인 내 친구 빅키 이츠코비츠는 이 책의 독자와 내용과 저술 목적을 명확히 하는 일에 도움을 주었다. 그녀는, 이 책이 혹시 출판되지 않는다고 해도, 나의 저술과 교정과 편집 등 모든 작업이 '내가 좋아서 하는 일'이며 '자기 발견을 위한 일'이라는 점을 나에게 일깨워 주었다. 흔히 말하듯 평생 동안 공부해야 하는 것이 의사라는 직업의 중요한 속성이라면 "자기 자신에 대해 공부하는 것"도 평생 공부의 한 가지 차원일 것이고, 그런 의미에서 이 책을 쓰는 일 자체가 나에게는 중요한 공부인 셈이다.

　내 친구 중에 마리 맨타이라는 간호사이자 행정가이자 교육자이자 컨설턴트인 매우 창의적인 분이 있다. 그녀는 '일차간호'라는 개념으로 잘 알려져 있는데, 내가 스스로의 직업적 전문성을 고양할 새로운 방법을 고민하던 차에, 〈창의적 간호〉라는 학술지에 몇 개의 원고를 써 보는 게 어떻겠느냐는 제안을 했다. 나는 그 잡지의 편집위원회에 참여하는 것을 계기로 하여, 의사와 간호사간의 파트너십에 대해 새로운 눈을 뜰 수 있었다.

　많은 사람들이 이 원고의 일부 혹은 전부를 검토해 주었다. 그들은 내게 여러 관계들의 중요한 부분들에 대해 허심탄회한 의견을 말해 주었다. 루스 코프, 얼 슈바르츠, 폴 에반스, 루 라흐터, 마리 맨타이, 월터 오도넬, 빅키 이츠코비츠, 조나단 스피라 사벳, 밥 펠드먼, 마사 팔머, 크리스 블리어스바흐, 애니 번바움 등에게 감사한다. 미네소타 의대의 그레고리 베르셀로티, 마게타 던지, 일렌 해리스에게, UC 샌디에고 의과대학의 수전 레스닉에게, 맥칼리스터 대학과 성 토마스 대학의 의과대학 진학 담당 교수이자 나의 동료인 린 아논센, 잔 세리, 레베카 호예, 달레인 크뢰닝, 샤를로트 오베츠카에게, 그리고 다른 여러 기관들의 동료들인 하이디 랑, 윌리엄 하베이, 카렌 폴슨, 바바라 헌팅턴에게 감사한다.

리사 레게와 나는 〈창의적 간호〉를 만드는 일을 같이 했는데, 그녀는 기꺼이 나의 원고를 비판적으로 검토해 주었다. 그녀는 복잡한 문장들을 명쾌하게 정리해 주었고, 내가 원고를 가다듬고 내 생각을 표현하는 일에 도움을 주었다. 그녀는 그 과정에서 좋은 관계를 맺는 데에 어울리는 덕목인 유머와 존중의 태도를 보여주었다. 그녀는 멋진 의사이자 교육자일 것이다. 나는 그녀로부터 많은 것을 배웠다.

데이비드 우노우스키는 이 책이 출판되기까지의 세부 계획을 세우는 일에 도움을 주었다. 수전 레스닉과 엘리자베스 크레이머를 통해 만난 존 하니는 책의 목차와 분량과 마케팅에 관한 실질적인 충고를 주었으며, 그린우드 출판사와의 연결에도 도움을 주었다. 그린우드 출판사의 편집자 제인 러너는 나의 초고를 완성된 책으로 만드는 과정에서 인내심을 가지고 나를 인도해 주었는데, 정말 수고가 많았다.

'노스 캐롤라이나 매디슨 카운티의 가정간호서비스'의 사진을 사용할 수 있게 해 준 나의 친구이자 스승인 롭 앰버그에게 감사한다. 롭은 매디슨 카운티에 살면서 여러 해 동안의 전원 생활을 멋진 사진과 감각적인 글로써 기록해 왔다.

여러 해 동안, 나의 딸 엘렌은 나를 겸손하게 해 주었다. 기꺼이 나의 교육 방법과 관점을 비판해 주었고, 젊은이의 지혜로 나의 사기를 높여 주었다. 또한 내가 오랜 견해들을 재검토하는 일에도 도움을 주었다. 능숙한 사서로서, 그녀는 내게 훌륭한 자료들을 구해 주었고 나의 연구 기술을 연마하는 일에도 도움을 주었다. 내 아들 존은 어릴 때부터 직관과 유머감각과 지적인 예리함으로 나를 자극해 주었다. 랍비이자 고등학교 교사로서, 그는 내게 또 다른 좋은 교육방법의 모델을 알려 주었고, 내가 의사-환자 관계와 교사-학생 관계의 공통점을 파악하는 일에도 도움을 주었다. 두 아이 모두 좋은 문장가였으며, 나를 진지하게, 그러나 너무 심각하지는 않게 대해 주었다.

마지막으로 슈가 있다. 여러 해 동안 내 아내는 내가 환자나 동료들과 어떻게 대화해야 하는지, 그리고 내가 관계 설정에 있어 어려움을 겪고 있는 환자들과 어떤 방식으로 라뽀(rapport, 바람직한 의사-환자 사이의 유대를 뜻하는 용어로 불어에서 왔다 - 역주)를 형성할 수 있는지에 대해 많은 의견을 주었다. 내가 건강상의 문제나 사람들과의 관계 등 다른 종류의 더 심각한 곤경에 처했을 때에도 그녀는 많은 도움을 주었다. 환자를 다루는 일과 관련된 많은 지혜들은 사회사업의 패러다임에서 얻을 수 있었는데, 그녀는 내게 그 점을 잘 이해시켜 주었다. 그녀의 직업이 내가 하는 일과 잘 조화를 이룬 셈인데, 현재 우리는 의과대학 1학년 학생들을 함께 가르치고 있다. 슈는 내가 관계에 대해 알고 있는 대부분을 가르쳐 주었고, 우리는 계속 함께 성장할 것이다. 나는 다른 사람들에게 아주 여러 번 다음과 같이 말하곤 한다. "슈는 나의 가장 멋진 일부분이다"라고.

도입 : 인문학으로서의 의학, 그리고 독자들에게

"환자는 드라마의 주인공이다."

기술이 발달함에 따라 의료 분야에서 커다란 변화가 일어나고 있지만, 환자와 의사들에게 영원히 변하지 않는 것은 의학의 인간적 측면, 즉 기술의 발달과 무관한 부분이다. 많은 사람들은, 특별히 인정이 많은 사람이 아닌 한, 의학의 이러한 측면은 가르치기도 어렵고 배우기도 어려운 것이라고 생각하고 있다.

내가 이 책을 쓰고 이 책의 제목과 같은 이름의 과정을 교양학부로 유명한 미네소타의 맥칼리스터 대학에 개설하는 데에 영감을 준 것은 두 가지 전제이다. 하나는 의사에게 테크놀로지를 공부하는 것 못지 않게 중요한 것이 바로 의학의 인간적 측면을 이해하는 것이라는 점이고, 다른 하나는 이것이 교육을 통해 가르칠 수 있는 주제라는 점이다. 의학의 인간적인 측면에 주목하는 것은 치료 행위를 향상시킬 수 있다. 다시 말하지만, 환자들 개개인의 독특한 특성을 이해하는 과정을 통해 알게 되는 인간적인 측면은 환자의 진단과 치료에 있어서도 핵심적인 정보를 줄 수 있다. 의학의 인간적인 측면에서 주목하는 일은, 의료에 종사하는 모든 사람들의 경험을 풍부하게 할 수 있다.

27

몇 년 전에 나는 아주 유명한 성서학자들을 위한 수업을 청강한 적이 있다. 참석자들이 강사에게 최근 세상을 떠난 그들의 동료이자 유명한 학자에 대해 덕담을 해 달라는 부탁을 했다. 물론 최고의 찬사를 기대하고 청한 것이었지만, 강사는 매우 비판적이었다. "그는 자신의 일을 이어받을 사람을 아무도 남겨 놓지 않았습니다. 그는 남들이 알아들을 수 없는 자기 자신만의 언어를 만든 것입니다. 그것은 불분명하기 때문에 다른 사람에게는 소용이 없습니다. 투명한 지식만이 다른 사람에 의해 활용될 수 있고 다른 사람에게 전파될 수 있습니다. 자신의 일을 아주 잘 수행하는 사람들이 있지만, 가르칠 수는 없는 경우가 많습니다. 그는 해답을 만들어내기는 했지만 공식을 제시하지는 못했습니다. 공식이 만들어져야 다른 사람들이 활용할 수 있습니다."

이 책에서 나는 삼십 년 이상 환자를 진료하고 학생들을 가르치고 조언해 온 경험을 바탕으로 하여, 의학의 인간적 측면에 대한 '공식'을 만들고자 했다. 나는 학생들과 임상의사들과 교육자들과 환자들이 이 책을 활용할 수 있도록 하고 싶었다. 나는 '누구나 알 수 있는' 공식을 만들고 싶었다. 환자와의 사려 깊은 대화, 질병과 관련된 정신사회적 주제들의 탐구, 불확실성에 대한 언급, 협력, 좋은 인간관계 만들기, 가치관에 대한 고려 등등, 환자를 잘 돌보는 일에 도움이 되는 모든 기술들의 총합에 대한 공식 말이다.

이 책은 무엇이 의학을 흥미진진한 것으로 만드는지에 대한 서술이다. 그건 매력적인 '증례'가 아니라 매력적인 '사람'이며, 그것이야말로 사람들이 의학에 입문하는 원동력이다. 의사가 의학의 인간적인 측면에 관심을 쏟는 것은 의사라는 직업 자체의 매력에서 벗어나지 않도록 하는 가장 좋은 방패이다. 이 책은 의사-환자 관계가, 그들 사이에서 벌어지는 모든 사건들이 매우 중요한 것임을 입증하려 한다. 단순히 '좋았던 옛날'의 흔적을 더듬으려는 것이 아니라는 말이다. 의학이 과학과 테크놀로지와 인간적인 것들의 총합이기는 하지만, 좋은 의사가 되기 위해서는 과학적 지식만으로는 불충분하다는 점을 천명하려 한다. 의학의 인간적 측면이란 단순히 '환자에게 친절한 것'을 의미하는 게 아니다. 그것은 의료의 여러 차원들의 조화이며, 신중하고 꼼꼼하고 재현 가능한 과정들의 연속이다. 또한 그 구성요소들은 분석이 가능한 것들이며, 분석이 가능하기에 교육도 가능해지는 것이다. 나는 이 책을 쓰는 동안 계속해서 분석했고 또 공부했다.

내가 의학의 인간적 측면을 누군가에게 가르치는 일이 가능하다고 생각하는 것은 내가 그것을 다른 사람들—의사, 간호사, 심리학자, 사회사업가, 성직자들과 수없이 많은 환자들(그들이 진짜 전문가다)—에게 '배웠기' 때문이다. 의사로서 우리는 우리가 하고 있는 일들을 매력적이고 흥미롭고도 전달 가능한 방법으로 환자들과 동료들과 미래의 의사들과 교육자들에게 가르쳐야 하는 의무를 갖고 있다. 교사-학생 관계는 의사-환자 관계를 설명하는 좋은 모델이 된다.

누가 읽어야 하는가

이 책의 일차적 독자는 의업의 길에 들어서 이제 막 이 문제를 고민하기 시작한 의과대학 학생들이다. 또한 그들의 조언자들과 전공의들도 독자로 상정했다. 또한 이미 많은 경험을 가진 의사, 간호사, 사회사업사, 성직자, 다른 여러 의료인들, 의과대학 교수들, 병·의원에서 일하는 직원들, 그리고 환자들도 이 책을 읽었으면 좋겠다.

이 책은 특히 이미 의업의 길에 들어서 이제 막 이 문제를 고민하기 시작한 동시에 의사가 된다는 것이 도대체 무슨 뜻인지 궁금해하는 의과대학 학생들이 읽어야 한다. 또한 이 책은 재능 있고 인간성도 좋은 청소년들이 의과대학에 입학하도록 유인하려는 의도도 갖고 있다. 이 책이 비록 의과대학 입시에 도움이 되는 내용을 포함하고 있지는 않지만, 이 책을 읽음으로써 의사라는 직업을 더 잘 이해하게 되고 의사가 되기 위해서 어떤 준비를 해야 하는지에 대한 유용한 정보를 얻을 수 있을 것이다. 인생에서 내려야 하는 가장 중요한 선택 중의 하나가 바로 직업을 택하는 일이다. 이 한 가지 선택의 과정에는 우리의 가치관과 포부와 스스로에 대한 기대와 자신의 재능에 대한 고려와 불확실성과 금전적 시간적 투자와 개인 및 가족의 장래에 대한 고민들이 모두 복합되어 있다. 한마디로 대단히 어려운 결정이며, 의사가 되고자 하는 결정도 당연히 마찬가지이다.

이 책은 의과대학 과정에서 별로 다루어지지 않는 방식으로 환자 및 의사의 경험들에 대한 기초적인 정보와 전망을 제공함으로써, 학생들이 훌륭한 의사로 성장하는 데 있어서 성공적인 선택을 할 수 있도록 돕고자 하는 목적을 갖고 있다. 이 책은 올바른 이유들—사회에 봉사하고자 하는 욕구나 지적인 도전 정신—로 인해 의사가 되려는 사람들에게 많은 도움이 될 것이며, 다른 중요하지 않은 이유들에 대한 고민들은 오히려 줄여 줄 것이다. 최근의 의료 시스템, 특히 관리의료(managed care, 환자와 병원 사이에 건강보험단체가 지불의 주체로 개입하여 치료 및 의료비 지불을 관리하는 의료시스템 - 역주)는 환자와 의사간의 관계에 부당하게 침입하고 있다. 환자의 처지를 가장 중요하게 생각하고 자신의 직업적 가치를 훼손 당하기 싫어하는 의사들은, 의료 시스템과 무관하게 자신의 정체성을 지키고 있으며 의사의 임무를 수행함에 있어 커다란 애정을 갖고 있다. 의사들이 의학의 인간적 측면에 주의를 기울이는 것은 그리 많은 시간을 필요로 하지 않으며, 거기에 시간을 쓰는 것은 바람직한 일이다. 이 책은 또한 몇 가지 고정관념들을 없애는 데에도 도움이 될 것이다. 가령 의사들은 개인적인 시간을 가질 수 없다거나, 천재들이나 의사가 된다는 것 말이다.

이 책은 이미 의사가 되기 위한 공부를 하고 있는 의대생들이나 수련 과정에 있는 전공의들을 위한 것이다. 특히 의과대학 1학년 학생들에게는 의학의 인간적인 측면을 배우는 데 있어서 지속적으로 염두에 두어야 할 교재를 제공할 것이다. 전공의들이나 이미 수련을 마친 의사들에게는 그들이 이미 배운 것들을 확대하고 강화하는 데 도움을 줄 것이다. 나는 의사 노릇이 얼마나 즐거운 일인지를 긍정적으로 예견하는 데에 도움이 되는 이야기들을 그들에게 들려주기 위해 노력했다.

이 책은 또한 현재 진료를 하고 있거나 혹은 은퇴한 의사들, 그리고 변화와 각성을 위해 노력하고 있는 의사들을 위해서도 쓰여졌다. 아울러 자신의 동료들과 의사가 된다는 것의 진정한 의미에 대해 가슴을 터놓고 이야기할 기회를 한번도 갖지 못했던 의사들을 위해 쓰여졌다. 의학의 인간적 측면에 대한 의사들의 헌신을 입증함으로써, 나는 하루하루의 스트레스 속에서 자신이 의사라는 직업을 택했던 진정한 이유를 잊고 지내는 많은 의사들의 마음에 다시 불을 당기고 싶었다. 물론 이 글을 쓰는 동안 나 스스로도 많이 즐거웠다. 이 책은 자신의 직업에 대해 심사숙고할 기회를 주려 한다. 이런 활동은 마치 '안식일'처럼 만족감을 줄 것이고 마음을 새롭게 하는 계기를 줄 것이다. 이 책은 또한 의사들로 하여금 학생들을 가르치고 그들의 모델 역할을 하는 경험에도 변화의 계기를 마련해 줄 것이다.

이 책은 이미 의학교육에 익숙하지만 좀 더 잘 가르치고 싶어하는, 또한 교육에 있어 무엇이 효과적이고 무엇이 그렇지 않은지 고민하고 있는 의과대학 교수들을 위한 것이기도 하다. 우리 의과대학 교수들의 대부분은 교육자로서의 특별한 훈련을 받지도 않았고, 효율적인 교수법에 대해 동료 교수들과 많은 이야기를 나누지도 않는다. 교육자들이 환자 진료나 교육 과정에서 자신들이 하는 일에 대해 더 많이 이해하고 반성할수록, 자신의 교수법을 향상시킬 수 있고 학생들을 더 잘 가르칠 수 있다. 의과대학 커리큘럼은 질병들에 대해서는 대단히 긴 시간을 할애하고 있지만, 의학의 인간적인 측면에 대해서는 매우 적은 시간만을 할애해 왔다.

이 책은 또한 간호사, 물리치료사, 작업치료사, 임상심리사, 사회사업사,

목사와 다른 성직자 등 다른 전문가들과 환자 곁에 있는 모든 사람들, 즉 병·의원이나 요양원의 직원들과 환자의 가족들을 위해서도 쓰여졌다. 그들이 환자가 된다는 것의 의미나 의사가 된다는 것의 의미를 더 잘 이해할수록, 동료들과의 협동이나 환자에 대한 서비스의 개념을 더욱 명쾌하게 가질 수 있을 것이다.

그러나 이 책은 궁극적으로는 환자를 위해 쓰여졌다. 이 책은 환자들이 '좋은 치료'가 무엇인지 깨달을 수 있도록 도와줄 것이며, 더 이상 인간적인 의사와 좋은 기술을 가진 의사 중에서 어느 쪽을 택할 것인지 고민하지 않게 해 줄 것이다. 환자는 의사에게 두 가지 모두를 기대해도 좋기 때문이다. 나이가 많은 환자들은 자신을 잘 아는 의사, 오랜 시간에 걸쳐 환자의 가족적, 사회적 위치와 삶의 궤적들을 잘 알고 있는 의사, 그리고 그 모든 정보들을 잘 취합하여 가장 적절한 처방과 충고를 해 주는 의사를 갖는다는 것의 의미를 알고 있을 것이다. 하지만 자신이 의사에게 따뜻한 인간미와 뛰어난 의술 모두를 요구할 수 있다는 사실을 모르는 다른 환자들도 많을 것이다. 의사들이 도대체 어떤 방식으로 일하는지를 이해하는 일은, 환자가 자신의 질병을 치료하는 과정에서 의사의 훌륭한 동반자가 될 수 있도록 도움을 줄 것이다.

이 책은, 간단히 말하자면, 결국 똑같은 영혼을 가진 우리 모두를 위한 책이다. 우리 모두는 사실 똑같은 지점을 지향하고 있으니 말이다.

의사의 경험

의사들은 다른 직업을 가진 사람들은 하기 어려운 방법으로 자신의 일을 수행할 특권이 있다. 환자나 그 가족들은 자신들의 짐을 우리와 나누어 지려하고, 때로는 아예 모든 짐을 우리에게 맡기기도 한다.

의사가 된다는 것은 기쁜 일이다. 사람들의 간단한 혹은 복잡한 문제를 처리하는 데 따른 지적 자극과 다양한 도전들은 상쾌한 일이다. 환자들의 삶의 이야기를 진지하게 공유하는 일도 우리에게 힘을 준다. "이렇게 해 보시면 어떨까요?" 또는 "당신에게 무슨 일이 일어난 거죠?" 따위의 간단한 질문들로 환자들이 자신의 이야기를 털어놓도록 할 수 있다.

모든 환자들은 나름대로의 사연을 갖고 있고, 그것을 말하고 싶어하지 않는 환자는 별로 없다. 만약 "당신의 감정을 누구와 나눌 수 있습니까?"라고 묻는다면, 많은 사람들이 "나의 아내요(혹은 남편, 삼촌, 친구 등등)."라고 답하겠지만, 실제로는 상상 외로 많은 사람들은 "나에게 그런 질문을 해 준 사람은 선생님이 처음이에요."라고 답할 것이다.

그러므로 의사가 된다는 것은 특권이자 기쁨인 동시에 '책임'이다. 우리가 환자들의 육체적 혹은 심리적 문제에 대해 일부라도 책임을 가져야 한다면, 당연히 우리는 우리가 하고 있는 일에 대해서 잘 알아야 한다. 우리는 무엇을 찾을 것이며, 어떻게 정보를 얻을 것이며, 어떻게 여러 문제들을 밝힐 것이며, 어떻게 사소한 문제들을 버릴 것이며, 어떻게 테크놀로지를 활용할 것이며(불필요하게 그것을 사용하지 않도록 우리 스스로를 제한하는 일도 포함하여), 윤리나 불확실성과 같은 문제를 어떻게 설명할 것이며, 이 모든 지식과 정보들을 어떻게 취합하여 우리 환자들을 위해 가장 적절한 조치를 취할 것인지를 잘 알아야 한다.

의사는 또한 평생 동안 교육자로서의 역할을 수행해야 한다. 우리는 환자들을 교육해야 한다. 환자들은 더 많은 정보를 알게 될수록 의사의 지시를 잘 따르기 때문이다. 우리는 또한 우리 동료들도 가르쳐야 한다. 공식적이든 비공식적이든 의사들간에 이루어지는 협진과 자문 의뢰는 우리가 서로를 가르칠 수 있는 좋은 기회다. 우리들 중의 많은 사람은 의과대학 학생이나 전공의들을 교육하고 있으며, 나와 같은 소수의 사람들은 의과대학에 진학하려는 학생들도 교육하고 있다. 또한 우리는 평생 공부하는 학생이다. 우리는 스승과 동료들에게 많은 것을 배우며, 책이나 논문이나 강연을 통해서도 공부를 계속하고, 환자나 우리 학생들에게도 많은 것을 배운다. 우리는 병원 안팎에서 겪는 많은 경험들로부터도 배운다. 의사는 평생 동안 공부해야 하는 직업인 것이다.

하지만 의학이 끝없이 변화하기 때문에, 우리는 의학의 인간적인 측면을 상대적으로 경시하게 될 위험에 처한다. 내가 환자를 진료하면서 받았던 많은 감사의 편지들 중에 "훌륭한 CT 촬영"이나 "멋진 혈액 검사"나 "적절한 수술 의뢰"에 대해 고맙다는 뜻을 전하는 것은 단 하나도 없었다. 그들이 고맙게 생각한 것은 내가 잘 들어준 점, 그들의 곁에 있어준 점, 힘든 시기를 잘 견딜 수 있도록 도와준 점, 심리적 지지를 보내준 점, 그들이 어떤 처지에 처해 있으며 어떻게 대처해야 하는지를 설명해준 점 등이며, 그런 것들이 바로 의학의 인간적 측면인 것이다. 환자들이 의사에게 기대하는 것은 그런 것이다.

많은 사람들은 천성적으로 따뜻한 마음을 갖고 있거나 사람들을 잘 이해하는 사람이 아니라면 의학의 인간적 측면을 가르치기가 쉽지 않을 거라고 주장한다. 결코 그렇지 않다. 나는 의과대학에 진학하려는 학생들에게 이런 것들을 가르침으로써, 그들 중에 가장 따뜻한 마음을 가진 사람들이 이 직업을 택하여 평생 그것을 염두에 둘 수 있도록 만들 수 있다고 믿는다. 나는 또한 의학의 인간적 측면을 의과대학에서 중요 과목으로 채택하고, 그것을 전공의 과정에서도 지속적으로 교육하는 일이 '좋은 의사'를 양성하는 데에 필수적이라고 믿는다. 환자들은 곧 사제다. 인간적인 측면이 없다면, 환자나 의사나 모두 실패할 것이다.

나는 일차진료를 담당하는 의사이며, 의술이 지금처럼 크게 발달하기 이전에 의학을 공부한 내과의사다. 나는 뉴욕주 북부의 로체스터 대학에서 의학을 공부했는데, 그 대학의 커리큘럼은 질병의 생물정신사회학적 관점에 의거하여 짜여져 있다. 나는 전범으로 삼을 만한 훌륭한 의사들을 많이 만났다. 환자가 되어 본 경험도 있고 환자의 가족이 되어 본 경험도 있다. 나는 또한 재능 있고 인간미 넘치는 사회사업사의 남편이기도 하다. 이런 모든 것들이 내가 의사-환자 관계에 관심을 갖도록 영향을 끼쳤을 것이다.

나는 또한 평생 공부하는 학생이다. 나는 "이 환자와의 만남에서는 내가 무엇을 배울 수 있을까? 이 학급을 가르치면서 나는 또 무엇을 배울 것인가? 이 학생에게서는?"라는 질문을 던지는 일에 매우 익숙하다. 이 모든 것에서 얻는 통찰은 내가 더 좋은 의사이자 더 좋은 교육자가 될 수 있도록 도움을 준다.

현재 교육자로서의 내 임무는 세 부분으로 나뉜다. 나는 지난 삼십 년 동안 미네소타 대학에서 의대생과 인턴과 전공의들을 가르쳐 왔는데, 그 기간 중 대부분을 이제 막 환자와의 만남을 시작하는, 즉 환자를 대하는 습관을 형성하기 시작하는 의과대학 1, 2학년 학생들을 교육하며 보냈다. 원래 그 과목은 환자와의 인터뷰 기술 등을 가르치기 위해 짜여져 있지만, 나는 내용을 추가하여 의학의 인간적 측면을 강조해 왔다. 최근 8년 동안은 맥칼리스터 대학에서 의과대학 진학을 염두에 둔 학생들을 가르쳐 왔다. 그곳에서의 과목 이름은 "인문사회의학 세미나 : 의사가 된다는 것, 그리고 환자가 된다는 것"이었다. 궁극적으로 나는 매일의 진료를 통해 내 환자들에게 그들의 질병이나 치료의 함축적 의미를 교육해 왔다. 의사로서의 우리 역할 중 하나는 우리가 배운 것 중의 최선을 전파하는 것이며, 소중한 가치들을 보존하는 것이다. 랍비의 가르침 중에는 "우리는 우리의 임무를 완수할 수 없을지도 모른다. 그렇다고 해서 위축되어서는 안 된다[1]."라는 것이 있다.

의사로서 우리 세대—나는 지금 60대이며, 내가 의과대학을 졸업한 것은 1961년이다—는 낀 세대다. 우리의 스승들은 의학 기술이 큰 발전을 이루기 전에—내시경, 관상동맥성형술, CT나 MRI, 심지어 혈액검사조차 없던 시절에—교육받은 분들이라서, 환자들과의 인터뷰에 크게 의존할 수밖에 없었다.

그들은 환자와의 인터뷰를 진단과 치료의 첫 단계로 소중하게 생각했고, 되도록 많은 정보를 이끌어내기 위해 애를 썼다. 그들은 검사 결과를 기다리기 전에 최대한 심사숙고를 했다. 그들은 인품의 가치를 알고 있었다. 테크놀로지에 덜 의존했기 때문에, 그들은 더 좋은 청취자가 될 수 있었다. 치료법도 물론 단순했다. 그들이 내린 처방은 흔히 페니실린이나 강심제처럼 단순한 것이었고, '시간'이나 휴식과 같은 '무처방'도 있었다. 당시에는 중환자실도 없었고 인공호흡기나 심폐소생술이나 투석과 같은 "비상한 방법"도 없었다.

내 주변에는 꼭 한두 명의 비범한 의사들이 있었는데, 그들은 특이한 관점으로 진단이나 치료를 위한 새로운 방법들을 탐구하는 의사들이었다. 동료들은 그들을 대단히 소중하게 여겼다. 그들이 최선을 다했음에도 불구하고 여전히 환자의 상태에 대해서나 그에 대한 대처방법에 대해서 제대로 알지 못할 때에는, 그들은 역시 고전적인 방법으로 되돌아갔다. 그들이 명쾌한 진단을 내릴 수 없을 때에는, 더 많은 검사를 시행하는 대신 환자와의 인터뷰를 다시 시행하거나 기존의 자료들을 다른 관점에서 재검토함으로써 해결의 실마리를 찾으려 했다. 그들이 자신들의 노하우를 가르칠 때에는 "말하면서 생각"했고, 문제들을 "쉽게" 만들면서 접근했다.

마찬가지로, 나는 의학계 안팎에서 많은 훌륭한 스승들을 만났다. 그들이 내게 가르친 "내용"들도 소중했지만, 그들이 여러 자료들을 조직화하고 발표하고 교육하는 "방법"들은 더 소중했다. 하지만 그들 훌륭한 대가들은 은퇴하거나 세상을 떠나면서 수많은 비밀들을 함께 가지고 가 버렸고, 그건 의사들에게나 환자들에게나 큰 손실이었다. 그들의 기술들이 잘 요약·정리·서술되어 출판되었더라면 모두에게 매우 유용하지 않았을까?

어느 정도는, 이 책은 나 자신의 경험을 보고하려는 의도를 갖고 있다. 내가 특별한 방법을 갖고 있기 때문이 아니라, 그저 나의 경험을 기록하여 다른 사람들에게 남기고 싶어서인 것이다. 나는 오랫동안 이 문제를 고민했고, 관런된 많은 자료들을 기록해 왔다. 의학적 기록들도 있지만, 환자들과 학생들과 선생들이 무슨 말을 했었는지에 대한 기록이 더 많다. 나는 내가 환자들과 학생들에게 무슨 말을 했었는지, 그 중 어느 것이 효과적이었고 어느 것이 그렇지 못했는지에 대해서 기록해 왔다.

과거의 경험에서 얻어진 교훈들이 우리와 함께 사라지지 않도록, 우리는 의학이, 마치 탈무드나 성경 말씀처럼, "여러 세대들의 공동의 노력이 쌓이고 쌓여 이루어진 결과이며…, 한 세대의 창조적 작업들은 다음 세대의 창조적 작업의 기초이며…2, 모든 세대의 학자들의 대화의 기록이며 모든 사람들의 특성이 담겨 있는 것3" 이라는 점을 깨달아야 한다. 우리가 "대화들"을 취합하고 정리하고 분석하는 일을 지속하지 않는다면, 우리는 과거의 지식들을 활용하지 못할 것이며 모든 것을 처음부터 다시 시작해야만 할 것이다. 의사이자 교육자이자 의학의 인간적 측면이 중요함을 아는 사람으로서, 우리의 임무는 이러한 가치와 노하우들을 보존하여 우리 학생들에게 전수하는 일이다.

인문학으로서의 의학을 가르치기

많은 환자들과 학생들과 친구들은 의학의 인간적 측면이 교육될 수 있는 계제인지에 대해 의문을 표했었다. 그들은 "당신이 그걸 갖고 있든 아니든 쉽지 않을 것" 이라고 말한다. 하지만 나는 분명히 말할 수 있다. "의학의 인간적 측면이 무엇이며 그에 관한 지식을 현장에서 어떻게 적용할 수 있는지는 틀림없이 가르쳐질 수 있는 문제. 학생들 스스로의 경험이나, 좋은 관계 모델이나, 수없이 많은 의학적 상황에 대한 사려 깊은 고찰을 통해서 말이다." 라고.

한 학기 동안 계속되는 맥칼리스터 대학의 "인문학으로서의 의학 세미나 : 의사가 된다는 것, 그리고 환자가 된다는 것" 은 매주 두 시간 동안 열리며, 토론과 주간 및 기말 보고서 작성 등이 포함된다. 학생들과 나는 환자와 의사의 시각에서 의학의 인간적 측면의 본질을 탐색한다. 먼저 이 과정의 타이틀을 분석해 보자.

이 과정은 강의가 아니라 '세미나'다. 이것은 학생들과 나 사이에 친밀함이 유지된다는 뜻이며, 열린 토론이 가능하다는 뜻이다. 물론 토론의 형식적 틀과 주제들은 주어지는데, 그 내용들은 이 책에 소개되어 있다. 세미나 중에 우리는 흔히 우리들 스스로의 삶에 대해 이야기하고, 그 이야기들은 곧 우리의 토론 재료가 된다.

'인문학으로서의 의학'이라는 주제는 의학이, 비록 방법적으로는 기술적인 측면이 많지만, 근본적으로 사람을 다루는 사람의 일이라는 것이다. 비록 질병이 비정상적인 장기나 조직의 이름으로 서술되기는 하지만, 질병은 궁극적으로 사람이 겪는 고통을 뜻하는 것이다. 과학은 구체적인 방법론의 일부에만 적용될 뿐이다. 의사가 환자의 전후 사정이나 편안함이나 연민이나 삶의 연속성과 같은 의학의 모든 차원에 대한 이해 없이 그저 기술적인 지식만 갖고 있을 때, 그 의사는 환자에게 별 도움을 주지 못할 수도 있다.

'환자가 된다는 것'은 의사가 된다는 것보다 더 중요한 부제목이다. 이 과정이나 나의 진료나 평생의 직업에서 가장 중요한 원칙은 "드라마의 주인공은 환자다"라는 것이다. 의사나 병원이나 보험회사나 다른 조직들은 주인공이 아니다. 의사에게 가장 중요한 임무는 환자가 된다는 것의 의미를 제대로 이해하는 것이며, 환자들이 무엇을 필요로 하는지를 잘 알아서 그들이 그들의 문제를 해결할 수 있도록 도움을 주는 것이다. 그게 우리가 이 과정을 시작하는 출발점이다.

반대편에 놓여 있는 '의사가 된다는 것'도 의사가 될까 하는 생각을 가진 사람에게는 대단히 중요하다. 의사가 된다는 것은 단순히 질병을 다루는 것이 아니라 질병을 가진 사람을 다루게 된다는 것을 의미하며, 환자의 이야기를 잘 해석하고 분석하여 환자의 문제를 명확히 만든 다음 적절한 처방을 제시해야 함을 뜻한다. 그것은 매우 흥미진진하고도 만족감을 주는 일이다. 의사가 된다는 것의 의미는 의사들이 하루하루를 어떻게 보내는가 하는 것보다 훨씬 더 높은 차원이다. 그것은 우리가 시간을 가장 잘 활용할 수 있는 방법과, 우리의 직업적 활동과 개인적 삶을 조화롭게 만드는 방법과, 삶의 제한점을 결정하고 우리의 가족들에게 관심을 기울이고 마음의 짐을 나누는 방법들을 깨닫는 일이다. 의사가 된다는 것은 높은 강도의 노동을 하게 된다는 것과 내려야 할 수많은 결정들로 가득 찬 삶을 영위해야 한다는 것을 뜻한다. 의사의 직업적 활동은 흔히 개인적 삶의 영역을 위협하게 된다.

　우리는 이 과정을 한 환자의 체험에서 시작한다. 우리는 거기에다 학생들 자신의 경험을 덧붙인다. 누구나 자신 혹은 가족들이 제법 큰 질병을 앓아본 경험을 갖고 있기 마련이다. 우리는 사례들을 통해 배운다. 우리는 때로 그 사연들의 교훈을 제대로 이해하지 못하기도 하고, 무의식적으로 변형시키기도 한다. 하지만 이것이 의사가 된다는 것의 즐거움이자 특혜가 은밀한 개인적 이야기들에 접할 수 있다는 데에 있음을 부정하지는 않는다.

　나는 학생들과의 세미나에서 41쪽에 있는 사진을 흔히 활용한다. 나는 학생들에게 "이 사진을 3분 동안 잘 살펴보라"고 말한다. 그리고 "10분 동안 이 사진 속에 담긴 사연을 글로 써 보라"고 주문한다. 학생들이 알고 있는 것은 "가정간호 담당 간호사가 한 환자의 집에서 환자를 돌보고 있다. 메디슨 카운티, 노스 캐롤라이나."라는 사진 설명뿐이다. 학생들이 지어낸 사연들은 당연히 제각각이다. 남자에게, 혹은 여자에게, 혹은 간호사에게 초점이 맞춰지는가 하면, 때로는 셋 모두에게 관심을 기울이기도 한다. 학생들은 급성 질환 혹은 만성 질환을 떠올리는가 하면, 남자의 상실―건강, 독립, 수입, 궁극적으로는 생명―에 대해 이야기하기도 하고, 흔히 '아내'로 지칭되는 문가에 선 여자 혹은 간호사에 얽힌 이야기를 만들어내기도 한다. 어떤 학생들은 서가에 놓인 어느 군인의 사진을 보고 또 다른 이야기를 상상하기도 한다. 검소한 주거 환경에 대해 언급하는 학생도 있다.

학생들이 돌아가며 자신이 쓴 글을 발표한 후에, 나는 이 사진을 찍은 롭 앰버그로부터 들은 다음의 이야기를 전한다. "오른쪽의 여자는 남자의 딸이다. 남자는 사진 촬영 당시에 94세였으며, 그는 여러 해 동안 딸과 사위와 함께 생활해 왔다. 가정간호 담당 간호사는 매주 정기적으로 남자를 방문하는데, 그 일은 정말로 보람있는 일이다. 간호사는 단순히 의사와 환자 사이의 정보 전달자가 아니라 강력한 사회적 연결고리 역할을 담당하며, 매우 전원적인, 심지어 고립되기까지 한 그들의 삶에 결정적인 역할을 하고 있다. 이런 일을 하는 대부분의 간호사들은 환자의 좋은 친구가 된다. 남자와 그의 딸은 모두 이미 세상을 떠났다. 남자는 실제보다 훨씬 젊어 보이게 사진이 찍혔지만, 그 딸은 자신이 실제보다 더 나이 들어 보이는 이 사진을 좋아하지 않았을 거라 생각한다."

이 사진은 그들의 삶의 한 순간을 담고 있다. 우리가 사진을 보면서 행한 훈련은 우리가 흔히 그리고 무의식적으로, 아주 적은 사실들로부터 어떤 사람에 대한 사연들을 만들어내며, 그 사실에 기초하여 경솔한 결론을 내린다는 사실을 직접 체험하기 위한 것이다. 우리가 뭔가에 대해 적게 알수록, 우리의 추론은 더 부정확하기 마련이다. 특히 의사와 다른 보건의료인들은, 옳은 결론을 내리고 우리의 직업을 더 잘 수행하기 위해서, 환자의 사연들을 가능한 한 많이 알아야 한다.

나는 환자와 학생들과 의사들의 이야기와 반성으로 가득 찬 매력적인 책의 집필을 끝냈다. 이것은 나를 가르친 사람들—스승들, 동료들, 가족과 친구들, 그리고 나의 환자와 학생들—의 지혜를 모두 모은 것이다. 내가 해 온 일, 그리고 의사이자 교육자로서의 나의 역할 대부분은 그들로부터 배운 가르침에서 비롯됐다.

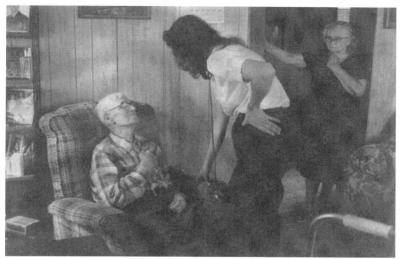

가정간호 담당 간호사가 한 환자의 집에서 환자를 돌보고 있다. 메디슨 카운티, 노스 캐롤라이나. 〈Southern Exposure〉라는 잡지에 실린 사진. 롭 앰버그 찍음(1984년).

　나는 제1장을 한 편의 의무기록에서 시작할 것이며, 곧이어 한 편의 이야기를 소개할 것이다. 그 다음에 나는 이슈들을 명확히 할 것이며, 의사-환자 관계의 역할을 설명할 것이다. 그리고 결국에는 이런 질문을 던질 것이다. "내가 배운 것은 무엇이지?"

제1부

─────

환자가 된다는 것

제1장

의료는 환자들의 이야기에서 출발한다

"이야기는 결코 끝나지 않는다."

환자가 된다는 것의 의미를 제대로 이해하지 않고서는 결코 좋은 의사가 될 수 없다.

병력

50세의 한 내과의사가 지난 두 달 동안 흉통을 느껴 왔다. 그 흉통은 활동을 많이 하면 심해지고 휴식을 취하면 없어지곤 했다. 이학적 검사 결과는 정상이었지만, 심장 검사 결과에서는 이상이 발견됐다. 트레드밀(treadimll, 러닝머신과 같은 기구 위에서 운동을 하면서 심장 기능을 검사하는 것 - 역주) 검사에서도 통증이 생겼으며, 심전도 검사 결과도 그의 증상이 관상동맥 기능 이상에서 비롯되었음을 시사하고 있었다. 심장으로 충분한 양의 혈액이 공급되지 못하는 것이 문제였다. 심장 벽을 달리는 동맥들을 X-레이로 촬영하는 검사인 관상동맥조영술을 실시했더니, 그의 관상동맥은 여러 군데가 좁아져 있었다. 며칠 후, 그는 관상동맥우회술이라는 수술을 받았다. 수술 후 3일이 지난 다음, 그는 세 시간 동안 "심방세동"이라 불리는 증상을 겪었다. 이것은 심장 박동이 매우 빨라지는 일종의 부정맥인데, 흉통이나 저혈압 등과 관련이 있다. 하지만 그의 증상은 의료진의 처치 후 해결됐고, 그는 수술 후 11일째에 특별한 증상이 없는 채로 퇴원을 했다. 그는 퇴원 후 10주 동안은 파트타임으로, 다음 6주 후부터는 완전히 자신의 일에 복귀할 수 있었다.

실제로 있었던 이 환자의 이야기는 간단한 증례보고와 비슷하며 환자의 차트에 쓰여져 있는 것과도 비슷하다.

그런데 이게 과연 이야기의 전부일까? 만약 아니라고 한다면, 환자와 그 가족들이 겪은 일들을 추가로 서술하는 것으로 충분할까? 그리고 만약 더 긴 이야기가 존재한다면, 그 '대하소설'을 감상하는 것이 환자와 그 가족들을 돌보는 데 있어서 유용한 지식이 될까?

우리는 환자들의 그 긴 이야기를 앎으로써 무엇을 배울 것인가?

이야기

환자는 자신의 인생에서 '환자'로 지내는 시간들을 자신의 기억 속에 일지처럼 기록한다. 여기 그가 직접 기술한 자신의 이야기가 있다.

나는 여러 해 동안 과격한 운동을 할 때면 아래쪽 치아들에서 통증을 느끼곤 했다. 나는 20년 전에 미식축구를 할 때에도 이런 증상이 있었던 것을 기억한다. 그래서 나는 그 증상이 다시 나타났을 때 크게 신경을 쓰지 않았다. 나는 "예전과 같은 증상이군. 중요한 문제일 리가 없어."라고 생각했었다.

그러나 그로부터 두 달쯤 후인 지난 5월 초, 나는 치아 외의 다른 곳에서도 통증이 느껴지는 것을 발견했다. 아들과 공원을 걷거나 병원 구내의 내 방에서 다른 건물로 걸어가는 정도의 운동을 할 때에, 가슴 위쪽과 왼쪽 팔에 경미한 통증이 느껴졌던 것이다. 그 통증은 금세 사라졌고, 나는 역시 심각한 문제일 리가 없다고 생각했다. 나는 심각한 문제가 아님을 증명하기 위해 계단을 통해 위층으로 걸어 올라가곤 했다. 하지만 두 층 정도만 올라도 통증은 어김없이 나타났다. 나는 아침에 일어나자마자 이 생각을 했고, 밤에 잠자리에 들어서도 이 생각을 하다가 잠이 들었다. "심장은 아닐 거야." 라고 수없이 여러 번 혼잣말을 하면서. 나는 이 이야기를 누구에게도 하지 않았다. 나는 아내에게 전혀 숨기는 것이 없는 사람이었지만, 이번만큼은 예외였다.

그로부터 또 두 달이 흘러 7월이 되었을 때, 나는 스스로에게 이렇게 말하고 있었다. "나는 혼자가 아니다. 나를 의지하고 있는 아내와 두 아이가 있지 않은가. 두 아이 모두 앞으로 몇 달 후에는 멀리 떠날 예정이다. 하나는 1년 동안 외국에서 공부하기 위해 출국할 것이고, 다른 하나는 대학 진학을 위해 1,400마일이나 떨어져 있는 보스턴으로 갈 것이다. 내가 만약 심각한 병에 걸린 것이라면, 그들이 그 먼 곳에서 불쑥 소식을 듣게끔 하는 것은 옳지 못하다." 그리고 마지막으로 이렇게 자문했다. "내가 만약 나를 '내 환자'로 만났다면, '의사인 나'는 '환자인 나'에게 과연 뭐라고 충고했을 것인가?"

그리하여, 나는 이틀 후에 심장 검사를 받기로 예약을 했다. 그리고는 아내에게 나의 증상에 대해, 그리고 그 증상 때문에 검사를 받을 것임을 말했다. 나는 혹시 심각한 것일지도 모른다는 사실을 부정하는 일에 최선을 다했다. 심지어 검사를 받으러 가기 전날 밤에는 보스턴에 있는 친구에게 전화를 걸어 다음 달에 있을 여름휴가 계획을 다듬기까지 했다. 나는 검사 당일 아침에 내 주치의를 만났고, 나의 증상들을 처음으로 털어놓았다. 물론 나는 여전히 코앞에 닥친 시험에서 '합격'할 것이라 믿고 있었다.

검사를 진행하던 의사는 겨우 2분만에 검사를 중단시켰다. 나는 그게 '양성'의 검사결과를 뜻한다는 것을 알 수 있었고, 그는 내 두려움을 확인해 주었다. 나는 내 주치의에게 돌아왔다. 그에게도 나의 검사결과는 이미 통보되어 있었다. 그는 니트로 글리세린(혈관 확장 기능이 있는 약으로 흉통이 있을 때 혀 밑에 넣으면 통증이 사라진다 - 역주)을 처방하며 위급한 순간에 사용하라고 했으며, 이틀 후에 심장내과 전문의에게 진찰을 받을 수 있도록 조치해 줬다.

아내가 자동차로 나를 데리러 왔다. 나는 결과를 말해 줬다. 내 목소리는 갈라졌고, 눈에서는 눈물이 흘렀다. 그 다음에는 아이들에게 처음으로 지금의 상황을 설명해 줬다.

그날 저녁에는 내 사무실의 동료에게도 소식을 전했다. 그리고 다음날에는 출근하여 환자를 진료했다. "왜 안 돼?" 라고 나는 생각했다. "괜찮을 거야. 뭐 특별히 어려운 문제는 아니잖아?" 라고 생각했다. 하지만 나는 한 가지 생각에 사로잡혀서 어떤 일에도 정신을 집중할 수가 없었다. 하루가 다 지날 무렵에 나는 내 동료에게 말을 꺼냈는데, 역시 내 목소리는 갈라지고 있었다. 하지만 심지어 그 순간에도, 나는 내가 얼마나 오래 일을 쉬게 될지는 확실하지 않다고 생각했다. 나의 운동부하검사 결과가 위양성(양성 결과가 나왔지만 실제로는 아닌 경우를 말함 - 역주)일 수도 있지 않은가, 라고 생각하면서 말이다.

다음날은 금요일이었는데, 나는 출근하지 않았다. 그 대신 아내와 함께 심장내과 전문의를 찾아갔다. 그 다음주 월요일에 심장혈관조영술을 실시하는 것으로 이미 예정이 잡혀 있었는데, 나는 가능하면 그날 아침에 첫 번째로 검사를 받고 싶다고 말했다. 심장내과는 워낙 바빠서, 검사가 늦춰지는 일이 흔하기 때문이다.

또 누구에게 말을 했더라? 꽤 가까운 친분과 우정을 쌓아 온 나의 랍비. 다른 도시에 살고 있는, 몸은 건강하지만 마음은 여린 81세의 내 아버지. 또다른 곳에서 살고 있는 간호사인 나의 누이.

아버지의 즉각적인 반응은 이랬다. "내일 그리로 가겠다." 나는 아버지가 나에게 아무 것도 묻지 않은 채 이런 반응을 보이는 것에 화가 났다. 그래서 나는 적어도 혈관조영술 결과가 나오기 전까지는 오시지 않는 것이 좋겠다고 말을 했다. 아버지는 나중에 다시 전화를 걸어서 "내가 무엇을 해야 할지 알려 다오."라고 말했다.

나의 기분? 슬픔이었다. "나는 나를 잃고 싶지 않아." 나는 생각했다. "나는 정말 운이 없나봐." 그리고는 "운동부에 소속된 대학생"도 아니면서 몸 관리를 너무 하지 않았던 것에 대해 부끄러움을 느꼈다.

다음날인 토요일에는 유대교회에서 열린 작은 모임에 참석했다. 랍비는 나를 위하여 아픈 자들의 "몸과 영혼의 치유"를 기원하는 기도를 올려 주었다. 나는 내가 건강하지 않다는 사실이 모임의 여러 사람들에게 알려지는 것에 대해 두 가지 감정이 동시에 들었다. 한편으로는 그 사람들이 나를 지지해 줄 것을 바라면서도, 다른 한편으로는 참 난처한 기분이 들었다.

그 다음날에는 원래 잡혀 있던 처가 쪽 식구들과의 약속에 나갔다. 이미 내 문제는 비밀이 아니었고, 모두가 나에게 마음으로 응원을 보냈다. 그 중에는 비슷한 상황에 처했던 경험을 가진 사람도 있었는데, 그는 "다른 의사를 찾아가 보라"고 제안했다.

월요일, 나는 혈관조영술을 받기 위해 병원 문을 들어섰다. 수많은 생각들이 머릿속을 교차했다. 이 검사를 하기 전에 흔히 처방되는 알약을 나도 먹어야 할까? '구체적으로' 어떤 일이 벌어지는 것일까? 나한테 뭔가 해로운 일이 생기진 않을까? 결과는 어떻게 나올까? 검사 자체는 쉽게 끝났다.

그날 늦게, 심장내과의사가 검사 결과를 들고 내 방으로 왔다. 그는 나와 내 아내에게 여러 개의 관상동맥과 그 가지들이 좁아져 있는 상황이라고, 상태가 심각한 편이라고, 수술을 한다고 해서 도움이 될지는 분명하지 않다고 설명했다. 우리는 할 말을 잃었다!

심장내과의사는 지난주부터 이 드라마의 일부분이 되어 있는 내 아이들을 잠깐 방에서 나가 있도록 했다. 금방 끝날 줄 알았던 우리의 이야기는 삼십 분 넘게 계속됐다. 아이들은 자신들이 배제된 것에 대해 불만을 터뜨리며 "다시는 그러지 마세요!"라고 말했다.

외과의사가 찾아와서 수술은 선택의 문제인데 자신이 그 수술을 해 보겠노라고 말한 것은 그 다음날이었다. 나는 심장내과의사와 함께 내가 선택할 수 있는 방법들을 검토했다. 약물치료만 하는 것은 장기적 관점에서 좋은 성과를 기대하기 어려웠다. 풍선이 달린 카테터를 집어넣어 좁아진 부위를 넓히는 혈관성형술은 가능성 있는 요법이긴 했지만 위험성이 좀 있었다. 수술은, 위험하기는 마찬가지지만, 그래도 최선의 선택인 듯했다.

우리는 수술을 진행하기로 의견을 모았다. 나는 나의 원래 주치의인 내과의사와 심장내과의사와 외과의사 모두에게 나를 계속해서 진료해 달라고 요청했다. 나는 그들에게 매일 나에게 들러 달라고, 공적인 관계로 생각하지 말고 친구 대하듯 나를 봐 달라고 요청했다. 내 병의 치료와 관련된 일이 나의 상태에 대해 완벽하게 알지 못하는 누군가에 의해 결정되게 하고 싶지는 않았다. 내가 누구인지 잘 아는 사람에게 돌봄을 받고 싶었다. 너무 많은 요리사가 있어 음식을 망치는 일도 원치 않았다. 버려졌다는 느낌을 받고 싶지도 않았다. 그들은 내 부탁을 들어줬다.

돌아오는 금요일에 수술을 받기로 약속을 하고, 나는 일단 집으로 갔다. 나는 다시 한번 내 수술이 그 날의 첫 번째 수술이 되게 해 달라고 부탁했다.

그 사이에 나는 내 주변을 정리했다. 모든 일이 잘 풀릴 것 같은 느낌이 들기는 했지만, 나는 내가 혹시 수술 후에 깨어나지 못할지도 모른다는 생각으로 여러 가지 일을 처리했다. 아내와 변호사와 친한 친구들과 함께, 나는 나의 유언장, 개인 자산, 사무실의 재정 상황, 보험 등의 문제를 재검토했다. 그리고 나는 아내가 나와 관련된 여러 가지 서류들을 쉽게 접할 수 있도록 해 두었다. 나는 아내의 강인함에 깊은 인상을 받았다. 아내에게, 아들과 딸에게, 아버지와 누이에게 각각 편지도 썼고, 그 편지들을 모두 직접 전해 주었다. 그건 "내가 죽은 다음에 열어 보라고" 쓴 편지가 아니라, 곧바로(또한 아마도 한 번 이상) 읽힐 것을 기대하고 쓴 것이었다. 편지에는 사랑과 관심과 존경의 마음이 담겨 있었다. 나는 많은 일을 하려 했다. 내가 "죽음에 직면" 해 있었기 때문이다.

수술 전날인 목요일에 나는 병원에 입원했다. 입원 수속을 담당하는 직원이 내게 돈이 얼마나 있느냐고 물었다. 누구도 피해갈 수 없는 직접적인 질문이었다. 나는 대답했다. "먹고살만 합니다." 라고.

일에 차질이 있어서는 안 된다는 생각에 사로잡혀, 나는 수술 전에 내가 준비해야 할 사항 등을 일러주는 간호사의 설명을 들으면서도 뭔가 잘못된 내용이 있는 건 아닐까 유심히 생각하고 있었다. 수술 직후에 환자가 어떤 모습을 하고 있는지를 비롯한 여러 가지 것들에 익숙해지라는 뜻에서, 간호사는 나와 내 가족들에게 중환자실을 보여 주었다. 나도 수술 직후에는 그곳으로 옮겨질 것이었다. 나는 '의사로서' 그곳을 무수히 많이 드나들었다. 그러나 지금 내 눈에 보여지는 수술 직후의 환자들은 전혀 다르게 느껴졌다. 그들은 매우 허약하고 창백했으며, 여러 개의 튜브들과 인공호흡기들에 얽매어 있었다.

나의 랍비가 방문하여 "무엇이 가장 두려운가요?" 라고 물었다. 나는 잠시도 생각하지 않고 즉답을 했다. "죽는 것입니다." 라고. 적절한 대답이라고 생각했지만, 조금 더 생각해 본 다음에 나는 좀 더 솔직한 대답을 할 수 있었다. "사람이 달라지는 것이지요. 뇌졸중이 생길지도 모르고, 성격이 바뀔지도 모르지요. 나의 유머 감각이 없어질지도 모르구요." 나는 그에게 물었다. "이 상황에서 가장 적당한 기도는 무엇이겠습니까?" 그는 "쉬마(Sh' ma)" 라고 대답했다. 그건 유대교에서 신에 대한 믿음을 표하는 대표적인 기도이다. 살아오면서 수도 없이 많이 반복했던 말이지만, 다시 한 번 말해 보니 아주 새롭고도 특별한 의미가 느껴졌다. "너는 너의 주를 너의 *마음*으로 사랑하라", "나의 명을 너는 너의 *마음*에 깊이 담으라." (마음을 뜻하는 heart라는 단어가 심장을 뜻하기도 하므로 특히 와닿았다는 뜻으로 이탤릭체로 표현한 것이다 - 역주)

그날 저녁, 간호사는 내게 샤워를 한 후 몸 전체를 특수 비누를 사용해 소독하라고 말했다. 그건 수술 후에 생길지 모르는 세균감염을 최소화하기 위해 필요한 것이다. 나는 오랫동안, 그리고 열심히 소독을 했다. 성공을 위해 내가 할 수 있는 건 뭐든지 할 것이다.

수술을 할 의사는 퇴근하기 전에 내 병실에 들러 몇 마디 이야기를 나누었었다. 그는 혹시 더 궁금한 것이 있으면 집으로 전화를 하라고까지 했었다. 밤 10시. 나는 그에게 전화를 걸었다. 내 발에 무좀이 있다는 사실을 이야기하기 위해서다. 굳이 이걸 말하려 했던 것은 내가 몇 년 전에 읽었던 논문의 내용이 생각나서인데, 그 논문엔 발의 무좀이 다리의 정맥을 떼어내서 옮기는 이 수술의 감염 위험을 '아주 조금이지만' 높일 수 있다고 되어 있었다. 나는 여전히 나를 담당하는 의료진의 일원이었다. 그는 나의 지적에 고마움을 표했고, 정맥을 떼어낼 부위를 선정하는 일에 있어 특별한 주의를 기울이겠다고 말했다.

나는 스스로에게 물었다. "지난 오십 년 동안의 경험 중에서 나는 지금 어떤 경험과 어떤 능력을 활용해야 하는 것일까?" 나는 내 어머니가 유방암과 싸우면서 보여줬던 용기와 침착함을 떠올렸다. 그리고 의대생 시절에 시험 공부를 하다가 어느 순간이 되면 "내가 할 수 있는 일은 다 했다"라고 말한 후 책을 덮었던 일을 떠올렸다. 수술 전날 밤 10시 30분에, 나는 이렇게 중얼거리고 있었다. "내가 할 수 있는 일은 다 했어. 이제는 좀 쉬자. 이건 나에게 새로운 경험일 뿐이야. 이 경험에서 내가 배울 수 있는 게 뭔지 찾아보자구."

기분은 좋았다. 때론 서먹했던 아버지나 누이와의 관계도 좋아졌다. 내가 꽤 괜찮은 인생을 살아왔다는 느낌도 들었다. 결혼생활도 만족스럽고 아이들도 자랑스러웠다. 나는 지금까지의 그 어느 순간보다 편안하고 평온한 상태였다.

수술 당일인 금요일 아침에는 5시 30분에 눈이 떠졌다. 샤워를 하고 소독을 다시 했다. 가족들이 병원에 도착했고, 그들이 수술실 문 앞까지 동행해 줬다. 의회에서 이란-콘트라 스캔들 청문회를 하던 여름이었는데, 내가 분위기를 좀 가볍게 해 볼 요량으로 말했던 마지막 말은 "레이건은 알고 있었다"였다. 정맥 주사가 시작되는 것까지만 기억할 뿐, 수술 후 깨어나기까지는 아무런 기억이 없다.

내가 수술을 받고 있는 동안 친구들과 병원의 간호부장과 내 랍비 등이 병원에 와서 초조하게 기다리고 있는 가족들을 만났다. 그건 적지 않은 도움이었다.

나의 바로 다음 기억은 간호사의 "닥터 X, 눈떠 보세요."라는 말이다. 나는 '당연히' 인공호흡기와 수많은 튜브들과 심장 모니터 장치들에 연결되어 있었다. 조금 있다가 가족들이 보였다. 나는 종이와 연필을 달라고 하여 "레이건은 알고 있었다"라고 썼다. 나의 인지능력이 제대로 보존되어 있으며 나의 유머 감각이 여전히 살아 있음을 가족들에게, 그리고 나 자신에게 확인시키고 싶었던 것이다.

그 후 며칠 동안 대단히 다양한 치료와 시술들이 행해졌다. 나는 계속해서 스스로를 돌보는 일에 참여하고 있었는데, 예를 들자면 이런 것이다. 인공호흡을 위해 나의 목에 삽입되어 있던 튜브를 뽑게 되었을 때, 나는 의사에게 "커프에서 바람 빼는 일을 잊지 말라"는 신호를 보냈다(튜브에는 고정을 위한 작은 풍선-커프-이 붙어 있으며, 튜브를 뽑기 전에는 반드시 이 풍선에서 바람을 빼야 한다 - 역주). 정맥을 떼어낸 부위의 반창고에 피가 묻어 있는 것이 보이자, 혹시 문제가 있는 것은 아닌지 간호사에게 물었다. 간호사는 "평소에 보던 것보다 조금 출혈양이 많은 듯도 하네요."라고 말했고, 나는 신경이 쓰였다. 나중에 의사가 와서 지극히 정상이라고 말을 해 줬다. 또한 오한이 좀 느껴지자 나는 의사에게 혹시 약 때문이 아니겠느냐고 물었고, 담당 의사도 그렇게 생각한다면서 의심이 가는 약을 바꿔주었다. 흉관을 뽑을 때에 나는 코데인(진통제의 일종 - 역주) 알약을 하나 먹었는데, 그게 수술의 통증으로 인한 진통제 사용의 마지막이었다. 나는 기침을 매우 자주 했고 기침을 촉진하기 위해 작은 유리병으로 등을 두드리기까지 했다. 폐렴의 위험을 줄이기 위해서였다. 나는 나 자신을 돌보고 있었다.

수술 후 3일이 지난 월요일, 나는 일반 병실로 옮겨졌다. 그날 저녁, 나는 심장이 가끔 불규칙하게 뛰는 것을 발견했다. 갑자기 맥박이 확 빨라지곤 했던 것이다. 간호사들에게도 알람이 전달되었는지, 간호사가 와서 내가 이미 알고 있는 사실을 알려줬다. 그녀는 당직인 심장내과의사에게 전화를 걸었고, 그는 주사약 하나를 처방하는 모양이었다. 하지만 그 의사는 나를 잘 알고 있는 담당의사가 아니었다. 나는 말했다. "닥터 Y(그가 내 주치의다)에게 전화를 해 줘요." 그는 다른 약을 처방했다. 나는 수액이 제대로 내 정맥으로 들어가고 있는지, 내 몸에 들어가야 할 약물은 제대로 주입되고 있는지 궁금했다. 나는 내가 요청하지 않았어도 간호사가 담당의사에게 연락을 취했을지 궁금했다. 나는 간호사들이 자신들이 하고 있는 일에 대해 제대로 알고 있는지 의심스러웠다. 내 심장은 계속해서 빨리 뛰고 있었다. 한 간호사가 내 혈압까지 떨어지고 있다고 말했다.

나는 다시 중환자실로 급히 옮겨졌다. 그때쯤에는 내 팔에도 통증이 생겨나고 있었다. "닥터 Y를 불러줘요."라고 나는 말했다. 나는 여전히 나 자신을 진료하는 사람들 중 하나였던 것이다. 나는 내가 관여하지 않으면 뭔가 나쁜 일이 생길 것만 같은 기분에 사로잡혔다.

마음이 급해졌다. 혈압은 떨어지고 있었고 통증도 계속됐다. 이식한 혈관이 막혔음이 분명했다. 나는 죽을 것만 같았다. 지금까지의 모든 준비들과 수술이 말짱 도루묵이 될 판이었다. 나의 주된 방어기제들—부정, 인지화, 합리화, 그리고 유머—도 이제 더 이상 통하지 않았다. 그 대신, 처음으로, 나는 진정한 공포를 느꼈다. 대답을 듣기가 무척이나 두려웠지만, 나는 의사에게 물었다. "내가 살 수 있을까요?" 그는 확신에 찬 목소리로 부드럽게 대답했다. "물론입니다." 그리고 덧붙였다. "시작할까요?" 그의 말뜻은 "마음을 편안히 가지세요. 우리가 알아서 적절한 조치를 취하겠습니다." 였다. 하지만 나는 여전히 무슨 일이 벌어지는 것인지 알고자 했고, 의사결정 과정에 참여하고 싶어했다. 이렇게 죽는다면, 죽기 전에 마지막 몇 마디라도 나누기 위해 내 아내를 지금이라도 병원으로 오라고 해야 하지 않을까 하고 생각했다.

시각이 자정을 넘고 있었다. 중환자실의 누군가가 내 아내에게 전화를 걸었다. 아내는 아주 많이 두려워했지만, 병원으로 달려올지 말지를 결정하지 못하고 있었다. 그녀의 곁에는 아이들과 내 아버지와 누이가 있었는데, 그들 모두를 공포에 떨게 하고 싶지는 않는지, 아내는 일단 집에 머물기로 결정했다. 그녀는 그리 멀지 않은 과거에 오랫동안 병석에 있던 자신의 어머니를 하늘나라로 보냈고, 비슷한 시기에 그녀의 아버지 또한 급작스런 심장병으로 세상을 떠났다. 그런 일들 때문에 그녀의 마음은 더욱 복잡했을 것이다. "언제든지 전화를 주세요."라고 간호사가 아내에게 말했다. 아내의 전화는 자주 걸려왔다. 그녀는 밤새도록 깨어 있는 듯했다.

모르핀과 다른 약물들이 주입됐고, 수술 후 빈혈을 교정하기 위한 수혈이 행해졌다. 그리고 얼마간의 시간이 흐른 후, 비정상적인 빈맥은 사라졌다. 팔의 통증 역시 사라졌다. 시작부터 끝까지, 이번 소동에 걸린 시간은 기껏해야 세 시간 미만이었다. 그럼에도 불구하고, 그 일은 내 기억 속에 너무나 생생하게 남아 있다. 나는 이 순간을 떠올리거나 이 순간에 대해 이야기를 할 때마다, 눈물이 핑 도는 듯한 기분을 느낀다.

오전 7시가 되자 간호사들이 근무 교대를 했고, 내 담당 간호사도 바뀌었다. 새로운 간호사가 내게 처음 한 말은 이랬다. "저런! 심장수술을 받으셨네요. 앞으론 다이어트를 하셔야겠어요. 다이어트 식품도 필요하실 테구요. 저한테서도 다이어트 식품을 사실 수 있답니다." 나는 이 우스꽝스러운 상황이 어처구니없게 느껴졌다. 나는 바로 조금 전에 죽음의 문턱까지 갔다왔는데, 이 간호사는 내게 다이어트 식품에 관한 이야기를 하고 있다. 생각해 보니 조금 불쾌하기도 했다. 지난밤에 나에게 어떤 일이 있었는지에 대해 간호사가 어떻게 이렇게 모를 수 있는지, 혹은 무신경할 수 있는지에 대해서 말이다.

그 날은 하루 종일 별일이 없었다. 그 다음날에는 다시 일반 병실로 옮길 수가 있었다. 그런데 옮겨간 병실이 엊그제 머물렀던 바로 그 병실이었다. 나는 그 병실이 혹시 내게 불운한 장소는 아닐까 하고 생각했다. 하지만 곧 그런 생각은 지워버렸다. "이런 바보 같은 생각을! 신이 그렇게 할 일이 없진 않을 거야."라고 생각했다. 나는 평범한 입원 환자의 생활로 무사히 복귀했던 것이다.

나를 주로 담당하는 간호사는 둘이었다. 하나는 오전 7시부터 오후 3시까지, 다른 하나는 오후 3시부터 밤 11시까지 일했다. 둘 다 유능한 간호사였지만, 일하는 스타일은 달랐다. 한 명은 나를 반복적으로 체크하면서 사무적인 목소리로 이렇게 말하곤 했다. "맥박은 80이구요, 혈압은 120에 80입니다. 폐 호흡음도 깨끗하네요." 하지만 다른 한 명은 달랐다. 똑같은 일을 했지만, 그는 나와 '대화'를 했다. 내 기분을 물었고, 내 이야기를 들어줬다. 며칠이 지난 후, 나는 첫 번째 간호사에 대해 분노를 느끼고 있는 나 자신을 발견했다. 그녀는 내게 단 한 번도 "좀 어떠세요?"라거나 "기분은 괜찮으신가요?"라고 묻지 않았었다. 나는 내 생각을 그녀에게 이야기하는 것의 장단점을 계산해 보다가, 퇴원을 하루 이틀 남겨두었을 때 결국 말을 꺼냈다. 처음에는 그녀의 좋은 점부터 이야기했다. "그 동안 잘 돌봐줘서 정말 고마워요."라고. 그리고는 그녀에게 부족하다고 생각되는 점을 말했다. 환자의 기분에 대해 별 관심이 없다는 점 말이다. 그녀는 방어적이었다. "저는, 선생님께서 의사이시니까, 그런 종류의 관심을 원하지 않으실 거라 생각했어요." 그녀는 또 말했다. "늘 방문객이 있으셔서…" 실제로 방문객이 있었던 시간은 거의 없었는데 말이다. 나는 그녀에게 내가 의사이기 때문이라는 말은 별로 좋은 변명이 아닌 듯하다고 말했다. 내가 특정한 그룹의 일원이기 이전에 한 사람의 개인이고, 내가 한 사람의 환자 즉 누군가의 도움을 필요로 하는 사람일 뿐이고, 내가 필요로 했던 것은 다른 모든 환자들이 필요로 하는 것과 같은 것이었다는 사실이 그 이유였다.

주말이 되었을 때, 딱 한 가지 사실만 빼고는 모든 상황이 좋아져 있었다. 그 한 가지는 치통이 다시 생겼다는 것인데, 문제의 치통은 내가 심장 수술을 받기 전에 느꼈던 것과 비슷했다. 이게 과연 무슨 의미일까? 물리치료를 받는 동안 나는 내 심전도 그래프가 약간 변화하는 것을 알아차렸다. 물리치료사에게 어떻게 생각하느냐고 물었더니 "ST 분절 부분이 더 좋아진 것 같은데요?"라는 답이 돌아왔다. 이런 경우에 척 보고 나쁜 것 같다고 말하는 사람은 없다. 걱정거리는 자꾸만 늘어갔다.

드디어 마지막 날, 나는 운동부하검사를 다시 받았고, 결과는 정상이었다. 치통 때문에 느껴야만 했던 찜찜함은 일단 잊어도 좋았다. 퇴원하기 직전엔 일종의 필기시험도 치렀다. 심장병 환자를 위한 교육 시간에 배운 내용들을 재확인하는 차원이었다. 그 질문지에는 성관계에 대한 항목들도 있었다. "언제부터 당신은 성교를 가질 수 있습니까?"라는 문제 옆의 빈칸에 나는 이렇게 썼다. "10월 3일 오후 3시 15분."

평소 나는 퇴원하는 환자들에게 퇴원 후 첫 며칠이 대단히 중요하다고 늘 말했었다. 환자를 위해 병원에 있는 의료진이 행하는 의료서비스의 종류는 사람들이 흔히 생각하는 것보다 훨씬 많다. 그러므로 퇴원한 환자에게 가장 중요한 것은 도와줄 사람이 전혀 없는 상황에 빨리 적응하는 일이다. 나에게도 똑같은 일이 벌어지고 있었다. 집에서의 첫날 밤, 나는 소변을 보기 위해 몇 차례나 일어나야 했는데, 소변보는 일부터가 쉽지 않았다. 나는 침대에서 벗어나기 위해서나 화장실까지 이동하기 위해서나 아내의 도움을 받아야만 했다. 결국 나는 다음날 낮, 아들 녀석에게 플라스틱 소변기를 사 오게 했다. 계단을 오르내리거나 자세를 바꾸는 일도 아내의 도움이 있어야만 할 수 있었는데, 병원에서는 모두가 간호사와 다른 직원들이 도왔던 일이었다.

집에서 요양한 지 이틀이 지났을 때였다. 가슴 왼쪽에 약간의 통증이 생겼고, 숨을 내쉬는 힘이 평소보다 많이 떨어지는 것처럼 느껴졌다. 나는 또 최악의 경우를 생각했다. 폐 색전증이 생겼을 수도 있다고 말이다. 그건 어딘가에서 비롯된 피딱지가 나의 폐를 손상시켰다는 뜻이다. 하지만 이번에는 의사를 찾지 않고, 일단 기다려 보기로 했다. 나는 이제 나 스스로를 진료하는 의사로 되돌아오고 있었다. 통증은 이삼일 후에 저절로 없어졌다.

아내와 함께 나는 일상적인 일들—먹고 산책하고 낮잠 자고 한두 명의 손님을 만나는—을 소화해 냈고, 그러다 보면 하루가 후딱 지나가곤 했다. 몇 주에 걸쳐 친구 및 친지들의 방문을 받다보니, 나는 그들과 나누는 대화에도 여러 종류가 있다는 것을 알게 됐다. 가볍고 하찮은 대화에서부터 나의 감정이나 철학에 대해서까지 이야기할 수 있어 정말 유익한 대화까지 말이다.

내 생일이었던 8월 23일 아침, 아내에게 전화가 걸려왔다. 아내의 사촌이 심장과 관련된 문제로 인해 갑작스레 세상을 떠났다는 연락이었는데, 나보다 몇 살 위였던 그는 나의 환자이기도 했던 사람이다. 아내가 그 내용을 내게 전했을 때, 나는 수술을 받은 이후 처음으로 눈물을 흘렸다. 나는 그것이 아내의 사촌만을 위한 눈물이 아님을 알았다. 그건 지난 몇 주 동안의 일을 겪으면서 내 마음속에 쌓여 왔던 모든 감정들로 인한 눈물이었다.

　나는 일주일에 세 번씩 재활치료 그룹에 나갔다. 그 그룹에서 나는 최고 신참인 동시에 가장 젊은 사람이었다. 치료사는 낙천적이고 환자에게 용기를 불어넣는 편이었지만, 나에게는 이렇게 말하곤 했다. "혈압이 오늘은 올라갔네요. 예전에도 이 정도였던 적이 있나요?" 라거나, 나의 심전도 결과를 보면서 "여기 불규칙한 심장박동의 원인이 심방에 있는 건가요, 아니면 심실에 있는 건가요?" 라는 식으로. 나는, 적어도 그곳에서는 내가 의사가 아니라 환자임을, 그곳에 있는 사람들에게 계속해서 상기시켜야만 했다.

　그 동안 나는 많은 것을 심사숙고했다. 나는 미래의 불확실성에 대해 생각했다. 증상이 재발할까? 내 수명이 단축되는 것일까? 나는 내가 수술 받기 전에 비해 훨씬 더 원기 왕성해졌음을 알고 있었다. 그렇긴 했지만, 나는 내가 이제는 할 수 없는 일들이 존재한다는 것도 알고 있었다. 내가 거친 계곡으로 카누 여행을 떠나겠다고 생각하는 일은 터무니없는 일인 것이다. 비록 내가 과거에 단 한 번도 카누 여행 따위를 해 본 적은 없지만, 예전에는 없었던 그런 한계가 존재한다는 사실은 나의 질병이 내 삶을 제한한다는 사실을 상징적으로 드러내고 있었다. 내 병이 회복되는 중에도 여러 차례 다양한 증상들이 생겨났다가는 슬그머니 없어지곤 했다. 그런 증상들이 나타날 때면, 나는 언제나 "심각한 걸까? 심장이 도지는 걸까?" 라고 스스로에게 묻곤 했다.

　나는 아내 또한 많은 두려움을 갖고 있었고, 그 두려움이 여전하다는 것을 알았다. 얼마 전엔 우리가 대화를 나누다가 내가 잠시 말을 멈추자 아내가 물었다. "어디가 불편하세요?" 라고. 내 귀가시간이 조금 늦어져도 아내는 걱정을 했다. 나는 귀가가 늦어질 경우엔 전화를 해야 한다는 것을 알게 됐고, 이제는 그럴 때 꼭 전화를 한다. 우리는 서로를 돌보아야만 했다.

　수술 후 처음 몇 주 동안, 나는 내가 평소에 늘 해 오던 일들 중 많은 부분을 포기하는 것을 손쉽게 합리화할 수 있었다. 내가 '환자'라는 이유로. 여러 청구서들에 대한 지불도 아내가 했고, 나의 책임이었던 많은 다른 일들도 아내가 처리했다. 나는 내가 더 이상 환자가 아니라고 말하는 것이 꺼려지기는 했지만, 결국엔 내가 정상으로 되돌아왔다고 선언하게 되었다. 10월 중순, 그러니까 수술 후 10주가 지났을 때, 보스턴에 있는 딸을 만나러 다녀온 직후에 나는 하루에 반나절씩이나마 진료를 다시 시작했다. 그리고 다시 6주가 지나 12월이 되었을 때에 비로소 완전히 복귀할 수 있었다.

직장에 복귀하면서 가장 신경이 쓰였던 것은 내 마음이 완전히 예전과 같을 것인지였는데, 지금까지는 그럭저럭 잘 해오고 있다. 가장 큰 스트레스는 내 주의를 흐트러뜨리는 여러 가지 일들이었다. 과거에는 집에 있을 때 내가 좋아하는 한 가지 일에 관심을 집중하며 시간을 보낼 수 있었다. 지금은 내 일, 즉 환자 진료가 지극히 복잡한 임무임을 깨닫게 되었고, 그에 따라 생활 방식을 변경하는 것이야말로 나에게 커다란 장애물이 되었다.

1월에는 내 아내와 딸과 함께 이스라엘로 날아갔다. 그곳에서 공부를 하고 있던 아들을 만났고, 온 가족이 모처럼 다 모였다.

이 이야기에서 무엇을 배울 것인가? 의학의 인간적인 측면은 어떤 요소로 구성되어 있는가?

이 자세한 이야기는 어떤 사람이 자신의 질병을 알게 되고 조언을 구하고 의사를 찾아올 때 실제로 어떤 일이 벌어지는지에 대한 통찰을 제공한다. 환자는 정확한 진단과 현명한 치료방법을 원한다고 생각되지만, 실제로 벌어지는 일은 그 이상이다. 구체적으로 어떤 과정들이 진행되는지에 대해 의사들이 제대로 이해하지 못한다면, 그것을 분석적으로 바라보거나 거기에서 교훈을 얻을 기회를 날려보내게 된다.

이런 것들을 가르치기 위해서, 나는 두 가지 패러다임을 사용한다.

첫 번째는 *생물정신사회적 모델(biopsychosocial model)*이다. 이것은 내가 로체스터 대학에서 배운 핵심적인 내용인데, 모든 환자를 그들의 삶의 맥락 속에서 이해하는 것을 말한다. 질병이란 그것만 동떨어져 나타나는 것이 아니다. 중요한 생물학적, 정신적, 사회적 요인들이 섞여서, 가끔은 이 세 가지 요인 모두가 작용하여 나타난다. 환자에게 주의를 기울이고 질병을 돌보는 과정의 일부는 환자의 질병을 이루는 가능한 모든 구성요소들을 발견해 내는 것이 되어야 하며, 그것을 게을리 할 경우에는 필요한 해결책 중 일부밖에 제시하지 못하게 되며 회복을 늦추거나 불가능하게 만들 수도 있다.

두 번째는 체계적으로 환자와 만나고 환자를 통해 배우는 다섯 단계의 과정이다.

1단계 : 이야기. 환자의 *이야기*는 실제로 일어난 일이며 그와 관련된 느낌과 감정과 생각들을 포함한다. 그것은 또한 진단과 치료에 대한 거의 모든 실마리를 담고 있다. 어떤 종류의 임상병리검사나 X-레이 검사도, 심지어 이학적 검사조차도 환자의 이야기만큼 다양하고 가치 있는 정보를 제공하지는 못한다.

2단계 : 병력. 환자의 이야기에 관해 질문하고 그것을 편집하고 재구성하여 유용한 형태로 바꾸는 과정이 소위 *"병력청취"*이다. 그 결과는 문제를 명확히 하고 해결을 위한 행동을 시작하는 기초가 된다.

3단계 : 문제의 핵심. 가장 중요한 *문제*가 무엇인지 파악해야 단순한 진단을 넘어 질병과 관련된 모든 의학적 차원을 검토할 수 있다. 문제의 핵심은 환자의 이야기나 병력을 통해서 얻어지는데, 최소한 다음과 같은 것들을

포함한다.

- 진단명은 무엇인가? 만약 관상동맥질환이라면(혹은 당뇨병이나 급성맹장염이 라면), 적절한 치료를 위해 더 필요한 정보들은 무엇이 있는가? 진단명과 관련 된 모든 요소를 알지 못한다면, 우리는 완벽한 치료를 제공할 수 없다.
- 선택 가능한 치료법은 어떤 것들이 있는가? 여러 가지 선택 가운데 최선은 무엇 인가?
- 예후는 어떤가, 즉 환자가 앞으로 어떻게 될 것인가?

이보다 적게 등장하는 다음과 같은 문제들도 있다.

- 왜 지금 이런 일이 벌어졌는가?
- 치료를 하지 않으면 무슨 일이 벌어지는가? 치료를 하는 것과 차이가 존재하는 가?
- 질병이 환자의 자아상(自我像)에 미치는 영향은 무엇인가?
- 이 질병을 치료하는 것이 환자의 다른 질병에는 어떤 영향을 끼치는가?
- 환자의 가족들에게는 어떤 영향을 끼치는가?
- 환자가 치료비를 부담할 능력이 있는가?
- 윤리적인 문제가 있지는 않은가?
- 예상 가능한 나쁜 결과는 무엇이 있는가?

모든 진단명은 각기 다른 종류의 핵심적인 문제들을 갖는다. 이야기와 병력이 정확하지 않다면 문제의 핵심도 제대로 파악할 수 없고, 그에 따라 행해지는 치료도 부적절하거나 환자에게 해로울 수 있다.

4단계 : 의사-환자 관계. 의사와 환자 사이의 *관계*는 치료 과정을 촉진한다. 의사는 치료의 매 단계마다 "치료 효과를 높이기 위해 환자와의 관계를 어느 정도로 활용할 수 있을까?"를 고민해야 한다.

5단계 : 나는 무엇을 배웠나? 5단계는 의사의 직업적 성숙 과정에서 가장 중요한 것이며, 앞의 네 단계 모두를 포괄하는 것이다. 이 질문을 던짐으로써 통찰과 발견을 얻을 수 있다. "환자에 대해, 질병에 대해, 질병에 대한 환자의 대처 방식에 대해, 환자나 다른 경로를 통해 여러 정보들을 얻어내는 과정에 대해, 잘못될 수 있는 가능성들에 대해, 나는 무엇을 배웠나? 또한 나는 나 자신에 대해서는 무엇을 알게 됐나?" 심지어 질병이 치유 불가능한 것이거나 환자와의 관계가 좋지 않았던 경우에도 배울 것은 많이 있다. 나쁜 결과가 빚어졌을 때에도 우리는 생산적인 질문을 던져야 한다. "어떤 일이 벌어진 것인가? 이런 일의 재발을 막기 위해서는 무엇을 해야 할까?" 이것이 우리가 경험에서 배우는 방법이다.

우리가 배울 수 있는 것은 단순한 것에서부터 심오한 것에까지 걸쳐 있다. 앞의 이야기를 통해 내가 배운 것은 이런 것들이다.

환자는 각각 질병의 다른 단계에서 의사를 찾아온다. 의사를 찾는 일의 역치가 사람마다 다른 이유는 똑같은 상황에 대해서 사람들이 다르게 느끼기 때문이고 두려움이나 방어기제도 사람마다 모두 다르기 때문이다. 이 환자의 경우 증상이 나타나기 시작한 초기에는 주로 부정(否定)이라는 방어기제를 사용했다. 자신이 의사이기 때문에 상황을 더 잘 알 수 있었음에도 말이다. 다른 요인들도 부수적으로 작용했다. 시기적인 요인(자녀들이 멀리 떠나는 시점이었다)이나 다른 사람의 영향("아내가 나로 하여금 약속을 지키게 했다"는 식의 언급이 자주 나온다)이 의사를 찾는 시점을 앞당길 수도

있다.

이야기와 병력이 중요하다. 환자가 심각한 심장 질환을 갖고 있었지만 이학적 검사에서는 정상으로 나타났었다. 오로지 환자의 이야기를 통해 진단을 위한 단서를 얻을 수 있었다.

각각의 문제들에 수반되는 질문들이 있다. 이 문제(질병)가 생긴 원인은 무엇일까? 해결책(치료법)은 무엇일까? 앞으로는 어떻게 될까(예후)? 이들은 의학에 있어서 "기술적인" 문제들이며, 의사는 매 단계마다 이 모든 질문들을 던져야 한다.

아무리 훌륭한 치료를 하더라도 상황은 나빠질 수 있다. 이 환자는 약의 부작용으로 인한 오한과 부정맥을 경험했다. 다행히 의사와 간호사들이 재빨리 문제를 인지하여 올바른 대처를 했다. 약물이나 치료방법으로 인해 질병이 유발되는 경우는 흔히 발생한다.

질병은 환자에게 상징적인 의미를 가지며, 환자는 질병에 대해 심리적인 반응을 보인다. 이 환자는 처음엔 슬픔과 부끄러움과 당혹감을 느꼈다. 다른 환자들은 분노나 원망이나 실망이나 무기력감이나 좌절을 느끼기도 한다. 과거의 잘못 때문에 벌을 받는 것이라고 느끼는 사람들도 있다. 성장을 위한 기회로 받아들이는 사람들도 있다. 자신이 믿는 신(神)이 자신을 저버렸다고 느끼는 사람도 있고, 고립감을 느끼는 사람도 있다. 환자가 보이는 심리적 반응의 다양함을 이해하는 의사가 환자 개개인에게 꼭 맞는 의술을 베풀 수 있다.

환자는 심리적 방어기제들을 사용하는데, 어떤 것은 건강한 것이지만 어떤 것은 그렇지 못하다. 환자들이 사용하는 방어기제는 다음과 같은 것들이다.

· 부정(denial). "이건 심장 문제가 아니야." 그가 흉통에 대해 첫 번째로 보인 반응

이었다. 그는 부정을 강화하기 위해 일부러 계단을 걸어서 오르기도 했고 휴가 계획을 억지로 세우기도 했다.

· 인지화(intellectualization). "이건 내게 새로운 경험인걸. 내가 여기서 무엇을 배울 수 있는지 볼까?" 그는 스스로를 참여자이자 관찰자로 생각했다. 처음에 그는 자신에게 주어지는 지시와 처치들에 잘못이 없는지 살피려 했고, 의사와 다른 사람들이 자신에게 하는 말을 평가하려 했다. 그것은 새로운 모험이었던 셈이다.

· 유머(humor). 그가 수술방으로 가면서 의료진이나 가족들에게 던졌던 농담은 그 위기 상황에서 그 자신과 가족들에게 위안이 됐다. 가족들은 그의 유머를 공유할 수 있었다.

· 낙관주의(optimism). 그는 미래를 상상할 줄 알았다. 그에게 수술은 그 자체로 끝나는 일이 아니라 건강하지 못한 상태에서 건강한 상태로 건너가는 다리와도 같았다.

· 자신의 치료 과정을 스스로 통제하고픈 욕망. 그가 개입해야 할 필요는 사실 없었지만, 그는 자신의 치료 과정에 능동적으로 참여하고자 했다. 그러나 그건 양날의 칼과 같았다. 그는 한편으로 남들이 자신을 돌보도록 맡기는 것을 선호했다. 하지만, 한 사람의 의사로서, 그는 자신의 질병의 특성이나 치료 과정 및 가능한 합병증들에 대해 너무 많은 정보를 갖고 있었고, 자기 자신에 대해서도 누구보다 전문가였다. 그는 또한 의료 시스템이 갖고 있는 허점들도 잘 알았기에, 자신의 치료 과정에 개입하지 않을 수 없었던 것이다. 이런 일은 의료인들이 환자가 되는 경우 흔히 일어난다.

궁극적으로, 그의 건강한 방어기제는 무너졌고, 그는 두려움 앞에 굴복하게 된다.

환자들은 누구나 질병으로 인한 스트레스를 이겨낼 수 있는 나름대로의 능력을 갖고 있다. 의사의 임무는 환자와 그 가족들이 그 능력을 발견하고 발휘할 수 있도록 용기를 북돋아주는 일이다. 의사들은 이렇게 물어야 한

다. "환자에게 버팀목이 될 수 있는 가족이나 친구나 종교나 삶의 철학이 있는가? 그런 것들이 어려운 시기의 환자에게 용기의 원천이 될 수 있는가?"

앞의 이야기에서는 그가 믿는 유대교와 유대교회의 교우들이 환자에게 힘이 되었다. 그는 종교를 통해 자신이 얻을 수 있는 것이 무엇인지를 알고 있었고, 그의 랍비에게도 도움을 얻었다. 그는 이렇게 하여 편안함과 든든함을 느낄 수 있었다. 하지만 모든 사람에게 종교가 힘이 되는 것은 아니다.

질병은 가족 전체의 일이다. 그의 아내와 아들과 딸, 그리고 아버지와 누이 모두가 관련되어 있다. 그의 질병과 회복의 여러 단계들은 가족들 모두에게 각기 다른 방식으로 영향을 주었다. 환자는 질병에만 대처해야 하는 것이 아니라 가족들이 받을 영향에 대해서도 대처를 해야 한다. 완벽한 의사가 되기 위해서는, 환자의 주변사람들과의 관계나 그들 사이의 주요한 관심사에 대해서도 알 수 있어야 한다.

주변의 다른 사람들도 환자의 질병이라는 드라마를 함께 경험한다. 많은 사람들이 다양한 정도로 환자의 질병이라는 드라마에 의해 영향을 받는다. 친구들, 의사, 사무실의 직원들, 다른 환자들, 그리고 랍비 등. 위중할 수도 있는 질병이라는 드라마 속에서, 환자가 맺고 있던 관계들은 재정의되는 동시에 더 분명해진다. 그는 예전에는 미처 몰랐던 관계의 소중함을 알게 되기도 하고, 반대로 실망하기도 한다.

과거의 경험들이 환자 및 그 가족들이 현재의 드라마에 대처하는 방식에 영향을 준다. 환자의 질병이 위기이기는 하지만, 그가 살면서 겪었던 위기들 중 최대인 것은 아니다. 사람들은 자신이 체험한 많은 드라마들-예를 들어 어머니의 병환-에서 겪은 경험을 되살릴 수 있고, 그로부터 얻은 교훈들을 현재의 드라마에 적용시킬 수도 있다.

그의 아내는 자신의 아버지를 심장병으로 갑자기 잃었었기 때문에, 남편의 심장병은 과거의 비극을 떠오르게 한다. 그럼에도 불구하고 그녀는 지금 평정심을 유지하고 있다. 남편과 자녀들에게 있어 그녀는 안정제의 역할을 했다. 자녀들은 특별한 공포를 느끼지 않아도 됐다. 그들은 자신의 감정에 대해 대화를 나눌 수 있었고, 심지어 아버지가 무엇을 느끼고 있는지를 직접 물을 수도 있었다. 이처럼 가족들이 같은 경험을 공유하는 것은 가족의 미래를 생각할 때 좋은 일이다. 그들은 어려움을 함께 견뎌낸 것을 기억할 것이고, 그 경험을 바탕으로 서로에게 편안히 기댈 수도 있을 것이다.

환자와 가족들은 나쁜 소식에도 대처할 수 있다. 나쁜 소식은 처음엔 모든 사람을 압도하지만, 그들은 결국 그 문제에 잘 대처할 수 있다. 의사들은 심각한 문제에 관해 그들과 대화하는 것을 꺼릴 필요가 없다.

질병은 환자의 삶의 드라마에 추가로 드리워지는 스트레스이다. 많은 환자들이 세상에 잘 적응하며 질서 있는 생활을 해 오다가 질병의 순간을 맞지만, 어떤 사람들은 무질서하고 혼란스러운 생활을 하던 중에 그런 순간을 맞는다. 원래의 삶이 잘 정돈되어 있었던 사람이 질병의 스트레스도 잘 견딘다. 의사로서 우리는, 환자의 질병이 그의 인생 속에서 어떤 의미를 갖는지 파악할 필요가 있다. 의사가 환자에게 잘 묻지 않는 것을 물어야 한다. "이것은 당신에게 있어 어떤 의미를 가집니까?" 그저 단순한 심장 수술이냐, 아니면 환자의 인생 역경, 예를 들어 이혼, 파산, 명예의 실추 등과 같은 처지에 더하여진 심장 수술이냐 하는 것은 상당한 차이가 있다.

인생은 질병에도 불구하고 지속되기 마련이다. 의사들은 입원 기록지의 맨 마지막에 단순히 "퇴원"이라고만 쓴다. 하지만 환자에 대해 더 많은 정보를 가진 의사가 다음과 같이 기록할 수 있다면 더 좋을 것이다. "평화로운 가정과 가족들에게로 돌아감" 혹은 "망가지고 엉망인 집으로 돌아감"이라고. 가장 적당한 퇴원 시점을 잡는 데 있어서도 한 가지 측면을 더 생각한다는 말이 된다.

위중한 질병은 혼돈과도 같다. 질병은 "내 몸이 아픈데 곧 좋아질 거야"라고 말하듯 간단한 것이 아니다. 기복이 심하고 놀라움과 재앙과 구원이 있는 일련의 과정이며, 환자와 가족과 의사와 다른 전문가들이 보이는, 때론 굉장하고 때론 실망스러운 행동들의 총합이다. 의사들은 이러한 혼돈을 환자 앞에서 인정할 수 있어야 한다. 그리고 최소한, 단어 선택을 잘못 하거나 동료들과 손발을 잘 맞추지 않음으로 인해 그 혼돈을 심화시키는 일은 없어야 한다.

질병은, 위중하든 아니든, 너무 많은 불확실성을 띤다. 환자와 가족들과 의사 모두는 그 불확실성에 잘 대처해야 한다. 불확실성을 인정함으로써 불안을 줄일 수 있다. 방금 수술을 받은 환자가 그렇게 적은 진통제만으로 버틸 수 있는 이유는, 그가 이미 예상했던 일이 벌어지고 있는 것으로 믿기 때문이다. 각각의 질병에서, 예후에 관한 언급은 모두 불확실성을 담고 있다.

병원에는 장벽이 없다. 물리적인 장벽은 확실히 없다. 의료진은 노크 없이 병실로 들어오고, 매 시간마다 뭔가를 하느라 들락거린다. 정서적인 장벽도 없기는 마찬가지다. 환자는 신체적으로나 정신적으로 매우 취약한 상태다. 정서적으로 발가벗겨진 상태와도 같다. 하지만 이처럼 낮은 장벽이 나쁘기만 한 것은 아니다. 사려 깊은 의사에게는 오히려 기회가 될 수도 있는데, 환자의 회복에 방해가 될 수 있는 두려움이나 부적절한 인간관계 등에 대해 환자 스스로가 털어놓을 수 있도록 도움을 줄 수 있기 때문이다. 위중한 질병은 환자의 입장에서 보면 자신의 가치, 삶의 철학을 재발견할 수 있는 기회이며, 스스로를 소중하게 생각하게 하고 여러 관계들을 치유하는 계기가 되기도 한다.

의사를 비롯한 의료진들이 사용하는 말이나 의사소통 방식은 그들의 말 한마디에 목을 매고 있는 환자와 그 가족들에게 대단히 큰 영향을 미친

다. "거즈에 묻어 나온 혈액의 양이 우리가 평소에 보던 것보다 조금 많네요."라는 말은 간호사에겐 별다른 의미가 없겠지만, 환자에게는 의문과 불확실성을 불러일으킨다. 한 가지 정보가 주어지면 그에 따른 해석이 수반되기 마련이다. 공감과 이해와 접근성이 공포에 빠지지 않도록 도움을 준다.

의료 체계에는 편협함과 선입견이 존재한다. 이는 무신경에서 비롯된다. 편협함이나 선입견은 사람을 개별적인 인간으로 생각하기보다는 특정한 집단의 일원-예를 들어 소수 인종, 이민자, 노인, 여성, "심장병 환자", 의사 등-으로 좁게 바라보는 것을 의미한다. 앞의 이야기에서 환자가 자신의 감정이 간호사에 의해 무시된다고 생각했을 때, 간호사는 평범한 다른 환자들과 마찬가지 상황에 놓여 있는 의사 출신의 환자와 두려움이나 불확실성에 대해 이야기를 나눌 수 있는 기회를 스스로 없애버린 셈이 된다. 의사로서 우리는, 한 가지 관점에서만 환자를 바라보는 좁은 시야를 넓혀야 한다. 선입견은 정확하고도 창의적인 판단을 방해한다.

의학은 여러 사람이 협력해야만 하는 분야다. 한 가지 질병을 치료하는 데에 두 사람 이상이 관련되는 경우는 매우 흔하다. 그럴 경우 관련되는 사람 모두가 환자에 대해서는 물론, 다른 동료가 하고 있는 일에 대해서도 파악해야 한다. 전달된 메시지를 제대로 받아들이지 못하는 둔한 사람이 언제나 있기 마련이다.

환자 곁에 있는 것이 중요하다. 배우이자 영화감독인 우디 알렌은 "인생의 8할은 남들에게 자신을 보여주는 것"이라 말했다. 전화를 하거나 대리인을 보내는 것 말고, 의사가 직접 환자 곁에 있는 것 자체가 환자에게는 큰 힘이 된다. 환자가 부정맥으로 두려움에 사로잡혀 있을 때, 전화를 통해 간호사에게 지시한 처치가 지극히 적절한 것이라 할지라도, 심장내과의사가 자기 옆에 있다는 사실 자체가 환자에게는 안심과 확신을 주는 것이다.

질병은 하나의 드라마이고, 환자는 그 드라마의 주인공이다. 의사는 병

원이든 보험회사든 그 누구도 환자보다 우선이 될 수는 없다.

이야기는 결코 끝나지 않는다. 환자가 병원에 가서 진료를 받는 시간은 15분 가량에 불과할지 모르지만, 그의 이야기는 하루 스물 네 시간 지속되는 것이다. 심지어 드라마가 거의 끝나가다가 돌연 연장방영이 결정되기도 한다. 진단을 내리고 치료를 하고 예후를 전망하고 환자와 가족들을 지지해 주는 것 외에도 많은 일들이 필요한 것이다.

환자의 이야기들은 교훈적이다. 현명한 의사는 짧은 이야기 속에서 그 행간을 읽을 줄 안다. 진단과 치료의 과정을 넘어, 환자의 이야기를 구성하는 모든 요소들을 발견할 줄 아는 것이다. 그 발견 이후엔 자신들의 경험을 살려 완벽한 진료—기술적으로 뛰어나고 인간적으로도 완전한—를 펼치게 된다.

이야기는 병력보다 더 근본적이다. 질병을 환자의 삶이라는 맥락 속에서 바라보기 위해서 이야기가 필요하다. 진단이 애매할 경우, 의사들에 따라 의견이 갈라질 경우, 환자가 어떻게 질병에 대처할지 알고 싶을 때, 현명한 의사는 환자의 이야기를 다시 살펴본다.

환자의 이야기를 잘 듣는 것, 그리고 "내가 이 이야기에서 뭘 배웠지?" 라고 묻는 것은 의학의 인간적인 측면이 어떤 요소들로 구성되어 있는지에 대한 단서를 제공할 수 있다. 앞으로 이어질 여러 장에서 이러한 점들을 차례로 살펴볼 것이다. 환자가 된다는 것이 어떤 의미인지, 의사로서 살아간다는 것이 어떤 의미인지도 살펴볼 것이다. 먼저, 삶의 마지막 순간에 놓인 환자에 대한 짧지만 혹독한 순간에서부터 시작해 보자.

제2장.

말기 환자로부터 배우기

"불완전한 토론이라도 죽어가는 환자를 내버려두는 것보다는 낫다."

의학에는 인간적인 측면에 대한 필요성이 테크놀로지에 대한 필요성을 위축시키는 순간이 있다. "지난주에 상황이 나빠졌습니다."라는 말은 "오늘 신장기능이 더 떨어졌습니다."라는 말보다 더 많은 의미를 갖는다. 환자의 생명이 꺼져가고 있음을 알았을 때, 환자와 가족들과 의사들의 결정은 다양한 모습을 띤다. 생명유지장치의 작동을 멈추려 할 때도 있고, 환자를 편안하게 해 주는 일에 집중하기도 한다. 그들은 무엇을 하지 말 것이며 무엇을 할 것인지를 미리 상의하여 결정해 두기도 한다. 이런 순간의 의미를 곱씹어 보는 일은 환자와 그 가족을 위한 최선의 의료행위가 무엇인지에 대한 이해를 높여줄 것이다.

　　죽음 직전의 한 코미디언에 대한 이야기인데, 임종을 위해 모여든 친구 중의 하나가 이런 말을 했다. "죽는다는 건 힘든 일일 테야." 이 말을 들은 코미디언이 말했다. "죽는 것은 쉽다구. *코미디가 어렵지.*" 죽음이라는 게 쉬운 일은 아니겠지만, 우리는 이런 질문들을 던져봐야 한다. 의사들이 죽음을 필요 이상으로 어렵게 만드는 것은 아닌가? 효과적으로 개입할 기회를 의사들이 스스로 날려 버리고 있지는 않은가? 이런 질문들에 답하면서 우리는 모든 환자의 진료에 보편적으로 적용할 수 있는 해답을 찾을 수 있을 것인가? 여기 내가 겪은 네 개의 사례가 있다. 이 주제를 명확히 하는 데에 도움이 될 것이다.

심각한 문제에 관해 환자와 이야기하기

사례 1 : 말기 암을 가진 중년 남자

신장에 생긴 악성종양이 폐에까지 퍼져 항암치료도 별로 효과를 기대하기 어려운 상태인 50대 중반의 한 기업인이 있다. 그는 구토 때문에 입원했으며, 정맥주사와 먹는 약으로 인해 증상은 많이 완화되어 있다. 그를 담당하는 비뇨기과의사는 내게 "일반적인 내과적 검진"과 장기적 치료계획의 수립을 의뢰했다.

첫 번째 만남에서 환자는, 예후가 매우 나쁘다는 것을 알고 있으며 그에 관해 아내와 자녀들과도 충분한 이야기를 나누었다고 말했다. 그는 자신의 장례식까지 다 준비해 놓고 있었다. 그는 대단히 평화로워 보였다. 나는 그를 매일 만났는데, 우리는 그의 질병에 대해서뿐만 아니라 그의 인생과 경력과 가족관계와 인생관과 가치관에 대해서도 진지한 이야기를 나누었다.

내가 배운 것은 이런 것이다.

환자와 심각한 문제에 대해 이야기를 나누는 것은 어렵지 않다. 이 사례를 포함하여 이 장에 등장하는 모든 사례들에서 내 역할은 별로 어려운 것이 아니다. 물론 단어 선택에 있어 신중을 기해야 하지만, 현재의 상황과 현재의 감정에 대한 정직하고 깊이 있는 대화는 더 중요한 결정을 할 수 있는

기초가 된다. 우리의 상호 신뢰는 치료 효과를 높이는 데에도 기여했다. 의사들은 사실을 사실대로 말하는 일을 두려워할 필요가 없다. "불완전한 토론이라도 죽어가는 환자를 내버려두는 것보다는 낫다."[1]

이런 경우에 환자는 침묵을 곧 거짓말로 받아들일 수 있으며, 한번 거짓말을 하기 시작한 의사는 나중에는 진실을 말하기가 더 어려워진다. 현재의 상황이 환자의 인생에서 난생 처음 맞는 위기일 수는 없다. 우리가 정직하게 말하지 못한다면, 환자는 그 사실을 나름대로 적절하게 다룰 수 있는 기회를 잃게 된다. 상상은 체험과 다르다. 이 환자와의 대화를 통해 나는 그의 잠재능력을 알게 되었고 그의 약점을 오히려 격려할 수 있게 되었다.

죽어 가는 환자를 돌보는 일은 의사에게는 특히 각별한 체험을 할 수 있는 기회다. 나는, 내가 원해서, 그가 입원해 있는 동안 매일같이 그를 만났다. 처음에는 그에 관해서 배웠고, 나중에는 그로부터 배웠다. 그는 내 환자였다가 나의 스승이 되었다.

환자 스스로가 자신의 관점을 밝히도록 허용하기, 그리고 환자의 가치관을 고려하기

사례 2 : 췌장암을 가진 60세 여자

소화기내과의사가 췌장암을 가진 60세 여자의 당뇨병 조절과 관련하여 내게 협진을 의뢰했다. 그녀는 이미 황달이 와 있었는데, 그것은 담관이 막혀 있음을 뜻했다. 그녀는 개복수술을 받았지만 치료가 불가능한 상태임을 확인했을 뿐이었고, 수술 부위와 방광과 위장과 혈관 등에는 여러 개의 튜브들이 삽입되어 있었다. 또한 하루 네 번씩 인슐린 주사를 맞아야만 했다. 소화기내과의사와 외과의사가 그녀를 담당하고 있었지만, 그들 모두는 그녀의 문제 중 일부에만 관심을 쏟았다. 그녀는 가까운 가족도 없었고 따로 주치의도 없었다.

나는 그녀의 입원 기록을 검토했고, 그녀를 진찰하면서 인터뷰도 실시했으며, 당뇨병 조절에 대해 조언을 했는데 그건 전혀 어려운 일이 아니었다. 거기에 추가해서, 나는 그녀에게 이런 질문을 한 사람이 있었는지 궁금했다. "당신의 지금 상태에 대해 어떻게 생각하세요? 당신이 받고 있는 치료에 대해 어떤 느낌을 갖고 있나요?"라는. 그래서 나는 물었다. 그녀는 자신이 겪고 있는 일이 악몽이라고 대답했다. 위중한 질병을 갖고 있으며 마땅한 치료법도 없다는 사실을 안 이상, 그녀는 치료를 중단하고 싶어했다. 그녀가 원한 유일한 것은 편안함이었다. 그녀는 내가 이런 질문을 던진 것 자체에서 위안을 얻었다. 그녀는 자신의 생각을 자신의 목소리로 의사들에게 전달할 기회를 전혀 갖지 못했던 것인데, 그건 아무도 그녀에게 그런 기회를 주지 않았기 때문이다.

내가 배운 것은 이런 것이다.
환자에게는 자신의 견해를 말할 권리가 주어져야 한다. 흔히 환자들은 그렇게 하지 못하는데, 그것은 의료든 다른 어떤 분야에서든 자신의 견해를 뚜렷하게 밝히는 일이 습관화되어 있지 않기 때문이며, 전문가들의 위세에 눌려 있기 때문이며, 그들이 '자포자기' 상태로 비칠까봐 두려워서이며, 단순히 자신에게 그럴 권리가 부여되어 있다는 사실 자체를 모르기 때문인 경우도 있다. 사람들은 병들었을 때에 특히 약해지는데, 그럴수록 의사나 간호사나 사회사업사나 성직자들과 자신의 느낌, 가치관, 인생관에 대해 더 쉽게 터놓고 말할 수 있다. 우리는 이런 상황을 오히려 잘 활용해야 하는 것이다.
의사들은 환자의 가치관을 파악할 필요가 있다. 그걸 모를 경우에는 부주의하게 환자가 전혀 원하지 않는 치료를 제공할 수 있고, 원인이 잘 드러나지 않는 환자와의 갈등을 유발할 수 있기 때문이다.
통증 경감보다는 편안함을 주는 것이 더 중요하다. 우리가 아무 것도

해 줄 것이 없어 보일 때조차 우리는 많은 것을 해 줄 수 있다. 많은 종교적 기도들이 '육체적 치유'와 동시에 '정신적 치유'를 소망한다. 도저히 치유될 수 없는 육체를 가진 사람일지라도, 편안함을 갖고 갈등을 해소할 기회는 있는 것이다. 의료진에게 주어진 책무 중의 일부는 이런 과정을 극대화시키는 것이다. 치료라는 것은 꼭 완치를 위한 것만 있는 게 아니라 그 이상의 많은 행동들을 두루 포함하는 것이며, 의사들은 환자와 그 가족들을 편안하게 해 주고 옳은 방향으로 안내하는 역할까지 담당해야 한다. 이런 활동에 대한 개념이 없으면, 질병은 실제 이상으로 비극이 되며, 환자와 그 가족들은 고립감과 버려진 듯한 느낌을 받을 수 있고 자신들의 소중한 시간을 허비하게 된다.

언제나 변화하는 의사의 역할

사례 3 : 말기 암을 가진 70세 남자

환자를 내게 의뢰한 사람은 환자의 아내였다. 환자는 은퇴한 기업가로, 유명한 어느 병원에서 온 몸에 퍼진 암에 대한 항암치료를 받아 왔다. 첫 번째 치료는 실패했고, "성공 가망성이 25% 미만인" 실험적 치료를 시도해 보자는 제안을 받아 놓은 상태였다. 통증이 지속되고 있었지만 진통제 투여는 별 효과를 보지 못하는 중이었으며, 항암치료의 중단도 고려되고 있었다. 장성한 자녀들은 비행기로 세 시간 거리만큼 떨어진 곳에 살고 있었다.

내가 처음으로 환자의 집을 방문했을 때, 우리는 통증 조절에 중점을 두었다. 나는 이부프로펜을 처방했는데, 이 약은 비록 약한 효능을 가진 것이지만 하루에 몇 차례씩 정기적으로 투약할 경우에는 큰 효과를 기대할 수도 있는 약이다. 다음 번 방문에서는 모르핀을 이용하여 좀 더 적극적으로 통증 조절을 시도했으며, 환자가 자신의 질병을 이해할 수 있도록(환자는 예후가 좋지 않다는 것을 이미 알고 있었다) 도움을 줬다. 더 이상의 항암치료를 포함한 몇 가지 다른 치료방법들에 대해서도 설명을 했지만, 환자는 거기에는 별 관심을 보이지 않았다.

환자의 아내와 함께 우리는 그들이 최근에 겪은 일들과 그로 인한 두려움에 대해 이야기를 나누었다. "이 상황에 대해 어떤 생각을 갖고 있습니까?" 라고 나는 물었다. 그들이 매우 강력하면서도 상호 지지적인 관계를 맺고 있다는 것과, 그들이 최근에는 점점 자주 부모를 방문하고 있는 자녀들과도 돈독한 관계를 형성하고 있다는 것은 분명했다. 시간이 좀 더 흐른 후 호스피스 간호사가 동참했고, 우리는 가족들 모두와 함께 그를 돌보았다. 환자의 상태는 점점 더 나빠지고 있었지만, 가족들은 환자와 가족들 스스로의 필요가 점점 더 충족되고 있는 점에 대해 만족해했다. 나의 방문은 시간이 갈수록 그 간격이 멀어졌다. 환자와 가족들이 잘해 나가고 있었기 때문에, 내가 더 이상 많이 필요하지 않았던 것이다. 환자는 내가 처음 그를 방문하고 나서 두어 달 후에 세상을 떠났다.

내가 배운 것은 이런 것이다.

다시 한번 말하지만, *의학은 협력이 필요한 분야이며 그 중에서도 가장 중요한 것은 환자와 그 가족의 상호 협력이다.* 의사나 간호사나 사회사업사나 성직자들이 도움을 줄 수는 있다. 그들은 각기 다른 직업적 패러다임을 갖고 일정한 역할을 한다. 하지만 그들은 스스로 인지하지 못할 수도 있지만 그들 스스로의 가치관이나 편견에 입각해 있을 뿐이다. 그러나 정말로 필요한 것은 '일차적인' 보호자, 즉 다양한 관점들을 가장 상황에 맞는 한 가지로 정리하여 그것을 책임지고 실행에 옮길 수 있는 일반적인 조력자이다. 누군가가 이 역할을 담당해야 한다. 그런 의미에서, 나는 특별한 항암치료를 전혀 시행하지 않았지만, 이 환자를 위해 많은 일을 한 셈이다. 나는 환자가 원하는 바와 가족들이 원하는 바가 무엇인지를 넓은 의미에서 계측했고, 환자의 예후에 대해 그들 모두의 공감을 얻었다. 나는 '다른 사람들' —가족들과 호스피스 간호사—을 그의 치료에 끌어들인 것이다.

질병이란 단순한 하나의 사건이 아니라 사람들이 타협하기도 하고 화해하기도 하고 맞서기도 하는 역동적인 과정이다. 의사의 임무는 이런 과정의 가운데에서 적극적인 조정자 역할을 담당하는 것이다. 내가 초반에는 환자와 그 가족들에게 꽤 중요한 역할을 한 것이 사실이겠지만, 가족들이 참여하여 환자에게 혹은 서로에게 점점 더 많은 역할을 하게 됨에 따라, 게다가 호스피스와 같은 다른 전문가까지 관여하게 됨에 따라, 의사로서의 내 역할의 비중은 점차 축소되었다. 내가 계속해서 자주 그들을 방문했더라면, 그게 오히려 불필요한 개입처럼 여겨졌을 것이다.

환자의 처지를 이해하기

사례 4 : 말기 심장병을 가진 70세 여자 환자

20년 전에 처음으로 심근경색을 일으킨 이후 계속해서 심장 관련 문제로 고통받아 온 70세의 여교수가 있다. 그녀는 반복되는 울혈성 심부전을 겪었으며, 갑자기 시작되는 부정맥으로 인해 몸 속에 제세동기(부정맥을 바로잡아주는 장치 - 역주)를 삽입한 상태로 지내 왔다. 부정맥은 전혀 예측할 수 없는 문제였기 때문에, 환자나 그 가족들은 지쳐 있었다. 또 한번의 심장발작이 생겨 그녀가 의식불명 상태에 빠졌을 때, 나는 환자의 남편과 딸들을 불러 나쁜 예후에 대해 설명을 했다. 그들은 "심폐소생술을 원하지 않는다"는 선언을 하고 싶어하지 않았고, 최악의 상황을 말하는 나에 대해 분노를 표하기도 했다. 환자는 다시 회복되었고, 2년이 더 흘렀다. 그 동안에도 심장발작은 계속됐고, 환자의 상태는 악화됐다. 나는 환자와 그 가족들에게 가끔 이런 질문을 했다. "이런 일들이 무슨 의미가 있습니까? 지금 상황에 대해 어떻게 생각하시나요?"라고. 그녀는 가족들이 듣고 있는 상황에서 내가 이런 이야기를 하는 것에 대해 늘 불쾌해하는 듯했다. 결국 그녀는 어느 날 "의사를 바꾸겠어요. 당신을 만나는 시간은 꼭 '시바(shiva, 부모나 배우자와 사별한 유대인이 장례 후 지키는 7일간의 복상(服喪) 기간 - 역주)'처럼 느껴져요."라고 말했다. 그녀는 몇 달 후 세상을 떠났다.

내가 배운 것은 이런 것이다.

때로는 아주 선량한 의도를 가진 경우에도, 의사-환자 관계가 엉망이 될 수 있다. 환자나 그 가족들의 기대를 제대로 알지 못하면, 그들과 의사 사이에 좋은 관계가 형성되기 어려운 것이다. 의사는 환자가 자신의 질병을 어떻게 바라보고 있는지를 파악할 필요가 있다. 질병의 원인에 대해 환자는 어떤 생각을 하는지, 환자가 관심을 기울이는 사항은 무엇인지, 예후에 대한 환자의 견해는 무엇인지, 가족들에게 미칠 영향이나 자신의 대처 방법에 대해서는 무슨 생각을 하고 있는지, 또한 환자가 무엇을 두려워하는지를 알아야 한다. 무자비한 통증에 대한 두려움, 가족으로부터 느끼는 감정적 고립감, 의사조차 자신을 포기했다는 데서 오는 절망 등을 이해해야 한다. 우리가 환자와 가족들의 처지에서 사고하고 행동하지 않으면, 우리는 환자와의 관계를 스스로 훼손시킬 수 있으며 환자가 심각한 질병으로 인해 느껴야 하는 극도의 공포를 오히려 증폭시킬 우려가 있다.

현실적이 되어라, 하지만 모든 희망을 제거하지는 말라. 각각의 환자가 원하는 바에 꼭 맞춘 메시지를 전달하라. 이 사례는, 환자와 그 가족들이 아직 준비가 덜 된 상황에서 희망을 없애 버리는 미숙함을 범한 경우이다.

명백한 세부 사실 그 이상을 보기

어떤 질병이나 환자에 대해 우리가 얼만큼을 알고 있든, 우리는 더 배울 것이 있기 마련이다. 의사인 우리들은 환자를 통해 지식을 확장하고 우리 스스로의 효용을 드높인다. 의학에서 가장 중요한 학교는 경험이다.

통계 수치가 얼마나 복잡하든, 얼마나 많은 전문가들이 관여하든, 환자가 직접 겪는 질병 체험과 환자가 스스로 느끼는 감정과 그들이 갖고 있는 가치관이야말로 치료 방침을 결정하는 가장 중요한 요소이다. 그런 것들이 잘 고려되어야 치료 효과도 높아질 수 있다. 특히 시간이 중요할 때, 환자가 진정으로 원하는 것과 다른 방향의 치료는 그야말로 시간낭비인 것이다. 만약 환자 본인과 가족들 사이에 갈등이 있을 때에는, 의사들이 그들 각각의 정확한 생각과 관점을 파악할 필요가 있다. 때로는 성직자나 사회사업사가 논점을 정리함으로써 그들의 갈등의 접점을 찾을 수 있다.

해결의 실마리를 찾기 위해 나는 환자들에게 "지금의 상황에 대해 어떻게 생각하십니까", "당신을 가장 괴롭히는 것은 무엇입니까?" 따위의 질문을 던지며, 때로는 더 직접적으로 "당신이 원하는 게 뭡니까?"라고 묻기도 한다.

위급한 순간이 닥치기 전의 말기 환자에게 나는 이렇게 말한다. "이제 우리가 어떤 종류의 이야기도 함께 나눌 수 있다는 점을 아셨으면 좋겠습니다. 무슨 말이냐 하면, 나의 이야기를 이해하지 못하겠거나 나의 충고를 받아들이기 싫다면, 당신은 그렇다고 편안하게 말씀하시면 됩니다. 그래야 우리가 그 문제에 대해 진지한 대화를 할 수 있습니다." 이렇게 말을 꺼낸 다음에는 다음과 같이 덧붙인다. "우리가 이런 대화를 나눌 수 없는 상황이 올 수 있다는 점을 생각해야 합니다. 당신의 몸 상태가 내 이야기를 알아들을 수 없을 만큼 나빠질 수도 있고, 당신이 의식불명 상태가 될 수도 있으니 말입니다. 그런 경우가 생겼을 때, 우리는 당신이 원하지 않는 일은 하지 않을 생각입니다. 예를 들어, 당신의 심장 박동이 멈추거나 기계의 도움 없이는 생명을 유지할 수 없게 되었을 때, 우리가 당신을 위해 무엇을 해 주기를 원하느냐는 말입니다." 환자가 이런 식의 질문에 답하기 어려운 상황도 많은데, 그럴 때에는 책임 있는 보호자에게 이렇게 묻는다. "당신의 어머니(딸일 수도 있고 다른 누군가일 수도 있다)가 자신의 의지를 표현할 수 없는 상황이 되었을 때, 당신은 당신의 어머니께서 우리에게 무엇을 원할 거라고 생각하십니까?" 이렇게 묻는 것이 "우리가 무엇을 해야 한다고 생각하십니까?"라고 말하는 것보다 훨씬 낫다. 보호자에게 자칫 너무 큰 부담을 줄 수 있기 때문이다.

머지않아 다가올 통증을 두려워하는 환자에게는 그 문제에 집중하여 대화를 하게 된다. 환자에게 "어떤 종류의 통증이든 조절 혹은 경감될 수 있습니다."라고 말하는 식이다. 이것은 "나는 결코 당신을 포기하지 않을 것입니다."라는 메시지를 주는 것이다. 나는 그들에게 늘 다음에 만날 약속을 한다.

나는 묻는다. "당신이 의지할 수 있는 것은 무엇입니까? 당신과 가까운 사람들은 누구입니까? 당신의 종교나 신념이나 인생관은 당신의 삶에 어느 정도나 위안이 됩니까?"

만약 환자가 "나에게 남은 시간이 얼마나 되나요?"라고 묻는다면, 내가 알고 있는 최선의 답변은 이런 것이다. "3주" 혹은 "3개월 내지 6개월"이라고 말하는 대신 "그 질문에는 정확한 답변을 하기 어렵습니다. 하지만 당신이 앓고 있는 병은 불확실성이 매우 큰 만큼, 시간이 매우 소중합니다." 나는 환자가 궁금해하는 것이 수치로 표현되는 명확한 기간이 아니라고 믿는다. 그들은 예후에 대해 이야기를 나누고 싶은 것이다. 따라서 이런 질문은 대화를 시작 혹은 지속할 수 있는 좋은 기회가 된다. 질병 자체에 대한, 두려움과 기대에 대한, 의지할 수 있는 방편들에 대한, 주변 사람들과의 관계에 대한, 그리고 가치관에 대한 대화 말이다.

나는 환자가 사망한 후 유족들에게 연민의 편지를 보낸다. 그리고 크게 상황에 어긋나지만 않는다면 "당신은 당신이 할 수 있는 모든 일을 했습니다."라는 문장을 빼놓지 않는다. 나는 유족들이 이 상황에서는 느끼는 죄의식을 잘 알고 있기 때문이다. 남은 사람들은 늘 이렇게 생각한다. "내가 그의 흉통이 얼마나 중요한 것인지 진작에 알았더라면 좋았을 텐데. 내가 얼마나 사랑하는지 한번 더 말해 주었더라면 좋았을 텐데."

앞에서 인용한 사례들은 모두 말기 환자들의 것이지만, 각각의 사례들은 의사들이 모든 환자를 진료할 때에 의학의 인간적인 측면을 고려하는 태도에 대한 직관을 제공한다. 우리가 얻어야 할 교훈은 보편적인 것이다. 복잡한 테크놀로지는 중요한 것이 아니다. 너무도 명백한 세세한 사항들 이상의 것을 볼 줄 아는 의사가 좋은 의사이다. 앞의 사례들에 등장하는 각각의 문장들은 '실제로' 어떤 일들이 벌어지는지, 환자와 그 가족들의 진짜 생각이 무엇인지를 이해하는 단서들이다. 능숙한 의사는 자신의 경험을 활용하여 더 깊이 있는 질문을 하고 더 완성된 형태의 돌봄을 제공해야 한다. 이렇게 되기 위해서는 시간이 필요하다. 다음 장에서 논의를 계속해 보자.

제3장

시간

"마음이 따뜻한 의사가 되는 데에 아주 많은 시간이 필요한 것은 아니다."

환자들은 시간이 필요하다. 환자들이 의사에게 할 수 있는 최고의 칭찬 중의 하나는 "선생님은 저에게 늘 온전히 시간을 할애해 주시는 것 같아요. 제 곁에 계실 때에는 선생님 마음속에는 오로지 저밖에 없는 것처럼 보여요."라는 것이다. 환자들의 가장 흔한 불평 중의 하나는 "내 담당의사는 언제나 바쁜가봐. 언제나 발 한 쪽은 문 밖에 두고 있는 것 같다니까."라는 것이다. 의사도 물론 시간이 필요하다. 정말로 좋은 의사들은 이렇게 말한다. "저는 늘 당신을 위해 시간을 냅니다." 혹은 "필요한 모든 시간을 당신에게 할애할 겁니다."라고. 시간의 결핍은 진단과 치료와 예후와 관계의 수준을 저하시킨다.

마치 하나의 진리로 굳어버린 듯한 다음과 같은 환자들의—또한 학생들의—이야기는 특히 걱정스럽다. "건강보험 제도 때문에 의사들은 환자 한 명당 10분(때로는 5분) 이상을 할애할 수 없게 됐다." 하지만 이런 이야기에는 동의할 수가 없다. 돈으로만 따져 보아도, 시간이란 대부분의 검사나 처치나 의약품이나 의료기기들보다 저렴한 것이다. 의사의 시간 15분은 MRI 보다 훨씬 저렴하지만 훨씬 더 생산적이다.

환자와 그 가족들은 시간을 필요로 한다

환자와 그 가족들은 상황을 이해하고 적응하고 수용하고 대처하고 변화하고 결국 육체적, 정신적으로 치유되기까지, 시간을 필요로 한다.

이야기를 듣는 데에는 시간이 걸린다. 어느 의대생이 다음과 같이 썼다. "의사가 환자의 이야기를 충분히 들을 시간이 없어서 환자의 진단을 잘못 내릴 수 있다는 점을 생각하면 끔찍하다. 아마도 자신의 이야기를 말하는 순간이 환자에게는 자신이 관리되고 있다고 느낄 수 있는 유일한 순간일 것이다."

환자가 질병의 의미를 파악하는 데에는 시간이 걸린다. 어느 목사는 이를 가리켜 "질문들에 의해 인도되며, 무언가에 의해 강제될 수 없는 정중한 과정"이라 표현했다.[1]

아이들이나 부모를 다루는 것, 딜레마에 대처하는 것, 질병에 적응하고 충고를 받아들이는 일에도 시간이 걸린다. 하나의 의견이나 행동으로 인해 즉각적인 변화가 쉽사리 일어나지는 않는다. 암이나 심장병이나 다른 만성질환이라는 진단을 받고서 하룻밤만에 대책을 마련할 수 있는 사람은 없다. 큰 수술을 받거나 항암치료를 시작하거나 치료를 거부하는 것과 같은 결정을 앉은자리에서 내릴 수 있는 사람도 없다. 식이, 흡연, 노동 등의 라이프스타일을 바꾸는 것에도 시간이 걸린다. 환자와 그 가족들은 의사를 만나고 돌아간 후 다시 병원에 오기까지, 많은 것을 심사숙고한다. 의사의 충고를 되새기는가 하면 주변 사람들과도 많은 이야기를 나눈다. 의사의 눈에는 보이지 않지만, 많은 일들이 벌어지는 것이다. 그들은 '숙제'를 하는 셈이다. 책

을 읽고 인터넷을 뒤지고, 때로는 다른 의사를 찾아가 의견을 구하기도 한다.

환자가 배우자나 친구나 멀어졌던 친척들과의 관계에서 평정을 찾는 데에도 시간이 걸린다. 시간은 때로 미뤄뒀던 일들—손상된 관계의 복원이나 오래된 갈등의 해결—을 처리하는 데에 도움을 주기도 한다.

작별 인사를 하는 데에도 시간은 필요하다. 어느 학생은 암에 걸린 자신의 개를 떠나보내는 시간들에 대해 다음과 같이 썼다. "의약품이 내게 작별 인사를 할 시간을 주었어요. 하룻밤의 작별 인사가 아니라 진단 후 8개월 동안 지속된 작별 인사. 나는 그 기간을 가질 수 있었음을 감사히 생각해요. 그 녀석에게, 그리고 그 녀석이 내 삶에 제공한 모든 것들에 대해 충분히 고마워할 수 있었으니까요."

의사들은 시간을 필요로 한다

환자를 충분히 파악하고 환자와의 관계를 맺기 위해서 시간이 필요하다. "모든 케이스는 그들만의 인생을 담고 있다."고 사회사업사인 내 아내는 나에게 가르쳤다. 이야기가 만들어지고 관계가 성숙하고 질병이 진행하는 데에는 모두 각각의 시간이 소요되며, 필요한 것들이 드러나고 기회들이 생겨나는 데에도 마찬가지다. 더하여 나는 "이야기는 결코 끝나지 않는다."고 말하고 싶다. 때로는 의사나 환자에게 드라마의 진전을 가능하게 하는 새로운 사건이나 새로운 통찰이 생기기도 한다. 이야기는 계속된다. 우리는 시간이 흘러가도록 내버려둘 수밖에 없고, 부적절하게 서둘러서도 안 된다.

환자의 이야기를 잘 듣고 핵심을 정리하고 그에 대해 고민하고 문제를 밝히고 진단을 내리고 복잡한 문제들을 통합하고 치료에 대한 반응 혹은 무반응의 의미를 해석하는 데에, 그리고 이 모든 것들을 환자와 그 가족에게 설명하는 데에는 시간이 걸린다. 나는 이런 비유를 통해 사람들을 일깨우곤한다. "어느 심장병 전문병원의 원장이 의사들을 모아놓고 이렇게 말했다. '우리 병원의 수입이 작년보다 줄었습니다. 지금까지 3시간 걸렸던 심장혈관 우회수술을 앞으로는 1시간 반만에 끝내도록 하십시오.'" 나는 사람들에게 묻는다. "여러분들 중 이 병원에 가고 싶은 사람이 있습니까?" 심장 수술을 하면서 시간을 부적절하게 단축할 수 없는 것과 마찬가지로, 의사는 시간이 없다는 핑계로 환자에게 할애해야 할 시간을 줄여서는 안 된다.

환자의 가치관을 파악하는 데에 시간이 필요하다. 치유 불가능한 식도암에 걸린 여성과 면담을 할 때의 일이다. 나는 그녀에게 "이건 기술적인 문제라기보다는 철학적이고 영적인 문제입니다."라고 말했다. 우리가 나눈 대화를 통해 그녀의 가치관이 드러났고, 우리는 그녀의 가치관에 가장 부합하는 요법을 선택할 수 있었다. 그녀는 남은 시간을 어떻게 활용할 것인지를 스스로 결정할 수 있었다.

환자의 모든 질문들에 대해 명확하고도 깊이 있는 설명을 하기에도 시간은 필요하다. 어떤 환자들은 정말 많은 질문을 하는데, 그것은 그들이 의사를 믿지 못하거나 강박적이거나 교육 수준이 낮기 때문이라기보다는, 그들이 의사보다 자신의 몸 상태에 대해서는 더 많은 정보들을 알고 있기 때문이다. 한 의과대학 1학년 학생이 이렇게 말했다. "진실을 말하는 데에 그리 많은 시간이 걸리는 것 같지는 않아요. 마치 열정을 가진 의사가 되는 일에 엄청나게 많은 시간이 필요한 것이 아니듯 말입니다."

협상을 하고 적응을 하고 이해를 하고 공통의 목표를 결정하고 환자의 상황을 정확히 파악하는 일에도 시간이 필요하다. 질병이 복잡할수록, 그 질병의 전 과정을 돌아보고 환자로 하여금 자신의 능력을 깨닫고 불확실성을 이해하고 희망을 간직하고 의사의 헌신을 믿게 만드는 일에도 많은 시간이 걸린다. 여기에서 의사와 환자가 다루어야 하는 모든 주제들을 몇 마디 말로

언급할 수는 없다.

치료진들끼리 협력하면서 문제를 명확히 하고 평가하는 일에도 시간이 필요하다. 치료 전략을 세우고 적절한 순간에 그것을 변경하는 일에도 시간이 걸린다.

단순하거나 복잡한 질병과 환자들에 대해 심사숙고하는 일, 그리고 그 결과에 대응하는 일도 시간이 걸린다. 각 단계에서 교훈을 얻고 그것들을 우리의 경험으로 총화시키는 일에도 시간은 필수적이다. 때문에 우리는 하루하루를 돌아보면서 "오늘은 정말 훌륭한(혹은 끔찍한) 하루였어. 오늘은 뭘 배웠지? 이것을 좀더 보편적으로 적용하려면 뭘 해야 하지?"와 같은 질문을 던져야 한다. 시간은 반성을 가능하게 한다.

의학의 인간적인 측면을 고려하는 것은 추가적인 시간을 필요로 한다. 때로는 수입의 감소를 초래할 수도 있다. 하지만 그것은 대단히 가치 있는 일이다. 의료행위의 수준은 결과에 의해서만 결정되는 것이 아니라 그 과정, 그리고 환자와의 관계에 따라서도 결정된다. 그런데 이 모든 것들이 결국 시간의 문제이므로, 의사는 어떤 경우에도 시간을 핑계 삼아서는 안 되는 것이다.

정말 제대로 쓰여지는 시간들. 그것이야말로 의사 노릇의 즐거움 중의 일부다.

제4장

환자의 경험으로부터 배우기

"환자의 이야기를 잘 듣는 의사를 만난다는 건 마술과도 같은 경험이다."

환자가 된다는 것은 단순히 질병으로 인한 증상을 겪는다는 것 이상의 것이다. 아나톨리 브로야드는 "모든 사람은 자기 자신의 방법으로 앓는다."고 썼다.[1] 그는 전이성 전립선암이라는 자신의 질병을 반추하며 이렇게 말했다. "내 친구들은 내가 용기 있고 당당한 모습을 보여줬다고 치켜세우지만, 의사는 더 많은 것을 알아야 한다. 의사는 심각한 질환을 앓는다는 것이 얼마나 외로운 것인지를 잘 알 것이기 때문이다."[2]

의식을 하든 하지 못하든, 환자들은 질병 앞에서 자신의 인생관을 드러낸다. 물론 바탕에서는 일반적인 상식도 작용한다. 약물 치료로 호전되고 있는 80세의 협심증 환자는 자신의 질병에 대해 이렇게 말했다. "내가 많이 좋아졌다는 건 알아요. 하지만 나는 이미 80 먹은 노인입니다. 지금 내 상황은 마치 '좋은 차가 생겼다. 하지만 나는 겨우 12살인데, 과연 (세인트 폴에서) 로스엔젤리스까지 차를 몰고 갈 수 있을까?' 라고 고민하는 것과 비슷합니다. 나는 불필요한 모험은 하고 싶지 않아요." 인생관은 수혈, 수술, 항암치료, 말기환자 진료 등과 같은 결정하기 어려운 상황들에 영향을 끼친다. 의사의 책무 중의 하나는 환자의 인생관과 요구를 파악하는 것이다. 의사는 때로 행간을 읽어야 한다.

앞으로 기술할 내용들 모두는 어떤 교과서나 수업 시간을 통해 배운 것이 아니라 환자들과 그 가족들과 다른 경로들을 통해서 배운 것이다.

환자들은 심리적인 지지를 필요로 한다. "이 수술이 성공할 확률은 90%입니다."라고 말하는 것은 정보를 주는 일이다. "이 수술의 성공을 위해 우리는 우리가 할 수 있는 최선을 다할 겁니다."라고 말하는 것이 심리적인 지지이다.

환자들은 이해 받기를 원한다. 오랫동안 지속된 원인불명의 복통을 갖고 있던 한 요양시설 거주자는 "나에게 시간을 할애해 줘서 고맙습니다. 아무 것도 해결된 것은 없지만, 나는 당신이 나를 이해하기 위한 노력을 했다는 사실에 고마움을 느낍니다."라고 말했다. 다른 환자는 내게 이런 말도 해줬다. "당신을 이해해 주는 의사를 만난다면, 당신은 뭐든 할 수 있을 겁니다."

환자들은 확인 받기를 원한다. "현자에게 가르침을 하나 얻기 위해서는 시시때때로 그를 방문해야만 한다."[3] 환자들은 이미 자신의 증상이 별로 심각한 것이 아님을 알고 있을 수도 있지만, "의사"라고 불리는 믿을 만한 "현자"에게 그 사실을 확인 받고 싶어한다. 배우자와 사별하고 애통해하는 환자는 자신이 미쳐가고 있지 않다는 사실을 의사로부터 확인 받고 싶어한다. 당뇨병을 앓고 있는 환자가 당뇨병 자가관리법에 대해 전문가 수준에 이르렀다고 해도, 그는 자신이 제대로 하고 있는 것인지를 의사로부터 확인 받고 싶어한다. 한 환자는 내게 "당신은 나를 과소평가하지 않았어요."라고 말했다. 또 다른 환자는 내게 "당신은 나를 신뢰하는군요."라고 말했다.

환자들은 이해하기를 원한다. 의사는 아주 오랫동안 씨름해 오면서 충

분히 이해하고 있는 문제이지만, 환자나 그 가족의 경우에는 생전 처음 듣는 이야기일 수 있다. 환자와 가족과 의사는 각기 다른 관점을 갖고 있기 마련이다. 이런 점을 이해하지 못하면 그들 사이에 갈등이 빚어질 수 있다. 의사, 환자, 가족이라는 참가자 모두가 같은 정보를 갖고 같은 맥락에서 현상에 접근할 때에만, 그들 사이에는 동맹관계가 형성되는 것이다. 전혀 심각하지 않은 증상을 가진 환자가 '설명을 듣기 위해' 의사를 찾아오는 경우도 종종 있다.

폐렴에 대한 치료를 일주일 동안 받아 온 49세 남자 환자에게 흉통이 생겼을 경우, 환자는 당연히 이렇게 생각할 것이다. "다시 제자리로 돌아왔군. 내가 처음 아프기 시작할 때와 증상이 똑같은 걸. 치료가 실패한 것이 틀림없어." 하지만 의사는 이렇게 생각하지 않는다. 환자의 통증은 치유되고 있는 병변이 흉벽 안쪽과 마찰되면서 생겨난 것이다. 의사가 이런 사실을 환자에게 설명해 줄 때에, 환자는 안심할 수가 있다. 환자가 원하는 가장 중요한 것은 적절한 설명이다. 환자를 정말로 괴롭히는 것은 통증 자체가 아니라 "이게 어떻게 된 일이지? 앞으로 나는 어떻게 되는 거지?"라는 궁금함이다.

환자는 *의사와의 대화를 원한다.* 류머티스 관절염을 앓고 있는 40세 여자 환자가 손과 손목에서 평소보다 심한 통증을 느껴 의사에게 전화를 걸었다. 전화를 받은 병원 직원은 그 내용을 의사에게 전달하고, '온찜질을 하고 아세트아미노펜을 복용하라'는 의사의 지시를 환자에게 다시 전해 준다. 환자는 의사와 대화를 하고 싶은 것이다. 자신의 증상을 설명하고 싶고 자신의 관심사와 두려움을 말하고 싶은 것이다. 그녀의 바람은 의사가 자신에게 관심을 보이는 것이다. 오직 직접적인 대화만이 이런 요구를 충족시킬 수 있다.

환자는 *전후 사정을 정확히 알고 싶어한다.* 방사선과의사로부터 "당신의 뇌 MRI 사진에서 작은 변화들이 발견됩니다."라는 말을 들은 내 환자가 겁에 질려 나를 찾아왔다. 그는 알츠하이머병이 시작되는 것이 아닌지 두려워했다. 나는 방사선과의사가 말한 '변화'라는 것이 심각한 것이 아님을 확인해 줬다.

증상이나 질병이 위중하든 경미하든, 환자는 자신의 예후, 즉 앞으로 어떤 일이 벌어질 것인지를 알고 싶어한다. 그걸 모를 때에 환자는 엉뚱한 환상에 사로잡히게 된다. "이번 치료로 당신의 림프종이 치유될 가능성은 90% 이상입니다. 그리고 우리는 앞으로 4년 동안 당신을 꾸준히 관찰할 것입니다.", "당신의 목감기는 2~3일 이후에는 좋아질 겁니다.", "6주 이내의 치료를 통해 당신의 어깨는 정상으로 돌아올 겁니다." 이런 식의 설명을 해주면 환자는 내게 이렇게 말한다. "무슨 일이 벌어질지를 잘 아시는 선생님이시니, 저를 더 잘 치료해 주실 수 있을 거라 믿어요." 발가락 끝의 감각이 약간 무뎌지는 '대단치 않은' 증상을 가진 65세의 환자가 알고 싶은 것은 그 증상의 원인이나 발의 신경분포가 아니다. 그에게 필요한 것은 그게 대단치 않은 증상이라는 사실을 의사가 확인해 주는 일이다.

환자는 스스로 물어보지 않은 질문이나 입 밖으로 내지 않은 두려움에 대해서도 의사가 관심을 기울여 주기를 원한다. 나는 종종 환자에게 "이 질병에 대해 당신이 가장 걱정하는 점은 무엇인가요?"라고 묻는다. 여기 네 개의 작은 일화가 있다.

· 전공의의 아내인 20대의 사회사업사에게 심한 인후통과 함께 목 부위의 림프절이 붓는 증상이 생겼다. 그녀는 자신이 혹시 백혈병에 걸린 게 아닌지 걱정을 했다. 하지만 의사(그녀의 남편 말고)로부터 "당신은 단핵세포증(바이러스성 질환의 일종이며, 심각한 질병은 아니다 - 역주)에 걸렸습니다."라는 말을 들은 후, 비로소 안심했다.

· 신혼의 20대 여성 회사원이 소변을 볼 때에 통증을 느껴 병원에 왔다. 의사는 방광염에 대한 치료를 시행했다. 하루 동안의 치료에도 불구하고 통증이 지속되고 소

변에 피가 섞여 나오는 증상까지 생기자, 그녀는 의사에게 전화를 걸었다. 통증 때문이 아니라 자신이 심각한 병에 걸린 게 아니라는 사실을 재확인하고 싶어서였다.

· 피로와 약간의 호흡곤란을 갖고 있는 35세의 서점 여직원은 자신에게 갑상선 기능항진증이 있다는 것을 알고서 안심할 수 있었다. 그녀가 정말로 두려워했던 것은 심장병이었는데, 그것은 그녀의 언니가 젊은 나이에 심장병이 발병했기 때문이다.

· 이미 5년 전부터 자신에게 고혈압이 있다는 것을 알고 있었던 45세 남자 환자가 드디어 병원에 왔다. 그의 친구가 뇌졸중으로 쓰러진 후, 자신에게도 뇌졸중의 위험이 크다는 사실을 새삼 깨달았기 때문이다.

환자는 일관성을 원한다. 여기저기에서 서로 다른 이야기를 들으면 혼란스럽기 마련이고, 심각한 질병으로 인한 고통이 가중된다. 환자들은 종합적이고도 지속적인 설명과 조언을 필요로 한다. 심장 판막에 이상이 있는데다가 그 곳에 감염까지 생긴 70세 남자 환자는 바로 이런 종류의 딜레마에 빠졌다. 심장내과의사는 그에게 뇌졸중을 막기 위해 항응고제를 계속 복용해야 한다고 말했다. 반면 혈액종양내과의사는 뇌출혈이 생길지 모르니 항응고제를 복용하면 안 된다고 말했다. 이처럼 전혀 다른 종류의 견해들을 종합적으로 검토하여 한 가지 권고를 내려야 하는 사람이 바로 주치의다. 특히 여러 분야의 전문가들이 함께 치료를 담당하는 경우에는 이런 역할이야말로 주치의가 해야 할 가장 중요한 일이다.

환자들의 희망이 단순히 의사가 자신의 이야기를 들어주는 것일 때도 있다. 내 친구 하나는 자신의 어머니가 불평을 늘어놓을 때에 "그 이야기를 왜 하지? 충고를 해 달라는 거야 아니면 그저 좀 들어달라는 거야?"라고 묻는다. 환자는 때로 어떠한 조언이나 처방도 필요로 하지 않는 대신 누군가가 자신의 이야기를 진지하게, 그리고 중간에 말을 끊지 않고 들어주기를 바란다. 한 환자는 내게 이렇게 말했다. "내 말을 들어주고, 믿을 만한 충고를 진

지하게 해 주는 누군가가 있다는 것이야말로 축복이지요. 내 이야기를 잘 들어주는 의사를 만났을 때, 마치 마술에 걸린 것 같았어요."

환자들은 의사가 자신을 세심하게 돌보고 있다는 느낌을 필요로 한다. 성직자들은 흔히 "존재의 성직자"라는 표현을 쓰고 의대생들은 "눈으로 듣기"라고 하는데, 이것은 관심을 보여주는 것을 말한다. 40세의 부동산 중개업자가 캠핑 중에 난로 폭발로 인해 다리에 3도 화상을 입었다. 그가 내게 의뢰되었을 때는, 이미 두 사람의 의사가 그를 진료한 후였다. 나는 화상전문의와 함께 그를 진료하면서 과거력을 검토했는데, 그는 염증성 장질환으로 치료받은 일이 있었다. 그 이후 그는 다른 병원으로 이송됐고, 나에게는 더 이상 관여할 것이 없었다. 하지만 환자는 나의 "조정자 역할"에 대해 감사의 뜻을 전해왔다. 나는 "아무 것도 한 게 없는 걸요."라는 말로 답했다. 실제로 나는 전문가들을 연결시켜 준 것밖에는 아무 일도 하지 않았기 때문이다. 그는 "하지만 선생님은 사랑으로 그 일을 하셨잖아요."라고 말했다. "사랑으로"라는 말은 과장일 것이다. 하지만 환자에게 필요한 일을 찾아서 해 주는 일은 의사가 매우 헌신적이었다는 사실을 환자에게 각인시킨다.

환자의 집을 방문하는 일은 환자와의 관계를 확장시킨다. 환자의 집에 가 보면, 의사는 환자와 그 가족들이 서로 어떤 관계이며 질병에 대해 어떻게 대처하고 있는지, 그들이 가정을 어떻게 꾸리고 있으며 어떤 부분에서 만족감을 느끼는지를 알 수 있게 된다. 집이라는 것은 기억과 관계와 재산과 인생관을 그대로 기술한 에세이와도 같다. 농촌이나 소도시에 개원하여 이미 지역사회의 일원이 된 의사들은 원래부터 환자들의 이러저러한 사정들을 알고 있는 경우가 많다. 대도시의 의사들도 환자의 집을 방문하는 기회를 갖는다면, 이런 부분에 대한 깨달음을 얻을 수 있을 것이다. 특히 환자가 자신의 의사를 말로 표현하기 어려운 경우라면, 이렇게 함으로써 아주 많은 사실을 알게 될 것이다. 요즘은 환자의 집을 방문하는 의사가 거의 없는 시대이지만, 바로 그렇기 때문에 의사의 방문은 환자와 그 가족들에게 더욱 큰 감동을 줄 수 있다. 몇 년이 지난 후에도 환자들은 "선생님이 우리 집에 오셨던 그 순간"을 기억하며 고마움을 간직하고 있을 것이다.

환자는 대리인을 원한다. 환자를 대신하여 여러 가지 문제들을 조정하고 해결해 주는 것은 의사의 중요한 역할 중의 하나다. 나의 아들은 의사는 아닌데, 뉴욕시에서 노숙자들을 위해 자원봉사를 한 적이 있다. 녀석은 나에게 "그들은 때로 그들이 필요한 것을 모두 해결하기 위해서는 10개나 되는 기관을 방문해야 합니다. 그걸 혼자서 다 해낼 수 있는 사람들이라면 노숙자가 되지도 않았을 걸요."라고 말했다. 환자들도 마찬가지로 의사라는 대리인이 그 복잡한 진료의 과정들 속에서 자신을 잘 인도해 주기를 바란다. 환자들이 스스로 그 모든 일을 처리할 수 있다면, 의사라는 존재는 사실 필요하지 않다. 브로야드는 이렇게 썼다. "의사는 유일하게 외국에 살고 있는 환자의 가족이다."라고.[4]

어떤 환자들은 의사에게 연락하는 일을 꺼리기도 한다. 3일 동안 계속되는 구토로 인해 기진맥진한 80세의 여자 환자가 자신의 원래 주치의 대신 친구인 나에게 전화를 건 일이 있다. 근무시간이 지난 후였다. 나는 그녀의 집으로 가서 그녀를 진찰했는데, 심한 탈수 증상을 보이고 있었고 여전히 아무 것도 먹지 못하는 상황이었다. 나는 그녀를 입원시켜 치료를 시작했다. 다음 날 아침, 나는 그녀의 주치의에게 이 사실을 알렸다. 주치의는 그녀가 자신에게 연락하지 않은 데 대해 방어적인 태도와 함께 약간의 분노를 보였다. 그 의사는 왜 환자가 자신에게 연락하기를 꺼렸는지에 대해서는 인지하지 못하고 있었다. 이유는 매우 다양하다. 심각한 질병일까봐 두려웠을 수도 있고, 입원이나 괴로운 검사들을 걱정했을 수도 있고, 자신의 증상 때문에 경황이 없었을 수도 있다. 어떤 증상이 저절로 없어져 버리기를 바라고 웬만하면 의사를 귀찮게 하지 않으려 하는 것이 바로 인간이다. 때로는 의사

에게 연락을 취할 방법이 마땅치 않은 경우도 있다. 환자들은 이런 상황에 대처하는 나름대로의 방식을 갖고 있는데, 어떤 방식을 택하느냐 하는 것은 대개 과거에 만난 의사들로부터 어떤 대접을 받았느냐 하는 데에 따라 결정된다. 어떤 환자는 궁금증을 해결하기 위해 곧바로 의사를 찾아가지만, 어떤 환자들은 일단 참고 기다린다. 어떤 환자들은 즉각적인 답변을 원하지만 어떤 환자들은 느긋하다. 의사들은 이런 차이들을 잘 고려해야 한다.

환자들은 때로 증상이 생기고 지속되고 호전되지 않는 데 대해 당황하게 된다. 45세의 여자 환자가 작업중의 사고로 인해 부상을 입은 후 지속적인 후유증에 시달리고 있었다. 그녀는 지난 수년간 많은 의사들―그리고 많은 변호사들―을 만났다. 어떤 의사들은 매우 동정적이었지만, 다른 어떤 의사들은 냉소적인 태도로 그녀의 증상에 대해 별다른 관심을 기울이지 않았다. 내가 그녀를 처음 만났을 때, 그녀는 또 같은 이야기를 반복해야 한다는 사실을 지겨워할 뿐이었다. 그녀를 잘 파악한 어느 변호사의 표현을 빌자면, 그녀는 "좀 복잡한 상태이지만 충분히 그럴 만" 했다.

어떤 환자들은 그들을 훨씬 더 의존적으로 느끼게 만드는 의학적 프로그램 속에 놓이는 것을 괴로워하기도 한다. 이와 관련해서는 당뇨와 고혈압을 함께 갖고 있는 40세의 환자가 내게 해 준 말이 있다. "그건 말이죠, 추운 겨울밤에 작은 담요 한 장을 덮고 누워 있는 것과 비슷합니다. 담요를 끌어당기면 발이 시렵고, 발을 덮을라치면 어깨가 시리죠."

가족이나 친구들에게, 혹은 자신의 질병을 과소평가할지도 모르는 의사에게 너무 의존적이 될까봐 전전긍긍하는 환자들도 있다. 췌장암을 앓고 있는 한 환자는 이렇게 말했다. "의사가 환자를 최고로 위중하다고 생각하지 않는다면, 환자는 당연히 최고 수준의 돌봄을 얻을 수 없기 마련"이라고.

'환자'라는 낙인을 두려워하는 사람들도 있다. 나는 환자를 의뢰할 때 "당뇨 하나 보낸다"는 표현을 오래 전부터 쓰지 않는다. 대신 "당뇨병을 가

진 환자"를 의뢰한다고 말한다. 나는 또한 환자에게도 이 점을 분명히 말해 준다. "당신의 당뇨병이 당신을 규정하는 건 아닙니다."라고.

환자는 의료 시스템의 어느 위치에서든 '안전함'을 느끼고 싶어한다. 환자가 병원에 있든 자택에 있든 외래에 있든 너싱홈에 있든, 그들은 이미 수립된 계획에 의해 적절한 치료를 받고 있으며 필요하면 언제든 도움과 관심을 얻을 수 있다는 느낌을 원한다.

위에서 언급한 모든 사실들을 통해 우리는 무엇을 배워야 할까? 의사들은 환자의 마음을 알아야 한다. 그리고 "이 환자는 위기를 어떻게 극복하는 사람인가? 그가 이번 위기는 어떤 방식으로 극복할 것인가?"를 자문해야 한다. 스스로 반성하는 일은 상처를 주지 않는다. 의사들은 "내가 이 환자와 같은 처지에 놓였다면 어떻게 했을까?"를 물을 수 있어야 한다. 이 일에는 자신이 환자가 되어 본 경험이 유용할 것이다. 내가 학생들을 가르치는 주된 목표 중의 하나는 그들 혹은 그들의 가족들이 환자가 되어 본 경험을 통해 깨달음을 얻을 수 있도록 유도하는 것이다. 이런 과정을 통해 '환자가 된다는 것의 의미'를 좀더 자세하고 명확하게 알 수 있게 될 것이다. 다음 장에서는 학생들이 직접 경험한 일들이 세세하게 다루어질 것이다.

제5장

학생의 경험으로부터 배우기

"뭐니뭐니해도, 내가 가장 잘 아는 건 통증이다."

많은 의사들은 자신의 어린 시절에 대해 비슷하게 말한다. 대개는 위중하거나 혹은 드라마틱한 질병을 가진 환자가 집안에 있었다. 그 환자가 자신이었던 때도 있다. 의학적 치료의 결과는 좋았을 수도 있고 아닐 수도 있다. 그들은 드라마에 출연했던 적이 있는 셈이고, 그 경험은 어떤 식으로든 그들의 삶에 영향을 준다. 의사로서의 우리의 모습은 결국 우리의 경험들에서 비롯되는 부분이 많다.

많은 의사들은 좋은 역할모델을 갖고 있다. 특별한 기술을 가졌으며 환자를 대하는 태도도 훌륭하며 위중한 환자를 극적으로 살려내는 인상적인 사람 말이다. 장래의 직업에 대해 미처 생각해 보지 않았을 어린 시절에 처음 만났을 수도 있고, 그 만남이라는 것이 매우 피상적인 것일 수도 있다. 또한 어떤 역할모델은 나쁜 모델로서, "내가 의사가 되면 저렇게 하지 말아야지" 하는 생각을 갖게 하기도 한다. 의사가 되는 모든 사람들은 좋은 의사가 되어야겠다고 생각하게 된 계기가 꼭 있다. 이런 인간적인 관점에 대해 이야기를 할 때에는, 임상실습 과정에 이미 들어간 학생들보다 저학년의 학생들이 더 낫다. '미래의 의사'가 아니라 환자 혹은 그 가족으로 말할 때에, 그들은 가장 솔직해진다. 의사들만의 은어나 의사 특유의 사고방식에 물들지 않았기 때문이다.

여기 증거가 있다. 내가 맥칼리스터 대학에서 "인문학으로서의 의학 세미나"를 진행할 때, 학생들에게 이런 숙제를 냈었다.

1. 본인 혹은 가족이 질병을 경험한 일에 대해 쓰시오.
2. 본인과 가족들은 그 상황에 어떻게 대처했는지, 그 경험은 본인과 가족들에게 어떠했는지 쓰시오. 가장 좋았던 부분과 가장 나빴던 부분에 대해서도 쓰시오.
3. 본인의 경험을 돌이켜보면서 무엇을 느꼈는지 쓰시오.

나는 언제나 학생들이 경험한 다양한 질병들에, 또한 그들의 회상의 깊이에 놀라곤 했다. 그들 스스로가 겪었던 질병들은 당뇨병, 갑상선기능항진증, 외상성 신장 파열, 궤양성 대장염, 크론병(염증성 장질환의 일종), 우울증, 호지킨씨병(악성이다), 발작, 벨씨마비(얼굴신경의 마비), 그리고 급성충수돌기염 등 다양했다. 가족들이 겪었던 질병으로는 뇌졸중, 심장병, 폐렴, 폐기종, 암 등이 있었다. 한 여학생은 집에서 키우던 애완견의 암으로 인해 자신과 가족들이 받은 영향에 대해 기술하기도 했다.

대부분은 제대로 된 치료를 받았지만, 일부는 오진이나 편견, 절망, 외로움, 무기력감에 직면하기도 했고, 사려 깊지 못한 전문가들을 만나기도 했다. 그들의 경험을 통해서, 그들은 많은 것들을 배울 수 있었다. 환자나 가족들에 대한 대단히 중요한 정보들이 흔히 간과된다는 것, 어떤 질병이든 공통적으로 해당하는 특징들이 있다는 것, 사람들은 위기나 딜레마의 상황에서 각기 다른 방식으로 대처한다는 것, 질병이란 개인이 아니라 가족 전체의 일이라는 것, 그리고 대부분의 질병들이 불확실성들로 둘러싸여 있다는 것 등이다. 여기 그러한 교훈들의 일부가 있다.

크론병을 갖고 있는 어느 3학년 학생은 일부 의사들이 보여준 행동에 대한 실망감에 대해 이렇게 기술했다.

14살 때, 내 몸은 여전히 매우 불편한 상태였다. 매주 이어지는 검사들은 믿을 수 없을 만큼 거북하고 당혹스러웠다. 나는 [의사]의 지시를 따랐지만, 그건 내가 정상으로 회복될 수 있을 거라는 기대 때문이었다. 하지만 나의 증상은 없어지지 않았고, 나는 내 몸이 침해당하는 불쾌감에 더하여 분노를 느끼게 됐다. 나는 내가 의사를 계속해서 만나야 한다는 점을 스스로에게 합리화하기 위해 애를 썼다. 그러나 이런 나의 노력에도 불구하고 나는 분개할 수밖에 없었다. 내 몸을 마음대로 침범하도록 허락된 의사에 대해 굴욕감까지 느꼈다. 의사들은 알아야 한다. 사람들의 개인적 공간이 신성하며 독립적이라는 것과 어떤 [환자들]은 그것을 대단히 소중하게 생각한다는 점을.

어느 4학년 학생은 여러 해 동안의 검사에도 불구하고 정확한 진단이 내려지지 않고 있는 요통과 복통에 대해 기술했다. 의사들은 그녀의 말을 믿지 않았으며, 그녀의 통증을 과소평가했다. 그녀는 환자에게 일어날 수 있는 가장 나쁜 일 중의 하나가 의사들이 자신의 말을 믿지 않는 것임을 알게 됐다. 그녀가 자기 자신의 몸을 스스로 관찰한 바를 말했음에도 불구하고 말이다. "나의 분노[의사들이 내 통증의 원인을 제대로 밝혀내지 못하는 것에 대한]는 어느 순간에 에너지로 바뀌었다. 아무도 내 문제를 알아내지 못할 상황이었더라면, 차라리 내가 최선을 다해 공부를 했을 테고, 언젠가는 스스로 진단을 내릴 수 있었을 것이다. 어쨌든 나는 내 통증을 가장 잘 아는 사람이니까."

2학년 학생 하나는 자신이 9살 때 뇌종양으로 세상을 떠난 남동생이 자신과 가족들과 의료진에게 끼친 영향에 대해 이렇게 말한다.

그 많은 뇌척수액검사와 수술과 강력한 약들과 오랜 입원에도 불구하고, [그는 그가 만나는 모든 사람들을 놀라게 했다. 그는 명랑하고 용감하고 상냥했으며, 자신이 암세포들을 모두 물리쳐 버리는 낙관적인 전망을 잃지 않았다. [결국 그가 죽은 후에 나는 누구와도 그 죽음에 대해 이야기를 나누지 않았고 결코 울지도 않았다. 카운슬링을 받을 기회가 몇 번 주어졌지만, 나는 참석하지 않았다. 그때 나에게 각인된 이미지들은 10년이 지나도록 사라지지 않았다. 나는 간호사들이 그의 병실 안에서는 즐겁게 농담을 하며 웃다가 병실 밖 복도 구석에서는 눈물을 흘리는 광경을 기억한다. 의사들이 그의 예후에 대해 우리 가족들과 대화를 나누다가 눈물을 훔치는 것도 보았다. 당시 9살이었던 나는, 어른들도, 심지어 의사나 간호사들도, 슬픔에는 면역이 되어 있지 않다는 것을 알게 됐다. 또한 그들이 언제나 모든 일을 좋은 방향으로 이끌 수는 없다는 점도 알게 됐다.

다른 4학년 학생은 난소암으로 사망한 할머니에 대한 기억에서 몇 가지 사실을 깨달았다. 모든 가족들은 각기 다른 방식으로 질병을 경험한다는 사실, 가족 한 사람의 질병이라는 드라마는 가족 전체의 일생이라는 더 큰 드라마의 일부분이라는 사실, 그리고 병에 걸린 가족 한 사람을 돌보는 것도 중요하지만 나머지 가족들이 서로를 돌보는 일도 똑같이 중요하다는 사실이 그것이다.

아마도 할머니께서 우리에게 주신 마지막 선물은 우리 가족 모두를 과거 어느 때보다 더 단단하게 [하나로] 묶어 준 일일 것이다. 우리는 서로를 돌볼 줄 알게 됐다. 나는 누군가의 말을 경청할 줄 알게 됐다, 심지어 말을 하지 못하는 사람까지도. 오늘

날에는 모두가 개인주의와 독립심이 강조되는 분위기에서 자라난다고 생각한다. 하지만 그것들은 자신의 주변에서 일어나는 일들을 스스로 제어할 수 없는 상황이 되면 무의미해진다. 나는 내 경험을 통해서, 불확실성의 순간이 되면 누구나 다른 사람에게 기대게 된다는 것과 그것이 그렇게 나쁜 일은 아니라는 점을 알게 됐다.

질병은 공포를 유발하며, 그 공포는 환자에게만 국한되지 않는다. 어린 시절에 발작성 질환을 앓았던 3학년 학생은 다음과 같이 기술했다.

아버지는 언젠가 나에게 말했다. 내가 처음 발작 증세를 보였을 때가 아버지의 생애에서 가장 크게 겁에 질린 순간이었다고. 환자들은, 특히 어린 환자들은, 도움을 주는 가족들에게 말할 수 없을 정도로 의존적이 된다. 하지만 가족들 또한 나름대로 커다란 두려움과 의문에 휩싸이게 된다. 그 두려움의 크기가 환자 본인의 것보다 더 클 때도 있다.

할아버지의 심장 수술에 대해 말하는 4학년 학생은 의사가 기술자 이상의 역할을 해야 함을 이해했다고 기술한다.

수술 날짜가 다가오자 [내 할아버지]는 의사에 대한 실망을 점점 더 자주 표현했다. 의사가 자신에게 생각보다 많은 시간을 할애하지 않았기 때문이고, 알아듣기 쉬운 용어로 설명을 해 주지 않았기 때문이었다. 수술 이후, [할아버지]는 예전처럼 건강해질 수 있느냐 아니냐 하는 갈림길에 서 있었다. 할아버지의 경험에서 유추해 볼 때, 환자의 신체를 돌보는 일이 중요하기는 하지만 환자의 마음이 신체적 회복에 미치는 영향이 상당히 크다는 것을 확실히 알게 됐다. 진료의 과정에서 심리적 측면을 고려하는 것의 중요성은 대증요법 위주의 현대의학에서 흔히 소홀히 다뤄지고 있다.

흔한 병이든 드문 병이든, 모든 종류의 질병에서 우리는 깨달음을 얻을 수 있다. 우리는 너무 자주 한 사람을 한 가지 속성만으로 규정지으려 한다. 의사의 목표는 개별 환자에 대해 최대한 많은 정보를 얻어내는 것이어야 한다. 선생의 임무는 학생들에게 환자의 이야기를 최대한 상세하게 알아낼 수 있는 의욕과 능력을 심어주는 것이다. 다음의 이야기는 환자에 대해 많이 알면 알수록 더 좋은 치료계획을 세울 수 있음을 보여주는 일화로, 어느 3학년 학생이 할머니의 비만에 관해 기술한 것이다.

할머니의 상태는 어떠한 육체적 활동도 하기 어려운 정도였다. 기껏해야 한 블록 정도 걸어갈 수 있을 뿐이었다. 운동부족으로 인해 당뇨병이나 만성 소화불량과 같은 합병증이 또 생겨났다. 할머니의 질병은 한번도 공식적으로 언급된 적은 없었지만 정신적인 문제에서 비롯된 것이었다. 그녀는 먹을 것이 별로 없어서 우울한 가운데 성장했다. 그녀는 배고픔 대신 통증을 느끼도록, 잠자리에 들기 전에는 얻어맞아야 했던 어린 시절을 말하곤 했다. 학교 선생님은 할머니의 어머니에게 아이가 너무 말랐다면서 좀 더 많은 것을 먹이는 것이 좋겠다고 말했지만, 어머니의 대답은 이미 충분히 게걸스럽게 먹고 있으니 더 많은 음식은 필요하지 않다는 것이었다. 50~60여년 전의 이 이야기를 할 때에는 할머니의 눈에 아직도 이슬이 맺힌다.

너무나 확실히, 할머니의 병은 제대로 평가되거나 설명된 적이 없다. 아마도 의사는 그녀가 결코 따를 수 없는 식이요법을 요구했을 것이고, 그녀가 결코 이행할 수 없는 운동처방을 내렸을 것이다. 할머니가 왜 그런 질병에 걸렸는지는 알지 못한 채. 아마도 우리 할머니는 먹을 것이 충분하지 않은 상황에 직면하는 것에 대한 두려움이 너무 컸을 것이다. 그녀의 두려움은, 그녀가 살아온 시대가 심리적인 질병을 부끄러워해야 할 무언가로 취급하는 시기였음을 생각하면, 쉽게 이해될 것이다.

여러 학생들의 이야기에서는 흔히 신체적인 측면과 정신적인 측면이 서로 복잡하게 얽혀 있다. 다음은 어느 4학년 여학생이 자신이 경험한 궤양성 대장염에 대해 쓴 것이다.

처음 진단 받은 후 6년 넘는 기간 동안, 나는 수도 없이 '재발'이라는 걸 경험했다. 결국 여러 차례 입원을 반복해야 했고, 수술도 대여섯 차례나 받았다. 수술 자국이 크게 남는 것에서부터 수술 부위에 농양이 생기는 일까지, 크고 작은 합병증들이 끊이지 않았다. 나는 결코 정상적인 삶을 살 수 없을 것만 같았다. 10대 중반의 어느 무렵에 내가 겪었던 증상은, 지금은 내가 배워서 알게 된 '우울증' 바로 그것이었다. 나는 당시 몸과 마음이 모두 괴로웠는데, 서로 밀접하게 연관되어 있는 두 가지 고통이 주기적으로 나를 찾아오는 것이라 믿고 있었다. 하지만 이상하게도, 궤양성 대장염이라는 경험은 내 삶을 오히려 긍정적으로 바꾸어 놓았다.

다음 2학년 여학생의 경험은 젊은이조차 질병이라는 시련을 잘 극복할 수 있음을 보여준다. 물론 만성질환이 본인과 가족들의 정신을 계속해서 빼앗고 있기는 하지만 말이다.

감정의 측면에서 내가 꼭 말하고 싶은 것은 이것이다. 내 당뇨병으로 인해 나와 내 가족들이 겪은 일들 가운데 가장 중요한 것은 내가 나 자신의 건강에 대해 일차적인 책임을 지는 능력이 있느냐 여부였다. 물론 내 나이가 꽤 어렸을 때에도 말이다. 어쨌거나 내 병이니 내가 주도권을 쥐는 것이 오히려 부모님의 근심을 덜어줄 수 있을 거라고 나는 생각했다. 하지만 최근에 우리 부모님은 내게 털어놓았다. 언제나 마음 한구석에는 온전히 나에 대한 걱정만으로 채워진 곳이 있으며, 언제나 딸이 먼저 가 버리면 어떡하나 하는 두려움을 갖고 있다고 말이다. 사실 내 삶의 단계에 따라 조금의 차이는 있을지언정, 내 마음속에도 비슷한 걱정과 두려움이 늘 있었다. 간단히 말해서, 환자 경험 중 가장 좋은 건 희망이고, 가장 나쁜 건 공포다.

어떤 학생들은 때로는 부인(否認)이나 죄책감이 환자들의 이야기의 일부가 될 수 있다는 점도 인지하고 있었다. 다음은 당뇨병을 가진 4학년 여학생의 글이다. "시야혼탁, 갈증, 빈뇨, 체중감소 등의 여러 증상들이 분명히 비정상적인 것임에도 불구하고, 우리 어머니는 뭔가가 잘못되어가고 있다는 사실을 인정하려 하지 않았다. 하지만 언젠가 어머니는 내게 이렇게 말했다. 자신의 무관심으로 인해 내가 죽을지도 모르겠다고, 적절하게 행동하지 못했던 것에 대해 너무나 후회한다고."

다른 3학년 여학생은 초등학교 3학년인 자신의 남동생이 썰매를 타다 다리를 부러뜨려 수술을 받게 됐을 때에 얻은 교훈을 이야기했다. 그녀가 깨달은 것은 의료제도나 의사들이 열린 마음으로 의학의 인간적인 측면에 주목하지 않으면 환자가 가족들이 불필요하게 고통받게 된다는 사실이었다. 그녀의 남동생이 통증을 호소했을 때, 냉정하기 이를 데 없는 의사는 그녀의 남동생을 '엄살쟁이 꼬마'로만 여겼다. 그건 엄살이 아니라 치료를 위해 의사가 다리에 박아 둔 쇠못에서 비롯된 진짜 통증이었는데도 말이다.

어머니는 모든 것을 감시하고 점검하면서 끊임없이 질문을 던지는 것이 자신의 할 일이라고 느끼는 것 같았다. [남동생]이 병원에서 보낸 시간은 내게 한 가지 확신을 심어주었는데, 그건 중환자 혹은 병원에 입원한 환자는 대신 말해 주고 대신 질문해 줄 '보호자'가 필요하다는 것이다. 아픈 사람이 그 일을 직접 할 수 없을 때도 있지만, 자신이 직접 하기에는 어쩐지 어울리지 않는 상황이 있다.

학생들의 이야기 각각의 내용 속에는 의학의 인간적인 측면에 관해 생각해 볼 점들이 담겨 있다. 도표로 만들 수 있는 어떤 정보들보다 드라마틱한 이들 이야기는 의사들에게 소중한 교훈이 될 것이다. 학생들이 신뢰를 바탕으로 자신의 이야기를 편안하게 털어놓을 수 있었던 경험은, 의사와 환자 사이에 어떤 신뢰가 필요한지 일깨워주는 사례가 될 것이다. 학생들 스스로의 반성적 고찰은 그들 마음속에 내재한 인간성과 감수성을 확인시켜 줌과 동시에 의과대학에서 교수의 역할이 무엇인지도 알려줄 것이다. 의대생을 가르칠 때에는 인간성과 감수성을 길러주기 위해 무엇이든 해야 하며, 그걸 오히려 없앨 수 있는 어떤 행동도 해서는 안 된다.

지난 몇 개의 장에서는 주로 환자가 된다는 것의 기본적인 의미에 대해 다루었다. 다음 장들에서는 특히 두 가지 측면을 깊이 있게 고찰할 것이다. 하나는 불확실성, 다른 하나는 환자나 가족들이 질병에 대처하는 방식이다.

제6장

불확실성

"진짜 진실은 아무도 모른다. 그저 최선을 다할 뿐."

환자에게 가장 큰 어려움이 바로 불확실성이라는 점은 의사와 환자 모두가 동의하는 사실이다.[1] 자신의 고통이 어디에서 오는 것이며 좋은 결과가 예정되어 있다는 것을 아는 경우—예를 들어 출산과 같이—에는 엄청난 통증도 거뜬히 견딜 수 있는 것이 환자다. 하지만 진단이나 치료나 예후에 대해 잘 모를 때에는 크지 않은 통증에 의해서도 완전히 압도될 수 있는 것이 환자다. 많은 의사들은 환자의 질병이 악화되는 것 자체보다 불확실성에서 비롯되는 의문들에 대해 더 많이 고민을 하게 된다. 가능한 진단 중에서 내가 빠뜨린 것은 없을까? 내가 최선의 치료법을 선택한 것일까? 내가 미처 알지 못하고 있는 정보는 없을까?

　노련한 의사들은 불확실성이야말로 질병과 맞서 싸움에 있어서 가장 핵심적인 사항이라는 것을 이해하고 있다. 하지만 심각한 질환을 겪어 본 적이 없는 환자나 그 가족들, 그리고 신참 의사들과 같이 경험이 없는 사람들의 경우에는 불확실성이 더욱 증폭된다. 하지만 우리는 불확실성에도 불구하고 뭔가를 해야 한다. 불확실하다고 해서 아무 일도 하지 않을 수는 없는 것이다.

불확실성을 보여주는 환자의 사례

여기 아주 간단해 보이는 환자의 사례가 있다.

66세 남자 환자가 흉통을 호소했다. 식도암 진단 후 수술을 받았고, 항암치료와 방사선치료를 함께 받았다. 2년 후, 그의 종양은 재발하지 않았고, 그는 잘 지내고 있다.

하지만 이 이야기 속에는 수많은 불확실성이 있다. 자세히 보자.

66세 남자 환자가 지난 3개월 동안 가만히 있을 때와 운동을 할 때 모두 간헐적으로 경미한 흉통을 느껴 왔다고 의사에게 말했다. 운동부하검사 결과는 정상이었고, 의사는 심장이 아닌 다른 원인을 찾아보자고 말했다. 소화관 X-선 검사와 내시경 검사(식도와 위, 십이지장을 들여다보는 특수검사)를 시행한 결과 식도암이 발견됐다.

환자는 처음에 이런 궁금증을 갖는다. "별로 심하지도 않은 이 통증에 대해 의사의 진찰을 받아 보아야 할 것인가?" 진단이 된 이후에는 "이게 어떤 결과를 가져올 것인가? 나는 죽는 걸까? 내가 살아난다고 해도 예전과는 다른 사람이 되는 게 아닐까? 우리 가족들은 이 사태를 어떻게 대처할 수 있을까? 수술은 우리 동네 병원에서 받아야 하나 아니면 대도시의 큰 병원에서 받아야 하나?" 등을 고민한다.

의사의 불확실성은 진단과정에서부터 시작된다. 의사는 묻는다. "병이 어디에 있지? 즉시 처치를 시작해야 하는 불안정성 협심증인가? 아니면 며칠 동안은 두고 보면서 추가적인 검사를 해야 하나?" 운동부하검사 결과 관상동맥질환이 아님이 밝혀지고 난 후에는 "다른 원인들을 살펴보아야 하나? 가능한 다른 질병들은 무엇 무엇이 있지? 식도의 문제인가? 담낭의 문제? 단순히 스트레스성인가?"

환자는 복잡하고 까다로운 수술을 받는다. 흉부와 복부를 모두 절개하여 종양이 있는 식도의 상당 부분을 절제하고 남아 있는 식도를 위장과 연결시키는 수술이다. 수술 후 이틀 동안 그는 매우 근심이 많다. 간호사는 그의 혈압이 낮아진 것을 발견하고 의사에게 연락을 취한다.

간호사의 불확실성은 이렇다. 그가 걱정하는 원인이 무엇일까? 단순히 불안해서일까, 아니면 저혈압이나 감염과 같은 다른 원인이 있는 걸까?
의사의 불확실성은 이렇다. 혈압이 떨어진 원인이 출혈 때문일까? 아니면 탈수? 혹시 심근경색? 이 딜레마를 극복하기 위해 우선적으로 할 일은 뭐지? 내가 맨 먼저 할 일은 뭐지?

심전도 검사는 정상이었고, 심근경색을 의심할 만한 소견은 없었다. 혈액검사를 해 보니, 출혈보다는 탈수가 원인인 듯했다. 정맥을 통한 수액 공급을 늘리고 나니, 환자의 혈압이 정상으로 되돌아왔고 환자의 근심도 해결됐다. 그 다음 날 조직검사 결과가 나왔는데, 절제한 부위의 경계 부분에서 암세포가 발견됐다.(경계 부분에서 암세포가 발견됐다는 것은 암이 완전히 제거되지 않았음을 뜻한다 - 역주)

의사의 불확실성은 이렇다. 이 조직검사 결과가 예후에 어떤 영향을 끼칠 것인가? 선택할 수 있는 치료방법들은 무엇이 있나? 추가 치료가 환자에게 도움이 될 것인가, 아니면 오히려 해가 될 것인가? 항암치료? 방사선치료? 두 가지 모두? 아무 것도 하지 않음? 치료의 결과에 대해 확신할 수 있는 것은 없는데, 나는 환자에게 어떤 것을 권해야 할 것인가? 이 모든 불확실성을 환자 혹은 그의 아내와 어떻게 공유할 것인가?

환자의 불확실성은 이렇다. 추가적 치료의 성공 여부를 확신할 수 없다면, 시간낭비가 될지도 모르는 치료를 받아야만 할 것인가? 다른 의사의 의견을 들어봐야 하나? 이런 고민들은 물론 환자의 아내에게도 주어진다.

환자와 그의 아내, 그리고 의사는 그들 앞에 놓인 불확실성에 대해 솔직하게 이야기를 나눈다. 그리고 방사선치료와 항암치료를 포함한 추가적 치료에 합의한다. 3개월 후 모든 치료가 마쳐졌을 때, 환자는 며칠째 음식물을 삼키기가 어려워졌음을 느낀다.

환자의 불확실성은 이렇다. 이게 무얼 의미하는 걸까? 수술과 그 모든 추가적 치료가 다 허사란 말인가? 의사는 똑같은 의문에 직면함과 동시에 "암의 재발 이외에 연하장애를 유발할 수 있는 게 뭐 있지? 수술이나 방사선 치료 때문에 식도가 좁아진 걸까? 아니면 식도의 궤양이나 염증 때문일까?" 라는 질문을 더 던진다.

환자는 또 내시경 검사를 받았다. 그 결과 식도와 위가 연결되는 부위가 좁아져 있음이 발견됐다. 내시경 검사와 동시에 식도를 넓히는 시술을 시행했고, 환자의 증상은 없어졌다. 1개월 후, 환자에게 흉통이 생긴다. 그 증상은 하루 동안 지속되었고 환자는 다시 병원을 찾았다. 의사는 그 증상이 별 게 아님을 알고 있었다. 환자가 걱정하는 것을 충분히 이해하는 의사는 이렇게 말한다. '때로는 그저 기다리는 것이 가장 좋은 검사입니다. 이건 아마도 심각한 것이 아닐 터이니, 며칠 기다리면서 경과를 보도록 하지요." 통증은 곧 없어졌다.

의사는 그 이후로도 정기적으로 환자를 진료했다. 하지만 그건 경과 관찰이나 다른 종류의 검사를 위해서가 아니라, 불확실성으로 인해 마음을 졸이는 환자에게 지지와 확신을 심어주기 위해서였다. 2년 후, 환자는 아주 편안해졌다. 환자와 그의 아내와 의사 모두가 식도암이라는 그의 질병이 완치되지 않았을 수도 있다는 것을, 그로 인해 앞으로도 계속해서 검진을 받아야 한다는 사실을 완전히 이해하게 된 것이다.

무엇을 배울 것인가?

우리는 이 이야기를 통해 무엇을 배울 것인가? 불확실성과 관련된 이슈들은 무엇이 있나? 그를 진료하는 과정에서 더 좋은 방법은 무엇이 있을까? 이 사례에서 배운 교훈을 다른 환자에게는 어떻게 적용할 수 있을까? 환자의 질병과 관련된 모든 당사자들—위의 사례에서는 환자와 그의 아내와 의사와 간호사다—은 조금씩 모양이 다를 뿐 불확실성과 씨름하고 있다.

환자에게 있어 불확실성은 가장 위중한 질병 혹은 증상의 일부이다. 불확실성은 진단이나 치료나 예후 등 여러 단계에서 있을 수 있고, 이 모든 단계에서 다 있을 수도 있다. 임파선이 부은 환자는 악성 종양이 아닐까 하는 걱정을 가질 수 있다. 발목에 골절상을 입은 환자는 수술 후의 통증에 대해 감염 때문이 아닐까 하고 걱정할 수 있으며, 수술로 맞춰놓은 뼈가 다시 어긋난 것은 아닐까 하고 걱정할 수 있다. 바로 그렇기 때문에, *아무리 하찮은 질병이나 증상에 대해서라도, 의사는 진단이나 치료 방법이나 예후에 대해 환자에게 말해 주어야 한다.* 전혀 심각하지 않은 경우라도, 의사는 다음과 같은 방식으로 말을 맺는 것이 필요하다. "결국 아무 문제도 없는 것으로 밝혀졌습니다."라거나 "며칠 안으로 통증이 없어질 겁니다."라고.

의사는 환자로 하여금 스스로 불확실성을 인지하도록 도와줄 필요도 있다. "수술을 앞두고 아무런 걱정도 안 한다면 그게 어디 사람인가요?"라고 말할 수 있을 것이다. "이 질병에 대해 가장 걱정하는 것은 뭔가요? 꽤 오랫동안 앓으셨으니, 뭔가 잘못되어 간다고 느끼실 수도 있을 겁니다. 어떤 것이 걱정이세요?"라고 묻는 것도 좋다. 의사는 환자가 스스로의 심정을 표현하게 함으로써, 미처 드러나지 않았던 두려움이나 요구를 발견할 수 있다.

이치에 맞지 않는 확신은 오히려 해가 된다. 처음으로 흉통을 느낀 환자에게 다른 면밀한 검사 없이 협심증이라고 진단하는 일은 식도암을 효과적으로 치료할 수 있는 소중한 기회를 날려 버릴 수도 있다.

불확실성에 입각한 생각은 창의적인 결론을 이끌 수 있다. 환자의 흉통이 협심증 때문이 아니라면 과연 무엇 때문일까? 치료 후에 생긴 연하장애가 암의 재발 때문이 아니라면 다른 원인들은 어떤 것들이 있나?

의사들은 특히 질병의 한가운데에 있을 때 환자들의 우려와 불안에 신경을 써야 한다. 환자가 탈수와 저혈압으로 인해 불평하고 있다 하더라도, 그것이 진단과 치료와 그 결과에 대해 환자가 갖고 있는 말못할 불안에서 비롯되는 것임을 알아야 한다. 의사들은 흔히 이런 환자를 가리켜 "골치 아픈 환자"라고 부르지만, 바로 그 순간에 의사는 오히려 "불확실성에 대해 제대로 설명을 해 주지 않음으로써 내가 저 환자를 골치 아픈 환자로 만든 것은 아닐까?" 하고 생각할 수 있어야 한다.

의사들의 불확실성은 다양한 측면이 있을 수 있다. 경험 많은 의사들조차 처음부터 진단이나 최선의 치료법을 알 수는 없다. 하물며 아직 배우는 과정에 있는 젊은 의사들은 경험이 없다는 사실 자체 때문에도 불확실성을 가질 수 있다. 환자의 질문에 대답할 수 없을 때, 젊은 의사들은 자신이 정답을 모르고 있는 것인지 아니면 정말로 정답이 존재하지 않는 것인지를 구별할 능력이 없다. 이 판단이야말로 정말 결정적인 것인데, 아직 그 수준에까지는 이르지 못한 것이다. 하지만 의사들은 기댈 언덕이 많다. 의료윤리의 측면에서 보아도, 불확실한 것에 대해 동료에게 자문을 구하고 동료의 자문에 응하는 것은 의사의 특권이자 의무이다. 의사는 다른 사람에게 묻는 것을 꺼려서는 안 된다. 의학은 협동을 필요로 하는 분야다.

의사는 환자와의 신뢰관계를 깨뜨리지 않으면서도 그들 앞에 놓인 불확실성에 대해 환자와 함께 고민할 수 있다. 물론 환자와의 관계가 좋을수록 불확실성에 대한 대처는 쉽다. 불확실성이야말로 우리 삶의 실체이며, 대부분의 환자들은 질병과 건강 사이에 놓인 평행선의 의미를 깨달을 수 있을 만큼 충분히 현명하다. 의사가 환자의 요구를 잘 이해하고 환자의 지성을 존중하고 충분한 설명을 해 줄 때, 환자는 불확실성을 기꺼이 수용한다. 이 환자의 경우라면, "일단 기다려 봅시다."라는 의사의 말 때문에 의사를 신뢰할 수 있는 것이다. 여기 불확실성에 대해 환자에게 이야기하는 몇 가지 다른 방법들이 있다.

· 복통이 있는 환자에게 : "복통의 원인이 무엇인지는 아직 잘 모르겠지만, 심각한 쪽은 아닌 것 같습니다. 증상이 좋아지지 않으면 며칠 후에 다시 오시고, 혹 악화된다면 즉시 다시 오세요. 그렇게 하시면 되겠죠?"

· 여러 종류의 다른 치료법 가운데 한 가지를 선택해야 하는 환자에게 : "어느 방법이든지 장점도 있고 단점도 있습니다. 하지만 제 생각으로는 이게 가장 좋은 방법 같습니다. 환자분은 어떻게 생각하세요?"

우리는 불확실성에 직면하여 선택을 해야 하고 행동을 취해야 한다. 이 드라마에서, 환자와 가족과 의사는 함께 딜레마와 맞서 싸우는 것이다. 불확실성을 함께 나눔으로써, 이들 각각은 그것을 이해하고 선택하고 행동할 수 있게 된다. 좋은 결과에 대한 보장이 전혀 없더라도, 그들은 선택을 한다. 그

들 모두는 아무 것도 선택하지 않은 것이야말로 돌이킬 수 없는 결과를 낳는 다는 것을, 그리고 그들의 결정이 시간이 지남에 따라 달라질 수 있다는 것을 알고 있다.

달리 말하면, 만약 우리가 뭔가를 행하기에 앞서 확실성을 얻기 위해 애쓴다면, 우리는 한 발짝도 전진하지 못한다. 진료현장에서 의사는 매일같이 수없이 많은 결정의 순간들을 맞이한다. 흔히 즉각적인 결정을 내려야 하지만, 그 결정이 옳지 않을 경우에는 환자의 회복을 지연시킬 수 있고 환자를 위험에 빠뜨릴 수도 있다. 의사들은 이 딜레마를 풀기 위해 자신이 할 수 있는 최선의 결정을 내리려 애쓰고, 그 결정이 제대로 된 것인지 확인하기 위해 검사도 하고 관찰도 한다. 그리고 필요한 경우에는 그 결정을 도중에 변경하기도 한다.

1970년대 미네소타 트윈즈 팀의 에이스 투수였던 데이브 골츠는 "투수는 아주 정교한 투구를 하기 위해 노력할 뿐이지만, 사람들이 아주 정교한 투구를 하는 투수를 기대한다. 하지만 누구도 모든 투구를 그처럼 정교하게 할 수는 없다. 최선을 다하면 되고, 최선을 다한 결과가 그대로 드러난다는 믿음을 가지면 된다."[2]고 말했었다. 과학자이자 철학자인 야콥 브로노우스키는 "실수란 것은 인간의 지식이 가진 본성의 산물이다."[3]라고 말했었다. 나는 여기에 이렇게 덧붙인다. 실수란, 인간의 행동과 판단이 가진 본성의 산물이라고.

기술적으로 아무런 처치도 필요하지 않고 처방을 변경할 사항도 없고 특별히 더 모니터해야 할 일도 없을 때조차, 의사는 정기적으로 환자를 만나야 하고, 그렇게 함으로써 환자의 근심과 불안을 파악하여 도움을 줄 수 있다. 그것은 환자를 돌보는 데 있어 매우 중요한 일이다. 환자들은 그들의 의문과 불확실성에 대처하기 위해 애를 쓴다. 그들 스스로가 그 문제에 대처할 수 없는 지경에 이른 다음에도 마찬가지다. 의사는 그러나 이렇게 말함으로써 환자들의 외로운 싸움에 동참할 수 있다. "당신의 통증(혹은 혈당일 수도 있다)을 도저히 어찌해야 할지 모를 때에, 저를 찾으십시오." 의사는 환자에게 이 점을 분명히 알려야 한다. "저는 당신이 가장 괴로워하는 것이 바로 불확실성이라는 점을 압니다. 도움이 필요할 때는 저에게 말씀해 주세요."

불확실성에 대해 가르치기

나는 학생들에게 다음과 같은 숙제를 냈다.

1. 살아오면서 불확실성이 대단히 중요한 요소가 되었던 순간이 언제였는지 기술해 보십시오. 그때 어떤 선택을 했습니까? 그 순간의 이슈는 무엇이었습니까? 모든 사실들을 다 알지 못하고 모든 자료를 다 갖지 못한 상황에서, *그럼에도 불구하고,* 당신은 뭔가 행동을 취할 수 있었습니까? 어떻게 그 상황을 돌파했습니까? 그때 기분은 어떠했습니까? 그 딜레마를 해결하기 위해 무엇을 했습니까? 최종적인 결과는 어떠했습니까?

2. 당신 혹은 당신의 가족이 직접 경험한 의학적 상황 가운데, 불확실성이 두드러진 요소였던 상황에 대해 같은 방식으로 기술하십시오.

3. 위의 문제에 대해 답하는 동안, 당신이 깨달은 점을 기술하십시오.

이 질문들에 대한 대답으로, 학생들은 매우 다양한 상황들을 서술했다. 전공과목 선택, 직업의 선택, 다른 나라로의 이주, 계획에 없던 임신에 대한 대처, 뇌종양에 걸린 형제, 어머니의 우울증, 부모의 이혼 등등. 그들은 이런 상황들 속에서, "불확실성에 직면한 인간의 강인함", "불확실성이야말로 인생의 한 부분이며, 적당한 수준의 불확실성은 실제 체험을 더욱 강화시킨다는 사실", "의학에서는, 인생의 다른 부분에서도 마찬가지지만, 진단이나 치료나 예후 등에 있어 100퍼센트 확실한 것은 아무 것도 없다. 모든 상황이 각기 다르며, 그렇기 때문에 우리는 어떤 결정이 가장 현명한 것이며 어떤 방법이 문제의 궁극적인 해결에 도움이 될지를 우리의 모든 지식을 총동원하여 추정해 낼 수밖에 없다."는 것을 깨달았다. 불확실성이야말로 의학이라는 분야에서는 아주 보편적인 현상임을 알게 된 것이다.

불확실성에 대처하는 것은 의사의 중요한 임무 중의 하나다. 진단이나 치료법이나 예후가 모두 불확실하더라도 의사는 행동을 취해야 한다. 의사는 경험을 통하여, 자신에 대한 신뢰를 훼손시키지 않으면서도 환자 혹은 그 가족들과 불확실성을 나누는 방법을 터득하게 된다. 확실함과 완벽함을 추구하는 것은 존경할 만한, 그리고 오로지 인간에게만 존재하는 과제이다. 다음 장에서는 환자들이 불확실성과 스트레스와 질병으로 인한 상실을 처리하는 다양한 방법들에 대해 살펴볼 것이다.

제7장

환자는 질병에 어떻게 대처하는가

"나는 내 병을 스스로 통제하고 싶었어요."

지각 있는 의사라면 언제나 환자와 그 가족들이 질병이나 부상에 대처하는 방식에 대해 깊은 주의를 기울여야 한다. 환자들의 이야기를 듣고 거기에서 뭔가를 알아내려는 노력을 하지 않는 의사들은 자신이 직업적으로 성장할 기회와 환자들에게 중요한 도움을 줄 기회를 모두 차 버리는 셈이다.

환자들은 나쁜 소식을 듣고 어떻게 대처할까? 의사는 나쁜 소식을 전함에 있어서 주저해야 하는 것일까? 이런 질문들에 답하면서 우리는 무엇을 배워야 할까? 수업 시간에 나는 캔서마운트(CanSurmount)라는 이름의 자원봉사단체에서 일하는 사람들을 강사로 초청했다. 이 단체는 과거에 암 치료를 받았던 사람들로 이루어진 것인데, 암 진단을 받은 지 얼마 되지 않은 사람들을 돕고 있다. 그들에게 내가 요청하는 것은 똑같다. "이 수업을 통해서 제가 바라는 것은 환자들이 자신의 질병에 대해 얼마나 다양하게 반응하는지 학생들에게 알려주는 겁니다. 당신이 의사나 다른 의료 제공자들에게 질문하는 것은 어떤 것들입니까?" 이들은 한결같이 수많은 종류의 검사와 치료들을 경험한 사람들이다. 수술, 항암치료, 방사선치료, 골수이식 등등. 그 과정은 혹독했고, 불쾌한 부작용들이 수반됐다. 그들은 자신들이 어떤 상황에 처했었는지, 무엇을 잃어버렸는지, 의사들과의 관계는 어떠했었는지와 같은 경험들을 이야기한다. 다음은 그 이야기들 중에서 발췌한 것이다.

41세 남자가 림프종 진단을 받고 항암치료와 골수이식을 받았다.

암에 걸리면, 좋은 날도 있지만 바로 그 다음날 상황이 바뀌기도 하지요…… 처음 만난 의사는 "암입니다. 그렇게 위중하진 않아요. 항암치료를 두 사이클 받게 될 겁니다." 라고 말했죠. 두 번째 만난 의사는 달랐어요. "4기입니다(이게 가장 심각한 거잖아요). 치료는 할 수 있지만 완치는 어렵습니다. 정확한 병명은 비호지킨림프종입니다." 그는 뭔가 이야기를 계속했지만, 나는 그가 5페이지쯤 달려가고 있을 때 아직 1페이지에 머물러 있었습니다…… 동정심이라는 것도 가르칠 수 있는 것인지 궁금합니다만, 의사들은 암을 다룰 때 말입니다, 좀 속도를 늦출 필요가 있어요. 사람들에게 시간을 할애해야 하고, 그들이 이해할 수 있는 언어를 써야 하고, 환자들이 제대로 이해하고 있는지 물어보는 여유가 있어야 합니다…… 모든 사람들이 나에게 정말잘 견뎠다고 말을 했지만, 나는 내 가족을 생각하면서 정말 큰 두려움에 떨어야 했답니다…… 가장 큰 문제는 불확실성이었죠. 나에게, 그리고 우리 가족에게 과연 무슨일이 벌어지고 있는 것인지…… 암 그 자체보다 더 나를 힘들게 하는 많은 일들이 있었던 겁니다.

23세에 난소암 판정을 받은 25세 여자 환자. 두 번째 수술을 받은 후 폐렴과 함께 복막염이 생겼다. 복막염은 심각한 감염증이다.

내가 암에 걸렸다는 것이 전부는 아닙니다…… 훨씬 더 복잡하지요…… 나는아이를 가질 수 없습니다…… 항암치료 때문에 기억력도 많이 떨어졌구요…… 내가 의사들에게 요구한 게 뭔지 아세요? 긍정적이 되어 달라. 내게 희망을 달라는 겁니다. 어떤 의사가 이럽디다. "최선을 다하긴 하겠지만, 확률은 반반입니다." 그래서 내가 대답했죠. "통계 수치나 이야기하면서 초점을 나에게 맞추지 않는다면, 의사를 바꾸겠어요."라고. 또 솔직할 것, 즉 모든 것을 말해 달라는 겁니다. 반복해서 말해 주기를 바라고, 부작용들에 대해서도 말해 주기를 바랍니다. 그럴 확률이 있다는 것을 내가 알아야 나중에 더 잘 대처하지 않겠어요? 도움을 받을 수 있는 지지 그룹에 대해서도 말해 주기를 바래요. 다른 의사의 의견을 얻고 싶다는 말로 의사를 위협할 생각은 없어요. 차라리 훌륭한 농담을 해 주기를 바라죠…… 아버지는 자책을 많이 했어요. 친가 쪽에 암환자들이 있었기 때문이죠.

한 중년 여성은 24년 전에 진단 받은 비호지킨 림프종에 대해 말했다.

결혼과 출생과 죽음을 모두 한꺼번에 보는 일은 큰 충격이었죠…… 나는 내 딸을 위해서라도 살아야겠다고 생각했어요…… 의사와 나는 궁합이 잘 맞았죠. 그녀도 그걸 알았고, 나도 알았답니다…… 치료 과정을 겪으면서, 이른 폐경이 오고 더 이상 아이를 낳을 수 없게 되는 등 많은 신체적 변화들이 일어났습니다…… 내가 즉시 알고 싶어했던 정보들은 정말 많았지요. 나는 원인이 궁금했습니다. 도대체 왜? 재발을 막으려면 무엇을 해야 하지?…… 좋은 분들이 정말 많았습니다. 의사들, 그리고 가족들을 지지해 주는 여러 시스템들. 내 어머니는 많이 힘들어하셨죠…… 내가 갖고 있던 믿음도 도움이 됐어요. 목사님이 물었죠. "사람들이 알게 되기를 바랍니까?"라고요. 암환자라는 사실은 일종의 낙인 같아서…… 내 주치의는 나를 질병이 아니라 사람으로 바라보아 주었죠. 그녀는 "치료할 수 있다"고 솔직하게 말했고…… 그녀는 매우 정직했어요. 진실을 말하면서 희망을 심어주었죠…… 여러분이 암에 걸린다면 많은 것들이 여러분이 제어할 수 있는 범위를 벗어나게 된다고 느낄 겁니다. 그래서 선택의 기회가 생길 때에는 꼭 스스로 선택을 하려 하지요…… 하지만 내 남편이 어떠했을지는 상상하기도 어렵습니다…… 남편은 아이를 돌보고 나를 보호하고 내가 망가지지 않도록 방패가 되는 일을 자청했습니다…… 살아오면서 여러 가지 종류의 문제들에 직면했을 때, 우리는 그때의 경험을 되돌아보면서 이렇게 말하곤 했습니다. "우리는 함께 잘 헤쳐왔잖아!"

그녀가 비호지킨 림프종 진단을 받은 것은 28세 때다. 림프절이 붓기 시작하여 병원을 찾았던 것이다. 사실은 6개월 전부터 구역질이 나는 증상이 생겼지만, 그녀는 근처에 있는 하수처리장 때문일 것이라고만 생각했었다.

의사가 "암에 걸리신 것 같습니다"라고 말하더군요. 나는 의사들의 은어를 싫어합니다. 평범한 단어로, 이왕이면 긍정적인 방향으로, 부작용도 자세하게 말해주기를 바랍니다…… 의사들이 지원그룹이 됐습니다…… 유머는 정말 중요해요…… 첫날에 나는 "내가 왜 암에 걸린 거죠?"라고 물었습니다…… 인생이 곤두박질쳤습니다…… 의사는 "이건 매우 흔한 암입니다. 예후도 아주 좋고요."라고 말했죠…… "내가 앞으로 직업을 가질 수 있을까요?"…… 친구들, 직장 동료들, 종교인들, 의사들 등등 모든 사람이 환자를 돕습니다. 반대로 어떤 이들은 환자를 멀리하지요…… 항암치료는 처음엔 정말 두려웠습니다. 도대체 무슨 일이 벌어질지 모르니까요…… 나는 기운이 빠지고 머리카락도 빠지고…… 가족들에게 내가 죽는 모습을 보이고 싶지 않다는 생각을…… 나는 죽음을 준비했습니다. 앨범들도 정리하고 부고장도 써 두었죠.

비호지킨 림프종 4기로 진단 받았을 때 그녀의 나이는 33세였다. 증상은 림프절 비대와 피로, 야간 발한이었다.

나는 내가 병에 걸렸음을 알았지만, 다른 사람들이 그 사실을 믿게 하는 데에 어려움을 겪었어요…… 얼굴이 화끈거리거나 피로한 증상은 내가 여자라는 사실 때문에 주목되지 않았고…… [조직검사를 한 이후엔] 내 스스로가 병원에 전화를 걸었습니다. 아무도 내게 전화를 걸어주지 않았거든요. [의사가 내게 말을 할 때에는] 그 의사가 결과지를 생전 처음 보고 있는 것처럼 느껴졌어요……. 나는 아홉 달 동안 항암치료를 받았습니다. 정말 많이 토했지만, 기분은 좀 좋아졌어요…… 다시 검사를 받았을 때, 항암치료가 어느 정도 효과를 거두긴 했지만 완치에는 미치지 못했지요…… 나는 골수이식을 받았습니다. [대학병원에서 의사를 처음 만났던 순간은] 내 생애 최악의 만남이었죠. 의사는 쉴 새 없이 통계수치들을 지껄였는데, 내가 사람이 아니라 숫자 중의 하나가 된 기분이었죠…… [골수이식 후] 그들은 내게 "회색 부분이 2%"라고 하더군요. 그들의 입에서 내가 100% 치유됐다는 말이 나오지 않는 것이 부당하게 느껴졌습니다…… 나는 우울증에 빠졌고, 정신과 치료 및 심리상담을 받았습니다. "종양의 흔적이 사라졌다"는 말은 [나중에 들었죠.] 지금 나는 [하루하루를] 열심히 살고 있습니다…… 완치 판정을 받은 지 2년이 됐고…… 나는 여전히 나의 미래가 매우 조심스럽다고 느낍니다.

난소암 진단을 받기 전 그녀가 처음 증상을 느꼈을 때에, 의사는 그녀에게 '세균에 감염된 것'이라고 말했었다. 증상이 지속되자 그녀는 병원 응급실에 갔다.

도움이 필요하다는 사실을 [나는 알았어요.] [진찰을 하고 몇 가지 검사를 한 후] 응급실의 의사는 내게 말했어요. "장이 막혔는데, 그게 진짜 이유는 아닙니다. 암이 생겼습니다"…… 입원을 해서 수술받기 전까지 사흘 동안은 꽤 유용했어요. 종양내과의사와 외과의사를 만나고 스스로 공부할 기회도 가졌죠…… 생각할 시간을 가진다는 것이 중요했죠…… 부모님께 이야기하고, 직장에서 하던 일을 중단하고, 남편에게 내 병에 대한 자료를 읽게 했죠…… 간호사는 항암치료에 대한 엄청난 양의 정보를 줬어요…… 나는 많은 정보를 원했습니다…… 내 병에 휘둘리고 싶지 않았죠. 의사는 모든 걸 복사해 줬어요. 그것들과 내 진료기록을 틈틈이 읽는 것이 내게는 중요했어요…… 나는 두 번째로 만난 종양내과의사가 더 좋았어요. 그가 나를 훨씬 더 '사람'으로 여겼기 때문입니다. 그는 내게 "나는 환자분의 기분을 알아야 하니까, 언제든 부르세요."라고 말했습니다…… 나는 "치료 가능한"이라는 말을 듣기를 기다렸지만…… 차트에 이렇게 쓰여 있는 것을 봤습니다. "환자는 자신의 질병이 완치되지 않는다는 것을 알고 있음"…… 나는 내 병이 결국은 나를 죽게 만들 것이라는 사실을 알았습니다…… 남편과 나는 다양한 방식으로 대처했죠. 검사 결과를 기다리는 동안에는 스스로 이렇게 물었습니다. "일어날 수 있는 가장 나쁜 일과 가장 좋은 일은 뭐지?"라고. 그 사이 어딘가에 있을 현실에 대처하기 위한 방편이었지요…… 너무 앞서나가지는 않았습니다…… 우리는 "만에 하나?"라는 말은 일부러 피했습니다…… 정말 많은 시간을 보냈고, 나는 의사에게 한꺼번에 너무 많은 것을 하려 하지 말라는 이야기를 했습니다…… 나는 사기라도 당한 기분이었습니다, 너무 젊은 나이에 그런 병에 걸렸기 때문이죠.

무엇을 배울 것인가?

의사가 환자를 만나는 시간은 길지 않다. 기껏해야 15분을 넘지 않는다. 하지만 환자와 대면하지 않는 동안에도 환자의 사연들은 계속 진행되기 때문에, 우리가 묻지 않는다면 훨씬 많은 것들을 모른 채 넘어가게 된다. 의사들은 환자의 질병 대처 능력을 키워줄 수 있는데, 그렇게 하기 위해서는 환자가 질병을 어떻게 바라보고 있는지, 또한 의사에게 원하는 것은 무엇인지를 이해해야만 한다. 환자들의 이야기를 통해 얻을 수 있는 교훈들이 여기에 있다.

환자들은 "암 환자"로 좁게 규정되기보다는 한 개인으로 여겨지기를

원한다. 그들은 공감과 이해의 표현을 지속적으로 얻고 싶어 한다. 그들이 여러 의사들로부터 얻고자 하는 것은 상충되는 정보들이 아니라 반복되는 메시지인 것이다. 그들은 질병이나 치료과정에 대한 명확한, 그리고 어려운 전문용어가 섞이지 않은 설명을 필요로 한다. 또한 질릴 정도로 많은 정보를 한꺼번에 원하는 것은 아니다. 중요한 사실은 반복되어 설명되어져야 한다. 그들은, 불확실성에 직면해 있음에도 불구하고, 희망을 필요로 한다. 때로는 유머를 원하기도 한다.

환자들은 *시간이 필요하다.* 그들은 진단명을 듣는 순간 망연자실하지만, 그 이후에는 기운을 차리고 자신의 역량을 재배치하게 된다. 병명을 알게 되고 나서부터 치료를 시작하기 전까지, 환자들은 생각하고 공부하고 다른 사람들과 여러 가지 이야기를 나눈다. 그들은 질병으로 인해 생길 변화들을 받아들이고, 그 변화들에 어떻게 대처할 것인지를 배운다. 그들은 자신의 질병 경험을 인생이라는 긴 과정 속에 통합시키며, 살아오면서 경험했던 다른 종류의 위기들에 대처했던 방식들을 되돌아본다.

환자들은 *제어 가능하다는 느낌을 필요로 한다.* 자신이 '스스로 전혀 통제할 수 없는' 상황에 놓여 있지는 않음을 느끼고 싶어 하는 것이다. 뭔가 선택의 여지가 있는 경우, 그들은 결정 과정에 참여하고 싶어한다. 비록 전문지식을 갖고 있는 것은 의사들이지만, 대부분의 환자들은 중요한 일을 함께 결정하는 파트너가 되기를 원한다.

위중한 질병은 흔히 많은 상실—체력의 상실, 통제력의 상실, 독립성의 상실—을 가져오고, 일상생활의 리듬, 인생의 리듬을 깨뜨린다. 다른 사람들과의 관계를 앗아가기도 한다. 질병은 엄청난 고립을 초래할 수 있다. 인간관계도 손상을 입는다. 중병은 이혼을 유발할 수도 있다. 질병에 직면해서는, 선의의 가족이나 친구들조차 무엇을 해야 할지, 어떻게 행동해야 할지, 어떻게 질문해야 할지, 어떻게 지지를 보내야 할지를 알지 못한다. 지위의 상실도 있다. 선의를 가진 사람들의 행동조차 가식적인 선심으로 보일 수 있다.

　암에 걸린 사람들이 언제나 우울증에 빠지는 것은 아니다. 만약 환자에게 우울증이 있다면, 의사는 그것을 별개의 문제로 바라봐야 한다. 대부분의 사람들이 자신의 질병이나 자신의 느낌에 관한 이야기를 다른 사람들과 나눌 수 있지만, 그렇게 하지 못하는 사람들도 있다. 의사는 그런 경우, 환자가 자신의 생각과 느낌을 겉으로 표현할 수 있도록 도와야 한다. 이렇게 하는 것이 추측하는 것보다 훨씬 낫다.

　환자들은 각기 다른 방식으로 대처한다. 가족의 역할이 중요하다. 개인의 질병이 가족 전체의 사건이라는 점은 우리가 이미 반복해서 배웠다. 어떤 환자들은 가족들에게 의지하지만, 어떤 환자들은 그럴 수 없다. 다른 종류의 버팀목들도 있다. 신앙이나 인생관, 내적 자아—어떤 학생은 '내적 고요'라고 표현했다—, 직장의 동료들과 직무, 친구들, 취미생활, 애완동물, 문학, 정신치료 등등. 같은 병을 앓고 있는 다른 사람도 큰 도움이 된다. 그들은 특히 세세한 부분에서 도움이 되는데, 가령 증상의 호전과 악화, 신체적·정신적 변화들의 미묘한 차이, 나빠질 수 있는 경우들, 그리고 자잘한 증상들이 갖는 의미 등에 대해서 설명해 줄 수 있다. 환우들의 모임도 도움이 된다.

　종교를 가졌는지 여부와 무관하게, 대부분의 사람들은 스스로의 삶에 대해 영적인 차원에서의 시각을 갖고 있다. 그리고 그것은 질병에 대처하는 또 다른 방편을 제공한다. 환자들은, 때로 스스로 느끼지 못할 수도 있지만, 질병을 통해 어떤 의미 혹은 메타포를 찾으려는 경향이 있다. 물론 그들은 각기 다른 방식으로 이를 표현한다. "나는 벌을 받고 있어요."라고 말하는 사람이 있는가 하면, "이건 공정하지 않아."라고 말하는 사람도 있다. 모든 질병은 잠재적으로 영혼을 위협한다. 때문에 질병의 의미를 찾기 위해 애쓰는 것은 그럴만한 가치가 있는 일이다. 환자가 자신의 질병이 갖는 영적 의미를 말할 기회를 주지 않는 것은 못할 짓이다. 질병이 갖는 의미를 되새기는 일은 환자나 의사의 마음을 풍성하게 만들 수 있다.

의사는 환자의 이야기를 주의 깊게 듣는 과정을 통해 환자가 질병에 대처하는 방식과 수준을 이해할 수 있다. 환자가 자신의 이야기를 더 많이 하도록 유도하는 좋은 질문들은 이런 것들이 있다. "이 질병이 당신에게 어떤 의미가 있나요? 의욕을 잃은 건가요? 과거에는 이런 위기를 어떤 방식으로 극복했었죠? 당신에게 정신적 지지가 되는 사람은 누구입니까? 당신의 지인들은 어떤 사람들이 있나요? 어떤 것이 당신의 기운을 북돋우나요?"

그러나 모든 환자나 그 가족들이 잘 대처하여 스스로 위안을 얻는 것은 아니다. 두려움과 불확실성을 해결하지 못하고 자신의 감정을 겉으로 표현하지 못하는 사람들도 많이 있다. 이런 경우는 의사에게 또 다른 기회이다. 환자와 보호자들에게 개입하여 그들을 치유하고 다독이고 격려하는 것도 의사가 할 수 있는 일이다. 대부분의 경우에 환자가 드라마의 주인공이지만, 다른 더 중요한 드라마가 가족들 사이에 펼쳐질 때도 있다. 그런 복잡한 관계들에 대해서도 관심을 가져야 한다. 우리가 그 모든 이야기를 전부 안다는 것이 가능할까? 우리가 그 모든 것들을 온전히 이해한다는 것이 과연 가능할까?

환자들의 경험에 초점을 맞출 때에만, 우리는 의사가 된다는 것의 소중함과 어려움과 심오함을 이해하는 첫걸음을 내딛을 수 있다. 다음 장에서는 어느 의사의 하루 일과를 통해서 의사가 된다는 것의 의미를 탐색해 보려 한다.

제2부

─────

의사가 된다는 것

제8장

의사의 하루

"의사들은 하루 종일 도대체 무얼 하나요?"

내 아이들은 어렸을 때, "사람들은 하루 종일 무얼 할까?"라는 제목의 책을 즐겨 읽었다.[1] 나는 지금 "의사들은 하루 종일 무얼 할까?"라고 묻는다. 1992년부터 기록된 내 병원 및 클리닉에서의 의무기록들은 의사로서의 내 삶의 일기와도 같다. 병원의 의무기록은 내가 직접 손으로 쓴 것이고, 클리닉에서의 의무기록은 내가 구술하고 다른 누군가가 받아쓴 것이다. 구술이라는 방식은 시간을 꽤 절약할 수 있는 것이어서, 환자의 문제들과 내 느낌 등을 더 상세하게 기록할 수 있었다. (저자는 자신이 직접 작은 병원을 운영하면서 좀 더 큰 규모의 다른 병원에도 환자를 입원시켜 두고 있다. 미국에서는 이런 식으로 일하는 의사들이 흔하다. 여기서는 작은 병원과 큰 병원을 '클리닉'과 '병원'이라는 용어로 구별하여 사용한다. - 역주).

각 기록은 환자의 과거력에서부터 시작되는데, 과거력은 주된 증상부터 명기되어 있다. 이 장에 등장하는 기록들에는 각각의 상황에 대한 간단한 설명이 곁들여지고, 의학용어나 의사들만의 은어나 기호들도 등장한다. 내 설명들은 "교육에 대한 동기"를 부여하는 데에 도움이 될 것이다. 설명에 대한 필요와 그것을 배울 수 있는 기회가 있기 때문이다. 프라이버시를 보호하기 위해 환자들에 대한 정보는 일부 바꾸었으며, 사용한 이니셜들도 실제 이름과는 무관하다. 기록의 순서는 내가 진료한 순서 그대로이며, 독자들은 제22장과 비교해 보면 좋을 것이다. 제22장에는 같은 케이스에 대해 좀 다른 종류의 부연설명을 해 놓았는데, 그것은 환자들의 좀 더 자세한 사연이나 거기에서 비롯되는 다른 주제들 및 의사-환자 관계의 역할과 각 케이스에서 얻을 수 있는 교훈 등으로 이루어져 있다.

이 기록들을 읽을 때에는 의사의 생활이 단 하루도 똑같지는 않다는 점과 전문과목이나 개인적인 흥미, 근무처 등에 따라 의사의 진료 패턴이 달라진다는 점을 염두에 두어야 한다. 가장 보편적인 진실 한 가지는, 의사가 접하게 되는 환자 및 질병들이 엄청나게 다양하다는 것이다.

나는 오전 7시 30분에 병원에서의 일과를 시작하며, 12시 반에는 30분 동안 점심을 먹고, 저녁 6시에는 귀가한다. 집에서 전화로 업무를 처리하는 시간도 1시간 가량 된다.

병원에서

환자 1. A. B., 29세.

복통 및 체중감소 : 여전히 식욕이 없음. 직장 내시경, 바리움 조영술, 위 내시경, 복부 CT 촬영 등의 검사 결과, 난소에 종양이 발견됨. 갑상선 검사는 정상.
발작 : 가끔씩.
그녀의 복통과 체중감소는 발작 억제 약물 및 정신사회적 문제와 복잡하게 연관된 것으로 보임. 퇴원조치 이전에, 처방 교체나 적절한 정신과적 추적관찰이 필요함.

환자 2. C. D., 85세.

요통 : 지속됨. X-레이 검사 상, 요추 *골다공증*과 오래된 압박골절이 발견되며, 새로운 골절은 없음. 검사결과는 거의 변화 없음. *그녀는 진통제를 거의 요구하지 않음.*

해설 : *골다공증* : 비정상적으로 약한 뼈. *그녀는 진통제를 거의 요구하지 않음.* : 증상이 호전되고 있음.

환자 3. E. F., 85세.

발열과 어지러움 : 그녀는 더 이상 어지럽지 않음. 열도 사라짐.
칼륨 결핍 : 교정됨.

환자 4. G. H., 78세.

발열 : 호전되고 있음. 기침 없음, 오한 없음. 소변검사 정상. 흉부 X-레이 정상.
당뇨병 : *NPH 및 레귤러 인슐린* 투여로 혈당이 *100~200 범위.*
관상동맥질환 : 숨찬 증상 없음, 흉통 없음, 부정맥 없음.
정신과적 문제 : 여전히 공격적인 태도. 나에게 이야기하려 하지 않음.
이학적 검사 : 의식 명료. 급성 병색 없음.
호흡음 : 정상. 심음 : 정상.
항생제 정맥 주사 이후 호전되고 있지만, 발열의 원인은 여전히 불투명함.

해설 : *NPH와 레귤러 인슐린* : 인슐린의 두 가지 형태로, 작용 시간이

다름. 혈당 100~200 범위는 정상에서 약간 높은 수준. 정신과적 문제 : 넓은 의미의 심리적 문제. 이는 의사가 진료 현장에서 매일 접하는 중요한 부분임. 때로는 정신과의사나 다른 전문가의 자문을 필요로 함. 급성 병색 없음 : 그의 여러 문제들에도 불구하고 특별히 아파 보이지는 않는다는 말로, 매우 중요한 정보임. 어머니들이 흔히 하는 말과 같은 뜻. 나는 이것이 매우 중요하다는 것을 소아과 교수님에게 배웠는데, 이 말은 나의 기록에서 자주 등장한다.

환자 5. I. J., 68세.

울혈성 심부전 : 대체적으로 좋아짐. 숨찬 증상 없음. 잘 잠. 퓨로세마이드 용량을 조절중인데, 입원 이후 5킬로그램 정도 체중 감소.

이학적 검사 : 맥박 60, 불규칙적. 혈압 120/80. 그는 자신의 질병에 대해 이야기하며 울먹임. 경정맥이 30도에서 평편해 짐. 호흡음 : 정상. 심음 : 부정맥, 예전에 비해 S-1 흔들림. 간 : 만져지지 않음. 천골 및 경골 부위에 부종 없음.

통풍 : 손의 발적과 통증이 소실됨.

골반 종양 : 무증상.

해설 : 퓨로세마이드 : 소변량을 증가시키는 이뇨제. 경정맥이 30도에서 평편해 짐 : 환자가 누운 상태에서 몸을 30도 가량 일으켰을 때 경정맥 표면이 평편해진다는 것으로, 경정맥 확대의 정도를 나타냄. 여기서는 환자의 울혈성 심부전 증상이 호전되었음을 뜻함. S-1 : 심작 박동 시 들리는 두 개의 중요한 소리 가운데 앞쪽 것. 발적 : 피부가 붉게 보임. 때로는 감염이나 염증을 시사함.

클리닉에서

병원에서 내 클리닉으로 옮기고 나면, 나는 여러 종류의 일을 처리한다.

· 완전한 이학적 검사. 환자의 병력 전체를 검토하고 환자의 머리끝부터 발끝까지 완전한 이학적 검사를 실시한 후, 환자와 여러 문제들에 대해 대화를 나누고 앞으로 진행하게 될 여러 가지 추가적 조치들에 대한 계획을 수립하는 일. 이것은 환자 한 명당 대개 45분에서 1시간 가량 소요된다.

· 입원 중인 환자에 대한 회진. 대개 한 명당 15분 가량 소요된다.

· 회진 사이사이에 걸려오는 전화 받기. 전화는 환자, 간호사, 보호자 등에서 걸려온다.

· 다른 의료진과의 대화. 접수원, 임상병리기사, 의무기록사, 동료 의사 등등.

환자 6. K. L., 45세.

45세 여성이 정기검진을 받으러 옴. 문제들은 다음과 같음.

승모판 점액종으로 승모판 대체 수술 후 *와파린* 복용중. 흉통 없음. 숨찬 증상 없음. 부정맥 없음. 오늘 실시한 *EKG* 검사 상 분당 56회 가량의 *서맥*과 *심실성 기외수축* 및 *1도 방실전도장애* 보임.

정신과적 문제 : 지속됨.

체중감소 : 새로운 문제. 14개월 전 체중은 150파운드이나 지금은 138파운드. 그녀는 재정적 어려움을 겪고 있어 식사를 제대로 못했다고 말함. *갑상선기능항진증* 을 시사하는 날씨에 대한 선호는 보이지 않음.

약 : 와파린과 약국에서 구입한 몇몇 기본약과 건강기능식품.

ROS : 특이사항 없음.

정신사회적 문제 : 재정적 어려움을 겪고 있으나 심리적으로 의존할 대상은 없

음. 그녀는 자신의 조카에게 의지할 수 있으리라고 생각함.

(이번 케이스와 다음 번 케이스의 경우, 이학적 검사에 대한 자세한 서술은 생략했다. 그 이후에는 이학적 검사 가운데 꼭 필요한 몇 가지에 대해 짧게 기술했다.)

추정진단: 영양부족 때문인 것으로 추정되는 체중감소. 적절한 식사가 시급함.

부정맥. 특별한 *임상적인 의미*는 없음.

그녀의 동의를 구한 후, 그녀의 조카와 면담을 할 예정.

3개월 안에 재방문 권유.

해설: *승모판 점액종*: 심장 판막 중 승모판의 조직에 이상이 생긴 것으로, 판막 기능 비정상을 초래할 수 있고 울혈성 심부전을 유발할 수 있음. *와파린*: 혈액 응고 및 혈전 생성을 방지하는 약. *EKG*: 심전도 검사. *서맥*: 심장 박동이 정상보다 느린 상태. *심실성 기외수축*: 불규칙하게 심장이 뛰는 것으로, 증상을 나타낼 수도 나타내지 않을 수도 있음. *1도 방실전도장애*: 심장 수축에 필요한 전기적 신호가 심장 내부에서 전달되는 시간의 연장을 의미. 이런 증상이 나타날 경우 처방변경이 필요할 수 있음. *갑상선기능항진증*: 갑상선 기능이 과도하게 증가한 상태로, 체중감소의 한 가지 원인임. 높은 온도를 잘 견디지 못하거나 추운 날씨를 선호하는 등의 증상이 가끔 발생함. *ROS*: 의사들이 환자의 각 장기들과 연관된 여러 가지 증상들의 발현 여부를 물어서 확인하는 일련의 목록. *추정진단*: 의사가 내린 일차적인 결론으로, 병명은 물론 아직 규명되지 않은 증상이나 징후, 검사결과 등도 포함될 수 있음. *임상적인 의미*: 환자에게 해당되는 비정상적인 소견이 실제로 환자의 안녕이나 예후에 유의미한 영향을 주는지 여부에 대한 의사의 판단.

환자 7. M. N., 50세

50세 여성이 정기 검진을 받으러 왔다. 문제들은 다음과 같다.

당뇨병 : *근력약화 없음, 무감각 없음, 얼굴 및 팔다리에 얼얼함 없음, 오심 없음, 설사 없음, 시야 변화 없음.* 정기적으로 안과 검진 받고 있음. 저혈당을 시사하는 증상 없음. 아침, 점심, 저녁 식사 전에 12에서 18단위의 인슐린, 저녁 식사 전에는 NPH 30단위 추가로 투여중. 정기적으로 혈당을 체크하지는 않으나 예상되는 활동량에 따라 스스로 인슐린 용량을 조절함. 단 것의 섭취를 거의 하지 않으며, 혈당을 잴 때마다 별로 변화가 없는 상태임.

고혈압 : 두통이나 어리러운 증상 없음. 비소텍 5mg을 매일 복용중.

천식 : 천명음 드묾. 달리기 전이나 필요할 때에는 알부테롤 2회 흡입하며, 하루에 두 번씩 테오더르 600mg 복용중.

카페인 : 매일 약 두 잔의 커피와 두 캔의 콜라를 마심.

페니실린 알러지의 가능성 있음.

술, 담배, 마약 : 여러 해 동안 하지 않았음.

직장 출혈 : 없음.

속쓰림 : 없음.

청력 감퇴 : 변화 없음.

ROS : 특이사항 없음.

정신사회적 문제 : 모든 면에서 비교적 양호함. 새로운 일자리를 얻었으며, 자신의 감정을 남편과 공유하고 있음. 다른 도시로부터 더 높은 지위의 일자리를 제안받았으나 거절함.

추정진단 : 당뇨병 : 적절히 조절되고 있음. *Hgb A1C* 검사 필요.

고혈압 : 적절히 조절되고 있음.

천식 : 적절히 조절되고 있음.

계획 : 현재의 처방을 유지함. 검사 결과를 알려면 4일 후에 전화할 것.

해설 : *근력약화 없음~시야 변화 없음* : 의학용어로 '음성' 이라 불리며, 이 케이스에서는 당뇨병에서 생길 수 있는 여러 합병증의 발생 여부를 확인하기 위한 질문들임. *술, 담배~않았음* : 그녀는 과거 중독에 빠졌던 적이 있음. *직장 출혈 및 속쓰림 없음* : 한때 있었던 증상들임. *Hgb A1C* : 혈당 수치가 정상에 얼마나 가까운지, 즉 현재의 치료가 적절한지를 측정하는 중요한 지표 중 하나.

환자 8. I. J., 68세(전화 - 아들이 걸었음)

울혈성 심부전과 기존의 심장 질환 및 종양으로 입원하고 있는 그의 아버지에 대해, 그리고 질병과 관련된 불확실성에 대해 대화를 나눔.

환자 9. O. P., 72세(전화)

갑상선종 : 재검에서도 *TSH* 수치 낮게 나옴. 동료인 닥터 S와 방사선종양학과 의사인 닥터 M과 추가적 검진 및 치료계획에 대해 토론함. 결절은 1989 방사선 스캔에서 '콜드(cold)' 로 나타났으나, *세침흡인검사* 결과는 정상임. 변화 여부를 확인하기 위해 스캔 재검사 필요. 스캔 결과를 보고 치료방침 결정할 예정.

해설 : *TSH* : 갑상선자극호르몬. 갑상선 기능을 알아보는 검사인 동시에 갑상선 호르몬 제제의 복용량이 적절한지를 확인할 수 있는 혈액 검사. 콜드 : 신진대사 비활성, 즉 갑상선 호르몬이 만들어지지 않고 있음을 뜻함. 콜드 결절은 종종 악성임. *세침흡인검사* : 가느다란 바늘을 찔러서 검체를 얻어내

는 방법으로, 얻어진 검체를 현미경으로 검사하여 악성 여부를 가린다.

환자 10. Q. R., 78세(전화)

혀 생검 결과, 악성 세포가 발견되지 않았다고 함. 필요하면 전화하라고 이름.

환자 11. S. T., 46세

간수치 비정상 : 3일 전에 실시한 검사 결과 *감마 GT* 수치가 67. 지난번 검사보다는 호전된 수치.
이학적 검사 : 혈압 130/80. 병색 없음. 호흡음 : 정상. 심음 : 정상. 복부 : 정상. 간 : 촉진되지 않음.
비정상으로 나온 간수치는 임상적으로 큰 의미가 없어 보임. 추후 재검사의 필요성도 높지 않으므로, 1년 안에 재검사하기로 함.
사마귀 : 손가락의 사마귀로 인해 W 합성약 사용중이며, 손가락 피부 건조로 인해 피부 보습제 사용중.

해설 : *감마 GT* : 간기능 검사의 일종. *사마귀* : 환자들이 의사의 조언을 구하는 문제라고 해서 모두 복잡한 것은 아님.

환자 12. U. V., 58세(전화)

고콜레스테롤 : 높은 콜레스테롤 수치에 대해 그녀와 대화를 나누었으며, 식이요법을 일러줌. 3개월 안에 *지질* 프로필을 다시 검사하기로 함.
결절 : 결절제거술을 받았으며, 양성으로 밝혀짐.

해설 : *지질 프로필* : 여러 종류의 콜레스테롤의 혈중 농도를 검사하는 것.

환자 13. W. X., 58세(전화)

어제 내렸던 지시사항에 대해 다시 검토함. 대변이 단단해지면 설사약을 끊도록 함.

해설 : *어제~검토함* : 그의 질병은 복잡하므로, 지시사항들을 반복하여 분명히 설명할 필요가 있음.

환자 14. Y. Z., 72세

류머티스성 다발성근육통 : 근육 및 관절의 통증이 지속됨. 그는 입원 당시인 12월만큼 나쁜 상태라고 느낌. 매일 프레드니손 8mg 복용중.
이학적 검사 : 혈압 140/80, 맥박 분당 80회. 급성 병색 없음. *쿠싱 징후 보임.*
헤모글로빈 : 13.6. *침강률* : 43. *전해질* : 신장기능 정상.
프레드니손 하루 10mg으로 증량. 처방 : 5mg, *#60,* 매일 오전 2알씩 먹도록 함.
6일 후에 전화하도록 함.

해설 : *류머티스성 다발성근육통* : 근육통이 특징적인 질병으로, 가끔 장애를 유발. *쿠싱 징후 보임* : 쿠싱증후군 환자와 비슷한 외견을 갖고 있는데, 이는 부신에서 만들어지는 호르몬인 코티손의 과잉생산으로 인함. 코티손과 비슷한 합성 호르몬인 프레드니손을 복용하는 환자에게서 발견됨. *침강률* : 류머티스성 다발성근육통의 활성을 측정하는 데 도움이 되는 혈액검

사. *전해질* : 나트륨, 칼륨, 중탄산염, 염소 등의 혈중 농도를 측정하는 검사. 약의 부작용을 확인하기 위해 종종 사용됨. *#60* : 60알을 의미. 처방을 내릴 때에는 처방된 약의 총 개수를 기록한다. 이것은 환자가 처방보다 약을 많거나 적게 복용했는지 여부를 확인하는 데 유용하다. 이 정보는 신경안정제나 마약성 진통제의 경우 특히 유용하지만, 모든 약에 있어서 공통적으로 필요한 정보다.

환자 15. A. C., 82세(전화 – 간호사가 걸었음)

하루에 미크로네이즈 2.5mg씩 복용중인데, 혈당이 200 이상으로 지속됨. 전해질 수치는 정상. *BUN : 24(9월에는 17이었음). 크레아티닌 : 1.2(9월에는 0.9였음).*

오늘 저녁에 미크노네이즈 2.5mg을 더 주고, 내일부터는 매일 5mg씩 복용하게 할 것. 상태의 변화를 보면서 3일 안에 다시 전화할 것.

환자의 딸과 환자 상태에 대해 대화를 나눔.

해설 : *BUN, 크레아티닌* : 신장기능을 알 수 있는 혈액검사. *9월에는 ~ 였음* : 때로는 수치 그 자체보다 과거 수치와의 비교가 더 중요하다.

환자 16. B. D., 62세(전화)

피로감이 악화와 호전을 반복함. 현재의 처방 유지. 6일 내에 전화하도록.

두 가지 이슈가 중요함. (1) 그의 심장에 있는 *인공판막*에 대해 추가적인 검사를 실시할 것인지 여부, (2) 그의 피로감이 약 때문일지 모르므로, 처방을 변경할 것인지 여부.

해설 : *인공판막* : 시술 후 몇 년이 지나면 손상될 수 있다.

환자 17. C. E., 58세

고혈압 : 두통 및 어지러움 없음. *프레마린 용량을 3일 전부터 하루에 0.625mg 으로 줄임.*
이학적 검사 : 혈압 140/80. 병색 없음. 현재의 처방 유지. 2개월 후 재방문.

해설 : *프레마린~줄임* : 합성 호르몬인 프레마린이 고혈압을 유발할 수 있으므로 내과의사가 일전에 프레마린 용량을 줄일 것을 권고한 적 있음.

환자 18. D. F., 88세(전화 – 간호사가 걸었음)

탈장 수술 후 모든 것이 양호함. 소변줄 제거한 이후 정상적으로 배뇨중.

환자 19. E. G., 57세(전화)

갑상선 : 3일 전에 *TSH 91 이상*. 신싸이로이드 용량을 하루 0.1mg으로 올림. 한 달 안에 외래로 올 것.

해설 : *TSH 91 이상* : 증가된 수치로, 갑상선 호르몬이 더 필요함을 나타 냄.

환자 20. F. H., 67세(전화)

기침을 함. 상기도감염으로의 진행일 수 있음.
일단 관찰하기로 함. 호전되지 않을 경우 다시 전화하도록 함.

환자 21. G. I., 78세

복통, 대장염 : 많이 호전됨. 하루 세 차례 대변을 보는데, 과거보다 굳어졌다 함. 곧 반코마이신을 끊을 예정임.

이학적 검사 : 혈압 130/80. 맥박 분당 92. 급성 병색 없음. 호흡음 : 정상. 심음 : 정상. 복부 : 이상 소견 없음. 장음도 정상.

아줄피딘 계속 복용토록 함. 상태 봐서 일주일 내에 전화하도록 함. 호전되지 않을 경우 항살모넬라 약물 투여 고려.

환자 22. H. J., 74세

고혈압 : 두통 및 어지러움 없음. 비소텍 하루 2.5mg 복용중.

이학적 검사 : 혈압 140/80. 병색 없음. 비소텍 용량 유지.

전립선 비정상 : 일주일 내에 전립선 생검 예정이며, 악성 가능성 및 비뇨기과 진료에 대해 많은 질문을 함. 그에 관하여 오랫동안 이야기 나눔.

변비 : 지난달부터. 임상적으로 큰 의미는 없어 보임. 3개월 전에 직장 내시경 검사 받음. 자두 주스가 도움이 될 듯함.

3개월 후에 재방문하도록 함.

환자 23. I. K., 82세(전화 - 간호사가 걸었음)

발가락 궤양 : 소량의 *화농성* 분비물. 현재의 국소 약물 도포 중단하기로 함. 하루 세 차례 따뜻한 비눗물에 담금. 클린다마이신 300mg을 하루 세 차례, 10일 동안 투여. *설사를* 할 경우 즉시 중단. 내일 다시 진찰하기로 함.

해설 : *화농성* : 감염되었다는 뜻. 설사 : 이 환자에서는 약물의 부작용일 가능성이 높으며, 클린다마이신의 심각한 부작용이 나타나는 징후일 수 있음.

환자 24. J. L., 61세

두통 및 고혈압 : 때로 오심이 있음. 모두가 오래 지속된 증상임. 약국에서 구입한 약들을 복용해 왔다고 함.

이학적 검사 : 혈압 120/80. 맥박 60. 급성 병색 없음. 목을 왼쪽으로 돌리는 데에 약간의 제한. *C4~5번* 척추 좌측 부위를 만질 때 통증.

하루에 아테놀롤 25mg 처방.

환자는 '혈관의 수축발작'을 느낀다면서 신경과 진찰의 필요성을 질문함.

두통과 목 부위 통증은 경추의 골관절염에서 비롯되었을 가능성 있음. 경추 X-레이 촬영을 지시함. 다이아제팜 2mg씩 하루 네 번 복용하게 함. 2주 후 재방문토록 함.

환자는 자신의 아내에 대한 걱정도 함. 아내는 귀에서 소리가 나는 증상이 지속되고 있다 함. 그는 아내를 메이요 클리닉에 보낼 수 있는지 물었으나, 나는 우선 동네 이비인후과에 가 보라고 권함.

해설 : *C4~5번* : 목 뒤쪽 부분에 해당하는 척추 뼈의 번호.

환자 25. K. M., 67세.

고혈압 : 두통이나 어지러움 없음. Calan SR보다 바소텍이 증상 호전에 더 좋음. 피로 없음.

이학적 검사 : 혈압은 앉아서 160/70, 서서는 160/80. 맥박 80.

비소텍 용량을 매일 아침 10mg으로 올림. 한 달 후 재방문토록 함.

당뇨 : 오후 2시 50분 현재 혈당 257. 체중 감소 원함.

환자 26. L. N., 72세(전화)

변비 : 그녀의 배변 문제에 대해 논의함. 마그네슘 우유를 일주일에 4일 먹는 것이 도움이 될 듯함. 5일째 되는 날, 설사를 함. 마그네슘 우유를 필요할 때에만 잠들기 직전 15~30cc 복용하라고 함.

약간의 어지러움 있음. 하루 네 차례 복용하던 디아제팜을 필요할 때에만 네 차례까지 2mg씩 복용하게 함.

해설 : *변비* : 흔한 배변 문제이기는 하지만, 변비는 경우에 따라 매우 고통스럽고 일상 생활에 곤란을 가져오므로 주의 깊게 접근해야 함. 때로는 위중한 질병의 신호이거나 의약품의 부작용일 수 있음.

환자 27. M. O., 49세.

좌측 하지 부종 : 원래 있던 것이지만 현재는 심화됨. 약간의 불편감 있음. 혈전 예방약을 복용중.

이학적 검사 : 혈압 130/80, 맥박 80. 급성병색 없음. 보행은 정상. 좌측 하지에 부종 2+.

부종이 허벅지까지 확대됨. 뚜렷한 골반 통증은 없으나, 림프 폐색을 고려해야 함.

현재의 처방 유지하고, 2주 후 재방문토록 함.

해설 : *부종* : 비정상적으로 액체 성분이 인체에 축적되는 것. 그 정도에 따라 0에서 4+까지 표기함.

하루 일과의 끝

하루를 마감하기 전, 다시 병원으로 가서 한 명의 입원 환자를 두 번째로 회진함. 그 다음 퇴근.

환자 28. N. P., 40세.

저녁 무렵, 40세 여자 환자의 남편으로부터 전화를 받음. "뭐라고 말은 하는데 하나도 사리에 맞지가 않습니다."라고 함. 환자의 집으로 향해가는 동안, 나는 그녀에게 무슨 문제가 생긴 것일지를 숙고함. (이 환자에 대한 토의는 10장의 두 번째 케이스를 참고하기 바람)

나는 오늘 28건의 독립된 진료를 했다. 다양한 문제들과 결정들로 가득한 복잡한 하루였다. 학생이나 환자 중 누군가는 이렇게 물을지도 모른다. "어떻게 의사들은 그런 나날을 보내나요? 어떻게 시간을 효과적으로 사용하고 질서를 부여할 수 있나요? 그 많은 정보들을 어떻게 수집하고 처리하고 제대로 정리할 수 있나요? 어떻게 중요한 문제들을 명확히 규정할 수 있나요? 상급의사에게 자문은 언제 구해야 하나요? 자문을 구한다면 누구에게 구해야 하나요? 환자의 문제가 무엇인지 알 수 없을 때에는 어떻게 해야 하나요? 실수를 피하려면 어떻게 해야 하나요? 실수를 했을 때에는 어떻게 처리해야 하나요?"

"우리가 가진 정보가 중요한 것인지 사소한 것인지 어떻게 구별하나요? A라는 문제에 이어 B라는 문제가 생겼을 때, A가 B의 원인인지 아닌지 어떻게 구별하나요? 새로운 문제가 발생했을 때 그것이 기존 문제들의 맥락에서 비롯된 것인지 아니면 전혀 새로운 문제라서 다른 곳에서 원인을 찾아야 하는지 어떻게 알 수 있나요?"

"우리가 환자에 대해 알고 있는 모든 정보들을 환자에게도 제대로 전달할 수 있는 방법은 무엇인가요? 우리가 바로 그 순간에는 오로지 한 사람의 환자에게 온 정신을 집중하고 있다는 사실은 어떻게 전달할 수 있나요? 환자가 자신의 이야기를 더 잘 말할 수 있게 만드는 방법은 무엇인가요?"

"어떻게 하면 우리가 하는 일이 환자에게는 물론이고 우리 의사들에게도 만족스럽도록 할 수 있나요? 의사는 어떤 방식으로 개인적 삶과 직업적 삶을 조화시킬 수 있나요?"

이어지는 다른 장들에서 '의사가 된다는 것'의 의미를 포함하여 여러 질문들에 대한 답을 찾을 것이다. 모든 환자들에게 공통적으로 적용되는 진실들이 무엇인지, 개별 환자에게만 독특하게 적용되는 진실은 또 무엇인지를 살펴볼 것이다. 우리는 어디에서부터 출발할 것인가?

우선 병력청취에서부터 시작해 보자.

제9장

병력청취

"말하는 사람이 다르면 같은 이야기도 달라진다."

환자가 말하는 단편적인 내용들을 잘 취합하여 하나의 큰 이야기로 재구성하고 거기에서 진단이나 치료와 관련된 단서를 찾아내는 능력이야말로 좋은 의사가 되는 첩경이다. 환자와 면담을 할 때, 의사는 환자의 인생사를 듣는 것이다(환자의 병력 또는 과거력을 영어로는 medical history, 줄여서 흔히 history라고 부른다. 여기서는 '질병의 과거력'을 뜻하는 history라는 단어를 좀 더 포괄적으로 사용하고 있다. - 역주). 차트를 쓸 때, 의사는 환자의 인생사를 기록하는 것이다. 동료 의사에게 어떤 환자에 대해 물을 때도 "과거력은 어때?"라고 한다. 질병의 진단에 있어서도 병력청취는 이학적 검사를 포함한 어떤 검사보다 중요하다. 의식이 없거나 자신의 의사를 제대로 표현할 수 없는 드문 경우에는 어쩔 수 없지만 말이다.

　나는 앞에서 이야기, 과거력, 이슈들, 의사-환자 관계, 그리고 "나는 무엇을 배웠나?"라는 질문 등 다섯 가지를 다루겠다고 했었다. 과거력(history)이란 곧 간략하게 요약된 이야기(story)인데, 그것이 정확하고 가치 있고 완전할수록 이슈들도 비교적 잘 정리가 된다. 대충 얼버무려진 과거력은 환자에 대한 중요한 정보들을 도저히 다 담을 수가 없다.

　이 장에서는 의사가 어떻게 환자의 이야기를 유도하는지, 환자의 이야기를 어떻게 '병력'으로 바꾸는지, 왜 환자의 이야기와 병력이 진단과 치료의 기초를 이루게 되는지, 그리고 이 모든 과정이 얼마나 실제로는 얼마나 복잡한지에 대해 서술할 것이다.

이야기(history)와 병력(medical history)

　역사 공부에 대한 통찰을 갖는 것이 병력에 대한 시각을 넓히는 데에 도움이 될 것이다. 우리는 고대사, 근대사, 현대사를 배우고, 국사, 지방사, 문화사, 경제사, 가족사도 배운다. 역사 중에는 확증되어 믿을만한 것도 있지만, 상상에 불과하거나 어떤 의도를 갖고 꾸며진 것들도 있다.

　*이야기(story)*라는 것은 실제로 일어난 일들을 말한다. 하지만 *역사 (history)*는 기록된 것이다. 역사는 수많은 사건들의 총합이며, 그 사건들의 원인과 결과와 관련 사건들과 그들 사이의 상호 관계를 담고 있다. 역사는 세상에서 벌어진 일들의 단순 합산이 아니라 논리적으로 적절히 연결되는 수많은 사건들의 총합이다. 이런 점들을 간과하면, 우리는 어떤 역사적 사건을 접할 때에 그 본질을 제대로 알기도 어렵고 교훈을 얻기도 어렵다. '이야기'에 관심을 가져야 원인과 결과와 특성을 파악할 수 있고 새로운 깨달음도 얻을 수 있다. 이야기는 사실이다. 하지만 역사는 잘해야 사실에 근접할 뿐인 추론에 불과하다. 하나의 사건이 다른 사건을 일으킨 것인가, 아니면 두 사건이 따로따로 일어난 것인가? *우리는 무엇을 배워야 하나?*

　이야기가 온전한 진실이라면, 역사는 이야기 중에서 역사가가 '듣거나 본' 부분에 지나지 않는다. 즉 진실의 한쪽 측면만을 반영할 수 있다는 말이다. 실제 사건이 일어난 시점과 역사가가 그 사건을 기록하는 시점 사이에 존재하는 시간의 간격 또한 신뢰성을 떨어뜨린다. 서로 복잡하게 얽히고설켜 있는 사건들은 올바로 서술하거나 평가하기가 더 어렵다. 역사를 좀 다른 관점에서 바라보는 것이 도움이 되기도 한다. 사건에 대한 편견이나 선입견, 어느 것이 정말 중요한 사건인지와 특정한 사건이 벌어지게 되는 최초의 발단이 무엇인지 등을 제대로 알아야 좋은 역사를 서술하거나 공부할 수 있다.

환자의 병력도 마찬가지다. 일차적으로, 진단과 치료에 도움을 줄 수 있는 모든 정보들을 수집해야 한다. 그것은 환자를 위한 일인 동시에, 의사로 하여금 평생 공부하는 자세를 유지하게 만든다. *환자들에 관하여* 공부하는 것이 아니라 *환자들로부터* 공부하는 것이다. 환자에게 말을 걸고 환자의 말을 잘 듣고 거기에서 많은 정보를 얻어내는 것은 모두 의학의 인간적 측면의 주요한 모습들이다.

앞에서 편집·요약된 이야기가 역사라고 했던 것은 의료에서도 똑같이 적용된다. 이야기라는 것은 엄밀히 말하면 딱 한 가지다. 하지만 병력은 의사의 기술이나 관점이나 지식이나 통찰력에 따라 달라진다. 의사 면허는 환자의 이야기를 들을 수 있는 특권을 부여한다. 병력청취의 과정에서 환자는 목격자이고 의사는 탐정이다. 환자는 말하고 의사는 듣는다. 환자는 구술하고 의사는 기록한다. 환자는 저자이고 의사는 편집자이다. 환자는 선생이고 의사는 학생이다. 따라서 의사의 전문가로서의 자질과 기술을 평가하는 열쇠는 의사가 얼마나 탐정, 청자, 기록자, 편집자, 학생으로서의 역할을 잘 수행하느냐에 있다.

의학에 있어 병력이란 다음 것들의 총합이다.

· 주소(主所) : 환자의 표현 그대로 옮겨지며, 환자가 병원에 오게 된 원인.
· 현재의 질병 : 주소를 상세하게 설명한 것.
· 과거력 : 과거의 질병, 수술, 복용약, 알러지 등의 기록.

· 가족력 : 가족 구성원들의 주요 병력들로, 이는 환자에게 특정 질병의 위험을 높인다.

· 사회정신적 과거력 : 환자의 인생사 중 선택된 주요사항 몇 가지.

· R. O. S.(review of system) : 인체의 여러 부분들과 관련된 일련의 흔한 증상들의 유무를 체크하는 것.

이 모두는 의사에게 현재의 문제와 과거의 여러 일들에 대한 맥락을 이해할 수 있는 도움을 준다. 현명한 정치인들이 위기에 대처하는 방식과 비슷하다. 이 과정을 통해 의사는 묻고 듣고 부연하며, 해석하고 확인하며, 편집하고 가공하고 기록하며, 비평하고 공부하며, 환자에게 공감하며 환자와 관계를 맺는다. 각각의 단계마다 빠지기 쉬운 함정들이 있으므로 주의해야 한다.

우리는 질문하고 경청하고 부연한다. 예를 들어보자.

의사 : 어떻게 오셨습니까? (이는 개방형 질문이라 불리는데, 환자로 하여금 이야기를 유도하는 것이다. 반대는 예, 아니오 답변을 기대하는 폐쇄형 질문으로 '담배를 태우십니까?' 와 같은 것을 말한다.)

환자 : 배가 아파서요. (환자가 말하는 이것이 곧 주소가 된다.)

의사 : 좀 더 자세히 말씀해 보세요.

환자 : 어제 저녁을 먹은 후부터 슬슬 통증이 시작됐어요. 여기, 제 배꼽 주변부터 아프기 시작했죠. 처음엔 대수롭지 않게 생각했는데, 통증이 없어지지 않는 겁니다. 잠자리에 들 무렵에는 좀 더 심해졌지만 저는 그냥 잠을 청했습니다. 그런데 아침 6시쯤에 통증 때문에 깨고 말았어요. 제가 선생님께 전화했던 그 때가 일어난 직후였어요.

의사 : 추가로 말씀하실 내용은 없으신가요?

환자 : 아, 전화를 드리기 직전에 구토를 한 번 했어요.

의사 : 예전에도 비슷한 증상이 있었습니까? (이런 게 폐쇄형 질문이다.)

환자 : 아니오. 이번이 처음입니다.

의사 : 지금은 어디가 아프세요?

환자 : (우측 하복부를 가리키며) 여기 아래쪽이요.

의사 : 최근에 대변을 본 건 언제죠?

환자 : 어제 아침입니다.

의사 : 소변에 피가 섞여 나오지는 않나요?

위에서 보듯이, 개방형 질문을 더 자세한 형태로 계속함으로써 답변들도 좀더 상세해진다. 이 대화를 통해 의사는 급성 충수돌기염을 의심할 수 있다. 환자가 스스로 이야기한 내용과 의사의 질문에 대한 답변들과 간단한 이학적 검사만으로도 충분히 진단의 가닥을 잡을 수 있는 것이다. "배가 아파서요."라는 말은 너무나 모호하여 진단에 별 도움이 안 되지만, 병력청취라는 과정을 통해 정답에 가까워질 수 있는 것이다. 우리는 이런 기본적인 행위를 매번 반복해야 한다.

우리는 해석한다. 환자는 자신의 증상을 자기 나름대로의 '코드'를 이용해 편한 방식으로 표현하기 마련이다. 환자가 먼저 "저는 급성 충수돌기염에 걸렸습니다."라고 말하는 경우는 거의 없으며, 혹 있다손 치더라도 정확한 병력청취나 진찰을 하지 않으면 실수를 하게 된다. 의사는 환자의 이야기를 잘 해석하여 '코드'를 풀어내야만 한다.

우리는 확인한다. 환자의 이야기의 각 부분들을 가족이나 친지 등 다른 사람의 이야기와 과거의 기록 등과 잘 연결해서 정확히 확인해야 한다. 병력 그 자체가 환자의 이야기를 제대로 반영하지 못할수록, 이와 같은 다른 시각은 더욱 중요하다. 때로는 상급자의 도움도 필요하다.

우리는 편집하고 재구성한다. 병력은 단지 당뇨병, 충수돌기염, 통증,

흉통, 호흡곤란과 같은 단어들의 나열이 아니다. 그것은 대단히 많은 정보들의 조직화된 표현이다. 세계사가 어떤 순간의 맥락을 이해하는 데에 도움을 주듯이, 병력은 의학적 순간의 '의학적 맥락'을 이해하는 데에 도움을 준다. 전후의 맥락을 모르면, 의사는 환자에 관해 제대로 알 수가 없고 환자로부터 제대로 배울 수도 없다.

비유를 해 보자. 병력은 한 장의 스냅사진과는 다르다. 그것은 일련의 스냅사진들에 시간이라는 차원이 더해진 한 편의 영화에 더 가깝다. 우리가 어떤 영화를 중간부터 본다고 생각해 보자. 만약 미스터리 영화라면, 단서들이 점점 쌓여가다가 막판에 가면 모든 것이 명확해진다. 병력도 마찬가지다. 의사는 어떤 순간에 갑자기 뛰어드는 것이다. 때문에, 처음에는 많은 것이 불명확하지만, 나중에는 누구나 그 실체를 알 수 있게 된다.

어느 화가에게 이런 말을 들었다. "말하는 사람이 다르면 같은 이야기도 달라진다." 여러 가지 말하는 방식 중에는 더 효율적인 것도 있고 덜 그런 것도 있다. 환자의 이야기는 때로 아무렇게나 흘러나오는 짧은 일화들의 뭉치에 불과하다. 의사의 임무는 그것들을 재구성하고 질서를 세우고 이치에 맞게 하고 명확히 규정하고 불필요한 것들을 제거하는 일이다. 그 과정에서 환자의 이야기를 훼손시키거나 왜곡해서는 안 되며, 잘못된 결론을 내리거나 부적절한 행동을 해서도 안 된다. 의사가 환자의 이야기를 잘 편집할 수 있도록 하는 결정적 요인은 원재료들이 얼마나 유용한가이다. 편집의 형태는 여러 가지다. 이야기가 언제 시작된 것인지, 무엇이 중요하고 무엇이 불필요한 이야기인지, 무엇이 데이터이고 무엇이 추리인지, 그리고 언제 환자의 말을 그대로 인용할 것인지를 모두 결정해야 한다.

우리는 기록한다. 위에서 보았던 의사와 환자 사이의 대화를 의사는 다음과 같은 방식으로 기록한다.

44세 남자 환자.

주소 : "배가 아파요."

현재의 질병 : 평소 건강하였으나, 어제 저녁 7시 저녁식사 후부터 배꼽 근처에 통증 생김. 아주 심하지는 않으나 시간이 갈수록 천천히 악화됨. 11시간 후인 오늘 아침, 통증이 우측 하복부로 국지화됨. 통증 발현 후 한 차례 구토 있었음. 어제까지 장 운동은 정상이었으며, 혈뇨 없음. 과거에는 비슷한 통증 없었음.

우리는 비평한다. 병력을 청취하고 기록한 다음, 우리는 여러 사건들 사이의 연관성을 발견하고 빠진 것을 점검한다. 병력청취가 잘 되고 못 되고 는 환자와의 관계는 물론이고 치료 과정이나 예후에도 적지 않은 영향을 끼친다.

우리는 공부한다. 환자들이 곧 스승이다. 환자의 이야기를 통해서 우리는 의심되는 질병들에 대해 무엇을 공부해야 하는지, 즉 같은 증상을 가진 다음 환자에게는 어떤 질문을 던져야 하는지를 알 수 있다.

우리는 환자에게 공감하며 환자와 관계를 맺는다. 환자의 이야기에 집중하여 환자를 잘 이해하고 그 이해를 잘 표현하는 것은 의사의 주요한 임무다. 우리가 관심을 기울이고 있는 '상호작용'은, 환자와의 유대를 강화하는 데 도움이 된다. 관계는 치유를 촉진한다. 거기에는 의심의 여지가 없다.

사회정신적 과거력

환자의 사회정신적 과거력에 관심을 기울임으로써 환자의 삶이 어떠한지, 그 환자에게 중요한 삶의 요소가 무엇인지를 알 수 있다. 그들이 질병이나 다른 어려움에 어떻게 대처하는지, 다른 사람들과의 관계는 어떤지를 알 수 있다. 또한 *'환자가 된다는 것'* 의 의미도 알 수 있다. 환자에게 심리적인 질병이 없더라도, 사회정신적 과거력을 파악하는 것은 환자의 질병이 어떤 맥락에서 생겨난 것인지를 알게 함으로써 의사의 시야를 넓혀준다. 질병 이름들로 환자를 규정하는 것은 너무 편협한 일이다.

의사는 다양한 방식으로 정신사회적 과거력을 알아낸다. 의사는 "이 질병에 대해 어떤 생각을 합니까?", "이 질병이 당신에게 어떤 의미를 갖습니까?" 따위의 질문을 던진다. 환자는 이런 식으로 답할 것이다. "내 관절염은 내가 앞으로 장애를 갖게 될 것이라는 뜻이겠지요.", "고혈압이요? 내 아버지도 고혈압이었는데 50세에 돌아가셨죠.", "암일까봐 두려워요." 등등.

질문을 할 때에 BATHE 방법[2]이 도움이 될 것이다.

B(Background, 배경)	"생활은 어떠세요?"
A(Affect, 심리상태)	"지금 기분은 어떻습니까?"
T(Trouble, 괴로움)	"이 상황에서 당신을 가장 괴롭히는 건 뭔가요?"
H(Handle, 대처)	"그것에 어떻게 대처하실 생각입니까?"
E(Empathy, 공감)	환자의 생각을 확인하면서 이 대화를 끝마칠 수 있는 좋은 표현들이 많이 있다. 가령 "그 동안 정말 힘드셨겠네요."

이러한 질문들을 하지 않으면, 환자를 도울 수 있는 기회가 대폭 없어지고 만다. 환자를 돕는 길은 진단명에서만 찾을 수 있는 것이 아니라 환자의 삶이 흘러가고 있는 과정에서도 찾을 수 있다. 환자의 질병과 관련된 모든 이야기는 결국 환자의 인생 이야기에서 비롯되는 것이다. 따라서 치료의 과정도 그에 부합해야만 한다. 예를 들어, 약값을 댈 수 없는 환자에게 고가의 혈압강하제를 권유하는 것은 어리석은 짓이다. 삶의 의욕을 완전히 잃어

버린 환자에게 하지절단술에 대해 이야기하는 것은 별 도움이 되지 않는다. 아래의 사례는 환자의 요통을 치료하기 위해 더 많은 물리치료를 처방하는 것이 전혀 도움이 되지 않는 경우다. 환자의 정신사회적 배경을 알면, 왜 회복이 더딘지를 쉽게 알 수 있다.

55세 된 이 정육점 주인은 지난 2년 동안 요통을 호소하고 있다. 여러 번의 면밀한 진찰과 X-레이 검사, 그리고 수 주 동안의 물리치료와 약 복용에도 불구하고 호전이 없다. 다른 의사가 그의 사회정신적 과거력을 알기 위해 충분히 면담해 본 결과, 여러 가지 사실이 밝혀졌다. 그는 상당한 기간 동안 정육점을 운영하면서 기쁨과 보람을 느껴왔다. 하지만 한 식료품 체인이 그가 일하는 시장 전체를 인수하면서 그의 지위가 바뀌었다. 자영업자에서 월급쟁이로 신분이 바뀌면서, 그는 자신이 보잘것없어진 느낌을 받았다. 그로부터 몇 달 후, 그는 미끄러지면서 넘어져 허리를 다쳤다. 그는 홀로코스트 때 수용소에서 살아남은 사람이었다. 그곳에서는 사람들의 팔뚝에 숫자 문신을 새김으로써 신원을 구별했었다. 의사가 "새로운 일자리에 대해서 어떤 생각이 드십니까?"라고 묻자, 그는 문제를 푸는 열쇠가 될 만한 대답을 했다. "또 문신이 새겨진 것 같죠, 뭐."

병력청취에 대해 가르치기

병력청취나 그 기록의 과정이 잘못되면, 혹은 환자의 사회정신적 맥락이 고려되지 않으면, 진단 및 치료의 과정이 오도되거나 불충분할 수 있다. 적절한 치료가 지연되거나 아예 이루어지지 못할 수도 있다. 특히 수련 과정에 있는 전공의들은 병력청취를 잘 하는 효율적 방법을 숙지하는 것이 대단히 중요하다.

환자와의 면담이나 환자의 이야기를 이끌어내는 데 중요한 것은 무엇인가? 이런 기술을 어떻게 가르칠 것인가? 교육자들이 전형을 만들어야 한다. 이런 기술을 가르치기 위해 나는 전이성 대장암을 앓고 있는 여자 환자를 면담한 비디오테이프를 활용한다. 나는 이를 보여주기 전에 학생들에게 면담의 구조를 미리 설명한다. 내 질문들은 처음에는 개방형일 것이며, 환자가 자유롭게 이야기하도록 중간에 개입하지 않을 것이며, 나는 그저 대충 메모만 할 것이라고 미리 말해둔다. 환자의 긴 이야기가 끝나 가면, 나는 환자의 이야기들 중에서 불명확하거나 부연설명이 필요한 부분에 대해 질문을 하거나 확인하는 절차를 밟는다. 나는 내 경험과 호기심을 활용하여 정확한 진단이나 감별진단(제10장 참조)에 접근한다. 면담을 통해 나는, 그녀가 자신의 질병을 얼마나 이해하는지, 질병에 대한 그녀의 반응이나 대처방식은 어떤지, 도덕적 감정적 지원은 누구로부터 받는지 등을 알아낸다. 면담에서 얻어진 모든 정보들은 치료 자체에는 물론이고 다른 방식으로 그녀를 돌보는 일에도 활용될 것이다. 그리고 면담이 진행되는 내내 나는 "무엇을 배웠나?" 하는 질문을 스스로에게 던질 것이다.

나는 다음과 같은 교훈들을 가르친다.

· 환자와 그들의 이야기를 믿어라. 정직하지 않은 환자는 매우 드물다. 신뢰란 쌍방향의 것이다. 의사가 환자를 믿지 않는다면, 환자도 의사를 믿지 않는다.

· '환자에 관하여' 배우는 것이지만 더 중요한 것이 '환자로부터' 배우는 것이라는 사실을 명심해라. 환자가 곧 여러분의 스승이다. 한 학생이 이렇게 쓴 적이 있다. "면담의 초반에 환자가 한 말은 하나의 강의와도 같았어요. 환자는 자신의 몸과 마음의 상황에 대해서는 최고의 권위자이니까요." 특별한 기술이나 지식이 없어도 충분히 시작할 수 있다. 이런 기술을 향상시키는 좋은 방편 중의 하나는 당신이 세상에서 대장암 환자를 면담하는 최초의 인물이라고 상상하는 것이다. 충수돌기염이나 당뇨병이나 호흡곤란 등 다른 질병이라도 마찬가지다. 당신이 그 질병에 대한 세계 최초

의 기록을 남기는 중이고, 당신의 환자가 그 질병에 대한 유일한 정보원이라고 상상해 보라. 그 다음에 환자의 이야기를 들어보라.

· 환자가 이야기보따리를 풀어놓을 수 있도록, 처음에는 개방형 질문을 해라. "어떻게 오셨습니까?"로 시작하고, "그건 어떠했습니까?", "그것에 대해 자세히 말씀해 보세요."라고 말하라. 그 다음에 환자의 이야기를 경청하고, 환자의 이야기에 사로잡혀라. 면담 말미를 위해 "예." 혹은 "아니오."로 답변될 수 있는 질문들도 몇 개 준비해 놓아야 한다.

· 말을 끊지 마라. 환자가 침묵해도 그냥 놔둬라. 침묵이란 환자가 생각을 하고 있거나 사고를 정돈하고 있거나 격한 감정과 싸우고 있음을 뜻한다. 침묵에 잘못 끼어들면 생각의 흐름을 깨뜨릴 수 있다. 한동안 침묵이 흐른 후에 나오는 이야기가 더 중요한 것인 경우는 흔히 있다.

· 재검토하고 수정하라. 환자에게 당신이 이해하고 있는 것을 설명하라. 만약 일부라도 일치하지 않는 내용이 있거든, 그 불일치를 해소하라.

· 처음에 들은 이야기가 절대적이고 최종적인 것이라 생각하지는 마라. 환자가 뭔가를 잊어버렸을 수도 있고 숨겼을 수도 있다. 진단을 내리는 데에 곤란이 생겼다면, 다시 돌아가 병력청취를 다시 해보라. 의사가 환자의 말 가운데 중요한 부분을 무시했었음이 드러날 수도 있을 것이다. 환자가 중요한 부분을 깜빡 하고 빠뜨렸을 수도 있고, 의사에 대한 믿음이 충분치 않아 아주 민감한 몇몇 정보들을 숨겼을 수도 있다.

· 마지막에는 이 질문을 해라. "제가 물었어야 하는데 묻지 않은 질문이 혹시 있을까요?"

· 경험을 통해 교훈을 축적해라. 병력청취를 많이 할수록 우리의 직관은 향상된다. 평범한 말, 즉 "1991년에 유방암 진단을 받았습니다."라는 이야기를 듣고서도 많은 것을 떠올릴 수 있다. 유방암이라는 병명 외에도, 처음 멍울이 만져졌을 때의 당혹감, 병명을 들었을 때 산산조각이 된 환자의 마음, 수술과 마취를 기다리는 과정들, 불

확실성, 그리고 가족들이 겪었을 많은 일들…. "그녀의 아버지는 알코올의존이었다.", "그녀가 13살 때 부모가 이혼을 했다.", "12년 전에 나는 관상동맥우회술을 받았다." 추가적인 설명이 없어도 우리는 이들이 극적인 순간들이며 각각의 문장 뒤에 엄청나게 많은 이야기들이 숨어 있음을 안다. 제1장에서 소개했던 관상동맥질환을 가진 환자의 이야기가 좋은 사례다.

우리가 범할 수 있는 잘못들

관건은 병력청취에서 얻은 정보들을, 이야기의 핵심을 손상시키지 않으면서, 통합하여 유효한 결론과 적절한 행동으로 이어지게 하는 것이다. 그런데 때로는 의사가 이 과정에 오히려 걸림돌이 되기도 한다.

· 우리는 환자의 말을 가로막는다. 미숙한 개입은 이야기를 방해하고 여러 요소들의 상관관계도 깨뜨린다.
· 우리는 오해한다. 환자가 말하는 방식에 따라 우리는 다른 방식으로 듣는다. 만약 두 사람(두 사람의 의사 혹은 의사와 환자)이 '사실'에 대해 동의하지 않는다면, 그것은 대개 환자의 이야기를 다른 시각에서 이해했기 때문이다. 진실은 하나뿐이라는 것을 잊지 말아야 한다.
· 우리는 충분한 시간을 투여하지 않는다. 우리가 어떤 사람을 잠깐 보고 나서 그 사람을 평가한다면, 잘못된 판단을 내릴 수 있다.
· 우리는 질문을 할 때 넓은 시야를 갖지 못해서 전체 이야기의 일부를 놓친다. 때로는 과거의 병력을 처음부터 제대로 앎으로써 그 질병의 재발을 예방하는 단서를 얻기도 한다. 40세 여자 환자가 담석 때문에 수술을 받은 이후에 복통이 생겼다. 이것은 수술에 따른 자연스러운 통증 혹은 부작용인가, 아니면 그녀를 수술로 이끈 전체 이야기의 일부인가? 그녀의 통증은 어쩌면 담석과는 전혀 무관한 것인지도 모른다. 혹

시 그녀의 결혼이 파국을 맞은 것과 연관이 있지는 않을까? 현명한 의사는 눈에 보이는 현상을 넘어 전체 이야기를 그 시작부터 살피려 애쓴다. 정확한 결론을 내리고 최선의 치료법을 선택하고 올바른 교훈을 얻기 위해서다.

· '언어 장벽'이 있을 수 있다. 이는 영어를 쓰는 의사와 영어를 하지 못하는 환자 사이에서 특히 뚜렷하다. 또한 이는 의사가 전문용어나 은어를 사용함으로써 발생하는 자잘한 언어 문제들에 관한 하나의 은유일 수도 있다.

원래의 데이터와 추론의 결과 사이의 차이점을 알아내는 데 실패했을 때, 우리는 무의식적으로 불충분한 정보들에 나름대로 살을 붙여 가공을 하는 경향이 있다. 그 경우 물론 잘못된 결론이 내려진다. 내가 미네아폴리스 병원의 정신과 인턴으로 일할 때의 일이다. 하루 종일 선글라스를 쓰고 있는 한 환자가 왜 그런 행동을 보이는지에 대해, 의사와 간호사와 사회사업가들 여러 명이 엄청나게 많은 시간을 보내며 고민을 했었다. "그는 우리들로부터 숨고 싶은 거야."라고 그들은 추측했다. "그는 내적 자아를 향하고 있는 거야. 자아의 인식이라는 '빛'이 두려운 거지." 한참 후 나는 그 환자에게 직접 이유를 물었다. 그의 대답은 이랬다. "평소에 쓰던 안경이 깨져서요."

로버트슨 데이비스는 자신이 만난 영웅적 의사에 관해 이렇게 서술했다. "의사가 되는 것과 관련해서 나는 또 하나의 교훈을 배웠다. 누군가가 살고 있는 장소를 직접 보기 전에는 그 사람에 대해 제대로 알기 어렵다." 나는 이 표현이 글자그대로 진실인 동시에 매우 적절한 은유라고 생각한다. '그들이 살고 있는 장소'를 볼 수 없으면, 보려는 노력을 해야만 한다. 환자와의 면담이나 병력청취는 이러한 직관을 키우는 최선의 방법이다.

의학에는 정말 많은 폼 나는 일들―미궁에 빠진 진단명을 밝혀내거나,

중환자의 생명을 복잡하고도 세심한 치료를 통해 건져내거나 하는―이 있다. 하지만 훨씬 더 흔하고 매일매일 꾸준히 이루어지고 있는 '병력청취' 의 중요성은 상대적으로 낮게 평가되고 있다. 정보를 수집하고 활용하는 일, 진실을 간파하는 일, 환자의 삶의 본질을 탐구하는 일, 환자의 드라마에 참여하는 일은 즐거운 일이다.

병력청취를 기점으로 하여, 의사는 진단과 치료의 과정을 향해 출발하게 된다.

제10장

진단 : 의사는 어떻게 추론하는가

"문제가 무엇인지 알면, 절반은 해결된 것이다."

진단은 판단이자 행동이다. 이는 때로는 간단하고 손쉽다. 감기, 발목 삠, 폐렴, 방광염 등의 경우다. 좀 더 복잡하여 고민과 시간을 필요로 할 때도 있다. 세균성 심근염, 심장 판막 질환, 궤양성 대장염(이는 종종 극적인 혈변이 아니라 일반적인 설사로 나타난다), 박리성 동맥류, 심근경색과 증상이 비슷한 대혈관 손상 등의 경우다. 진단은 결국 "무엇이 잘못됐나?" 혹은 "무슨 일이 벌어지고 있나?"라는 질문에 대한 해답인데, 진단—잠정 진단이라 하더라도—이 나와야 의사는 결정을 하고 행동을 취할 수 있다.

병력청취와 마찬가지로, 진단도 문제를 정리하고 명확히 하는 일련의 과정이다. "그녀의 질병은 관상동맥질환이다."라고 섣불리 말하기 전에, 의사는 다음 질문들을 던져야 한다.

· 좀 더 정확하고 확실한 병명을 찾을 수는 없는가? 같은 질병이라도 그 정도에 따라 치료가 달라질 수 있다.

· 긴급한 처치를 요하는가? 처치가 늦어지면 회복할 수 없는 손상이 생긴다.

· 이 질병과 관련된 다른 질병을 찾아봐야 하는가? 하나의 진단명은 치료법이 전혀 다른 별개의 질병과의 연관성을 시사하는 단서일 수 있다.

· 어떤 심리적, 사회적 요인이 결부되어 있는가? 이런 요인들이 진단을 더욱 확실히 해 줄 수 있다. 또한 어떤 진단명은 환자 및 그 가족들에게 중대한 영향을 끼친다.

· 가능한 다른 진단명은 무엇이 있는가? 진단이 잘못되면 의사의 모든 일이 헛수고가 된다.

우리가 문제를 해결하기 위해 사용하는 체계를 서술하는 능력이 중요하다. 이런 능력이 있어야 병명을 찾고 치료하는 일을 지속적이고 효율적으로 할 수 있으며 치료자로서의 능력을 성숙하게 할 수 있으며 우리들 스스로의 경험으로부터 교훈을 얻을 수 있다. 우리에게 저장된 지식의 양과 무관하게, 우리는 다양한 지식과 기술을 사용하여 문제를 해결하는 다양하고도 복잡한 과정을 수행해야만 한다.

의사들은 지속적으로 경험을 축적한다. 환자들로부터 얻은 경험을 통해 다른 환자들을 치료한다. 연관되는 질병들, 합병증, 약이나 치료법의 효과와 부작용, 심리사회적 요인 등에 대한 지식들이 모두 진단과정의 수준을 향상시킨다. 이런 모든 경험들을 통해 우리는 이해하고 참여하고 공감한다.

감별진단, 그리고 문제를 명명하기

의사가 진단명을 얻기 위해 노력하는 과정은 '감별진단'이라 불리는데, 이는 문제에 대해 이름을 붙이고 그 문제에 대한 해답을 찾아가는 과정이다. 내 학생들에게 진단 과정을 소개하는 차원에서, 우리는 다음의 간단한 문제로 연습을 했다.

증례 1.

어느 날 저녁 집에 있는데, 환자로부터 전화가 걸려온다. 50세 남자 환자인데, "오른쪽 아랫배가 아파요."라고 말한다. 환자의 집으로 차를 몰고 가서 무슨 문제인지 살피기 시작한다.

나는 학생들의 생각을 돕기 위해 다음의 질문들을 던진다.

1. *문제의 이름은 무엇인가?* 이것은 "진단명이 뭐냐?"고 묻는 것이 아니다. 오히려 "환자의 상태를 어떻게 서술할 것인가?"에 가깝다. 폐렴, 당뇨병, 십이지장궤양처럼 문제의 이름이 곧바로 진단명이 될 수도 있지만, 많은 문제들은 흉통, 호흡곤란처럼 단순히 증상으로 표현된다. 나는 학생들에게 보태지도 빼지도 말고 문제를 가능한 한 정확하게 이름붙여 볼 것을 요구한다. 특별히 어려운 의학용어를 사용할 필요는 없다. '두통', '복통', '기운없음', '부은 무릎'과 같은 일상 용어도 좋다. 이 환자의 경우에는 '우하복부 통증'이 문제의 이름이지만, 이것만으로 치료를 시작할 수는 없다. 복근의 근육통으로 온찜질을 해야 하는 경우부터 급성 충수돌기염으로 수술을 해야 하는 경우까지 광범위한 가능성이 있기 때문이다. 나는 학생들에게 문제를 올바로 명명하는 것의 중요성을 가르치고 싶은 것이다. 문제를 잘못 명명하여 섣부른 진단명을 도출하는 것은 치료를 지연시키거나 잘못된 치료를 초래하며, 예후를 전혀 다르게 예측하게 한다. 또한 이러한 오류는 의사에 대해 환자가 갖는 미래의 신뢰까지 손상시킨다.

2. *몸의 어느 부위에 질병이 있는가?* 이 부위에 어떤 기관과 구조가 있는가? 의과대학 저학년 학생이라도 신체의 해부학적 구조에 대해 기본적인 지식들을 갖고 있지만, 토론을 하다보면 그것만으로는 부족함을 알게 된다. 나는 학생들에게 "우하복부에 무엇이 있는지 앞에서부터 뒤로 가면서 설명

해 보라"고 묻는다. 그 모든 기관들과 조직들이 통증의 원인이 될 수 있다는 사실을, 나는 그들에게 말해준다.

3. 앞의 질문들에 대한 답변과 원래 갖고 있는 지식들을 모두 동원했을 때, 이 환자는 어디가 잘못된 것이며 어떤 진단명들을 고려해야 하는가? 각각의 기관들과 조직들에서 어떤 문제가 생겼을 수 있는가? 나의 별다른 부추김 없이도 학생들은 다음의 목록을 만들어낸다.

기관	학생들의 목록
피부	화상, 열상
근육	염좌
소장	회장염, 위장관염
대장	대장염, 대장암
충수돌기	충수돌기염
요관	신장결석

4. 병력이 중요하다. 앞의 질문들에 대한 답변의 기초 위에서, *정확한 진단을 얻기 위해서 환자들에게 어떤 질문을 해야 할 것인가?* 앞에서 나온 여러 병명들 중에서 정답을 가리기 위해서 무엇을 더 알아야 하는가? 표 10-1에 이런 과정이 요약되어 있다.

이런 질문들을 통해서, 정확하지는 않더라도, 진단 과정을 밟는 것이다. 예를 들어 혈뇨가 있으면서 자세에 따른 불편을 호소하는 환자가 있을 경우 신장결석이라는 진단을 추론해 나가는 것이다. 몇 주 혹은 그보다 오랜 기간에 걸친 체중감소는 대장암이나 회장염이나 대장염을 시사한다. 환자의 나이가 젊다면 암의 가능성은 감소한다.

문제의 이름 하나로부터 여러 개의 진단명이 나올 수 있는 사례는 많

표 10-1.
우하복부 통증이 있는 환자의 감별진단을 위한 첫 단계로 병력을 활용하기
(증례 1.)

기관	질병	문제를 명확히 하기
피부	화상, 열상	다치거나 불에 데었습니까?
근육	염좌	다쳤습니까?
소장	회장염	설사가 있나요? 경련은? 체중감소는? 증상이 지속된 기간은?
	위장관염	설사가 있나요? 경련은? 가족 중에 비슷한 증상을 가진 사람은? 증상이 지속된 기간은?
대장	대장염	위와 같은 질문들
	대장암	체중감소가 있나요? 대변에 피가 섞여 나오나요?
충수돌기	충수돌기염	구토를 했나요? 통증과 구토 중에 어느 것이 먼저 있었나요? 식욕감소가 있나요?
요관	신장결석	소변에서 피가 보이나요? 자세를 바꾸면 통증이 없어지나요?

다. 우하복부의 통증은 흔히 충수돌기염을 뜻하지만 언제나 그런 것은 아니다. 초기 증상은 사람마다 다 다르다. 대장암 환자의 첫 증상은 통증일 수도 있고 혈변일 수도 있고 체중감소일 수도 있다. 우리의 진단 능력은 지식과 경험이 쌓이면서 향상된다. 문제를 명명하는 것은 추가적인 질문을 하기 위해서, 더 얻어야 하는 정보가 무엇인지 알기 위해서, 정확한 진단을 위해 동원되는 수많은 지식들을 정돈하기 위해서 필요하다. 문제가 무엇인지 명확해지면, 문제의 절반은 해결된 것이다.

증례 1에서 얻은 교훈을 바탕으로, 학생들은 좀 더 어려운 진단적 문제

를 만나게 된다. 이번에는 실제 내 환자의 사례다(제8장에 나온 28번 환자 N.P.).

증례 2.

어느 날 저녁, 나는 40세 여자 환자의 남편으로부터 걸려온 전화를 받는다. 그는 "아내가 말은 하는데, 앞뒤가 안 맞아요." 라고 말한다. 나는 환자의 집으로 향하면서 그녀에게 무슨 문제가 생긴 것인지 생각한다.

학생들과 나는 똑같은 과정을 밟는다.

1. *문제의 이름은 무엇인가?* 여기 학생들의 대답 일부와 나의 코멘트가 있다.

· '뇌종양.' 주어진 정보만으로 추론하기에는 너무 상세한 답변이다. 물론 이것이 최종적인 해답일 수도 있지만, 아직은 알 수 없다. 정확한 진단을 위해서는 해답을 얻어내는 방법을 아는 것이 중요하다.

· '말의 앞뒤가 안 맞아요.' 세련된 것은 아니지만 나쁜 대답도 아니다. 최소한 학생의 생각이 어디에 있는지, 그리고 내가 어디서부터 교육을 시작해야 할지는 알려준다.

· '착란상태'. 역시 나쁘지 않다. '말의 앞뒤가 안 맞아요.' 와 마찬가지로 다양한 감별진단에 대해 고민하게 한다. 물론 학생에게 '가능한 원인들은 무엇이 있을까?' 하는 질문을 던져줘야 한다.

· '치매'. 치매는 영구적인 상태인데, 그녀의 증상은 막 시작됐다. 일시적 현상인 섬망이 좀 더 합당한 용어이다. 섬망과 치매는 각각 다른 감별진단 과정을 필요로 한

다.

· '의식 상태의 변화'. 우리는 이 용어를 선택했다. 바람직한 진단 과정을 밟기에 충분할 정도로 광범위하고 선택의 폭을 제한하지도 않기 때문이다.

2. *몸의 어느 부위에 질병이 있는가?* 아마도 뇌가 정답일 것이다. 뇌 중에서는 어느 기관 혹은 조직일까? 신경조직, 동맥, 정맥, 혈액. 뇌가 기능하기 위해서는 무엇이 필요한가? 혈액, 산소, 포도당.

그 다음에 나는 이 질문들이 담고 있는 의미를 다시 설명했다. 다른 기관이나 기관계 중에서 환자의 문제의 원인이 될 수 있는 것들은 무엇이 있나? 그들은 어떤 방식으로 문제를 일으키나? 이제 학생들은 좀 더 근본적으로, 광범위하게, 창의적으로 생각해야 함을 알게 된다. 그들은 새로운 대답을 만들어낸다.

· 순환기계. 심장이 손상을 받으면 뇌로 혈액과 포도당을 잘 보내지 못하게 된다. 좁아지거나 막힌 동맥이 적절한 혈액과 포도당 공급을 저해할 수 있다.

· 호흡기계. 폐질환으로 인해 산소공급이 제한되고 이산화탄소 배출 능력도 떨어질 수 있다.

· 췌장. 췌장이 너무 많은 인슐린을 만들어내면 혈중 포도당 농도가 감소하여 뇌 기능을 저하시킬 수 있다.

3. *앞의 질문들에 대한 답변과 원래 갖고 있는 지식들을 모두 동원했을 때, 이 환자는 어디가 잘못된 것이며 어떤 진단명들을 고려해야 하는가?*

다시 우리는 기관들에서부터 시작한다.

· 뇌 : 뇌졸중, 종양, 경막하 혈종

· 심장 : 심근경색, 울혈성 심부전

· 동맥들 : 경동맥 협착증

· 폐 : 폐렴, 폐 색전증

· 췌장 : 인슐린종

그 다음으로 우리는 기관 혹은 기관계 외의 다른 원인들로 생각을 확장한다. 약물에 의한 질병 가능성은 없는가? 만약 환자가 당뇨병을 갖고 있어 인슐린을 맞고 있다면, 환자의 혈당 수준이 떨어졌을 수 있다. 만약 환자가 심부전이나 고혈압을 갖고 있어 이뇨제를 복용 중이라면, 거기에 더해 땀을 많이 흘리고 있기까지 한다면, 혈중 나트륨 농도의 감소로 인해 의식 상태의 변화가 왔을 수 있다. 알코올, 마리화나 등 처방약 외의 다른 약물의 가능성은 없는가? 독성 물질은? 또 다른 가능성은?

4. *정확한 진단을 얻기 위해서 환자들에게 어떤 질문을 해야 할 것인가?* 표 10-2에 이런 과정이 요약되어 있다.

학생들이 질병의 기술적 측면뿐만 아니라 심리사회적 측면까지 이해하도록 하기 위해서 나는 이렇게 질문한다. "이 경험이 환자와 그 가족들에게는 어떤 의미를 가질 것이라 생각하는가? 의사에게는 또 어떤 의미를 가질 것인가?"

증례를 이런 식으로 검토하는 것은 "가르쳐야 할 내용들"을 분명히 드러내며, 학생들에게는 의사들의 업무와 그것을 반복하는 방식, 그리고 의식 상태가 변화한 환자의 진단을 위해 심근경색, 폐렴, 뇌졸중, 저혈당 등을 감별하는 방법, 그리고 그 일련의 과정이 환자와 가족과 의사에게 어떤 의미를 갖는지 등을 배울 수 있게 한다.

표 10-2.

의식 상태가 변화한 환자의 감별진단을 위한 첫 단계로 병력을 활용하기
(증례 2.)

기관/원인	질병	질문들
뇌	뇌졸중 종양 경막하출혈 정신과적 문제	증상이 갑자기 시작됐는가, 아니면 서서히 시작됐는가? 증상이 갑자기 시작됐는가, 아니면 서서히 시작됐는가? 머리에 충격을 받은 적이 있는가? 요즘 당신의 삶에 무슨 문제라도 있는가?
심장	심근경색 울혈성 심부전	흉통을 느낀 적이 있는가? 호흡곤란을 느낀 적이 있는가? 발목 부종은?
폐	폐렴 폐 색전증	기침이나 열이 있는가? 호흡곤란이나 흉통을 느낀 적이 있는가?
췌장	인슐린분비 종양 당뇨병	이런 일이 과거에도 있었는가? 그렇다면 얼마나 자주 있었나? 당뇨병을 갖고 있는가? 약은 복용하는가? 최근에는 언제 약을 먹었나?
독성물질		가정이나 직장에서 독성물질에 노출됐을 가능성이 있는가?
약물들		술은 얼마나 마시나? 최근의 음주는 언제인가? 다른 종류의 약물을 사용한 적이 있는가?

문제들 사이의 연관성을 살피기 : 임상적 맥락, 그리고 문제중심 학습체계

문제들을 명명하고 기록하는 과정을 통해 의사는 한 가지 사실과 다른 여러 가지 사실들, 가능성 있는 원인과 결과들, 과거 진단의 유효성과 과거 치료의 적합성을 고려할 수 있고, 궁극적으로 새로운 문제의 해결을 위해 필요한 모든 정보들을 활용할 수 있게 된다. 이런 훈련을 통해 우리가 더 많은 정보들을 정확히 얻어낼 수 있게 되기도 하지만, 더 중요한 것은 문제 해결

의 새로운 차원, 즉 *임상적 맥락*이라는 것을 알게 되는 것이다.

　예를 들어 '복통'과 '당뇨병'의 연관성을 살펴보는 것은 학생으로 하여금 다음 질문을 촉발시킨다. "두 가지 증상이 함께 있는 환자를 볼 때에는 각각의 증상에 대해 고려해야 하는 사항들 외에 다른 방식의 고민도 필요한가? 당뇨병이 있는 급성 충수돌기염 환자의 증상과 징후는 당뇨병이 없는 환자와 어떻게 다른가? 당뇨병이 있는 복통 환자에서는 감별진단해야 할 질병이 늘어나는가? 당뇨병이 있는 급성 충수돌기염 환자를 치료하기 위해서는 어떠한 특별한 고려를 해야 하는가? 당뇨병 환자가 급성 충수돌기염에 걸리는 일은 환자에게 어떤 의미를 주는가?"

　문제를 명명하고 문제들의 관계를 살피고 가르쳐야 할 부분을 파악하고 경험을 통해 배우고 우리들의 지식의 차이를 명확히 하는 모든 과정은 *문제중심 학습체계*[1]를 이루는 요소들이다. 문제중심 학습은 기술적으로 간단하며 매우 세련된 것이다.

　나는 이런 체계를 설명하기 위해 다음과 같은 가상의 증례를 활용한다. 이 증례에는 일련의 과제들과 질문들이 숨어 있다. 나는 학생들이 의문점들을 정리하고 토론을 벌이는 것을 도와주며, 그들이 활용하는 기술과 그들이 내린 결론을 평가한다. 또한 추론의 모델을 제공한다.

증례 3.

S.M., 73세 여자환자. 조절되지 않는 당뇨병 때문에 98년 12월 10일에 입원.

당뇨병이 처음 진단된 것은 1965년이며, 급격한 체중감소 때문이었음.

당시 혈당은 520으로 매우 높았음. 여러 해 동안 인슐린 치료를 받아왔으며, 현재 매일 아침 NPH 인슐린 30단위를 자가 투여중임(NPH 인슐린은 대개 투여 후 여덟 시간 경에 최대 효과를 나타내며, 아침에 투여할 경우에는 늦은 오후 경에 저혈당 상태가 될 가능성이 상대적으로 높다). 이번 입원의 직접적 원인은 환자의 오심이다. 입원 당시 탈수 상태였으며, 혈액 검사 결과는 DKA(당뇨병성 케톤산혈증)를 나타낸다. 환자는 인슐린 치료 및 수액 공급을 받았고, 일주일 후에는 상태가 호전되고 당뇨병도 2,000칼로리 당뇨식과 NPH 인슐린 35단위로 잘 조절되어 퇴원을 하게 된다.

1990년에 뇌졸중(대뇌 세동맥경화증)이 생겨 오른쪽 팔과 다리에 근력약화가 생겼다. 재발은 없었으나, 가끔 의식 상태가 흐려지는 일이 있었다.

역시 1990년에 속쓰림으로 병원에서 와서 X레이 검사를 통해 십이지장궤양을 진단 받은 바 있으며, 현재는 증상이 없다.

1992년에는 우울증으로 3개월간 입원한 적이 있으며, 당시 그녀는 전기충격치료를 받았다.

24년 전에 그녀는 페니실린 주사를 맞은 이후 두드러기가 생긴 적이 있다.

그녀는 남편과 사별했으며, 혼자 살고, 아주 가끔씩 두 딸을 만난다.

학생들은 다음 단계를 밟는다.

1. 날짜들을 최대한 정확하게 기록하면서 *문제들의 목록을 작성한다.* 다음은 학생들이 처음 작성한 목록이다.

1) 당뇨병, 1965년 발생
2) 오심, 1998년 12월 10일 발생
3) 탈수, 1998년 12월 10일 발생
4) 당뇨병성 케톤산혈증, 1998년 12월 10일 발생

우리는 다음으로 오심의 여러 원인들에 대해 이야기를 나눈다. 나는, 이 증례에서는, 오심과 탈수가 DKA의 임상양상 중의 일부라고 말해준다.

우리는 네 개의 문제를 하나로 합쳐 목록을 수정한다.

1) 당뇨병, 1965년 발생

  A. 당뇨병성 케톤산혈증, 1998년 12월 10일 발생

그리고 다음과 같이 추가한다.

2) 대뇌 세동맥경화증, 1990년 발생

  A. 뇌졸중(우측 상하지 근력감소), 1990년 발생

3) 십이지장궤양, 1990년 발생

4) 우울증, 1993년 발생

5) 페니실린 알러지(두드러기), 1974년 발생

환자는 98년 12월 17일에 퇴원하여 귀가했다. 일주일 후, 98년 12월 24일, 환자가 재입원했다. 오심이 다시 생겼고, 당뇨병도 조절되지 않았기 때문이다. 삼일 후, 2,000칼로리 당뇨식과 NPH 인슐린 하루 35단위로 다시 당뇨병이 조절됐다. 98년 12월 30일 오후 4시 경, 그녀는 안절부절해졌으며 그녀의 절반 나이인 병원의 남자 직원을 유혹하는 행동을 보였다. 평소의 그녀와 달라진 것이다.

2. *새로운 문제들을 명명하고 목록에 추가하라.* 문제의 심각성이나 지속 기간과 무관하게 일단 명명하라. 문제를 가려내서 명명하는 데 실패하면 진단에 필요한 핵심 단서를 놓치기 쉽다. 새로운 문제는 두 가지이다. 첫째, 반복되는 DKA로, 두 번째 발생도 목록에 기록된다.

1) 당뇨병, 1965년 발생

 A. 당뇨병성 케톤산혈증, 1998년 12월 10일, <u>1998년 12월 24일 발생</u>

 둘째는 오후 4시 경에 일어난 일이다. 나는 묻는다. "이 일은 무엇이며, 우리는 어떻게 명명할 수 있나?" 학생들은 다소간 현학적인 이름을 붙인다: 안절부절, 유혹적 행동, 착란, 인슐린 반응, 의식 상태 변화. 증례 2에서처럼, 우리는 넓은 뜻을 가진 용어로 '의식 상태 변화'를 선택하여 목록에 추가한다.

 1) 당뇨병, 1965년 발생

   A. 당뇨병성 케톤산혈증, 1998년 12월 10일, 1998년 12월 24일 발생

 2) 대뇌 세동맥경화증, 1990년 발생

   A. 뇌졸중(우측 상하지 근력감소), 1990년 발생

 3) 십이지장궤양, 1990년 발생

 4) 우울증, 1993년 발생

 5) 페니실린 알러지(두드러기), 1974년 발생

 6) 의식 상태 변화, 1998년 12월 30일 오후 4시 발생

 3. 목록을 보면서 새로운 문제에 해당하는 가능한 진단명들을 말하라. "새로운 문제는 기존의 문제들 중 어느 것과 연관이 있는 것인가?" '의식 상태 변화'에 대한 감별진단은 증례 2에서와는 달라야 한다. 임상적 맥락이 다르기 때문이다. 이런 질문에는 목록에 있는 여러 질병이나 증상들과 관련하여 학생들에게 가르쳐야 할 내용들이 내포되어 있다. 표 10-3에 이 과정이 요약되어 있다.

4. *진단을 내려라.* 병력청취와 이학적 검사와 검사실 검사를 통하여 추가적인 정보를 수집하라.

5. *치료법을 선택하라.* 특히 즉시 시행할 치료가 무엇인지를 고려하라. 앞에서 보았듯이, 가장 시급한 것은 저혈당에 따른 증상에 대처하는 것이다. '그녀의 절반 나이인 병원의 남자 직원을 유혹하는 행동'을 보인 사실을 염두에 두지 않는다면, 의사나 간호사는 쉽게 치료될 수 있으며 응급상황이라 할 수 있는 인슐린 반응을 치료하지 않은 채 간과하게 된다.

그녀는 2,000칼로리 당뇨식과 하루 35단위 NPH 인슐린 처방과 함께 1999년 1월 2일에 퇴원했다. 1999년 1월 9일, 오심과 당뇨병 조절 실패로 다시 입원했다.

6. *무슨 일이 벌어지고 있는 것인가?* 환자는 같은 증상으로 벌써 세 번째 입원을 했다. 같은 식사와 같은 인슐린 처방으로 잘 조절된 상태에서 퇴원했었지만 말이다. 문제가 무엇이든, 그게 자주 발생한다면 특별한 고려를 필요로 한다.

우리는 목록을 다시 수정했다.

1) 당뇨병, 1965년 발생

　A. 당뇨병성 케톤산혈증, 1998년 12월 10일, 1998년 12월 24일, 1999년 1월 2일 발생 (반복되는 문제)

내가 학생들에게 '무슨 일이 벌어지고 있는 것인가?'라고 묻는 의미는 '왜 이 문제가 다시 발생했는가?'이다. 이것이 또 다른 교육 포인트다. 반복되는 문제는 별도의 탐색을 필요로 한다는 사실을 인지하지 못한다면, 우리

표 10-3.

의식 상태가 변화한 환자의 감별진단(증례 3.)

문제	문제와 연관된 사항들	치료와 연관된 사항들	행동
당뇨병	고혈당은 의식 상태의 변화를 초래할 수 있다.	저혈당은 의식 상태의 변화를 초래할 수 있다.	포도당을 즉각 공급하라(저혈당은 즉각적인 포도당 공급을 요하며, 혹 저혈당이 원인이 아니라 하더라도 포도당 공급은 해가 되지 않기 때문에 가장 먼저, 시급히 이것을 해야 한다). 혈당을 체크하라.
대뇌 세동 맥경화증	추가적인 뇌졸중이 생길 수 있다.	환자는 이 문제와 관련해서는 약 복용을 하지 않고 있다.	뇌졸중의 다른 징후들이 있는지 살펴보라.
십이지장 궤양	궤양으로 출혈이 있을 수 있다(출혈은 혈압을 낮출 수 있고, 뇌혈류를 감소시켜 의식 상태의 변화를 초래할 수 있다).	환자는 이 문제와 관련해서는 약 복용을 하지 않고 있다.	혈압을 체크하라. 출혈의 다른 징후들이 있는지 살펴보라.
우울증	환자는 더 우울해졌을 수 있다.	환자는 이 문제와 관련해서는 약 복용을 하지 않고 있다.	우울증 여부를 확인하기 위해 환자를 면담하라. "우울한가요?"와 같은 질문을 던져라.
페니실린 알러지	알러지 반응이 의식 상태의 변화를 초래할 수 있다. 환자가 부주의로 페니실린을 복용한 것이 아닌 이상, 이 가능성은 적다.		

는 애초의 진단 이외의 다른 중요한 원인들을 놓치게 될 것이다. 학생들은 심사숙고한 결과 심리사회적 요인들이 때로는 매우 중요하다는 점을 깨닫는다. 그녀는 식사 처방을 따르지 않았을지도 모른다. 그녀는 혼자이고 외로워서 죽고 싶어하는지도 모른다. 관심을 애타게 바라고 있을 수도 있고 단지 당뇨식을 준비할 여력이 없을 수도 있다. 인슐린과 주사기와 혈당 체크기

를 구입할 비용이 없어 인슐린 주사를 제대로 맞지 않고 있는지도 모른다. 나는 당뇨병의 오랜 합병증 중에 시력 감소와 신경병도 있음을 지적한다. 그녀는 시력이 떨어져 주사기에 인슐린을 넣는 일을 하지 못할 수도 있으며, 신경병으로 인해 주사기를 조작할 수 있을 정도의 운동 능력을 상실했을 수도 있다.

의사들은 다양한 방법으로 학습한다. 동료들과의 협업, 환자들, 독서, 강의 참석, 세미나, 대학원 등등. 우리는 체계적으로 접근할 때에 기본적인 데이터와 경험들로부터 더 많은 것을 배울 수 있으며, 환자의 치료 과정도 더 잘 수행할 수 있다.

제11장

치료 및 예후

"무엇보다도, 환자에게 해를 끼쳐서는 안 된다."

만약 모든 치료방법이 간단하고 어떤 부작용도 없다면, 치료방법을 결정하기가 정말 쉬울 것이다. 예를 들어보자.

· 급성 상기도감염, 즉 감기의 치료는 증상을 완화시켜주는 몇 가지 약을 투여하는 것 외에는 없다. 치료를 하지 않을 경우, 비록 환자가 며칠 동안 불편을 겪기는 하겠지만, 장기적인 부작용으로 고통 받는 일도 없을 것이다.

· 연쇄상구균으로 인한 폐렴의 치료는 페니실린이다. 치료를 하지 않을 경우, 류마티스열 또는 사구체신염이 생길 수 있다.

· 피부가 찢어졌을 때의 치료는 꿰매는 것이다. 봉합을 하지 않을 경우, 상처가 잘 아물지 않을 것이며 감염이 생길 수도 있다.

· 급성 충수돌기염의 치료는 충수돌기절제술이다. 이는 위험도가 낮은 매우 간단한 수술이다. 다른 대안은 마땅한 것이 없다. 수술 이외의 다른 방법은 심각한 합병증 혹은 사망까지 초래할 수 있다.

· 대퇴골의 복합골절, 즉 부서진 뼈가 살갗을 뚫고 나온 경우의 치료는 재건 수술이다. 환자나 가족들에게는 간단한 선택이며, 치료하지 않을 경우 부러진 뼈는 붙지 않고 생명을 위협하는 감염이 생길 수 있다.

10장의 3번 케이스였던 S. M. 환자의 치료는 좀더 복잡하다. 고려해야 할 사항이 많기 때문이다. 제1장에서 보았던 관상동맥질환 환자의 경우도 복잡하기는 마찬가지다. 이 부분을 상기해 보자.

외과의사가 찾아와서 수술은 선택의 문제인데 자신이 그 수술을 해 보겠노라고 말한 것은 그 다음날이었다. 나는 심장내과의사와 함께 내가 선택할 수 있는 방법들을 검토했다. 약물치료만 하는 것은 장기적 관점에서 좋은 성과를 기대하기 어려웠다. 풍선이 달린 카테터를 집어넣어 좁아진 부위를 넓히는 혈관성형술은 가능성 있는 요법이긴 했지만 위험성이 좀 있었다. 수술은, 위험하기는 마찬가지지만, 그래도 최선의 선택인 듯했다.

대부분의 경우 관상동맥질환 환자에게 고려할 수 있는 치료법은 여러 가지다. 약물치료, 우회수술, 혈관성형술, 혹은 이들의 조합. 약물치료만 하는 것은 가장 덜 침습적이다. 혈관성형술은 스텐트(혈관을 지지하는 관 모양의 구조로 혈관 내에 삽입된다)를 넣거나 넣지 않거나, 혈관조영촬영을 하는 것과 비슷한 정도의 시간만 지나면 회복이 된다. 우회수술이 가장 침습적인데, 수술과 마취를 이겨내야 하고 회복기간도 길며 수술 합병증의 위험도 있다. 물론 이 세 가지 방법은 모두 실패의 가능성이 존재한다. 우회수술이나 혈관성형술로 넓혀 놓은 혈관은 다시 좁아질 수 있고, 약물치료는 아무런 효과를 보이지 않을 수 있다. 그렇다면, 우리는 어떤 기준으로 치료방법을 선택할 것인가? 무엇이 이 선택에 관여하는가? 의학이 늘 좋은 결과를 낳는 것은 아니다. 가장 중요한 건 "환자에게 해를 끼쳐서는 안 된다"는 것이다.

　우선, 환자에게 적용 가능한 치료방법들만 고려해야 한다. 심장내과의사는 기대하는 효과와 위험을 고려하여 최선의 치료방법을 택한다. 이렇게 자문하면서 말이다. "이 질병의 경과가 어떻게 될까? 이 환자의 관상동맥의 구조에 특이한 점은 없는가? 치료하면 어떻게 되고 치료하지 않으면 어떻게 될까? 치료의 이점은 무엇이고 위험은 무엇일까?" 좋은 의사는 매번 이런 의문들을 가져야 한다. 예후를 결정하고 공표하는 것은 의사와 환자 모두에게 중요하다. 그 치료방법이 좋은 결과를 낳을 것이라는 점을 의사와 환자 모두가 믿지 못한다면, 그 방법을 택해야 할 이유는 없다.

　심장내과의사가 옳은 선택을 하기 위해서 생각할 수 있는 더 좋은 질문은 "관상동맥의 해부학적 구조를 고려했을 때, 이 환자의 관상동맥이 정말로 막힐 경우 심근이 어느 정도나 손상을 받을 것인가?" 이다. 만약 좁아진 혈관이 관상동맥의 작은 가지에 불과하여 막힌다고 해도 손상을 입을 부위가 적다면, 수술이나 혈관성형술의 위험을 굳이 감수할 필요가 없고, 따라서 약물 투여가 최선의 선택이 된다. 하지만 심근의 많은 부분에 혈액을 공급하는 큰 관상동맥이 좁아져 있다고 생각해 보라. 그 경우에는 당연히 선택이 달라져야 한다. 우회수술 혹은 혈관성형술로. 그리고 두 가지 중 어느 쪽을 선택할 것인가 하는 것은 기술적인 세부 사항들에 의해 달라진다.

　때로는 어떤 치료를 시도함으로써 정확한 진단을 꾀하기도 한다. 예를 들어,

　· 당뇨병으로 인슐린 치료를 받고 있는 환자가 의식이 희미할 경우, 저혈당이 의심된다면 정확한 혈당검사를 하지 않고도 포도당 용액을 주사해 볼 수 있다. 만약 의식이 빠른 속도로 회복된다면, 저혈당이 원인이었을 가능성이 매우 높다.

　· 흉통이 있는 환자에게는 니트로글리세린을 투여해 볼 수 있다. 만약 통증이 즉시 소실된다면, 그는 협심증을 가졌을 가능성이 높다.

· 목소리가 갈라지는 증상이 있는 환자에게는 아스피린 복용과 소금물 양치질을 권유하되, 사흘이 지나도 호전되지 않으면 다시 방문하라고 말한다. 증상이 좋아지면 괜찮지만, 증상이 지속되는 경우엔 심각한 다른 원인이 있는지 확인해 보아야 한다.

예후, 즉 결과에 대한 예측은 치료방법을 선택하는 데 영향을 주지만, 그게 전부는 아니다. 힘든 질병을 경험해본 사람은 누구나 '치료 과정'이 대단히 중요하다는 것을 안다. 제1장에서, 의사는 심장병이 있는 남자와 그 아내에게 "제 판단을 말씀드리는 것보다, 어떤 점들을 고려하여 판단을 내려야 할지를 함께 이야기해 보도록 하지요"라고 말했다. 의사는 관상동맥의 기형에 대해 설명하고, 선택할 수 있는 몇 가지 옵션의 장점과 단점을 이야기하고, 아무 치료도 하지 않을 경우의 위험에 대해서도 설명했다. 물론 질문의 기회도 줬다. 상황이 대략 정리된 다음에 의사는 말했다. "제 생각에는 이게 최선의 방법인 듯합니다." 그는 공감하는 태도로 덧붙였다. "한꺼번에 너무 많은 것들을 받아들이기가 힘드시겠지만, 환자분께서는 어떻게 생각하세요?"라고.

그는 "몇 가지 치료방법이 있는데, 하나를 고르세요"라고 말하지 않았다. 대부분의 환자는 의사의 도움 없이 이런 복잡한 선택을 할 능력이 없다. 비록 많은 환자들이 최종 결정 과정에 참여하고 있지만, 충분한 정보를 제공하고, 지식과 경험을 바탕으로 여러 치료법을 비교하여 적당한 것을 권유하는 모든 책임은 의사에게 있다.

그 다음으로 인간적인 측면이 있다. 어떤 치료가 최선의 방법인가 하는 점은 환자의 가치관과 관련이 있다. 경동맥이 아주 좁아져 있는 75세 환자를 생각해 보자. 의사는 뇌졸중의 위험을 줄이기 위해 수술을 권유한다. 확률이 낮기는 하지만 수술 자체로 인해 뇌졸중이 생길 수도 있음을 말한다. 환자는 이런 선택을 한다. "나는 꽤 괜찮은 인생을 보냈습니다. 죽음을 맞이할 준비도 되어 있지요. 나는 수술을 받지 않는 쪽에 내 운을 걸겠습니다."

치료방법의 선택은 환자의 경험과도 관련이 있다. 의사에게는 너무도 명백하고 쉬운 선택이라 할지라도, 환자는 받아들이기 어려울 때가 있다. 가령 같은 병으로 같은 치료를 받았던 친구의 치료 결과가 좋지 못했을 경우라면, 환자는 두렵기 마련이다. 척추 디스크 수술을 권유하는 의사에게 환자는 "됐습니다. 제 친구도 디스크로 수술을 받았는데, 아직도 걷지를 못한답니다."라고 말할 수 있다. 유방암에 대한 항암치료 권고에 대해 어떤 환자는 "아니오. 나는 머리카락이 빠지는 것도 싫고, 내 생의 마지막 몇 달을 구토나 하면서 보내고 싶지는 않아요."라고 말할 수 있다. 환자의 경험, 혹은 다른 환자의 경험을 들은 바가 있는지를 확인하는 것도 의사 결정에 도움을 준다. 또한 비용도 영향을 준다. 환자가 검사 또는 치료에 필요한 비용을 감당할 능력이 없으면, 의사의 권유는 받아들여지지 않을 것이다.

의사 자신의 경험도 중요하다. 특정한 치료법이나 약품에 대해 좋지 않은 경험을 갖고 있는 의사는, 전체 통계와 무관하게, 다시 같은 선택을 하는 것을 꺼리게 된다. 때문에 의사는, 나쁜 결과가 있을 때에도 여러 가지 사항을 고려해야 한다. 해당 병원의 역작용 빈도가 다른 병원에 비해 높지는 않은지, 혹시 부적절한 사용으로 인해 역작용이 생긴 것은 아닌지 등에 대해서 말이다.

진단 및 치료와 관련된 대부분의 결정은 단순한 편이다. 한꺼번에 여러 질병이 겹친 경우에는 조금 복잡해진다. 질병이 더 복잡해질수록, 의사는 다른 사람들의 도움을 더 필요로 한다. 의학은 협력을 필요로 하는 직업이기 때문이다. 다음 장에서는 '협력'에 대해 다룬다.

제12장

의학은 협력을 필요로 한다

"어떤 수단들이 있는지 파악하라"

진료의 대부분은 우회적이지 않다. 글로스터(Gloucester)의 내 동료는 연전에 "사람들이 의료에 대해서 알고 싶어하는 모든 것의 90%는 의사들의 지식의 범주 안에 있다"고 말하기도 했다. 하지만 의료는 협력이 필요한 분야이며, 혼자서는 할 수가 없다.

나는 의사가 되고 나서 몇 년 지나지 않아 '협력'의 의미와 '임상 전문가'의 의미에 대해 깨달을 수 있었다. 그 전까지 나는 의사는 의사끼리, 간호사는 간호사끼리만 자문을 구하는 것이라 생각했다. 하지만 지금은 그렇게 생각하지 않는다. '임상 전문가'란 환자를 돌보는 일에 대한 특별한 훈련을 받은 모든 사람들을 포함한다. 의사, 간호사, 사회사업사, 성직자, 그리고 여러 치료사들. 특히 놀라운 것은 이들 직업들의 패러다임과 요구가 상당 부분 겹친다는 사실과 이들이 환자 진료와 관련하여 서로 가르치고 배울 부분이 많다는 사실이다.[1] 이러한 겹침은 주로 의학의 인간적인 측면에서 발생한다.

간호사와 의사의 협력은 오래 전부터 있어 왔고, 이는 서로를 확장시킨다. 특히 최근에는 병원이나 가정이나 너싱홈 등에서 의사와 간호사는 파트너가 되었고, 서로의 통찰과 관찰을 상대에게 전수하고 있다. 현명한 의사나 간호사는 서로에게 "환자에게 도움이 될 만한 사실들이 있어요."라고 말한다. 의사들은 오랫동안 사회사업사와의 협력을 적게 활용해 왔다. 그들은 지역사회의 여러 자원들을 찾아내고 조정하는 기술을 가졌으며 복잡한 가족 내의 문제들을 다루는 데에도 특별한 재능을 가진 사람들이다. 병원 내의 목사나 다른 성직자들과의 협력은 환자 또는 그 가족의 영적인 부분에 대한 새로운 시각을 제공할 수 있다. 정신보건전문가, 물리치료사, 작업치료사 등 다른 여러 전문가들도 더 나은 진료를 위한 열쇠를 갖고 있다. 임상 전문가들은 서로 배울 점이 아주 많다.

협력이란 "분담되어 있는 여러 일들을 수행함에 있어 다양한 집단을 끌어들이고 연계시키는 능력"을 말한다.[2] 환자에게 도움이 된다면, 어떤 의사도 타인의 자문을 구하는 일을 주저해서는 안 된다. 누구에게 자문을 구할 것인가를 결정하기 위해서는 다음 사항을 고려해야 한다. 새로운 정보가 최종 결정에 어떤 영향을 줄 것인가? 이 문제와 이 환자를 위해 가장 적절한 상담자는 누구인가? 비뇨기과 수술을 받게 된 내 환자에게 수술을 담당할 비뇨기과 전문의가 누구인지를 말했을 때, 환자는 이렇게 말했었다. "내가 당신을 내 담당의사로 결정했을 때에는 당신에게 자문을 해 줄 다른 의사들도 함께 선택한 겁니다." 그는 비뇨기과의사의 기술과 열정과 이해심에 대해 깊이 감사했다. 그는 나를 믿는 것과 똑같이 그를 믿었다. 여러 해를 지나면서, 나는 몇몇 의사들의 이름을 내 자문의사 명단에서 지워버렸다. 기술적으로는 능력이 뛰어난 분들이지만, 내 환자들과 원만한 관계를 발전시키는 능력이 부족한 분들이었다.

의사들은 다음과 같이 다양한 이유들 때문에 다른 의사들에게 자문을 구한다.

· 상대방에게 특정한 기술이 있을 때. 이는 위 내시경이나 심장 수술처럼 주로 시술과 관련이 있다. 지식 때문일 때도 있다. 가령 복잡한 감염병의 원인을 밝힌다거나 아주 희귀한 질병을 진단할 수 있다거나 하는. 즉, 의사는 다른 의사가 자신이 가진 것보다 뛰어난 치료적 기술을 갖고 있을 때 자문을 의뢰한다. 약을 쓰거나 심리치료를 할 때에도 마찬가지다.

· 경과가 불분명할 때. 이럴 때는 다른 사람의 다른 시각으로 문제를 바라보는 것이 도움이 된다.

· 자신의 견해를 재검증하기 위해서. "나는 내가 올바른 선택을 했다고 생각하지만, 믿을 만한 동료의 확인을 받고 싶어." 앞에서 보았던 것처럼, 의사들은 "이미 알고 있는 사실을 발견하기 위해서 가끔은 현자를 찾아가야 한다."[3] 자문은 자기 반성의 기회도 제공한다.

· 환자나 그 가족들에게 진단이나 치료 방침이나 예후에 대한 확신을 심어주기 위해서. 때로는 자문을 의뢰하는 의사나 기관의 명성 자체가 이유가 되기도 한다. 진단도 정확하고 선택할 수 있는 최선의 치료법을 택했다는 점이 분명한 경우에도, 환자는 때로 최고로 손꼽히는 의사나 큰 병원의 확인을 받고 싶어하기 때문이다.

· 환자가 그 가족이 원할 때. 특히 경과가 좋지 않을 때에는 자문을 통해 가족들에게 '최선을 다하고 있다'는 느낌을 줄 수 있다. 환자나 가족들로부터 자문 의뢰를 받았을 때 방어적 태도를 취할 필요는 없다. 현명한 심장 전문의는 선천성 기형을 갖고 태어난 신생아의 아버지가 새로운 치료법을 요청할 때, 다음과 같은 말로 그를 안심시킨다. "저희는 늘 다른 사람들의 의견을 청취하고 있습니다. 당신의 의견이 틀렸으면 당신은 또 한 가지를 배우게 될 것이고, 당신의 의견이 옳다면 당신은 정말 대단한 일을 한 셈이 됩니다."

· 때로는 성격 때문에. 의학적 주제가 아닌 다른 요인 때문에 의사와 환자 사이에

갈등이 빚어지는 경우도 있다. 이런 경우에는 제3자가 개입함으로써 그 갈등을 해결할 수 있다.

자문의 수준은 다양하다. 공식적인 것도 있고 비공식적인 것도 있다. 아주 좁은 주제에 한정된 것도 있고 광범위한 주제 전반에 관한 것도 있다. 환자를 한 번 만남으로써 끝나는 경우도 있고 지속적인 만남이 필요한 경우도 있다. 또 다른 종류의 자문도 있는데, 그건 내가 '자기 자문(self-consultation)'이라 이름붙인 것이다.

*공식적인 자문*은 주로 이런 패턴을 따른다.

· 외과의사가 내과의사에게 : "담낭 수술을 받은 후 며칠째 열이 나는 환자가 있는데, 원인을 찾을 수가 없습니다. 고진선처 바랍니다."
· 내과의사가 다른 내과의사에게 : "몇 달 동안 피로감에 시달리는 환자가 있습니다. 원인을 찾기 위해 많은 노력을 했고 많은 검사도 했으나 소용이 없습니다. 선생님께서 새로운 시각으로 환자를 진료해 주시기 바랍니다."

*비공식적인 자문*은 환자를 보지 않고도 행해질 수 있다.

· 내과의사가 심장 전문의에게 : "부정맥이 조절되지 않는 환자가 있습니다. 어떻게 하면 좋을까요?"
· 심장 전문의의 답변 : "부정맥의 임상적 맥락을 알아야 합니다. 환자의 다른 증상은 어떠합니까?" 그런 다음 그는 약의 용량을 올리라거나 약을 바꾸라거나 아니면 위험한 증상이 아니므로 약물치료가 필요 없다거나 하는 제안을 할 수 있다.

물론 비공식적인 자문이 공식적인 자문으로 바뀌기도 한다. 위에서 심장 전문의가 "명확히 드러나지 않은 부분이 많으니, 내가 직접 환자를 한번 보아야겠습니다."라고 말하는 경우다.

*좁은 주제에 한정된 자문*은 이런 식이다.

· 가정의가 비뇨기과 의사에게 : "이 환자의 신장 결석에 대한 고진선처 바랍니다."
· 내과의사가 족부 전문의에게 : "당뇨병이 있는 이 환자의 내향성 발톱에 대한 고견 부탁드립니다."

*광범위한 주제를 포괄하는 자문*은 이런 식이다.

· 정신과의사가 내과의사에게 : "고령의 이 환자는 우울증이 있습니다. 이 환자에게 우울증을 유발할 수 있는 어떤 신체적인 원인이 있는지 확인해 주시고, 전반적인 치료에 관한 조언도 부탁드립니다."
· 외과의사가 내과의사에게 : "이 환자는 다음 주에 대장암 수술을 받을 예정입니다. 전반적인 신체 상황 점검해 주시고, 수술 후 내과에서 지속적으로 진료해 주시기를 부탁드립니다."

때로는 시간이 경과하면서 접근 방식이 달라지기도 한다. 처음에는 당뇨병 치료에 초점이 맞춰지다가 더 넓은 범위의 새로운 주제로 옮겨가는 사례는 이미 제2장의 두 번째 증례에서 보았다. 비공식적인 자문이 공식적인 것으로 바뀌기도 한다. 한 번의 개입이 필요한 상황에서 지속적인 개입이 필요한 상황으로 바뀌기도 한다. 때로는 질문 자체가 잘못된 경우도 있다. 필요에 의해서, 의뢰된 것보다 더 많은 일을 자문의가 하게 되는 경우도 있다.

그 다음으로 '자기 자문'이 있다. 환자를 보다가 곤경에 빠졌을 때 나는, 동료에게 자문을 구하기 전에 스스로에게 질문을 던지기도 한다. "다른 동료 의사가 이 환자를 봐 달라고 내게 자문을 구했다면 나는 어떻게 했을까?"라고 묻는 것이다. 이렇게 함으로써 나는 같은 환자라도 조금은 다른 시각으로 볼 수 있게 된다. 환자와의 면담을 다시 하고, 차트를 다시 검토하며, 문제점 목록을 다시 작성해 보고, 과제들을 재구성하는 동안, 그렇게 애를 먹이던 문제의 해답이 드러나는 경우가 왕왕 있다. 이렇게 함으로써 나는 좋은 의학교육의 목표 하나를 달성하게 된다. 내가 스스로 나의 스승이 되는 것 말이다.

가장 이상적인 자문의 형태는 자문을 의뢰하는 의사와 자문을 받는 의사가 서로 직접 의견을 교환하는 방식이다. 의학적 판단에 아주 중요한 의미를 갖는 환자와 관련된 자잘한 정보들이 그 뉘앙스까지 제대로 전달될 수 있기 때문이다. 상대방 의사의 생각들을 재검토하고 그가 미처 생각하지 못했던 새로운 의문을 제기할 수 있는, 즉 완전하고 철저한 자문이 이루어질 수 있는 토대를 제공하는 것은 역시 대화다.

우리는 대개 복잡한 증례에 대해 자문을 의뢰한다. 어떤 병들은 원인, 치료법, 질병의 경과 등이 상당히 복잡하다. 한 정형외과 의사는 내게 "복잡한 증례는 정말 복잡하다"고 내게 말했다. 이런 사실을 이해하는 것이야말로 가능한 모든 수단을 동원하는 데 도움이 된다. 여러 전문가들이 관여해야 하는 복잡한 증례에서는 각각이 환자 진료의 어느 부분을 책임져야 하는지를 정확히 알 때에 가장 효과적인 진료가 가능하다. "모든 사람이 자신의 역할과 다른 사람의 역할을 정확히 알아야 한다."[4] 하지만 누군가 한 사람은 그 모든 과정을 개괄하여 이해하고 환자 및 가족들에게 복잡한 사실들을 해석하여 전달해 주는 '주치의' 역할을 해야 한다. 그는 모든 정보들을 통합하고 여러 가지 관점들을 조정하여 검사나 시술이나 치료 등의 시행 여부에 대해 가부간에 답을 해 줘야 한다.

이런 역할을 아무도 하지 않으면 뭔가 잘못될 가능성이 있다. 암 때문에 10년 전에 방광절제술을 받은 70세 여자 환자가 열이 나는데 그 원인은 신장의 감염 때문으로 추정되는 경우를 생각해 보자. 이 환자의 진료에는 비뇨기과의사와 감염내과의사가 관여할 수 있다. 치료 방법으로는 외과적 시술로 배농을 하는 방법과 정맥으로 항생제를 투여하는 방법이 선택됐다. 하지만 열이 떨어지지 않는다. 이런 경우 감염내과의사는 "튜브를 빼 버리면 열이 떨어질 것"이라 말한다. 하지만 비뇨기과의사는 "환자의 상태가 좋아지는 중이며, 조만간 집에 갈 수 있을 것"이라 말한다. 환자의 딸은 "어머니 상태가 더 나빠진 것 같아요. 다른 의견을 듣고 싶어요."라고 말한다. 환자의 딸의 관점을 존중하여 또 다른 의사가 환자 생태를 전반적으로 다시 검토한 결과, 그 환자는 불행하게도 암이 재발한 것이었다. 암은 이유 없는 발열을 일으키기도 한다.

때로는 환자가 전문가를 잘못 찾아가기도 한다. 이런 경우 의사는 적절한 다른 전문가 혹은 원래의 주치의에게 환자를 보내야 한다. 60세 여자 환자가 천식이 있다면서 피부자극검사를 받기 위해 알러지내과에 찾아왔을 경우, 이 환자의 천명음이 천식이 아니라 울혈성 심부전에서 비롯된 것임을 알게 되었다면, 의사는 당연히 심장내과의사에게 환자를 즉시 보내야 한다.

어떤 경우에는 이런 절차가 좀 까다로운 문제가 된다. 예를 들어 환자를 정신과로 보내야 할 경우, 의사는 환자가 정신과에 대한 편견 없이 정신과 진료를 받을 수 있도록 이렇게 말해야 한다. "제가 급성 충수돌기염 환자를 봤을 때 수술 능력을 가진 외과의사에게 연락하는 것과 똑같은 이유로, 환자분을 위해서 정신과 진료를 잡아드리겠습니다. 환자분을 가장 잘 치료할 수 있는 '의사를 만나야 환자분이 가장 빨리 좋아지실 수 있으니까요. 물론 저도 계속 환자분의 치료에 관여는 할 겁니다." 종양내과의사에게 환자를 보내는 것도 부담스럽다. 중병에 걸린 환자를 낯선 의사에게 보내야 하기 때문이다.

이런 사례에서 얻을 수 있는 교훈은 모든 환자의뢰에 적용된다. 즉 환자를 다른 의사에게 의뢰하는 의사는 환자에게 앞으로도 치료 과정 전체를 지켜보고 조정할 것이며 결코 환자를 내버려두지 않을 것이라는 믿음을 주어야 한다. 또한 다른 의사에게 의뢰하는 이유를 충분히 설명해야 하고 의뢰로 인해 더 적절한 치료를 받게 될 것이라는 확신을 심어주어야 한다. 비록 의뢰를 받은 전문가가 늘 옳은 것은 아니라 할지라도.

환자와 가족들도 이런 협력 과정의 일부이다. 나는 어느 유방암 환자가 "암은 일정한 패턴을 따른다지만, 환자 개개인에게는 모두 각기 다른 모험이지요."라고 말하는 것을 들었다. 90세 먹은 내 지인은 "내 몸은 내가 가장 잘 안다"고 말하기도 했다. 환자들의 이야기는 진단의 단서를 제공하며, 추정진단을 확진하는 과정에도 도움이 된다. 나는 종종 환자들에게 "벌써 몇 달째 앓고 계신데요, 도대체 왜 그런 건지 환자분께서 많이 생각해 보시지 않으셨나요?"라고 묻는다. 이런 대화는 더 상세한 정보를 이끌어낸다. 환자나 가족들은 질병이 그들에게 영향을 끼치는 독특한 방식을 누구보다 잘 알고 있다.

인슐린의 반응에 대해 '교과서'에는 발한, 빈맥, 그리고 허기라고 나와 있다. 내가 다리 수술을 받은 당뇨병 환자를 진료할 때 그가 유난히 무뚝뚝해 보인다면, 그 원인을 고민하기 전에 환자의 아내에게 이렇게 물으면 된다. "남편께서 오늘 좀 달라 보이시는데요?" 그러면 아내가 "인슐린 반응이에요."라고 대답할 것이다. 남편에 대한 아내의 이런 지식은 즉각적인 치료에 도움을 준다. 다른 만성질환들도 그렇지만 특히 당뇨병 환자들은 스스로

반 의사가 되어야 한다. 그날 그날의 상태를 스스로 판단해야 하기 때문이다. 환자가 "오늘은 좀 활동량이 많을 것 같은데 인슐린 용량을 좀 줄여야 할까요?"라거나 "발가락이 발갛게 변했는데 감염 여부를 확인해 보아야 할까요?" 하는 식의 질문을 더 많이 하도록 부추기는 것도 의사의 중요한 역할 중의 하나인 것이다.

가족이나 친구들의 헌신이 없다면 많은 환자들은 생명을 유지하지 못할 것이다. 나는 어느 환자의 아내로부터 "지난 여름에 우리 남편은 무릎 수술 합병증으로 거의 죽을 뻔했는데, 가족들이 그를 간호해서 살렸지요."라는 말도 들었다. 의사들은 흔히 환자들에게 "몇 주 후에는 좋아질 겁니다." 혹은 "3개월밖에 남지 않았습니다."라고 말하지만, 때로는 이런 말은 별 의미가 없다. 사람들은 모두 다르고, 많은 환자들은 자신의 의지와 노력이 의사의 역할보다 더 중요하다는 것을 알기 때문이다.

협력을 가르치기

학기 초에 나는 학생들에게 말한다. "논문은 여러분 혼자서 써야 하지만, 논문을 쓰기 전에는 동료들과 많은 대화를 나누어야 합니다. 그래야 여러분의 아이디어를 분명하게 정리할 수 있고 부족한 지식도 확인할 수 있습니다. 어떤 편견을 갖고 있었는지를 깨닫고 그것을 극복할 수 있습니다. 또한 동료들과 협력하는 과정을 통해 의학이 협력을 필요로 하는 직업이라는 사실도 느끼기를 원합니다. 협력을 통해 여러분의 업무에 더 익숙해질 수 있으며, 좋은 자문이란 무엇인지를 발견하게 되며, 서로 가르치고 배우면서 술기를 연마할 수 있는 것입니다."

협력을 가르치는 수업시간에는 여러 의사들이 협력하면서 환자와 가족들에게 개입하는 다양한 방식들을 살펴본다. 사회사업사와 공중보건간호사와 원목도 환자의 사연들을 드러내고 문제를 밝히고 환자나 그 가족들과의 관계를 통해 더 나은 진료를 할 수 있도록 도움을 준다. 나는 학생들에게 환자의 사례를 간단히 살펴보게 한 후 토론에 더 적극적으로 참여할 수 있도록 몇 가지 생각해 볼 문제들을 던져준다. 실제 상황에서도 즉각적으로 뭔가 행동을 취하는 것보다는 환자 중심의 사고를 통해 계획을 세운 후에 접근하는 것이 필요하다.

우리가 토의한 사례 중 하나는 치매가 발병한 이후 4년 동안 서서히 기억과 의식상태가 나빠지면서 동작도 굼떠지고 요실금도 생긴 73세 남자 환자였다. 그 동안 그는 치료 가능한 뇌 병변이 있는지 검사를 받았고 신경과 진료를 받았다. 내과의사는 환자와 그의 아내를 내내 돌보았고, 환자는 결국 너싱홈에서 사망했다.

수업시간에 행해진 토의에는 의사, 사회사업사, 간호사, 원목, 그리고 환자의 아내가 참여했다. 우리는 서로에게 질문을 던졌고, 병력을 자세히 살폈고, 환자와 그 아내의 경험에 대해 더 많이 알게 됐다. 그리고 진료 과정에서 부족했던 부분도 발견했다. 우리는 문제를 정리해 보았다. 진단명은 무엇인가? 치료 가능한 병인가? 질병의 자연 경과는 어떤가? 어떤 부분이 불확실한가? 질병에 대해 어떻게 대처했는가? 너싱홈에서의 생활은 어떠했는가? 손실은 무엇이었는가? 우리는 질병이 환자와 그 가족에게 끼친 영향에 대해서 살펴봤고, 환자와 가족 모두에게 어떤 지원이 필요했는지를 생각했고, 질병의 심리사회적 측면을 고려했고, 환자와 가족과 의료진이 어떤 식으로 협력했는지를 알아봤다. 그리고 이 사례를 통해 우리가 얻어야 할 교훈이 무엇인지를 생각했다.

가족들의 주된 관심사는 이별, 고통의 경감, 죄의식, 그리고 경제적 문제였다. 의존, 가족애, 정서적 지원, 존엄 등도 중요했다. 여러 튜브들과 불편한 치료 과정 등 오랜 기간 지속되는 '통제불능의 상태'도 중요했다. 우리는 무의미한 가정이 위험하다는 것과 환자의 권리를 존중해야 한다는 것을 배웠다. 자신의 뜻을 편안하게 표현할 수 있는 여건과 전체적인 치료 과정을 총괄하는 사람의 존재가 중요하다는 것도 배웠다.

복잡한 가족 관계가 특정한 순간에는 갈등을 일으킨다는 것도 발견했다. 이 사례에서, 환자와 가까운 곳에 사는 딸과 먼 도시에 사는 아들의 관점이 다르다는 것을 알았다. 경험이 풍부한 호스피스 간호사는 "윤리적 딜레마는 선한 사람들을 서로 싸우게 만든다"는 사실을 우리에게 가르쳐 주었다. 무엇을 할 것인가를 놓고 다툼이 있을 때, 그것이 특히 풀기 어려운 윤리적 딜레마 상황일 때에는, 적어도 처음에는 모든 사람의 의도가 선한 것이라 가정하는 것이 옳다.

마지막에 우리는 "이 환자와 그 가족들은 어떻게 행동했는가?"라는 질문과 함께 "의사, 사회사업사, 간호사, 원목, 그리고 진료에 관여한 모든 사람들은 어떻게 행동했으며, 거기에서 우리는 무엇을 배울 것인가?"라는 질문을 던졌다. 우리가 얻은 교훈은 이런 것이다. 전문가들은 진료와 관련된 정보와 통찰들을 공유했으며, 서로의 의견들을 인정하거나 비평했으며, 상실을 경험했으며, 서로를 지지하고 격려했다는 것.

좋은 협력

의료는 흔히 여러 분야의 전문가들의 복잡한 협력으로 이루어진다. 우리가 성실하게 협력할 때에는 환자를 능률적으로 돌보면서 기술도 함양하면서 신뢰를 높이는 방법을 터득할 수 있다.[5] 협력의 부재는 부정확한 진단이나 부적절한 치료와 마찬가지로 환자에게 나쁜 결과를 가져오거나 치료를 지연시킨다.

우리는 협력의 중요성이 잘 드러나는 다음 두 가지 사례를 통해 큰 교훈을 얻을 수 있다.

사례 1. 협력이 잘 안 이루어지는 경우

당뇨와 고혈압 및 수년 전부터 발작 질환을 갖고 있는 72세 미망인이 있다. 어느 날 혈당이 매우 높아져 실신을 했다. 담당 의사는 이미 진단된 발작 질환은 아니라고 판단했고, 그녀가 복용중인 약으로 인한 문제도 아니라고 판단했다. 그는 당뇨약의 용량을 올렸고, 증상은 재발하지 않았다.

그녀는 오랫동안 당뇨병을 갖고 있었지만 뚜렷한 합병증은 없었다. 시력과 신장 기능과 순환기 모두 정상이었다. 우울증도 없었고 기억력도 좋았다. 몇 년 전 남편이 사망한 이후 지금 살고 있는 아파트로 이사하여 혼자 지내 왔으며, 대부분의 시간을 친구들과 만나거나 집 밖에서의 다양한 활동에 참여하면서 보냈다. 자녀들은 인근에 살고 있었고 자주 그녀를 방문했다.

증상은 사라졌지만 그녀의 혈당 수치는 여전히 높았다. 담당 의사는 먹는 약만으로 당뇨병이 잘 조절되지 않고 있다고 생각하고 인슐린 주사 처방을 냈다. 그는 그녀가 혼자서 인슐린 주사를 놓을 만큼의 운동 능력이나 인지 능력을 갖고 있지 않다고 생각하고 너싱홈에 갈 것을 권유했다. 방문 간호사도 이 결정을 지지했고, 환자가 거절하자 '노인보호 당국에 알리겠다'고 엄포를 놓았다. 그녀의 딸은 필요한 비용을 물었고, "3천 달러를 선입금해야 한다"는 이야기를 들었다.

너싱홈에서의 '더 적절한 혈당 조절'과 자기 집에서의 독립적 생활 중에서 선택해야 하는 상황에서, 환자는 집에 머무는 쪽을 택했다. 의사와 간호사와 '의료제도'는 불만이었지만, 그녀는 다른 의사의 견해를 구했다.

담당 의사는 의학적 문제들을 잘 살펴서 또 다시 실신할 수 있는 가능성을 충분히 설명했다. 간호사는 그녀를 정기적으로 방문하여 치료 효과를 체크했다. 너싱홈의 사회사업사는 환자와 가족에게 너싱홈 입원에 관한 여러 정보들을 제공했다. 하지만 환자와 그 가족이 복잡한 문제를 결정하는 데에는 그 누구도 도움을 주지 않았다. 그들은 협력하지 않았고 서로 대화를 나누지도 않았다. 그들은 선택의 순간에 환자와 가족들의 처지를 살피지 않았다. 그들은 전체적인 맥락을 무시한 채 그저 정보들을 나열했을 뿐이다. 의학적인 측면은 평가했으나 환자가 활용 가능한 자원들과 환자의 가치관과 독립 생활에의 선호 등은 무시했다. 환자는 결국 그 모든 사람들을 버렸다.

사례 2. 협력이 잘 이루어지는 경우

오랜 당뇨병을 갖고 있는 73세 남자 환자가 방문 간호사에 의해 사회사업사에게 의뢰됐다. 환자는 8개월 전부터 거의 시력을 잃었고, 다리의 혈액순환도 좋지 않았으며, 족부 궤양, 고혈압, 뇌졸중으로 인한 부분 마비, 그리고 약간의 우울증이 있었다. 간호사는 그가 독립적인 일상 생활 영위 능력을 상실했다고 생각했고, 사회사업사와의 협의 후 환자의 아들과 의붓 딸과 함께 면담을 갖기로 했다.

모두가 참여한 이 면담에서 그들은 환자의 희망과 선택 가능한 방안들을 토의했다. 그들은 가능한 한 환자의 이주를 늦춘다는 데에 합의했고, 이를 위해서 필요한 사항들을 점검했다. 누군가 함께 살면서 일상 생활을 도와줄 사람이 필요했고, 그가 외출할 때에 일을 도와줄 자원봉사자도 '지역 간호사' 프로그램을 통해 구해야 했다. 시각장애인협회에 의뢰하여 부엌일을 하는 훈련을 받도록 하고, 물리치료사에게 의뢰하여 보행기 사용법을 익히도록 하고, 작업치료사에게 의뢰하여 욕실에서의 안전에 필요한 도구들을 마련하도록 하고, 임상심리사에게 의뢰하여 그의 우울증에 대처하도록 하자는 데에도 동의했다.

의사도 이 과정에 참여했으므로, 모든 의견들이 실행에 옮겨질 수 있었다. 사회사업사는 모든 의뢰 과정에서 여러 관련자들에게 환자와 관련된 전후 사정들을 자세히 설명했다. 단순히 의학적 상태만을 일러준 것이 아니라 그의 사정들과 특별한 요구사항들까지 말이다. 이 과정에서 사회사업사와 간호사는 환자와 그 가족들에게 정서적 지원도 했으며 필요한 서비스들이 잘 제공되도록 조율했다. 한번은 그가 근력이 떨어지고 불안정해졌는데, 간호사는 혹시 고혈압약으로 인한 것이 아닌가 의심하여 의사에게 연락을 취했고, 의사의 용량을 줄임으로써 환자의 증상은 호전되었다.

문제를 규명하고 해답을 찾고 결정을 내리는 모든 과정에 환자와 그 가족들이 처음부터 참여했다. 환자의 가치관과 희망사항이 무엇인지가 금세 파악됐고, 그것은 최종 결정에도 반영됐다. 모든 의료진들이 환자의 질병뿐만 아니라 사연들 전체를 알고 있었다. 전문가들 상호간의 의사소통도 원활했다. 정보를 공유함으로써 그들은 중요한 기술적인 결정들을 더 잘 내릴 수 있었다. 고혈압약의 용량을 조절한 것 같은 부분 말이다.

지금 살펴본 두 가지 사례는 모두 이런 질문을 던진다. "무엇이 환자에게 최선의 방법인가?", "환자는 어디에서 살아야 하는가?" 하지만 진행과정은 크게 다르다. 한쪽에서는 어떤 기제가 작동했으며, 다른 쪽에서는 그렇지 않았다. 물론 결과도 달랐다. 우리는 어떤 교훈을 얻는가? 접근 방식이 어떻게 달랐는가? 좋은 협력에 관해서 무엇을 배웠는가?

좋은 협력에서는 관련된 모든 사람에게 문제가 의뢰된다. 질문을 하고 자료를 수집하고 검사하는 방법은 직역에 따라 다르지만, 모든 전문가들이 같은 목표를 갖고 같은 사연들을 바탕으로 자신의 할 일을 수행한다. 목표는 조정이 가능하다. 전문가들 사이에, 혹은 전문가와 환자 사이에 이견이 있을 수 있지만, 이런 이견들이 인지되고 명료화되는 과정을 거치면서 타협점이 찾아진다. 사람들의 이견이란 것이 결국은 같은 이야기의 다른 표현인 경우가 많기 때문이다.

좋은 협력에서는 환자와 가족들—우리는 가끔씩 이들을 빼먹고 생각한다—도 결정 과정에 참여한다. 환자가 의사결정 능력이 없는 경우를 제외하면, 결국 최종 결정은 환자 자신이 내리는 것이다. 환자와 가족들은 질병의 원인과 양태에 대해서는 물론이고 어떤 것이 치료에 도움이 되고 어떤 것이 해가 되는지에 대해서 미리부터 알고 있을 수 있다. 이런 통찰은 효율적인 치료에 도움이 되며 나쁜 결과를 예방하는 데도 도움이 된다.

좋은 협력에서는 비판적인 리뷰와 관찰이 지속된다. 이야기가 진행되면서 질병의 특성이 달라지기도 하고 사람들의 요구와 활용 가능한 자원도 달라질 수 있다. 따라서 설정된 목표도 달라질 수 있는 것이다. 복잡한 치료 과정에서 장애물을 만날 때도 있지만, 모든 참가자들은 대화와 고민을 나눔으로써 극복할 수 있을 거라는 사실을 안다. 좋은 협력에서는 모든 사람이 여러 정보들과 문제해결 방식을 나름대로 평가할 수 있으며, 필요하면 계획을 수정할 수 있는 기회도 가진다.

좋은 협력에서는 협력을 주도하는 적절한 한 사람이 존재한다. 그런 사람이 없으면 누구도 책임지지 않는 상황이 빚어지거나, 엉뚱한 사람이 상황을 주도하게 되거나, 어쩔 수 없이 환자 본인이나 가족이 그 역할을 떠맡게 된다. 그런 경우에는 실패의 가능성이 높아진다.

좋은 협력에서는 여러 직능들 사이에 인위적인 경계가 없으며 모두가 똑같이 중요한 역할을 한다. 의사는 검사나 처방이 아니라 심리사회적 문제에 대한 관심이 필요한 상황들도 많다는 것을 알고 있다. 다른 사람들은 반대로 의사의 전문지식이 필요함을 알고 있다. 모든 사람들은 서로 자유롭게 대화하고 상대방의 생각을 공유하며 각각의 전문적 능력을 최대한 활용한다. 그들 모두와 환자 및 그 가족은 같은 동맹의 일원인 것이다. 그들의 동맹은 상호 신뢰에 의해 형성된 안정적인 관계이며, 의학적 문제는 물론 다른 문제들에 대해서도 잘 대처할 수 있다.

좋은 협력은 *다른 사람의 걱정을 덜어준다.* 여러 전문가들은 흔히 자신의 능력 이상의 과제에 봉착한다. 그럴 때 혼자 짊어지고 끙끙대는 것은 옳지 않다. 다른 사람의 도움을 얻음으로써 전체 일의 속도가 빨라지며, 모든 사람이 각자 자신이 가장 잘 할 수 있는 일에 집중할 수 있다.

좋은 협력은 *시간이 걸린다.* 심리사회적 측면을 포함하여 환자의 질병과 관련된 모든 이야기들에 관심을 기울이는 일, 여러 정보들의 함의를 살펴보는 일, 문제를 규명하고 평가하는 일, 전략을 세우고 상황 변화에 따라 그것을 수정하는 일 등등의 모든 일에는 시간이 걸린다. 하지만 협력하지 않는 것보다는 그래도 효율적이다.

좋은 협력은 *환자가 전체적인 의료 시스템 속에서 믿음을 갖게 한다.* 신뢰는 상호적이다. 우리가 충분한 관찰과 고려를 통해 환자를 믿고 존중할 경우, 환자도 전문가들을 믿고 의지하게 된다.

좋은 협력은 *모든 사람에게 지속적인 배움의 기회를 제공한다.* 우리는 다른 전문가들이 일하는 방식을 통해서 환자를 파악하고 지식과 자원을 활용하여 문제를 해결하는 노하우를 배운다. 효과적인 방법과 그렇지 않은 방법이 무엇인지 발견한다. 또한 상대방의 오해와 오류를 교정해 줄 수도 있다.

물론 우리는 환자로부터도 배운다. 이 환자도 우리에게 아주 소중한 교훈을 주었다.

여러 번 입원하여 심장내과의사에게 의뢰된 울혈성 심부전 환자가 있었다. 늘 복잡한 약물을 투여 받고 전기충격치료까지 받았던 80세 여자환자였다. 그녀는 다섯 번째 입원 치료를 받은 후에 나에게 이런 칭찬을 했다. "선생님께서 또 해내셨군요!" 나는 이렇게 대답했다. "베이커 부인. 제가 아니라 심장내과 선생님이 해낸 거죠."[6] 그녀는 웃으면서 이렇게 말했다. "선생님께서 그를 불러주셨잖아요."

이는 다차원적 교훈이다. 어떤 자원이 활용 가능한지를 안다는 것은 그만큼 중요하다. 우리는 환자와 가족과 지역사회의 지원 등을 모두 활용해야 한다. 우리는 언제 우리 능력이 부족한지, 언제 협력을 구해야 하는지, 그리고 어느 곳에 협력을 구해야 하는지를 알아야 한다. 단순히 도움을 얻을 수 있는 기관이 어디인지를 아는 것이 아니라 그 안에 어떤 사람들이 어떤 방식으로 일하는지도 알아야 한다. 그들의 판단과 평가를 믿어도 되나? 그들은 신중한가? 경솔하게 결론에 도달하지는 않는가? 접근 방식에 일관성이 있나? 그들은 "이 환자로부터, 또 함께 일하는 동료들로부터 나는 무엇을 배울 수 있는가?"라고 스스로 묻는 사람들인가? 그들은 성실하게 협력하는가? 이런 협력의 관계는 북돋워져야 한다. 우리는 문제를 명확히 정리하여 제대로 물어야 하고, 질문을 받은 사람은 그 질문을 통해 더 넓은 사고를 할 수 있어야 한다.

"어떤 자원을 활용할 수 있는가" 하는 질문은 "당신의 한계는 무엇인가"와 같은 의미이며, 동시에 "본인 스스로도 자원의 일부로 객관적으로 평가하라"는 의미다. 우리는 심사숙고를 통해 우리의 생각보다 더 많은 것을 할 수 있다. 때로 우리는 우리 스스로에게 문제를 의뢰할 수도 있는 것이다.

제13장

의식(儀式)

"의사의 진료는 사실 의식(儀式)으로 가득 차 있다."

일상 생활 중에서 의식(儀式)이 도움이 될 때가 많다. 의식은 반복되고 재현되면서 우리에게 행동 지침을 제공해 준다. 특히 우리가 무엇을 해야 할지 모를 때 더 그러하다. 인생의 중요한 순간(죽음, 결혼 등)을 맞이하였을 때 우리는 의식을 갖는다. 종교적인 예배 등도 물론 의식이다. 교리나 관례에 따라 정해진 순서에 의해 행해지는 의식은 초심자에게나 경험자에게나 모두 도움이 된다.

　　의학적 치료도 하나의 의식으로, 이는 인턴에게나 노련한 전문의에게나 마찬가지다. 병력청취의 과정도 하나의 의식이다. 정해진 순서가 있고, 질문을 확장해 나가는 방법이 있기 때문이다. 이는 환자를 볼 때마다 반복되며, 의사나 환자 모두에게 받아들여지는 중요한 절차이다. 경험이 없는 인턴은 병력청취라는 "의식"을 통해 정보를 수집하고 정렬하는 구조를 알게 된다. 또한 경험이 풍부한 의사들 또한 정해진 의식을 통해 수월하게 업무를 처리할 수 있다.

우리가 던지는 질문들, 그리고 문제 중심의 체계는 진단이라는 의식의 일부이다. 예후를 전망하고 환자에게 "내일까지 회복되지 않으면 전화주세요"라고 말하는 것은 치료라는 의식의 일부다. 어떤 의사들은 환자와 헤어질 때에 거의 자동적으로, 혹은 하나의 의식을 행하듯, "하루 빨리 완치되기를 바랍니다"라고 말한다. 이는 성직자의 축도와 다를 바 없다.

의사들끼리 의사소통할 때에 사용되는 의식도 있다. 이는 병력, 환자의 신체검사 결과, 검사 결과 등을 기술할 때에 사용된다. 이런 과정에서 의사들은 아직 풀리지 않은 문제들을 알아내고 더 신속하게 핵심에 초점을 맞출 수 있다.

하지만 가끔씩 의식으로 인해 처음 생각이 방해 받는 경우도 있다. 예를 들어, 어느 의사가 심장질환을 감별하기 위해 일상적으로 심전도 검사를 반복해도 정상 결과가 나온다면, 그리하여 심장질환이 없는 것으로 성급한 결론을 내려 버린다면, 그는 환자와의 깊은 대화를 나누거나 다른 추론을 통해 흉통을 유발하는 다른 원인을 발견할 수 있는 기회를 날리게 된다. 부르스티안과 그의 동료들은 이렇게 말했다. "검사라는 건 그 필요성에 대한 합리적 근거를 바탕으로 행해질 때만 유용한 것인데, 때로는 의사의 불안을 없애려는 목적으로 별 생각 없이, 거의 자동적으로 행해지기도 한다. 오직 의사의 인내심과 감수성에 의해 밝혀질 수 있는 진실들도 있는데, 이는 복잡한 검사들에 의해 대체될 수 있는 것이 아니다."[1]

의식이 사려 깊은 행동을 대신할 수는 없다. 수술 동의서의 작성이 수술에 대한 두려움을 가진 환자와의 대화를 대체할 수는 없는 것이다. 혼수상태인 환자의 가족으로부터 심폐소생술을 원하지 않는다는 문서를 받는 것은 가족을 잃는 가족들의 슬픔에 대해 나누는 긴 대화와는 별개의 것이다.

어떤 의식들은 대부분의 의료 현장에서 무시되기도 한다. 환자가 입원 중에 사망하면, 의사나 간호사는 환자의 죽음을 확인하고, 여러 튜브들이 제거되고, 환자의 시신은 영안실로 옮겨진다. 환자를 돌보던 치료진은 간단한 의식을 치름으로써 그간의 모든 경험들의 의미를 되새기고 다른 환자를 새롭게 돌볼 수 있는 계기를 갖게 된다. 치료진은 고인의 삶의 가치와 그를 돌볼 수 있었던 특권과 그들이 느끼는 상실감에 대해 생각하는 간단한 의식을 치를 수 있다. 군이 기도라고 부르는 종류의 어떤 것일 필요도 없다.

환자가 사망한 후, 또 다른 의식을 통해 돌봄의 과정을 마무리짓는 데 도움을 얻을 수도 있다. 고인의 유족에게 위로의 편지를 쓸 때, 우리는 우리가 맺은 환자와의 관계에 대해 언급할 수 있다. 환자가 보여줬던 좋은 점들에 대해 쓸 수도 있고, "당신은 최선을 다하셨습니다. 고인과의 소중했던 추억들을 생각하며 상심을 달래시길 빕니다. 혹 제가 도와드릴 것이 있다면 언제든 말씀해 주세요." 같은 인사말을 쓸 수도 있다. 우리는 환자와 가족들간의 관계를 알고 있으며 그들이 가질 상실감 역시 짐작할 수 있기 때문이다. 아직 드라마가 완전히 끝난 것이 아니기에, 우리가 도움을 주고자 하는 마음이 있음을 표현해야 한다. 이런 편지는 그들의 상심이 우울증으로 심화되는 것을 막는 역할도 할 수 있다.

가장 좋은 것은 의학적 의식이 환자나 그 가족의 개인적 특성이나 문화적 종교적 배경에서 비롯되는 의식들과 함께 행해지는 것이다. 도움이 될 수 있는 모든 자원들은 활용되어야 한다.

제14장

언어와 의사소통

'내가 무슨 말을 했는가' 보다 중요한 것은 '상대방이 무엇을 들었는가' 이다.

유태계 러시아 이민자들의 의료 문제에 대해 간호사들에게 강연을 한 적이
있다. 내 소개를 한 후, 나는 이디시어(독일어와 유사한 동부 유럽 유태인들의 언어-역주)
로 강연을 시작했다. 몇 개의 문장을 말한 후 나는 영어로 "당황하지 마세
요."라고 말하며 청중의 긴장을 풀어줬다. 그리고 말했다. "당신들이 새로운
나라로 이주했는데, 도대체 무슨 일이 벌어지고 있는 것인지 도통 알 수 없
는 상황이라 생각해 보세요. 또, 의사가 당신의 건강 상태에 대해 중요한 얘
기를 하고 있는데 이를 알아듣지 못했을 때는 어떠할지 상상해 보세요." 강
연의 핵심은 이민자들이 미국에서의 삶과 미국의 의료 시스템에 적응하게
하려는 것이었고, 나는 이를 은유적으로 표현했을 뿐이다. 이해하는 데에 장
벽이 있으면 효과적인 관계 맺음을 방해한다. 완벽하게 이해하고 "같은 언
어로 대화하는 것"은 결정을 내리고 협력하는 데 있어 일을 대단히 중요하
다. 의사와 환자가 서로 대등한 협력 관계에서 이루어지는 대화와 대립적 관
계 혹은 단순히 선심을 베푸는 관계에서의 대화나 환자들이 모르는 낯선 용

어들이 남발되는 대화는 하늘과 땅 차이다.

의사가 환자에게 말할 때 사용할 수 있는 훌륭한 표현들은 많다. 말하려는 것이 사실이든 의견이든 다른 무엇이든간에 말이다.

- "당신이 얼마나 힘들지 저도 잘 압니다."
- "수술이 잘 되도록 저희는 최선을 다할 것입니다."
- "오늘 오전에 제 진료실로 잠깐 와주세요." ("시간이 나면 당신을 진찰해 보지요."라고 하지 않는다.)
- "정확한 것은 아직 잘 모르겠지만, 큰 문제가 아니라는 것은 확실히 알겠습니다."
- "이유는 모르겠지만, 원인을 찾아내서 이틀 이내에 연락드리겠습니다."
- "제 생각에 문제는 …에 있는 것 같습니다."

하지만 대화하는 데 있어 장애물은 있기 마련이다. "언어 장벽"의 개념은 단순히 사용하는 언어 자체가 다를 때에만 적용되는 것이 아니다. 같은 언어를 쓰는 의사와 환자 사이에도 있을 수 있다.

행간을 읽음으로써, 우리는 환자가 말을 더 정확히 이해할 수 있다.

- 고인의 남편이 담당 의사에게 "당신은 최선을 다하지 않았어요"라고 할 때, 사실 그는 "내가 최선을 다하지 않은 것 같아요"라고 말하고 있는 것이다. 의사는 이 사실을 깨닫고 남편에게 최선을 다한 것이라고 말하며 그의 죄책감을 덜어줄 수 있는 기회로 삼았다.
- 장애가 있었던 아들을 몇 년 전에 떠나보낸 어머니가 "내 아들을 살리기 위해서는 뭐든 했어야 했어요"라고 말하는 것을 듣고, 의사는 그 말의 의미를 분석하여 장기간 지속되고 있는 그녀의 우울증을 알게 됐다.

· 한 80세 노인이 "제 콜레스테롤 수치가 어떤가요?"라는 갑작스러운 질문을 했다면, 실제론 "제가 얼마나 살 수 있는 거죠? 제 심장 상태는 어떤가요?"라고 묻고 있는 것이다.

· "제가 얼마나 더 살 수 있을까요?"라고 묻는 말기 암 환자는 숫자로 표현되는 대답을 원하는 것이 아니다. 이를 통해 의사는 환자의 목표와 가치에 대해 이야기할 기회가 주어졌고, 환자의 진심인 "제가 고통을 참아낼 수 있을까요? 얼마나 더 아파해야 하나요?"와 같은 질문에 대한 답변을 할 수 있었다.

의사와 환자가 질병 상태에 대해 공통의 이해를 갖지 못할 경우에는 협력에 문제가 생긴다.

· 75세 환자가 고혈당이라 진단을 받았음에도 불구하고, 인슐린 투여를 거부했다. 이는 그녀가 자신의 혈당이 "그리 높지 않다"고 판단했기 때문이다. 뿐만 아니라 그녀는 인슐린을 투여하는 사람들은 후에 시각을 잃고 다리를 절단하는 최후를 맞이한다고 생각했기 때문이다.

· 50세의 여성은 콜레스테롤을 저하시키는 약물치료를 거부했다. 부작용이 두려웠기 때문이다.

· 한 환자는 전립선 수술을 2년간 연기해 왔다. 이유는 예전 담당의사의 수술 권유가 서툴렀기 때문이다. "만약에 과거의 담당의사가 이번 의사같이 내게 제안을 했더라면, 나는 2년 전에 이미 수술을 했을 것이다. 이번 의사는 나에게 X-레이 사진을 보여주면서 자세히 설명하고, 여유롭게 시간을 가졌다."

환자가 침묵을 지킬 때, 의사는 종종 자신의 의견이나 질문으로 그 침묵을 깨야 한다는 책임감을 갖게 된다. 하지만 그것은 단순한 침묵이 아니다. 환자들은 여러 가지 이유로 경직되어 있는 것이다. 눈물이 글썽거릴 만큼 가슴아픈 생각을 하는 것일 수도 있고, 다른 감정들이 겹쳐 있는 것일 수도 있으며, 혹은 대화를 무슨 말로 이어나갈지 생각하는 것일 수도 있다. 때론 짧은 침묵 후에 말하는 한마디가 매우 중요한 의미를 갖기도 한다. 침묵을 섣불리 깨뜨리는 것은 이야기를 가로막는 것과 같은 행위다. 한 학생은 "그녀의 침묵을 통해서 그녀가 말했던 것 이상으로 몹시 고통스러워한다는 것을 알 수 있었다."고 서술했다. 침묵은 환자와 의사 모두에게 그들이 언급했던 말과 앞으로 할 말에 대해 다시 한번 생각할 기회를 준다. 은유적 침묵이라는 것도 있다. 이는 적당한 시기에 필요한 정보가 없을 때나 적당한 공감의 부재 상태를 말한다.

　말은 상대방에게 상처를 줄 수도 있다. 의사는 환자에 대해 "거짓말을 하는", "히스테리적인", "요구에 순응하지 않는", 혹은 "건강염려증" 등의 표현을 할 수 있다. 가족에 대해서도 "아무런 도움이 되지 않는"이라 표현할 수 있다. 경솔하게 생각하면 다 맞는 말이지만, 환자의 사연들, 동기, 관점, 그런 행동의 이유, 가치관 등을 깊숙이 알기 전에 환자나 그 가족을 한마디로 단정짓는 것은 경솔하다.

　의사들은 특히나 단어 선정에 있어서 주의해야 한다. 몇 년 전, 내 환자 중 한 사람은 자신의 저혈당증에 관해 다른 의사의 견해를 듣고자 근교의 대학병원을 찾았다. 레지던트와 상담을 하고 며칠간 검사를 받은 후, 그는 교수의 진료실에 앉았다. 환자가 의사에게 그간 있었던 일들을 말하자, 의사는 "R씨, 그런 이야기는 처음 듣는 걸요."라고 말했다. 의사의 말뜻은 '당신은 저혈당이 아닙니다. 저혈당 환자가 당신과 같은 증상을 말하는 경우를 본 적이 없어요.'였을 것이다. 하지만 보통의 환자들이라면 '나 같은 환자를 본 경험이 없다구? 그럼 나는 경험이 많은 다른 의사를 찾아봐야겠군. 내가 이런 불편과 비용을 감수하면서까지 이 곳에 있을 이유가 없지.'라고 생각할 것이다. 즉, 의사가 말하려는 의도를 환자는 전혀 다르게 받아들일 수 있다는 것이다. 이는 의사가 불분명하게 말했거나, 환자가 너무 긴장을 했거나, 환자가 의사의 말을 제대로 이해하지 못했거나 하는 경우다. 혹은 같은 언어를 사용했더라도 의사의 말을 환자가 제대로 이해하지 못했을 수 있기 때문이다. 어느 학생이 말한 것처럼, '내가 무슨 말을 했는가' 보다 중요한 것은 '상대방이 무엇을 들었는가' 이다.

　다음은 말하는 것과 듣는 것의 차이에 관한 사례들이다.

· 의사가 음주를 즐기는 27세의 남성에게 "당신의 간기능 검사 결과가 비정상입니다."라고 한다면, 환자는 자신이 회복할 수 없는 치명적인 간질환에 걸린 것이라고 판단할 수 있다. 의사는 환자에게 이러한 이상 상태는 회복 가능한 것이라고 설명해 줘야만 한다. 때로는 두 번 이상 말하는 것이 필요하다.

· 의사가 환자에게 "당신은 관절염이시네요." 라고 하면, 환자는 이를 "완전히 망했군. 나는 절름발이가 될 거야."라고 받아들일 수 있다. 따라서 그녀는 의사가 말한 "관절염" 이 장애가 오는 종류의 질병이 아니라는 설명을 들을 필요가 있다.

· 한 환자가 자신의 심장병 담당 의사에게 "라녹신(그가 부정맥 때문에 복용중인 약)이 심장에 많이 해로운가요?" 라고 물었을 때, 의사가 "치료 용량 이하를 복용 중이십니다." 라고 대답하는 경우, 의사의 말뜻은 "약물의 용량이 위험한 수준이 아닙니다." 라는 뜻이다. 하지만 환자는 "치료 용량이 아니라구? 그런 난 이 약을 왜 먹고 있는 거지?" 라고 생각할 수 있다.

· "당신은 고혈압입니다." 라고 말하는 것은 의사에겐 사소한 행위 중 하나다. 의사 입장에서 고혈압은 주변에서 흔히 볼 수 있는 질병이기 때문이다. 하지만 고혈압 환자에겐 이 사실이 절박한 충격으로 다가온다. 평생 동안 받아야 할 약물치료와 자신이 약해지는 과정을 떠올리기 때문이다.

· 비뇨기과의사는 전립선암 수술을 받고 투병중인 환자에게 PSA 혈중 농도가 조금 증가했다며, 검사를 1년 주기가 아닌 6개월 주기로 받아야 한다고 말했다. 의사는

환자에게 더욱 신경 써서 관리를 하자는 의미였지만, 환자는 그런 의미로 받아들이지 않았다. 그는 자신의 종양이 재발했다고 생각하며 우울해졌다.

"분명하지 않은 이야기는 나쁜 소식과 마찬가지다." 한 친구는 아버지의 관상동맥 혈관조영술에 관해 복잡한 의학용어들로만 설명하는 심장 전문의와 상담한 후 이렇게 말했다. 의사들은 나쁜 소식을 전할 때에 흔히 복잡하게 설명하며 말을 더듬는다. 때문에 이런 경우, 의사의 말뜻이 실제로 나쁜 소식이 아닌 경우에도 환자들은 최악의 상황으로 잘못 해석할 수 있다. 한 환자는 나에게, "의사의 말은 실로 엄청난 영향을 준다."고 했다.

의사들이 환자를 호칭하는 방법도 중요하다. 성인 환자를 처음 만났을 때, "철수씨"라고 부르는 것과 "김선생님"이라고 부르는 것은 분명히 다르다. 첫 번째 호칭은 상대방에 대한 존중이 부족해 보인다. 많은 사람들이 대부분의 경우 친근하게 자신의 이름이 불려지는 것을 선호하지만, 의사로부터는 그렇지 않은 경우가 많다.

환자들의 질문은 언제나 의사에게 좋은 대화의 기회를 제공한다. 훌륭한 의사는 환자와의 대화 속에서 숨은 뜻을 알아내며 그들 자신에게 묻는다. "환자의 이 질문을 던지는 진짜 이유는 무엇일까?" 그 후 환자에게 "제가 정확히 이해했는지 확인하려 하는데요, 그 말씀의 의미는 …인가요?"라고 묻는다. 아서 프랭크는 이렇게 서술했다. "상황이 심각하면 심각할수록, 무슨 말이든 할 수 있는 더 많은 시간과 여유가 필요하다. 심근경색이 왔다는 이야기를 듣고서 별 하고 싶은 말이 생기지 않는 사람이 어디 있을까. 그럴 땐 내 말을 제대로 들어 줄 사람을 찾는 일이 중요하다."1

상호간 이해 수준이 다른 상황은 때로는 명확히 드러나지 않는다. 충고에 대해 부적절하게 화를 내는 반응으로 나타나기도 한다. 아래의 대화를 보자. 너싱홈에 있는 어머니의 의식상태가 흐려진 상황에서 의사와 그 아들 사이의 대화다.

> 의사 : 어머니가 넘어져 머리를 다치셔서 경막하출혈이 생겼고, 그로 인해 혈종이 뇌를 압박하고 있는 상태일 가능성이 있습니다.
> 아들 : 제 생각엔 혈종인 것 같지 않은데요?
> 의사 : 의사인 제가 볼 때는 그렇습니다.

아들은 공격적인 태도를 보였다. 그는 "내가 내 어머니를 제일 잘 알기 때문에, 내 의견이 무시 당해서는 안 된다."고 생각하고, 의사는 "당신이 어머님의 출혈 유무에 대해서 판단을 내릴 필요는 없다. 그 역할은 분명 의사의 역할이다."라고 생각한다. 다행히도 의사는 상황을 금세 이해하고 적절하게 대처할 수 있었다. 혈종일 가능성이 매우 높았지만 최종 결정은 의사와 보호자가 함께 했고, 특별한 검사나 추가적인 치료도 행해지지 않았다. 환자나 그의 가족이 화가 났다면, 의사는 "환자는 왜 화가 났을까?"를 고민해야 한다. 환자가 화가 나는 데에는 여러 이유가 있을 수 있다. 환자의 그릇된 해석이 가장 흔한 원인이다. 우울증, 의사에 대한 과거의 나쁜 기억, 마음에 들지 않는 의료제도, 나아지지 않는 질병으로 인한 좌절감, 다른 심리적인 이유 등등이 원인일 수도 있다.

우리는 무엇을 배우는가?

내가 오랫동안 언어와 의사소통에 대해 얻은 교훈은 다음과 같다.

앉아라. 바디 랭귀지의 중요성을 과소평가하지 마라. 환자와 대화를 나눌 때 앉는 것은 중요한 행동이다. 그 대화가 1분 이하라도 상관없다. 의사가 앉아서 환자의 이야기에 귀를 기울이면 환자는 의사가 자신에게 전념하고 있다고 생각한다. 1분 이하로 앉아 있는 것은 5분 이상 서서 있는 것만큼의 효과를 유발한다. 반면, 의사가 서서 하는 5분간의 대화는 마치 "다른 데 정신이 가 있는 것" 처럼 보인다.

환자와 동등한 입장에서 이야기하라. 훈계하듯 해서는 안 된다. 언성을 높이지 마라. 내가 좋아하는 이야기 중의 하나를 소개하자면, 내가 의사 초년생 때, 노인들은 청각이 좋지 않을 거라 단정짓고, 89세 할머니에게 큰 소리로 소개를 한 적이 있다. "안녕하세요. 저는 닥터 사벳입니다!" 그러자 그녀는 부드러운 목소리로 이렇게 말했다. "참 씩씩한 청년이로군!"

맥락을 이해하고 접근하라. 환자에게 여러 가지를 설명하기 위해서는 우선 전후 사정을 이해하고 환자의 처지에서 이야기를 출발해야 한다. 나는 주로 일반적인 진술로 시작한다. 가령 "당신의 상태는 대체로 무난한 편입니다." 하는 식이다. 그런 후에 진단 결과에 대한 자세한 내용과 다른 문제점에 대해 이야기한다. 그리고 때로는 그 대화의 범위를 확장할 필요가 있다. 예를 들어, 변호사인 45세의 여성은 자신의 비만, 효과 없는 다이어트, 자신의 보잘것없는 외모에 대해 늘 고민에 빠져 있었다. 나는 그녀가 병원에 올 때마다 그녀가 어머니이자 부인이자 유능한 변호사로서 여러 역할들을 잘 해내고 있음을 말해 준다.

함부로 환자의 지적 수준을 가정하지 마라. 심지어 환자가 의사라고 해도, 모든 상황을 상세히 기술하고, 필요하다면 다시 확인하고 동의를 구해야 한다. 그리고 "제 이야기를 다 이해하셨나요?" 라고 되물어야 한다.

환자의 신념과 가치관을 파악하라. 발작을 일으켜 응급실로 후송된 95세 환자를 본 적이 있다. 그는 전형적인 유태인이었다. 다행히 위기는 넘겼지만, 그는 계속 의식이 없었다. 나는 그의 상태가 갑자기 다시 나빠져 긴급한 결정을 내려야 할 상황이 올 것을 염려하여 가족들에게 "편안함, 고통, 존

엄" 등에 대해 언급하면서 심폐소생술 포기를 권유하려 했다. 하지만 가족들은 "할 수 있는 모든 것을 다 해 주세요."라고 말했다. 가족들이 설명해 준 그들의 관습에 의하면, 인간의 영혼은 보존되는 것이고, 따라서 영혼을 담는 그릇인 육체 역시 가능한 오래 보존되어야 했다. 그들은 생의 마지막 순간에 중요한 통찰이 생겨날 수도 있으며, 그 과정에서 모든 관계들이 치유된다고 믿고 있었다.

그 경험은 다른 모든 환자들을 치료하는 데에 많은 교훈을 주었다. 환자들마다 본인의 가치관을 배려해주어야 하고, 같은 말이라도 사람에 따라 다르게 받아들여진다. 내가 말한 "존엄"의 의미는 병실에서의 평온한 마지막 순간을 뜻했지만, 가족들은 그것을 부당한 개입으로 받아들였다. 또 내가 말한 "고통"의 의미는 심폐소생술에 수반되는 고통이었는데, 가족들은 이른 시기에 환자를 잃는 상실의 고통으로 받아들였다.

환자가 어려운 결정을 내리는 것을 도와줄 때, 두 가지 질문을 생각해 봐야 한다. "이 치료를 시행할 가치가 있는가?"와 "내가 환자라면 이 치료를 받겠는가?"가 그것이다. 두 질문에 대한 대답이 모두 "예"라면, 결정은 쉬워진다. 둘 중 하나라도 "아니오"라면, 우리는 환자의 가치관을 좀 더 면밀히 따져 보아야 한다.

긴 대화가 짧은 대화보다 낫다는 사실을 인정하라. 간질환과 난소 종양, 그리고 여러 외과적 합병증으로 오래 입원해 있는 여자 환자 및 그 남편과 한 시간 동안 대화를 나눈 적이 있다. 그 시간 동안 우리는 그간 벌어졌던 일들을 리뷰했고, 현재 어떤 상황에 놓여 있는지(그녀는 여전히 위중한 상태였다)를 이야기했다. 예전의 어려운 상황에서 그들이 보여준 강한 의지에 대해서도 언급했고, 빠른 회복을 바란다는 말도 건넸다. 내가 의사로서 할 수 있는 모든 일을 다 하고 있다는 사실도 일러줬고, 우리가 직면해 있는 불확실성에 대해서도 이야기를 나누었다. 이 모든 이야기들을 아주 짧은 시간에

나눈다는 것은 불가능하다. 짧은 대화에서는 속깊은 이야기가 나올 수 없다.

환자와 직접 만났을 때가 긴 대화의 기회라는 것을 기억하라. 얼굴을 맞대고 하는 대화가 전화 통화보다 훨씬 낫다. 전화 통화가 아닌 실제 대화가 훨씬 더 중요하다. 이를 통해 환자는 의사가 자신한테 신경을 많이 쓰며, 자신을 위해 시간을 내주고, 자신의 상태를 한번 더 검토한다는 사실을 알 수 있다. 환자는 의사의 목소리에만 귀를 기울이는 것이 아니다. 그는 의사의 표정과 제스처까지 관심 있게 지켜본다. 그리고 이 모든 것들을 바탕으로 환자는 의사가 내리는 지시와 결정을 신뢰하게 된다.

환자가 자유롭게 말할 수 있도록 하라. "우리가 무엇이든 자유롭게 이야기를 나눌 수 있는 사이라는 걸 알았으면 좋겠어요. 그리고 제가 말한 것을 이해하지 못했거나 반대하신다면, 저에게 편하게 말씀해 주세요."라고 말하라. "사람이면 누구나 다 걱정이 되지요."라고 말하라. 그리고 "이 수술에서 어떤 부분이 가장 두렵습니까?"라고 물어라.

협상하라. 나는 질병 혹은 치료에 대해 자세히 설명한 후, 환자에게 "제 말이 잘 이해가 되시나요?"라고 물으며 대화가 거듭나게끔 이끈다. 나는 환자가 자신의 증상이나 특정한 약물에 대한 부작용이나 건강에 영향을 주는 삶의 사건 등에 관한 최고의 전문가임을 잊지 않는다. 한 40세의 독신 남성이 나에게 가슴 통증이 있다고 말한 적이 있었다. 처음에 나는 그 증상이 그가 지난 20년 동안 겪어왔던 통증과 비슷한 것이라 생각했다. 그는 최근에 실직한 상태였고, 그래서 더 심장 문제에 대해 예민해져 있는 것이라 생각했다. 나는 그의 이야기를 듣고 간단한 진찰을 마친 후 이렇게 말했다. "당신의 통증이 심장에서 비롯된 것은 아닌 듯합니다. 오히려 최근 당신이 처한 상황이 원인이 아닐까 하는데요." 하지만 그는 "하지만 이번 통증은 달라요. 부위가 다르다구요."라고 대답했다. 그와 좀 더 이야기를 나눠보니 그에게는 정밀한 심장검사가 필요해 보였다. 내가 계속 강조하지만, 우리는 함께 할

때에 더 적절한 결정을 내릴 가능성이 커진다.

이야기를 들려줘라. 자료를 얻거나 내용을 정리하기 위해서 나는 가끔 비슷한 딜레마에 처한 다른 사람들의 이야기를 해 준다. 부인을 잃은 남편에게는, "당신과 비슷한 또래의 제 환자 중 한 분은 부인을 잃고서는 거의 넋이 나갔었지요. 당신 부인의 죽음이 당신에겐 어떤 의미인가요?" 이런 이야기는 쉽게 말할 수 없었던 그의 실제 감정을 진술하게 털어놓을 수 있게 해준다. 죽음을 앞둔 아버지에 대한 심폐소생술 여부를 두고 고민하는 아들에게는 작가 필립 로스의 경험을 들려준다. 그는 말기 뇌종양으로 의식도 없이 죽어가던 그의 아버지의 귀에 대고 "아버지, 저는 이제 당신을 보내 드릴게요."라고 말했었다.[2]

현실을 직시하라. "당신은 괜찮을 거에요."는 거의 모든 상황에서 쓰이는 적절한 표현이다. 하지만 그렇지 않은 상황도 있다. 심근경색으로부터 회복 중으로 엄청난 공포에 휩싸여 있는 환자에게 나는 이렇게 말한 적이 있다. "현재 제가 확실히 말씀드릴 수 있는 것은 일단 2주일만 잘 견디면 그 다음 2개월 동안은 훨씬 건강한 상태로 지내실 수 있을 거란 사실입니다."

모든 질문에 답이 있는 것은 아니다. 불확실성을 염두에 두되, 시간 제한을 두어라. 한 50세의 버스 운전사가 두 달간 복통을 앓고 있었다. 그는 십이지장궤양을 앓고 있는 듯했고, 나는 그에게 궤양 치료제를 처방했다. "우선 2주간 약물 치료를 해 봅시다. 혹 좋아지지 않으면, 그때 더 자세한 검사를 하겠습니다." 이런 경우, 대부분의 사람들은 불확실성을 참아낼 수 있다.

전하기 어려운 소식은 일대일로 마주하고 공감하는 태도로 말하라. "당신의 뱃속에 있는 태아는 도저히 생존할 수 없는 선천성 기형을 갖고 있습니다." 그게 다였다. 환자는 의사를 바꾸었다. 슬픈 소식을 받아들이고 고민할 시간을 줘야 하고, 그들이 감정을 표현할 수 있도록 말을 붙여줘야 한다.

위로의 편지를 써라. 위로의 편지를 쓰는 것은 앞 장에서 내가 말했던

하나의 의식이다. 나는 종종 환자 진료에 깊이 개입했던 간호사들에게도 위로의 편지를 쓴다. 그들의 상심에 대해 잘 알기 때문이다.

언어와 의사소통에 대한 교육

좋은 의사소통을 하기 위해서는 많은 연습이 필요하다. 환자를 면담하는 비디오를 보고(자신의 면담 모습을 찍은 비디오를 보는 것도 좋다), 역할극을 해 보고, 연습했던 것을 평가해 보는 시간을 가져라. 의사가 말한 것을 환자가 오해했을 때, 비판력 있는 의사라면 "뭐가 문제지? 이보다 어떻게 더 잘 말하지? 내가 다음에 더 잘하기 위해서는 무얼 해야 하지?"라고 자신에게 물을 것이다.

의대생과 소아과 레지던트들에게 언어 및 의사소통에 관해 강의를 할 때에, 나는 아버지가 집을 떠나기 전까지는 매우 건강했던 21개월된 아이의 이야기를 사용한다.[3] 아이의 아버지가 집을 나간 후 어머니는 알코올 중독자가 됐고 아이를 제대로 돌보지 않았다. 그러자 아이는 중이염이 자꾸 재발하고 체중도 감소하기 시작했다. 아이를 진료한 동네의사는 그를 종합병원의 감염 클리닉으로 보냈다. 몇 번 외래 진료를 받았지만 그는 "성장 장애, 섭식 장애, 발달 지연, 그리고 반복되는 중이염"으로 인해 입원을 해야 했다. 다양한 정밀 검사들이 시행됐다. 그는 계속해서 열이 났지만, 어느 검사에서도 뚜렷한 원인이 발견되지 않았다. 아이는 열이 날 때마다 반복적으로 적당한 항생제를 투여 받았다. 하지만 그를 담당하고 있던 어느 인턴은 조금 다른 접근 방식을 택했다. 인턴은 검사에서도 이상이 발견되지 않고 항생제를 투여해도 열이 떨어지지 않던 그 아이에게 음식을 먹이는 것과 안전하고 평화로운 환경을 조성해 주는 데에 집중했다. 그러자 아이의 상태는 곧 좋아졌다. "그 인턴은 그 아이를 책임감을 갖고 돌보려 했고, 의사이기 이전에 그의

'보호자'로 행동했던 것이다."

나는 학생들에게 자신이 이 소년의 담당의사라고 가정해보라고 했다. 진단과 치료방안이 불확실한 상황에서 어머니를 두려움에 떨지 않게 하면서 문제를 해결해야 하는 의사로 말이다. "어떤 접근을 하는 것이 좋을까요? 당신이라면 뭐라고 말하겠습니까?"

학생들은 여러 가지 대답을 했다. 신뢰를 쌓기 위해 노력해야 한다, 아이에 대해 더 많은 정보를 얻어야 한다, 어머니의 생활에 대해 더 많이 알아내야 한다, 질병에 대한 어머니의 이해 수준을 점검해야 한다, 모든 중요한 정보들을 어머니와 함께 리뷰해야 한다, 아이에 대한 어머니의 희망을 파악해야 한다, 어머니에게 좀 더 책임 있는 자세를 요구해야 한다, 사회사업사에게 의뢰해야 한다, 어머니에게 혼자서 이 모든 어려움을 짊어질 필요가 없으며 주변에서 도움을 얻을 수 있음을 말해줘야 한다, 등등.

역할극까지 포함한 이 실습을 통해, 많은 일들이 일어났다. 의사 역할을 한 몇몇 학생들은 많은 내용들을 사려깊은 태도로 이해하기 쉽게 이야기했다. 어떤 학생은 어머니가 말할 틈을 주지 않고 끊임없이 자기 이야기만 하기도 했다. 근엄한 목소리로 의학용어들로 가득 찬 설명을 늘어놓은 학생도 있었다. (가령, "혈액검사에서는 아무런 양성 반응이 나타나지 않았지만 백혈구 수치가 조금 상승되어 있습니다. 어쩌면 면역 관련 질환일 가능성도 배제할 수 없습니다."와 같이.) 하지만 결국 학생들은 "그녀가 이해할 수 있는 말로 이야기해야 한다"는 사실을 모두 깨달았다. 정보를 공유해야 하고 중요한 것은 두 번 이상 설명해야 하고 말할 때는 공손하면서도 너무 공식적이지 않은 태도를 취해야 한다는 것도 인식했다. 물론 나는 학생들에게 다시 묻는다. "무엇을 배웠습니까? 오늘 수업이 여러분들이 앞으로 환자를 대하는 데에 있어 어떤 영향을 줄 것 같습니까?"

의사는 치료팀의 일원인 다른 동료들과의 대화에서도 서로가 이해할 수 있는 언어를 사용해야 한다. 환자와의 대화는 두 말 할 나위도 없다. "미네소타 커뮤니티"에서 미네소타 역사학회가 발표한 성명은 이렇게 끝난다. "'당신의 언어를 말하는' 사람을 만난다면, 그와는 누구보다 빠르고 끈끈한 인연으로 거듭날 수 있을 것이다."

제15장

오류의 발생 가능성

"우리는 일련의 실수들을 통해 배운다."

- 헨리 루이스 게이츠 주니어

의료행위라는 것이 "질병 A는 치료법 B로 치료하면 만사 OK" 하는 식으로 간단하다면 얼마나 좋을까. 하지만 아무리 의도가 좋더라도 잘못된 판단과 오만, 자신의 생각에 대한 과신은 부적절한 행동을 하게 하고 환자에게 해를 끼치고, 잘못된 교훈을 얻게 한다. 이 장에서는 이와 관련된 잠재적인 함정들을 깨닫고, 자신의 실수로부터 배우는 것에 대해 논할 것이다.

치료 유발 질환(treatment-induced illness)

의사에 의해 처방된 약과 처방전 없이 팔린 약, 수술 및 다른 시술들에 의한 치료는 환자의 질병을 악화시킬 수 있다.[1] 심지어 간단한 치료조차 위험할 수 있어서, 단지 병상에 오래 누워 있는 것도 폐렴, 혈전정맥염, 욕창을 일으킬 수 있다. 치료 유발 질환(보통 쓰이는 의학용어는 의인성(醫因性, iatrogenic) 질환이지만 저자는 좀 더 넓은 범위로 이 용어를 사용했다. 역주)은 너무나 흔해서 환자에게 새로운 문제가 있을 때마다 의사는 치료 유발 질환에 대해서 고려해야 한다. 치료 유발 질환의 진단이 늦어지면 질병이 지속되고, 부작용이 나타나며, 비용이 드는 검사가 불필요하게 시행되며, 부적절한 치료가 계속되며, 환자는 알 수 없는 어떤 요인에 의해 유발되는 위험에 노출되게 된다. 다음 두 사례가 이러한 상황을 나타내고 있다.

증례 1.

너싱홈에 거주하는 81세의 여자가 하루 동안의 발열과 복통으로 입원했다. 그녀는 입원 시 의식이 혼미했고, 신체 검진과 흉부 엑스레이 사진 상 폐렴 소견을 보였다. 의식 혼미와 발열로 인해 시행한 요추천자는 정상이었다. 그녀는 가벼운 진정제와 골다공증 치료를 위한 칼슘, 비타민 D, 관절통 치료를 위한 아스피린 12알 등 많은 약물들을 복용해 왔다. 혈중 칼슘 수치는 정상이었지만 아스피린 독성 지표인 살리실레이트 수치는 두드러지게 상승되어 있었다. 의사는 폐렴 치료를 위해 페니실린을 처방했고 아스피린을 중단했으며, 살리실레이트 중독에 대한 치료를 시작했다. 3일 만에, 폐렴과 정신 상태가 호전됐다.

이 사례에서 환자는 폐렴과 설명되지 않는 복통 등 꽤 심각한 상태로 병원에 왔다. 의사는 의식 혼미의 원인이 그녀가 가지고 있던 다른 심각한 문제의 임상 양상이거나 노인이 갑자기 낯선 환경에 맞닥뜨렸을 때 일어나는 정신적 혼란 때문이라고 결론 내릴 수도 있었다. 의사는 그녀의 약물 복용력을 문진함으로써 너무 많은 양의 진정제 복용, 증가된 칼슘농도, 아스피린 복용에 의한 만성적인 살리실레이트 중독과 같은, 치료할 수 있는 약물 유발 질환에 초점을 맞출 수 있었다.

증례 2.

한 35세 기술자가 병원에 왔는데, 그는 회사에서의 엉뚱한 행동과 믿을 수 없는 행동 때문에 의사에게 의뢰된 것이었다. 이전 몇 달 동안 그는 훌륭한 직장인이었으나, 이제 더 이상 그의 일에 집중할 수 없었고 흥미를 잃게 됐다. 그는 당뇨 때문에 16년 동안 인슐린을 복용해 왔다. 의사는 그의 정신 상태 변화를 보고 입원을 결정했다. 입원 첫날, 25퍼센트까지 인슐린 용량을 감량했고, 그때까지도 인슐린 반응은 일어났다. 퇴원 때에는, 환자는 훨씬 더 적은 용량을 복용했고 집중력이 살아났으며, 곧 "과거의 그"로 돌아갈 수 있었다.

만약 그의 엉뚱한 행동이 일차적으로 정신과적인 문제로 여겨졌다면, 그의 문제는 해결되지 않았을 것이다. 너무 많은 인슐린 복용에 따른 반복적인 저혈당증이 원인이었다.

치료 유발 질환의 진단이 실패하거나 지연되는 많은 이유가 있다. 심지어 의사는 이러한 가능성을 고려조차 하지 않을 수도 있다. 두 명 이상의 의사가 한 환자에게 약을 처방하는 경우도 많다. 의사가 치료법 또는 약물의 부작용들을 모두 다 알지 못할 수도 있다. 환자의 다른 질병으로 인한 증상이 약물 부작용을 가릴 수도 있다. 새로운 문제가 예전에 진단되어 현재 가지고 있는 문제의 증상과 징후로 해석되어 무시될 수도 있다. 약물의 초기 처방 시점과 약물 유발 질환 사이의 긴 기간은 두 가지를 연관하여 생각하는 것을 어렵게 하기도 한다. 치료 유발 질환은 의사의 이목을 집중시킬 만큼 충분히 극적이지 않을 수도 있다. 페니실린이 일으킬 수 있는 가려움을 수반한 발진을 무시하는 것은 어렵지만 혈압약에 의한 가벼운 우울증은 간과하기 쉽다.

어떤 의사도 모든 약물 및 치료법의 부작용을 알지는 못한다. 따라서 우리는 치료 유발 질환을 인식하기 위한 단계를 알고 있어야 한다. 중요한 단계들은 이렇다. (1) 문제를 확인하고 이름을 붙여라. 예를 들어, "의식 혼미"나 "발열" 또는 "정신상태 변화"와 같은 것이 있다. (2) "왜 지금인가? 새로운 문제를 촉발하는 어떤 원인이 있는가?"를 질문하라. (3) "새로운 문제가 기존의 문제점에 대한 치료 때문에 일어났는가?"를 질문하라. 환자를 그들 자신의 치료에 동참시켜 새로운 증상이나 감정 변화 등에 대해 말하게 하라. 환자의 이야기가 때론 터무니없이 들릴 수 있지만, 언제나 잊어서는 안 된다. 모든 약들이, 어떤 부작용이라도 유발할 수 있다는 것을.

편견

일반화는 우리의 결정을 돕는다. 만약에 사람, 환자, 질환, 증상들을 분류하는 것이 불가능하다면 우리는 각각의 새로운 문제에 대해 완전히 새로운 방식으로 접근해야만 한다. 경험에 의지하기도 어려울 것이다. 하지만 의사가 환자를 너무 좁게만 바라보면 문제에 대한 창의적 접근이 어려워진다. 편견은 올바른 진단과 치료를 가로막는다. 편견이란 "이미 형성되어 있거나 지식이나 사실의 관찰 없이 형성된 부적절한 판단이나 의견, 즉 미리 정해져 있는 생각"을 의미한다.[2]

나는 학생들 개개인의 경험들을 활용하여 편견에 대해 가르친다. 그 나이 때에 그들은 벌써 백인이 아니라서, 신교도가 아니라서, 동성애자라서, 나이가 어려서, 혹은 당뇨가 있어서 차별을 당해 보았다. 심지어 그들 모두는 학생이기 때문에 차별을 받아왔다! 목록은 끝이 없다. 나이가 좀 많은 어느 학생이 들려준 다음 이야기를 보자.

증례 3.

몇 해 전, 친구와 나는 콜로라도로 스키휴가를 떠났다. 출발할 때, [그]는 감기에 걸렸고 기침을 심하게 했다. 도착해서 우리는 스키를 타기 시작했는데, 산 정상으로 가는 곤돌라를 타고 가는 동안, [그]는 숨찬 증상, 피로, 전반적인 쇠약감을 호소했다. 오후 내내 그는 더 피곤해 했고⋯ 우리는 그날 일찍 스키를 끝냈다⋯ 그는 잠자리에 들 때까지 기침을 심하게 했고, 머리가 몽롱함을 호소했다.

[다음날] 아침, 그는 피를 뱉었고 전날 밤 한숨도 자지 못했다고 말했다⋯ [시간이 갈수록 점점 더] 그는 정신이 혼미해졌고 계속해서 객혈을 했다. 나는 그에게 검사를 하러 병원에 가자고 했다. 나는 그가 어렸을 때 폐렴으로 거의 죽을 뻔 했다는 것을 알고 있었다⋯

의사는 엑스레이 사진 상의 몇 개의 하얀 점을 보여주며 [우리]에게 뉴모시스티스 폐렴(심각한 감염병으로, 때로 에이즈와 동반된다)이라고 말해주었다. 몇 가지 검사를 더 했지만 의사는 확신할 수 없었다. 그는 자신이 종합병원에서 근무할 때 게이들의 뉴모시스티스 폐렴 증례를 많이 경험했다고 말했다⋯ [그]는 [우리]가 HIV검사를 받을 것인지 물어봤다. 나는 우리 둘 다 검사를 받은 적이 있으며 결과는 음성이었다고 말해주었다. 그는 HIV와 연관된 뉴모시스티스를 치료하는 데 사용되는 약물로 치료를 시작할 것이라고 말했다. 또한 그의 HIV 상태를 확인하기 위한 다른 검사를 했다⋯ 그날은 금요일 오후였는데, 수백만 가지 생각이 머리를 맴돌았다. 생각들 중 일부는 우리가 이미 공유했던 것들이었다. 다른 것들은 우리의 개인적인 두려움, 분노, 지금 이 상황을 어떻게 처리해야 할지에 대한 걱정이었다.

[치료 3일 후, 자신을 내과 교수라고 소개한 다른 의사]가 HIV 검사 결과는 음성이고, 그의 견해로 봤을 때 [나의 파트너]는 감기가 합병된 고산병의 심한 사례였다고 말해주었다. 폐 사진에서 보였던 점들은 그가 어린 시절 앓았던 폐렴의 흔적이었다. 그는 가능한 빨리 낮은 고도로 내려가라고 충고해 주었다. 그는 다른 의사에 의한 오

진에 대해 사과했고, 그러한 일이 어떻게 일어나게 됐는지 설명해주었다. 4시간 후, 9,000피트나 고도가 낮은 곳으로 오자, [나의 파트너]의 혈색은 돌아왔고, 숨쉬기가 쉬워졌으며, 기분도 한결 좋아졌다.

우리의 경험은 해피엔딩이 됐다. 하지만, 이 경험을 통해, 수많은 에이즈 환자들에 대해 공감할 수 있게 됐다. 그들의 진단명은 오진 따위의 이유로 달라지지 않고, 결국 그 문제에 당면하게 된다. 또한, 진단에 있어서 여러 전문가들이 공동으로 참여하는 것이 중요하다는 것도 깨달았다. 내가 얻은 가장 중요한 교훈은, 의사도 다른 사람처럼 실수를 할 수 있다는 것과 환자들과 그들의 가족들의 권리와 감정은 항상 존중 받아야 한다는 것이다.

첫 의사의 추론과정은 아마도 이랬을 것이다: 호흡기 증상과 비정상적인 가슴 엑스레이 소견을 가진 심하게 아픈 동성애 남자의 질환이라면, 에이즈와 연관된 폐렴일 것이다. 그가 "비정상적인 가슴 엑스레이가 어린 시절 앓았던 폐렴과 같은 다른 문제와 관련이 있지 않을까? 다른 무엇일 수도 있지 않을까?"와 같은 생각을 했더라면, 여러 문제들을 피할 수 있었다. 하지만 그의 미성숙한 결론은 올바른 진단과 치료를 지연시켰고 환자와 그의 파트너를 황폐화시켰다.

편견은 "5단계 패러다임(제1장 참조)"의 각 단계의 토대를 침범한다. 환자의 이야기를 제대로 파악하기도 어렵고 정확한 병력을 이해하기도 어렵다. 또, 진단과 치료를 포함하여 여러 가지 문제들을 정확히 규정하는 것도 방해한다. 의사-환자 관계도 망가뜨린다. 또한 잘못된 교훈을 얻게 한다. 이러한 편견이 끊이지 않고 의사의 진료 속에 녹아든다면, 끔찍한 결과가 초래될 수 있다.

여기 편견의 다른 예시들이 있다.

· 영어를 못하는 환자의 경우, 지적 능력이 부족하여 "이해력이 떨어지는" 사람으로 취급된다. 영어를 못하는 환자들도 영어를 말하는 사람들과 동일한 질병을 가지고 있으며, 똑같이 상처받고, 마찬가지의 지적 능력을 갖고 있다.

· 특징짓기, 즉 "[특정한 나라나 민족 이름] 출신들은 다루기가 어렵다"는 식의 평가는 의사와 환자가 현상을 이해하는 데 방해가 된다. 예를 들어, 구소련에서 환자들은 주의를 끌기 위해서 병원에서 공격적인 태도를 보여야 했다. 그들이 미국 방식을 알게 되기 이전까지, 자신의 몸에 밴 익숙한 방식을 따르는 것은 자연스러운 일이다.

· "강제 수용소에 수용됐던 경험 때문에 우울증에 빠졌다." 물론 그럴 수 있지만, 그의 인생의 다른 측면들을 살펴보지 않으면 안 된다. 그는 직장을 잃었을 수 있고 아내가 부정을 저질렀을 수 있고 신용카드 사용액을 갚을 돈이 없을 수도 있다. 게다가 홀로코스트의 생존자들이 모두 우울증에 빠지는 것도 아니다. 우울증이 생길 만한 이유가 드러나 있다고 해서, 우울증 환자를 진찰할 때 고려해야 하는 여러 가지 상실들을 놓쳐서는 안 된다.

· "그녀는 당뇨병이 있어서 반항적이다." 이러한 근거 없는 추론이 한 십대 소녀와 그녀의 미래에 대해 진지한 대화를 나눌 기회 자체를 날려버릴 수 있다.

환자들은 나이가 많거나 적어서, 여자여서, 과부라서, 금발이라서, 비만이라서, 피부색 때문에, 키가 크거나 작아서, 잘 들리지 않아서, 생활 보조비를 받아서, "암 환자"라서, 또는 발음할 때 외국 악센트가 있어서 등의 이유 때문에 편견에 찬 방식으로 취급받아 왔다고 말하곤 한다. 관상동맥우회술을 받고 회복 중 간호사로부터 "당신은 의사니까, 당신의 감정에 관한 어떤 관심도 필요하지 않았을 거라고 생각했어요."라는 말을 들은 의사(제1장 참조)를 상기해 보라. 어떤 사람의 성격에 관한 묘사가 그 사람을 제대로 정의할 수 없듯이, 질병의 명칭이 그 사람을 정의할 수는 없다. "당뇨", "암 환자"와 같은 말은 그들이 누구인지, 그리고 그들에게 무엇이 잘못된 것인지에 대한 사려 깊은 생각을 오히려 막아버린다.

환자들 또한 편견을 가지고 있다. 다음 장에서는, 의사의 옷차림이 부적절하다고 생각하여 의사를 바꿔버린 여자의 이야기가 나온다. 환자들은 의사의 나이, 인종, 민족, 성별, 혹은 다른 사소한 이유로 인해 의사를 거절할지 모른다. 그러나 환자의 편견과 의사의 편견에는 차이가 있다. 환자들의 편견이 쉽사리 없어지기를 기대하기는 어렵겠지만, 의사는 반드시 그런 편견을 없애야 한다. 편견이 의사의 판단력을 흐리게 하고 치료에도 악영향을 주기 때문이다. 진단과 치료에 관해 섣부른 판단을 하는 것만큼이나 사람에 관해 섣부른 판단을 하는 것은 위험하다. "늙음"이 "완고하고 변화를 거부한다"는 의미로 사용될 수도 있지만, 늘 그런 것은 아니다. "게이"가 "에이즈에 걸릴 위험이 있는 사람"을 의미할 수도 있지만, 꼭 그런 것은 아니다. 어떤 학생은 "열린 마음을 유지하는 게 어려울 때, 우리는 우리가 어떤 편견들을 갖고 있는지 먼저 살펴야 한다."고 말했다.

상처주기

여기서 상처주기[3]란 "잘못된 치료에 의해 고통 또는 손상을 가하는 것"을 뜻한다.[4] 우리는 말로도 상처를 줄 수 있다. 고의적인 경우보다 무심코 그러는 경우가 더 많지만, 환자에 대한 영향은 똑같다. 나는 "어리석어서 행한 일을 악의로 받아들이지 말라"는 말을 좋아한다. 대부분의 의사들은 스스로 혹은 동료가 잘못된 말을 했던 순간을, 그리고 그런 상황에서 부적절할 정도로 강한 반응을 보였던 것을 기억한다. 중요한 것은 "이 일에서 무엇을 배울 수 있지?"를 자문하면서 다음엔 더 잘 대처하는 데 있다. 전문가들의 행동은 작은 과실이라도 환자나 그 가족들에게 상처를 줄 수 있다. 질병은 잘 치료되었어도 정서적으로 큰 고통을 겪을 수도 있다. 만약 의사가 자신의 행동에 의해 환자의 고통을 크게 한다면, 그는 의사 역할을 제대로 하고 있는 것이 아니다. 일찌감치 우리는 "첫째, 환자에게 해를 끼치지 말라"고 배웠다.

의사가 환자 및 그 가족들에게 상처를 주는 경솔한 방식들은 다음과 같이 다양하다.

우리는 편협하다. 우리는 환자를 개인으로 보지 않고 대중의 한 구성원으로만 본다. 우리는 그들을 불공정하고 부정확한 방식으로 특징짓는다. 우리는 생색을 낸다. 우리는 각각의 환자들이 모두 여러 가지 측면을 갖고 있음을 인식하지 못한다. 하나의 단면만 보는 것은 위험하다.

우리는 이해하지 못한다. 우리는 환자를 안심시키지 못한다. 우리가 환자와 가족이 있는 곳으로 가지 못할 때, 그들의 고통은 더 커진다. 한 외과의사는 암 때문에 신장을 적출하는 수술을 받은 70세 할머니의 가족들을 수술 직후에 만났다. 가족들은 이미 그녀의 상태가 위중한 것을 알고 있었기 때문에, 그저 수술이 잘 끝났다는 말만을 듣고 싶어했다. 그리고 공감의 말을 듣고 싶어했다. 하지만 의사는 이렇게 말했을 뿐이다. "설상가상이라더니, 암이 전이됐더군요."

우리는 듣지 않는다.

우리는 전후 맥락과 예후에 대한 설명 없이 정보를 제공하며, 불확실성을 지속시킨다. 어느 35세 남자에게 심실성 기외수축이 나타났는데, 이는 가슴이 두근거리는 증상을 일으키는 심각하지 않은 부정맥이다. 의사는 그를 진찰한 후 24시간 심박동수 측정, 심초음파, 운동부하검사를 포함하는 일련의 검사를 시행했다. 각각의 검사 후에 의사는 전화로 환자에게 "결과는 정상입니다."라고 말해주었다. 하지만 의사는 환자가 가지고 있는 심장 질환에 대한 두려움에 대해서는 한마디도 해주지 않았으며, "심박동 리듬의 비정상은 흔한 일이고 걱정하실 필요 없습니다."라는 말도 하지 않았다. 안심

이 되지 않았기 때문에, 그 환자는 더 큰 병원을 찾아갔다.

우리는 업무를 부적절하게 위임한다. 환자와 가족들이 정보 이상의 것을 원한다는 것을 우리는 알지 못한다. "당신의 유방 엑스레이 사진이 비정상입니다."라는 말을 듣는 사람은 의사와의 면담을 원한다. 더 많은 정보를 제공하지 못하는 사람에게 의학적 사실을 전달만 하도록 시켰을 때, 환자의 불편함은 커진다. 환자들은 우리와 직접 이야기를 하고 싶어하지만, 우리는 보조 인력을 거치도록 한다. 다리를 놓는 것이 아니라 장벽을 쌓는 것이다.

환자가 화를 내면 우리도 화를 낸다. 하지만 우리는 이렇게 하는 대신 "내 환자의 분노는 무엇을 의미하는가?"라고 질문해 봐야 한다. 우리가 환자의 분노를 해석하고 거기에 대해 이야기하지 못하고 오히려 같은 식으로 반응했을 때 환자의 불편은 가중된다.

우리는 환자를 고립시킨다. 우리가 설명을 잘 하지 못할 때, 전문적인 용어를 쓸 때, 환자의 말을 이해하지 못할 때, 이유를 설명하지도 않고 어떤 치료 행위를 할 때, 실은 모르고 있는데 환자가 알고 있다고 가정할 때, 환자의 불편함은 커지게 된다.

하지만 이러한 오류들 중에 교정 불가능인 것은 없다. "문제가 무엇인지 알면 절반은 해결된 것"이라는 말이 있다. 이러한 문제들을 인지하여 우리의 일상적인 진료, 임상실습 등의 교육과정, 치료의 평가과정 속에서 통합적으로 적용시킨다면, 포괄적인 치료를 향해 조금씩 전진할 수 있을 것이다. 무엇이 부족한지를 깨닫고 거기에서 교훈을 얻을 수 있다면, 우리는 전문가로 성장할 수 있는 기회를 얻는 것이다.

실수

아무리 최선을 다해도 의학적 실수는 일어난다. 의사의 하루 일과를 살

퍼보면(제8장, 제22장 참조) 매일 의사가 얼마나 많은 결정을 하는지 알 수 있다. 좋은 의도에도 불구하고 실수는 일어난다. 퇴역한 군 장성이며 현재 미국의 장관인 콜린 파월에 대해 헨리 루이스 게이츠 주니어는 이렇게 썼다. "[군대 시절의] 그의 이야기는 실수의 연속인 동시에 실수로부터 배우는 과정이었다. 실수들은 격언으로 바뀌었다. 결국 더 이상 많은 실수를 하지 않게 된 그는 행복을 느꼈다."[5]

나는 레지던트 때 저지른 첫 번째 큰 실수 때문에 좌절했었다. 그 때를 생생하게 기억한다. 만성적인 심장 질환을 가지고 있는 한 50세 남자가 심장 리듬에 이상이 생겼고, 나는 그가 복용하고 있는 약 중 강심제 때문일 거라고 생각했다. 나는 강심제를 중단시켰다. 그런데 며칠 후에 낮은 용량으로 약을 다시 시작해야 한다는 것을 잊어버리고 말았다. 일주일 후, 그는 심각한 심부전과 심정지가 왔고 응급으로 소생술을 시행해야만 했다. 그가 일단은 살아났지만, 일주일 후에 죽었다. 비록 선행한 질병이 합병증 및 죽음의 원인이긴 했지만, 나는 나의 실수로 느껴졌다. 나의 실수가 없었다면 이런 일들이 일어나지 않았을 것이었다. 나는 고립감을 느꼈다. 어떤 누구도 이 정도로 크고 심각한 결과를 초래한 실수를 하지는 않을 것이라고 생각한 나는, 어느 누구에게도 이러한 감정을 말하지 않았다. 만일 내가 나의 감정에 대해 동료, 선생님, 친구와 얘기를 나눴더라면, 그 경험으로부터 더욱 많은 것을 배울 수 있었을 것이다.

나는 이제 더 많은 것을 안다. 혼자든 여럿이 함께든, 우리의 그 많은 결정들을 모두 완벽하게 기록하는 일은 불가능하다. 데이비드 힐피커 박사는 자신의 실수에 대해 이렇게 썼다. "학생 때에는 내가 저지르는 실수들이 나를 유능한 의사로 만들어준다는 사실을 미처 몰랐다. 의사에게는 실수가 허용돼야 한다. 실수를 환자들과 나눌 수 있도록 허용돼야 한다. 의술은 그 자체로 충분히 어려운 것이라서, 완벽에 대한 속박까지 감내할 수는 없다."[6]

요즘은 의대 교육과정에 실수에 관한 강의와 토의가 포함되어 있다. 우선 절차상의 실수가 있다. 의사가 처음부터 끝까지 어떻게 문제를 바라보고 처리하는지, 환자와 그 가족들과 어떻게 의사소통 하는지 등에 관한 것이다. 어떤 실수들은 부적절하거나 불완전한 지식에서 비롯된다. 질병을 진단하지 못하거나 치료법을 잘못 선택하는 경우가 그것이다. 힐피커는 실수가 충분한 지식 결여, 기술적인 훈련의 부족, 간단한 부주의, 판단의 오류, 또는 "알기는 하지만 마음이 딴 곳에 가있거나, 강압을 받거나, 힘들어서 하지 않는 것과 같은 의지의 박약 때문에" 일어난다고 서술했다.[7] 또한 태만과 위임의 실수도 있다. 이런 각각의 실수들은 그것 자체의 교정법을 가지고 있다.

　　우리는 실수를 발견했을 때 자연스레 "누구의 잘못이지? 담당의사, 협의진료 의사, 간호사의 잘못인가? 아니면 구조적 모순에서 비롯됐나?" 등을 궁금해 한다. 심지어 "환자의 잘못은 없나? [중요한 정보를 말해주지 않았다거나 의사의 지시를 잘 따르지 않았다거나]" 라고 생각하기도 한다. 하지만 더 좋은 질문은 "무슨 일이 일어났는가?" 이며, 이후 "이 실수에서 무엇을 배울 수 있지?"라고 물음으로써 다음의 발전적인 단계로 나아갈 수 있다.

　　실수 중에는 환자에게 별 영향이 없는 작은 것도 있고, 환자의 죽음과 같은 심각한 결과를 초래하는 것도 있다. 실수는 당연히 의사에게도 영향을 준다. 실수는 의사의 자신감을 떨어뜨린다. 그래서 의사는 실수에 대처하는 법을 알아야 한다.

　　가장 좋은 방법은 실수에 대해 이야기하는 것이다. 의학계의 몇 가지 전통 중에는 "사망 및 합병증 컨퍼런스" 라는 것이 있다. 이는 얘기치 못했던 문제들 및 나쁜 결과들을 주기적으로 살펴보는 것이다. "임상-병리 합동회의(CPC)"라는 것도 있는데, 이는 임상의사와 해부병리의사 등 여러 전문가들이 모여서 진단이 어려웠던 증례를 검토하면서 의사들의 추론 과정을 살펴보는 것이다. 물론 비공식적인 방법으로도 실수에 대한 대화들은 많이 이루어진다. 의사는 늘 나쁜 결과에 대해 검토하고 분석하고 실수에서 교훈을 찾는다. 다음부터는 더 나은 진료를 하기 위해서다. 환자와의 커뮤니케이션에서 문제가 발생했을 때도 동료와의 대화를 통해 비슷한 이득을 얻을 수 있다. 우리는 결국 같은 실수를 반복하지 않기 위해서 애쓰는 것이다.

학생 중 한 사람이 의사라는 전문 직업의 특징에 관해 다음과 같이 서술했다. "의사의 실수 자체는 비난 받을 이유가 없다. 하지만 실수를 통해서 아무 것도 배우지 못하는 의사는 비난 받아 마땅하다." 실수를 인정하고 그것으로부터 교훈을 얻는 것은 훌륭한 의사, 그리고 진정한 전문가가 되는 과정의 일부다. 다음 장에서는 "전문가란 무엇인가?"에 대해 좀 더 심도 있는 이야기를 나눌 것이다.

제16장

전문가로서의 의사

"여기… 자기가 하는 일이 무엇인지 알고 있는 사람이 있다."

유능한 내과의사인 내 친구는 뉴잉글랜드의 조그마한 마을에서 진료를 시작했다. 그는 어느 토요일 오전에 그의 동료 의사의 환자들 회진을 돌았다. 1970년 초기 그 당시에, 그는 일종의 히피족이었다. 플란넬 셔츠를 입고 샌들을 신었으며, 턱수염과 꽁지머리 차림이었다. 첫 번째 환자는 80세의 어느 백인 귀족의 미망인이었는데, 그녀는 그의 옷차림을 눈여겨보더니 그를 곧바로 내쫓아 버렸다. 그녀는 앙칼진 목소리로 "당신한테 치료를 받지 않겠어요!"라고 말했다. 그녀가 의미한 것은 "나는 당신을 모르지만, 당신의 외모로 평가했을 때 당신이 매우 특이하다는 것을 알 수 있어요. 내가 지금 필요한 것은 의사입니다. 내가 원래 진료를 받아온 의사-올바르게 옷을 입은 의사, 진짜 의사 말입니다." 그 친구의 히피족 같은 외면은 의사답지 못했고, 그녀는 그에게 더 이상 관심을 두지 않았다.

나는 학생들에게 "전문직이란 무엇인가?"에 관해 묻기 위해, 또 전문가로서 의사의 역할이란 무엇인가에 대해 강의하기 위해 이 얘기를 하곤 한다. 의사는 단순히 해부학, 조직학 등과 같은 과목을 공부하고 진단과 치료 방법에 능숙한 기술자일 뿐인가? 누구의 입장에서부터 우리는 이 이야기를 시작해야 하는가? 학생? 의사? 병원, 정부, 보험회사, 관련 학회 같은 제3자? 아니면 이 모두?

흉통을 앓고 있는 친척에게 사람들은 "남편이 흉통을 앓고 있었을 때, 의사가 그에게 운동부하검사를 했었어."라고 조언을 해주기도 한다. 또, 소방관은 두통이 있는 사람의 혈압을 재고서는 "혈압은 정상이시네요."라고 하기도 한다. 그렇다면 과연 의사를 이 선의의 사람들보다 더 뛰어나게 만드는 것은 무엇인가? 무엇이 의사를 전문가로 만드는가? 이에 대한 답변과 통찰은 의학과 관련이 없는 사람들의 이야기를 들어봄으로써 얻을 수 있다.

내 자동차는 오래 전부터 알고 지내는 어느 자동차 정비공이 관리해 준다. 나는 차가 어떤 원리로 작동하는지 전혀 모른다. 그래서 차를 수리하러 가면, 정비공의 모든 판단을 신뢰하고 이에 의지한다. 그는 차를 점검하고 앞으로 어떤 방식으로 수리할 것이며 또 어떤 방식으로 수리했다고 말해주지만, 왜 수리를 하는지에 대해서도 친절히 설명해 주는 점이 가장 맘에 든다. 기술자의 선을 넘어, 그는 자동차에 관해 잘 모르는 내게 이해하기 쉬운 말로 차에 어떤 문제가 있는지를 얘기해 준다. 그는 나에게 어떠한 부품은 정비를 해야 적당하고 어떠한 것은 아닌지, 그리고 차를 언제 교체해야 하는지까지 말해준다. 자동차 정비로 가정을 꾸리는 그가 수익을 남기기 위해 그러는 것일 수도 있겠지만, 나는 그가 나에게 거짓을 말할 것이라고는 생각하지 않는다. 우리의 첫 만남이 이를 증명한다. 예전에 차의 속도가 시속 30킬로미터만 넘어가도 차체 뒷부분이 흔들거렸던 적이 있다. 이 정비공은 그 원인을 찾아냈으며, 타이어를 교체해야 한다고 했다. 그는 내게 타이어 가게를 소개시켜 주었고, 그의 점검이나 조언에 대해 전혀 금전적인 요구를 하지 않았다. 나는 수업시간에 그를 초빙하여, 그를 전문가로 만드는 자질에 대해 강연해달라고 부탁했다.

전문가가 된다는 것은 기술적인 능력을 갖추고 해답을 찾기 위해 어디로 가야 하는지 아는 것이다. 당신이 모르는 것은 계속 배우게 될 것이다. 진정한 전문가들은 그 배움의 기회를 잡는다. 새로운 고객들과의 만남, 선택 가능한 방법들에 대한 토론, 통합하는 능력, 설령 고객이 원하지 않더라도 그들에게 최고의 상품을 선사하는 것이다. 그리고 실수를 한다면, 솔직하게 행동하는 것이 중요하다. 원인을 분석하는 것은 무엇이 옳으며 무엇이 그른지를 발견하는 데에도 도움이 된다. 상대에게도 이를 알리고, 문제를 기회로 만들 수 있도록 일하는 것에 즐거움을 가져야 한다.

그는 교훈적인 말로 마무리를 지었다. "당신이 이러한 자질을 갖고 있지 않다면, 당신의 손님은 두 번 다시 당신을 찾지 않을 것이다."
대형병원에 근무했던 한 홍보 전문가를 수업 시간에 초빙한 적도 있다. 그녀는 자신의 직업을 "연구원, 교수, 참견꾼, 작가, 그리고 변호사 등등, 마치 병원 곳곳에 내 자리가 있는 것처럼 일하죠."라고 표현했다. 그리고 다음과 같이 말했다.

의사소통은 쌍방향이다. 이는 피드백 없이는 존재할 수 없는 것이다. 완전함과 정직함은 고객들이 듣고 싶어하는 것을 말하는 것보다 훨씬 더 중요하다. 내 직업은 고객들이 더 좋은 상황을 생각하도록 격려하는 것이다. 나는 고객과 마주보고 테이블에 앉는 것이 즐겁다. 전문가가 된다는 것은, 마치 학교 선생님처럼, 자신의 생각을 전달하는 데서 편안함을 느끼는 것이다.

어느 작은 음반회사의 사장은 아래와 같이 언급한 바 있다.

지금의 내가 있기까지 내가 겪은 모든 경험들, 내가 싫어했던 직업들, 무엇이든 하고자 했던 열정… 나는 이를 모두 연관시킨다… 자신의 일을 즐기는 사람들과 일을 하고, 사람들에게 완전함과 정직으로 음악을 제공하고, 인간관계에 있어 정직함과 완전함으로 협상하는 것을 배웠듯, 나는 내 일에서 매일 새로운 사실을 배운다. 이렇게 나는 매 순간 배운다.

홍보 전문가는 유대에 대해 이야기했다. 중요한 고객이 그에게 전공인 홍보 분야 외의 것에 대해 문의했을 때도, 그는 고객에게 자신이 알고 있는 그 분야의 전문가를 소개해 주겠다고 했다. 고객은 그가 실제로 일에 연관되어 있지 않음에도, 그가 자신을 돕는 사람이라 믿고 그에게 그 일의 감독을 부탁했다.

또 다른 연사로는 국제적인 "양돈 중개상"이 있었다. 그는 생산과 판매를 연결해주는 중간 상인이었다. 하지만 그는 또 다른 곳의 연결고리가 되어주었다. 그는 자신이 일하는 시장에 관한 지식을 바탕으로, 생산자들에게 새로운 작업방식을 추천해 주었고 이를 통해 그는 도살장에서 버려지는 돼지 비계를 사용할 수 있는 새로운 아이디어를 선보였다. 그가 습득한 것을 새로운 분야에 새로운 방법으로 적용한 것이다.

이 모든 사람들은 소위 말하는 "전문가"이다. 전문가가 되기 위해서, 자동차 정비공 같은 몇몇 사람들은 특수한 지도를 받기도 한다. 반면, 홍보 전문가와 양돈 중개상은 따로 지도를 받지 않고 그저 직접 일을 하며 배워 나간다. 이 모든 직업들엔 전문가의 자질이 요구된다. 그들은 믿음직스럽고, 수익에 연연하지 않는 중립된 모습을 보인다. 또한 고객과 늘 대화하고, 고객들이 쉽게 이해할 수 있도록 노력한다. 그들은 자신들을 평가하고 상대와 타협하는 데 능하며, 타인의 한계를 안다. 어려운 상황에 닥친 고객의 문제를 미리 파악하여, 문제가 있을 때는 새로운 시각으로 접근하고, 훌륭한 아이디어를 선보인다. 그들은 사람과 아이디어를 연결하는 역할을 하고, 고객들이 가능한 유리할 수 있도록 기회를 만들어낸다. 무엇보다 그들은 풍부한 경험을 갖고 있다. 이는 그들이 이미 과거의 경험으로부터 무엇을 주의해야 하는지 배웠고, 또 그에 비추어 어떤 문제가 일어날 것이며 어떻게 행동해야 하는지 잘 알고 있다. 그들은 일에 대해 열정을 갖고 있고, 일에서 즐거움을 얻는다. 관계를 맺기 위해 고객과 만난다. 그리고 이런 관계가 형성되지 않았다면, 그들은 그만큼 일을 효율적으로 할 수 없었을 것이다.

한 분야의 전문적인 능력은 다른 곳에서도 발휘될 수 있다. 어느 한 회사의 사장은 전혀 다른 회사의 사장으로도 어려움 없이 옮겨갈 수 있다. 그런 경우에도 그는 자신의 경험과 통찰력으로 쉽고 효율적인 업무 처리를 할 수 있는 것이다. 단지 그는 새로운 환경에서 추가적으로 요구되는 능력들만 익히면 된다. 전혀 다른 분야에서 일하던 사람을 영입하는 것이 더 긍정적인 효과를 가져다 줄 수도 있다. 선입견 없이 창의적인 시각으로 문제를 바라볼 수 있기 때문이다. 따라서 정육점 주인이 병원 목사가 되는 것도, 한때는 교사였던 사람이 음반회사 간부가 되는 것도 전혀 놀라운 사실은 아니다.

의사의 전문가적 자질

전문지식과 기술 외에 어떠한 재능이 의사를 전문가로 만드는가? 조금은 복잡한 다음 증례를 보면서 생각해 보자.

목 부위의 손상으로 척수가 눌려 팔의 근력이 떨어진 42세의 남성이 경추 융합 수술을 받고, 목 보호대를 착용했다. 수술이 끝나고 이틀 후에, 그는 심한 정신착란 상태에 빠졌다. 간호사는 그가 이런 상태에 빠진 이유가 진통제로 쓰인 정맥 모르핀과 관련이 있다 생각했다. 신경외과의사는 내과에 협의진료를 요청했다. 내과의사는 진료기록을 검토하고 그의 가족과 대화를 나누고 몇 가지 검사를 시행하면서 원인을 찾아보았다.

내과의사는 모르핀과 코르티코스테로이드 투여를 중단했고, 착란을 유발할 수 있는 다른 약물도 몇 가지 중단했다. 그러자 그의 상태는 점차 나아졌다. 하지만 그 직후, 환자에게 호흡정지가 왔다. 아마도 위 내용물이 폐로 흡인되었기 때문인 듯했다. 결국 그는 며칠 동안 인공호흡기 신세를 져야 했다. 인공호흡기를 뗀 이후에는 연하 장애가 생겼다. 신경외과의사는 수술 중의 기도 삽관으로 인해 기도 상부가 부었기 때문이라 추측했지만, 다른 환자에게서 이런 상황이 발생하는 것을 본 적이 없었다. 결국 신경외과의사와 내과의사는 신경과에 협의진료를 의뢰했다.

신경과의사에게도 이는 처음 겪는 상황이었다. 그는 병력과 진료기록을 검토하고 환자를 정밀하게 검사한 결과, 뇌신경 결함과 뇌간 기능 이상 등을 시사하는 신경학적 징후들을 발견했다. 신경과의사는 의학 문헌들을 좀 더 검토한 후, 내과의사와 논의를 거쳐 뇌간 및 상부 척수에 대해 MRI 검사를 실시하기로 했다.

MRI 결과는 신경과의사의 판단이 옳았음을 보여주었다. 하지만 특별한 치료약이 있지는 않았고, 수술이 필요한 상황도 아니었다. 시간이 가면 저절로 증상이 호전될 것이라 예상되었다. 결국 환자는 추가적인 흡인성 폐렴을 예방하는 차원에서 한동안 튜브로 음식물을 섭취했고, 목 보호대를 착용한 채 물리치료를 받았다.

이 과정에서 환자와 그의 부인은 날이 갈수록 절망하고 분노하고 우울해졌다. 내과의사는 지속적으로 그들에게 환자의 상태를 알려주고 심리적 지원도 해 주었다.

퇴원 이후, 환자는 신경과 외래에서 신경 및 근육의 기능에 대해 검진을 받았고, 신경외과 외래에서도 진료를 받았다. 한 달 혹은 두 달 간격으로 내과 진료도 받았다.

위 증례를 단계적으로 살피며 분석해 보면 전문가로서의 의사의 역할에 대한 통찰을 얻을 수 있을 것이다. 증례를 다시 살펴보자.

목 부위의 손상으로 척수가 눌려 팔의 근력이 떨어진 42세의 남성이 경추 융합 수술을 받고, 목 보호대를 착용했다. 수술이 끝나고 이틀 후에, 그는 심한 정신착란 상태에 빠졌다. 간호사는 그가 이런 상태에 빠진 이유가 진통제로 쓰인 정맥 모르핀과 관련이 있다 생각했다. 신경외과의사는 내과에 협의진료를 요청했다.

전문가들은 훌륭한 기술을 갖추고 있다. 신경외과의사는 척수 손상을 진단하고 이를 바로잡는 수술을 할 줄 안다. 내과의사는 착란 상태의 감별 진단을 어떻게 하는지, 어떻게 치료하는지, 재발 방지를 위해 무엇을 해야 하는지를 알고 있다. 어떤 기술은 겹치기도 한다.

전문가들은 어떤 문제가 얼마나 긴박하고 시급히 해결되어야 하는지 *안다.* 대부분의 목 손상은 응급처치를 필요로 하지 않지만, 팔의 근력이 떨어지는 등의 신경학적 증상이 나타날 경우 응급조치를 취해야 영구적인 장애를 예방할 수 있다.

전문가들은 문제의 핵심을 파악하고 이를 다루는 *방법을 안다.* 의사들이 지식, 경험, 지혜와 상식 등을 활용하지 않는다면, 중요한 상황에서 올바른 판단을 내리지 못할 것이다. 이런 것들은 모두 최상의 결과를 얻기 위해 필수적인 요소들이다. 앞의 사례에서, 우리는 착란과 연하장애의 원인을 간과해서는 안 된다. 또한 치료의 인간적인 측면도 무시해서는 안 된다.

전문가들은 자신의 한계를 알고 언제 도움을 요청할지 알며, 의학이 협력을 통해 이루어지는 것임을 *안다.* 그들은 자신의 능력과 한계를 인정하며, 병원 전체의 도움이 언제든 유효하며, 이들로부터 도움이 되는 제안들을 얻을 수 있다는 것도 안다. 심지어 환자로부터도 도움을 얻을 수 있음도 안다.

전문가들은 시스템 안에서 효율적으로 일하는 *방법을 안다.* 의사들은

병원이 어떠한 방식으로 운영되는지, 어떠한 방식으로 일을 해야 신속하게 일이 진행되는지 안다. 또한 이들은 장애에 부딪혔을 때, 누구에게 도움을 청해야 하는지도 안다. 훌륭한 정비공들처럼 그들은 서로 도우며 일하는 방법을 안다. 오랜 세월 일해 자신의 분야에 정통한 육군 하사처럼, 의사들은 그들의 앞길을 막는 장애물들을 피해갈 방법을 알고 있다. 환자가 또 다른 치료법에 대해 물을 때, 전문가들은 무조건 그 요청을 들어주는 것이 아니라 적절한 정보 전달과 판단을 통해 환자에게 가장 적절하면서 환자의 요구에 부합하는 치료법을 선택해 준다.

내과의사는 진료기록을 검토하고 그의 가족과 대화를 나누고 몇 가지 검사를 시행하면서 원인을 찾아보았다.

전문가들은 문제가 생기면 여러 시각으로 접근하며, 그 과정에서 융통성을 발휘한다. 그들은 문제를 정확히 파악하고 해결하기 위해 눈에 보이는 것 이상을 바라볼 줄 안다. 그들은 진단과 치료를 위해 주의 깊게 접근하여 가능한 모든 방안을 고찰한다. 그들은 절대 급히 결론을 내리지 않는다. 대부분의 의학적 문제들의 해결책이 정해져 있지만, 몇몇 경우에는 창의적인 방법을 필요로 한다. 진정한 전문가들은 눈에 띄는 정보들만으로 판단하지 않고, 병력과 진찰과 증상의 발현 간격과 다른 여러 자료들을 총동원한다. 유연하고 창의적인 판단을 위해 부적절하게 좁은 시각은 피한다.

이 사례에서 내과의사는 착란 상태의 원인이 약물 때문이라고 성급히 결론짓지 않았다. 대신 그는 "오랜 마취를 견딘, 그리고 정맥으로 영양 공급을 받고 있는 수술 직후의 환자가 착란을 일으킬 수 있는 가능한 원인들은 무엇일까?"를 고민했다. 그리고 다음과 같이 감별진단을 시도했다.

- 모르핀 혹은 코르티코스테로이드 약물로 인한 증상 — 약물 투여 중단
- 뇌졸중 — 신경학적 검사 시행
- 폐렴 — 폐 청진 및 흉부 엑스선 촬영
- 전해질 장애 — 혈중 전해질 농도 확인
- 산과 염기 수치의 불균형 — 환자의 혈중 pH 확인
- 저산소혈증 — 혈액 가스 분석
- 저혈당증 — 혈당치 확인
- 빈혈 — 헤모글로빈 수치 확인
- "무증상" 심근경색 — 심음 청진 및 심전도 확인

모든 검사의 결과가 정상이었다. 착란이 약물 때문에 일어난 것이라는 간호사의 생각이 결과적으로는 옳았지만, 의사는 "착란 상태의 원인이 무엇인가"라는 질문에 대한 가능성 있는 모든 답변들을 알고 있어야 한다. *전문가들은 무엇이 잘못될 수 있는지, 그리고 어떤 질문을 해야 하는지 안다.*

내과의사는 모르핀과 코르티코스테로이드 투여를 중단했고, 착란을 유발할 수 있는 다른 약물도 몇 가지 중단했다. 그러자 그의 상태는 점차 나아졌다. 하지만 그 직후, 환자에게 호흡정지가 왔다. 아마도 위 내용물이 폐로 흡인되었기 때문인 듯했다. 결국 그는 며칠 동안 인공호흡기 신세를 져야 했다. 인공호흡기를 뗀 이후에는 연하 장애가 생겼다. 신경외과의사는 수술 중의 기도 삽관으로 인해 기도 상부가 부었기 때문이라 추측했지만, 다른 환자에서 이런 상황이 발생하는 것을 본 적이 없었다. 결국 신경외과의사와 내과의사는 신경과에 협의진료를 의뢰했다.

신경과의사에게도 이는 처음 겪는 상황이었다. 그는 병력과 진료기록을 검토하고 환자를 정밀하게 검사한 결과, 뇌신경 결함과 뇌간 기능 이상 등을 시사하는 신경학적 징후들을 발견했다. 신경과의사는 의학 문헌들을 좀 더 검토한 후, 내과의사와

논의를 거쳐 뇌간 및 상부 척수에 대해 MRI 검사를 실시하기로 했다.

전문가들은 의학 문헌(교과서나 저널도 포함하여)을 제대로 볼 줄 알며, 필요한 의학 정보를 어디서 어떻게 찾아야 하는지를 안다.

전문가들은 과거에 전혀 접하지 못한 새로운 문제에 직면하더라도 그 문제를 해결하기 위해 사용하는 관습적인(routine) 방법들을 알고 있다. 관습적인 방법들을 통해 우리는 처음 다루는 문제들의 해결책도 효과적으로 찾을 수 있다. 의사들이 받는 훈련 중 하나가 이런 관습들을 배우는 것이다. 이런 상황을 겪어보지 않았지만, 신경과의사는 관습에 의거하여 다음과 같은 질문들을 던졌다.

· 문제를 어떻게 명명할 것인가? 그는 '연하장애(음식을 잘 삼키지 못함)'이라 명명했다.

· 질병이 어디 있나? 신체 어느 부분이 원인인가? 처음엔 식도에 문제가 있다고 생각했지만, 신경학적 검사 결과 뇌간에 위치한 뇌신경이 원인이었다.

· 이러한 상황이 어떻게 발전할 수 있나? 피떡으로 인해 영구적인 뇌간 손상이 발생할 수 있고 허혈도 나타날 수 있다.

· 어떠한 해결책이 있고 무엇이 최선인가? 다른 특별한 치료 없이 시간의 경과를 기다리는 것이 최선의 선택이다.

신경과의사는 의학 문헌들을 좀 더 검토한 후, 내과의사와 논의를 거쳐 뇌간 및 상부 척수에 대해 MRI 검사를 실시하기로 했다.

전문가들은 협력이 지속적 과정임을 안다. 신경과의사와 내과의사가 논의하며 서로에게 질문함으로 더 많은 정보를 알 수 있었고, 가설을 재검토

했으며, 뇌간 이상이 생길 수 있는 다양한 원인들을 살펴보았다. 그리고는 복잡한 검사를 시행했다. 신경과의사, 내과의사, 그리고 신경외과의사는 같은 팀의 일원으로서 협력했다. 또한 그들은 더 능률적인 작업을 위해 이 모든 과정을 총괄할 누군가가 있어야 한다는 사실을 알았고, 그 역할을 내과의사에게 맡겼다. 조화로운 협력 과정이 이루어지지 않으면 잘못된 결과가 초래될 위험이 증가한다.

MRI 결과는 신경과의사의 판단이 옳았음을 보여주었다. 하지만 특별한 치료약이 있지는 않았고, 수술이 필요한 상황도 아니었다. 시간이 가면 저절로 증상이 호전될 것이라 예상되었다. 결국 환자는 추가적인 흡인성 폐렴을 예방하는 차원에서 한동안 튜브로 음식물을 섭취했고, 목 보호대를 착용한 채 물리치료를 받았다.

이 과정에서 환자와 그의 부인은 날이 갈수록 절망하고 분노하고 우울해졌다. 내과의사는 지속적으로 그들에게 환자의 상태를 알려주고 심리적 지원도 해 주었다.

퇴원 이후, 환자는 신경과 외래에서 신경 및 근육의 기능에 대해 검진을 받았고, 신경외과 외래에서도 진료를 받았다. 한 달 혹은 두 달 간격으로 내과 진료도 받았다.

전문가들은 혼란을 최소화하기 위해 노력한다. 그러기 위해 그들은 체계적으로 환자와 그의 가족의 문제들의 총합에 접근한다. 이 경우 환자의 입원 당시에는 비교적 단순해 보였던 과정(수술, 수술 후 관리, 그리고 퇴원)이 혼란스러워졌다. 환자와 그의 가족에게 이 모든 사실을 전해주고 정확히 해석해 줌으로써, *전문가들은 그들에게 통합적인 메시지를 주고 확신을 주고 정서적 지원을 해 준다.* 더 이상 변경해야 할 치료법이 없고, 지속적으로 시행해야 할 검사가 없더라도, 환자와의 정기적인 만남을 통해 그들의 걱정과 불확실성에 대한 부담감을 덜어줘야 한다. 이 사례에서는 내과의사가 환자

와 그의 부인에게 정보를 전해주는 최종 통로 역할을 했다.

전문가들은 행동이 일치한다. 언제 누구를 만나든 상관없이, 절대 개인의 기분 상태에 따라 행동해서는 안 된다. 의사들은 환자를 대할 때 매사에 한결같아야 한다.

전문가들은 환자와 그의 가족을 존중하는 태도로 대해야 한다. 의사는 환자와 그 가족들이 병을 해결하는 모든 과정에 있어 항상 도움이 될 수 있도록 하고, 가족 구성원 개개인이 질병에 대해 다른 시각을 갖고 있으며 환자와의 관계도 각기 다름을 인지해야 한다.

전문가들은 수익에 관해서는 중립적인 태도를 보인다. 의사는 환자로부터 수익을 남기려고 하지 않는다. 환자에게 필요한 것이 최우선이다. 더 나은 서비스를 제공함으로써 더 많은 수익을 올리게 되는 경우가 있겠지만, 그건 환자에게 꼭 필요하기 때문에 행해지는 것이어야지 다른 무엇이어서는 안 된다. 외과의사는 꼭 필요할 때에만 수술을 한다. 소화기내과의사도 꼭 필요한 경우에만 시술을 한다. 정신과의사는 환자를 부족하지도 과하지도 않을 정도로만 만난다. 내 자동차 정비공이 내게 했던 것처럼, 의사도 발목을 접질렸다거나 가벼운 외상을 입은 정도의 상황에서 진찰할 경우엔 환자로부터 진료비를 받지 않는 경우도 있다. 의사에게 수익이 없다 하더라도, 그는 환자를 위해 자신의 시간을 투자하고 정성스럽게 진찰을 해준다.

전문가들은 환자와 그의 가족이 쉽게 이해할 수 있도록 말을 한다. 의사와 환자 사이의 효과적이지 못한 의사소통은 서로간의 교류에 많은 어려움을 가져다준다.

전문가들은 환자의 편이다. 위의 사례를 보면, 환자가 진료받는 내내 내과의사는 여러 방면에서 그의 편에서 행동한다는 것을 알 수 있다. 그는 연하장애의 원인으로 기도삽관을 지목함에 있어 신중함을 보였고, 본인이 원인을 알 수 없을 때 신경과의사의 진찰을 제안했다. 또 내과의사는 환자가

퇴원한 후에도 그의 전반적인 관리를 맡았으며 환자와 그의 부인이 결정을 내리는 데에도 많은 도움을 주었다. 다른 의사들과의 협진에서도 전체적인 조정 역할을 맡았다.

전문가들은 연결고리를 찾고 활용한다. 우리는 여러 전문가들과 협력한다. 의사들은 그들의 경험과 새로운 상황을 연관시켜 생각하고, 한 상황에서 배운 것을 다른 상황에 적용하기도 한다. 지식과 아이디어를 연관짓기도 한다. 문제들을 서로 연관지어 생각하기도 한다. 두 개의 질병이 한 환자에게 함께 있을 때, 어느 치료법을 먼저 선택할지, 하나의 질병에 대한 치료법이 다른 질병에는 오히려 역작용을 일으키지 않을지 일일이 연관지어 생각한다. 또한 여러 문제들을 동시에 다루기도 한다.

전문가들은 예측할 수 있다. 그들은 잘못될 수 있는 경우들을 안다. 그리고 예측하지 못한 사건을 어떻게 하면 최소화할 수 있는지 안다.

전문가들은 자신의 일을 평가하고 비판할 줄 안다. "내 결정은 우연인 것이었나, 아니면 내 경험에 바탕을 둔 신빙성 있는 것이었나? 다른 어떤 결정이 가능했었나?"라고 자신에게 묻는다. 우리는 우리가 한 실수를 기꺼이 인정한다. 우리는 항상 공부하는 자세를 취한다.

"전문가는 일하기 싫을 때도 최선을 다해 일한다."[1] 소설가 제임스 어게잇은 이렇게 말했다. 누구나 피곤할 때나 개인적으로 힘든 고민이 있을 때나 환자와의 사이가 좋지 않을 때에는 일하기 싫을 수도 있는 것이다.

끝으로, 어려운 상황에 닥치거나 까다로운 환자를 만났을 때에도, *전문가 중의 전문가는 "이 환자, 참 흥미로운걸."이라고 말할 수 있어야 한다.*

판단

전문가들은 판단해야 한다. 이는 매우 중요한 자질 중 하나이다. 심장

내과의사들은 어떤 환자에게 우회수술을 할지 말지 정해야 하며, 이 판단의 과정을 학생들에게 가르친다.

흡연을 하지 않고 대체로 건강한 50세 남자에게 흉통이 반복되었다. 운동부하검사 결과는 양성이었다. 혈관조영술 결과 3개의 주요 관상동맥이 모두 좁아져 있었다. 교수는 학생들에게 "이 환자에게 관상동맥우회수술을 권유할 사람, 손들어 보세요."라고 말했다. 그러자 모든 학생들이 손을 들었다. "자, 이번엔 상황을 좀 바꿔보겠습니다. 그의 나이가 80세이고 하루에 시가를 10개씩 피운다고 합시다. 그래도 수술을 권유할 사람, 손들어 보세요." 이번에는 아무도 손을 들지 않았다. 교수는 말을 이었다. "두 달 전, 우리는 조지 번즈를 수술했습니다. 그리고 그는 완전히 회복되었습니다."

[조지 번즈는, 우리가 익히 아는, 오랫동안 시가를 피운 코미디언, 바로 그다. 그는 80세에 관상동맥우회수술을 받은 후에도 20년을 더 건강하게 살았다.]

특정 연령이 지났거나 흡연자의 경우에는 심장수술을 하지 말라는 식의 규칙들은 유용한 가이드라인이지만, 그건 단지 기본일 뿐이다. 환자들을 일일이 주의 깊게 지켜보면, 그들의 특징을 정확하게 분석하여 다른 환자와 구별할 수 있다. 아마 번즈는 유명 인사였기 때문에 의사들이 더욱 관심을 가졌을 것이다. 하지만 이 유명 인사의 사례는 새로운 의문을 제시한다. 나이가 절대적인 기준인가? 아니면 누군가의 지성, 능력, 활력, 가족관계 등을 두루 고려해야 하는 것인가? 흡연자들에겐 그 이상 좋은 방법이 없음에도 절대적으로 수술을 금해야 하는가? 판단이란, 특정한 질문을 언제 해야 하는지 아는 것과 해답을 구하는 방법을 아는 것 모두를 의미한다.

경험은 판단을 내리는 데에 있어 중요한 역할을 한다. 판단은 "작은 것들의 총합"[2]이라 불리는 세세한 것들에 대한 주의를 포함하며, 이처럼 자잘한 것들을 통합하여 임상적 결정을 내리는 것도 포함한다. 환자를 치료하는 일은 요리책을 보고 음식을 만드는 것과는 전혀 다르다. 판단이 중요한 다른 사례들 몇 개를 보자.

· 환자가 담석이 있고 복통이 재발했을 때: 담석이 있다고 항상 통증이 유발되는 것은 아니다. "이 통증이 담석 때문인가? 수술을 할 것인가?" 이런 질문에 답을 주는 검사 따위는 없다. 의사가 직접 판단해야 한다.

· 수년간 요통을 앓다가, 일주일 전부터 통증의 강도가 세졌을 때: 의사는 이 변화가 요통에서 유발된 것인지 혹은 암과 같이 다른 질병에서 유발된 것인지 판단해야 한다.

· 40세의 남성이 부정맥이 있을 때: 비록 응급상황은 아니더라도, 의사는 검사 일정을 앞당길 것인지 말 것인지 결정을 해야 한다. 검사가 늦어지면 환자의 불안이 가중되기 때문이다.

· 건강검진에서 혈액 검사 결과가 비정상으로 나왔지만 환자는 아무런 증상이 없을 때: 의사는 더 복잡한 검사를 진행할 것인지 여부를 결정해야 한다.

판단은 직관 이상의 것이다. 이는 병력, 이학적 검사, 검사실 검사, 임상적인 맥락, 그리고 정신사회적 요인 모두에 대한 통합적 사고다. 판단이란 한 가지 사실을 여러 관점으로 바라보는 것이고, 그 각각을 지식을 통해 검증하는 것이다. 전문가들은 여러 가지 해답이 있을 수 있음을 안다. 의학의 본질을 이해하기 위해서는 열린 마음, 즉 "이것을 다른 시각에서 볼 수는 없을까?"라고 묻는 자세가 필요하다. 판단의 요소를 더 상세히 분석할수록 우리는 그 과정을 더 잘 교육할 수 있다.

의사가 내리는 무수히 많은 판단 중에서 가장 중요한 것 중의 하나는, 환자가 심각한 질병을 앓고 있는지 아닌지를 판단하는 것이다.

32세의 여성이 수개월간 반복되는 두통 때문에 의사를 찾아갔다. 신경학적 징후는 전혀 없었고, 평일에 주로 발생하는 그녀의 두통은 남자친구와의 불확실한 관계로 인해 악화되는 것으로 보였다. 이학적 검사 결과도 정상이었다. 의사는 그녀에게 일단은 더 이상 검사를 받지 않아도 된다고 말했다. 다음 단계는 정신사회적 문제에 관해 이야기하는 것이었다. 한 달 후 그녀가 다시 왔을 때, 두통은 사라져 있었다.

환자에게 심각한 질병이 없다는 잠정적 판단을 신속히 내리는 것만이 중요한 것이 아니다. 때로는 정신사회적 문제를 언급하는 것이 매우 중요하다. 그녀의 증상이 가지는 여러 차원들을 간과할 경우, 환자가 자신의 삶에 관해 이야기할 기회를 없애버리게 된다. 이 모든 일에 판단이 필요하다.

결국 "의사가 전문가라는 것의 의미는 무엇인가?"라는 질문을 누구의 입장에서 던질 것인가 하는 문제가 남는다. 환자? 의사? 제3자? 아니면 이 모두? 실제로는 이 모든 것들의 총합이 되어야 한다.

의사가 환자의 요구를 받아주지 않는다면 자연히 이 체계는 성립할 수 없게 된다. 하지만 의사는 환자의 요구사항이 현명하지 않고 이치에 맞지 않는다면 이에 동의할 수가 없다. 이런 환자와 동료들간의 관계에 있어 의사는 그들만의 전문적인 기준을 적용하게 된다. 병원, 정부, 보험회사, 그리고 관련 단체들 등의 제3자들은 흔히 환자와 의사에게 유용한 자료(가격, 사회에 미치는 파장, 표면화되지 않은 사회의 요구, 효과적이거나 혹은 비효과적인 치료방안)를 제공한다. 하지만 제3자의 의견이 전문가의 견해나 환자의 요구를 침해할 때에는 부적합한 의견이 된다. 그리고 이런 경우의 해결책은 결국 "환자는 이 모든 드라마의 주인공"이라는 관점에서 찾아진다. 그리고 의사는 "이런 딜레마를 통해 어떤 교훈을 얻을 수 있는가"를 묻게 된다.

아폴로 13호의 이야기는 내게 "전문직이란 무엇인가?"에 대해 깊이 생각할 수 있는 기회를 마련해 주었다. 영화에 나온 것처럼, 우주선은 달로 향하는 중간쯤 망가져버렸고, 우주 비행사 3명의 목숨은 위태로운 상태였다. 문제는 그들을 우주왕복선 안에 있는 장치와 한정된 에너지로 구조해야 한다는 것이었다. 여러 전문가들이 나름의 해결책을 제안했다. 새로운 기술과 장비가 그들의 구출에 필요했지만, 이런 것들은 충분한 시간이 없다면 소용없는 것들이었다. 이를 다시 검토해보고, 가능한 자원들을 모두 사용하고, 각 분야의 전문가들과 협력하는 것이 필요했고, 이 모든 것을 총괄하며 사람들의 사기를 유지해줄 존재가 필요했다. 우주인들의 생명을 구한 것은 지혜, 교묘함, 상식, 효율성, 그리고 협력이었던 것이다.

앞에서 언급했던 뉴잉글랜드 의사와 백인 귀족 미망인간의 대화에서, 무엇이 잘못됐던 것일까? 그 상황에서는 어떻게 해야 했던 것일까? 무엇이 의사를 "비전문적"으로 만들었는가? 그 상황에서, 두 사람, 즉 의사와 환자는 모두 패배한 것이라 할 수 있다. 백인 귀족 미망인은 훌륭한 의사를 놓친 셈이고 뉴잉글랜드 의사도 그에게 많은 도움이 됐을지 모르는 환자를 놓쳤기 때문이다. 만약 누군가가 자기 자신을 "의사"라고 부를 거라면, 당연히 의사처럼 행동해야 할 것이다. 첫인상 역시도 중요하다. 우리가 좋든 싫든, 우리의 뜻과는 무관하게, 많은 사람들은 첫인상으로 우리를 판단하곤 한다. 그 후, 그들 나름의 그림을 그려나간다. 감염 증상 때문에 "격리" 중이던 환자를 처음 봤을 때, 나는 그에게 마스크를 착용하지 않은 나의 맨얼굴을 먼저 조심스레 보여주었다. 그 작은 행동 하나로 인해 그는 나란 사람에 대해 단편적이지 않은 전체적인 모습을 보았을 것이다. 학기 초에 첫 수업을 할 때, 나는 격식을 갖추어 옷을 입는다. 그래야 학생들이 나를 의사라는 인상을 갖고 보게 되기 때문이다. 그 인상이 각인된 다음에는 편하게 옷을 입고 다닌다.

환자들은 병원에 대해, "책임감이 있으며 자기 일을 제대로 하는 사람들이 있는 곳"이라 말하고 싶어한다. 그들은 의사가 너무 모자라지도 않고 지나치지도 않을 때에 편안함을 느낀다. 의사의 '전문성'은 환자를 보호하는 데 있어 규칙이나 법률이나 자격증보다 더 중요한 것이다. 사실 이 전문성이란 그리 획득하기 어려운 것이 아니며, 필수적으로 가져야 하는 덕목이다. 이는 의사라는 직업의 일부라고도 할 수 있으며, 훌륭한 의사라면 누구나 갖고 있는 것이다. 전문성이라는 가치는 의사들을 자극함과 동시에 의사들이 자신의 직업을 즐기고 그에 빠져들 수 있도록 하는 것이다.

다음 장에서는 가치관에 대해 자세히 살펴볼 것이다.

제17장

가치관, 그리고 변화에 대처하기

"우리는 우리들 스스로의 도덕적 결정의 총합에 의해 규정된다."

예비 의사들이 하는 질문 중에 이런 게 있다. "의학의 양면성에 어떻게 대처해야 하는가? 의학은 한편으로는 매력적이고 만족스러우며 도전해 볼 만한 직업이다. 하지만 다른 한편으론 외부의 규제 속에 크게 변화하고 있는 분야이다. 의사 한 사람이 행하던 진료는 여러 명의 전문가들과 간호사들이 함께 행하는 것으로 바뀌었고, 기술은 크게 진보했고, 언론과 인터넷 때문에 환자들이 가진 정보는 크게 늘었고, 보험 제도 때문에 환자들의 선택의 폭은 좁아졌으며, 의학의 인간적인 측면은 점점 더 경시되고 있다. 의사들은 이런 모든 변화에 어떻게 대처해야 하는가?" 이들은 가치관에 관한 복잡한 질문들이다.[1]

해답은 다음과 같은 여러 가지 가정들에 기반해 있다.

· 가치관이 기초한 전문 직업은 지속적이고 신중한 행위를 통해 최상의 서비스를 제공할 기회를 만든다. 초창기 의학의 가치관에 관한 진술에는 히포크라테스의 선서

와 마이모니데스 선서[2]가 있다. 학생들은 종종 자신이 생각하는 의학의 가치관에 대해 서술하기도 하는데, 이 장의 말미에 그 중 한 가지를 예시해 두었다.

· 가치관은 결정을 내리고 어떤 입장을 취하는 데 있어 잣대가 되며, 윤리적 방황을 막아준다. 가치관은 환자들을 보호하는 역할도 한다.

· 변화란 우리의 개인적, 직업적 삶에 걸쳐 나타나는 실체이다. 가치관은 직업 만족도를 높이고 변화에 대처할 수 있게 해 준다.

가치관은 의사들의 지식과 경험 못지않게 그가 내리는 결정에 영향을 미친다. 가치관에 대한 생각은 임상 경험을 풍요롭게 한다. 가치관이 확실하다면, 우리는 손쉽게 "그건 나의 가치관에 배치되는 행동이므로 하지 않겠소."라고 말할 수 있다. 의식적이든 무의식적이든, 가치관은 의사를 규정하는 요소다.

윤리적 문제들은 환자의 자율성, 환자의 자기 결정권, 환자의 프라이버시, 고지된 동의 등의 문제들을 포함한다. 임상적 결정은 환자의 가치관을 반영하여 내려져야 한다. 예를 들어 유방암 환자에게 유방 절제술을 행할 것인지 아니면 유방 보존 수술을 행할 것인지와 같은 경우에 말이다. 물론 의사의 가치관도 그러한 결정을 내리는 과정에 통합적으로 작용한다. 예를 들어 의사는 종교적 신념에 따라 낙태 수술을 거부할 수 있다.

환자와 의사의 가치관이 충돌하는 경우도 있다. 환자의 아들은 "아버지를 위해 할 수 있는 일이라면 뭐든지 해주세요."라고 말하지만, 의사는 환자를 편안하게 보내 드리는 것이 더 낫다고 생각할 수 있다. 가족들끼리의 의견이 일치하지 않는 경우도 많이 있다. 가치관은 이런 경우들에서 의견의 차이와 갈등의 원인을 명확히 드러나게 한다.

때론 의학적 요인이 아니라 외부의 요인에 의해 영향을 받기도 한다. 예를 들어 의사가 "의료보험에서 허용하지 않으므로 이 검사(혹은 입원이나 전원조치는 할 수 없습니다."라고 말하는 경우다. 의사가 도시에서 일하는 지 시골에서 일하는지에 따라, 혹은 개원의인지 대학교수인지에 따라 선택이 달라지는 경우도 있다.

다음 질문은 "우리의 가치관을 위협하는 것은 무엇인가?"이다.

의사가 되고자 하는 청소년들이나 의대생들은 대체로 환자들의 인간적 요구들에 민감한 편이다. 어쩌면 그것이 그들이 의사라는 직업을 매력적으로 생각하는 이유일지도 모른다. 하지만 수많은 환자들에게 시달리면서 레지던트 시절을 마칠 때쯤 되면, 그러한 민감성은 흔히 둔화된다. 시간의 압박에 의해서이기도 하고, "환자들에게 너무 깊이 개입하지 말라"는 메시지를 들어왔기 때문이기도 하다.

의사가 되기까지는 상당히 많은 비용이 들어가기 때문에, 그 비용을 벌충하고자 하는 마음이 전공과목 선택이나 진료 방식에 영향을 줄 수도 있다. 돈 문제가 중요한 것이기는 하지만, 그것이 가장 중요한 동기는 아니다. 모든 의사들이 돈 잘 버는 전공만 택하지는 않는다. 적성, 수련기간, 사용하는 술기의 종류, 업무의 형태 등을 고려하여, 자신의 가치관에 따라 선택하는 것이다. 어느 의대생은 "보상에는 경제적 보상만 있는 게 아니잖아요. 지식을 넓히고 사회적으로 중요한 역할을 하는 것도 월급의 액수 만큼이나 중요하다고 생각합니다."라고 말했다. 의사의 결정은 가치관에 따라 달라진다. 내과의사가 될지 흉부외과의사가 될지, 하루 종일 일하는 의사가 될지 파트타임으로만 일하는 의사가 될지, 대도시에서 일할지 시골에서 일할지, 매일 같이 아이들과 저녁식사를 하는 쪽을 택할지 아이들이 다 자라도록 저녁식사 한번 같이 못하는 쪽을 택할지를 스스로 결정하는 것이다.

진료하는 방식도 가치관을 토대로 결정된다. 내가 의대생일 때, 교수님들은 종종 "대학병원에서는 환자를 철저하게 진찰하면서 환자들과 많은 시간을 보내도록 권장하지만, 의사가 되어 현장에 나가면 그렇게 하지는 못할 것"이라고 말하곤 했다. 최근 내 동료 하나는 "의사가 환자와 10분을 만날지 20분을 만날지를 결정하는 것은 결국 시장의 논리"라고 말하기도 했다. 보험회사와 정부기관들은 입원 기간, 검사방법, 환자와의 면담시간 등 일상적인 결정들에 일일이 간섭하는 규정들을 만든다. 하지만 한 시간 걸리는 장 절제수술을 15분만에 끝내라고 요구하는 것이 부당한 것과 마찬가지로, 정상적으로 45분쯤 걸리는 병력청취를 15분만에 끝내라고 요구하는 것도 부당한 일이다. 정도(正道)를 지키는 것이 의사라는 전문직의 본질인 것이다.

우디 알렌의 1989년 영화 〈범죄와 비행(Crimes and Misdemeanors)〉의 말미에는, "우리는 모두 도덕적 선택과 직면하게 된다. 결국 우리는 우리들 스스로의 도덕적 결정의 총합에 의해 규정된다."는 대사가 나온다. 다음은 의사들이 행하는 도덕적 선택 몇 가지다. 이들 모두는 결국 가치관의 문제이다.

· 환자가 모든 문제의 중심이라는 것을 항상 기억하라.
· 진료 장소를 적절히 선택해라. 대도시에서 일할 것인가 소도시에서 일할 것인가, 혹은 어떤 성격의 의료기관에서 일할 것인가 하는 문제는 전공과목 선택에 못지않게 중요하다. 어디에서 일하느냐에 따라 만족을 느낄 수도 있고 불행과 좌절을 맛볼 수도 있다. 환자도 마찬가지다. 어떤 의사에게는 홀로 방치되어 있다는 느낌을 받을 수 있는 반면, 다른 의사에게는 존중과 배려를 받고 있다는 느낌을 받을 수 있다. 의사가 아닌 어느 교수님은 내게 이렇게 말했었다. "당신이 누구인지는 당신이 어디에 있는가에 달려 있다."
· 창의성을 발휘하라. 매년 새로운 것을 시도해보라.
· 최고의 능력을 유지하라.
· 시간에 구애 받지 말아라. 시간은 환자와의 교류에 있어 가장 중요한 요소다.
· 개인적 생활과 직업적 생활의 조화로운 통합에 대해 고민하라.

·타협하지 말아라. 배우 폴 뉴먼은 '배우의 재능을 존중하지 않고 기술적 측면에만 관심을 쏟는' 감독에 대해 어떻게 생각하느냐는 질문에 대해 이렇게 말했다. '배우가 페이스를 조절하는 겁니다. 페이스가 배우를 통제할 수는 없지요. 만약 감독이나 다른 무엇이 배우를 통제하는 일이 벌어진다면, 그 순간 배우는 인간미를 잃게 됩니다.'[3] 마찬가지다. 외부의 힘이 의사를 통제하려 드는 순간, 의사는 인간미를 잃게 된다.

환자와 의사간의 관계에서뿐만 아니라 의사와 의사간의 관계에서도 인간미를 잃을 수 있다. 의사들은 종종 환자 진료와 관련한 문제가 아니라 비즈니스와 관련해서 갈등을 겪는다. 이 문제에 대해 어느 의사는 비꼬는 말투로 "돈 때문이기도 하고 아니기도 하죠."라고 말했다. 내가 아는 어느 의사는 매우 유능하지만 동료와 환자들을 존중하지 않는 파트너와 결별했다. 다른 어느 의사는 자신이 하는 일이 가치가 없다고 느껴져서 돈벌이가 잘 되는 진료를 그만두기도 했다. 그는 돈을 적게 벌어도 의사로서의 본연의 모습을 유지하는 것을 더 중요하게 생각했던 것이다.

아서 클라인먼의 〈질병 이야기(The Illness Narratives)〉는 가치관 교육에 관한 훌륭한 지침서다.[4] 이는 환자, 진료, 검사를 각기 다른 시각에서 보는 8명의 의사들의 이야기로 구성되어 있다. 수업시간에 나는 학생들에게 이 책에 등장하는 진료의 방식을 요약해 보라고 했다. 어느 3학년 학생은 다음과 같이 썼다.

모든 의사는 의사-환자 관계를 발전시키기 위해 자신의 개인적인 신념, 직업적 이념, 문화적인 편차, 개인의 인격, 자신의 인생철학 등을 어우른다. 중요한 요소 중 하나는 의사가 환자를 어떠한 시각으로 보느냐와 또한 자기 자신을 어떻게 보느냐이다. 환자는 "병든 환자"인가, "병든 사람"인가, 아니면 "질병을 가진 사람"인가? 또한 의사는 "병"을 고치는 사람인가, "환자"를 낫게 하는 사람인가, 아니면 환자와 건강 문제에 관해 "대화"를 나누며 해결책을 찾는 사람인가? 환자를 단지 계약의 당사자로 보는 의사와 환자를 한 인간으로 보는 의사는 다르다. 의사 생활이 단지 환자를 돌보는 일상이라고 생각하는 사람과 의사 생활이 곧 자신의 삶의 방식이라고 생각하는 사람은 아주 많이 다르다.

나는 다시 "진료와 관련하여 딜레마에 직면한 각각의 의사들은 어떻게 대처했는가?"라고 물었고, 그 학생은 다음과 같이 답했다.

본문에 나오는 의대생은, 의사로서의 자신의 역할과 책임에 대해 확신이 없다. 그는 죽어가는 환자에 대해 동정심을 갖고 감정적이 된다. 그는 그러한 감정을 느끼는 자신을 이해하지만, 그것이 진료의 질을 떨어뜨리는 결과를 낳을까봐 두려워한다. 나는 그가 자신이 느끼고 있는 동정심과 공감은 의사가 가져야 할 기본적인 태도임을 이해하고, 그것이 적절한 치료를 행하는 데 방해가 되지 않기를 바란다.

또 다른 의사에 대해 어느 2학년 학생은 아래와 같이 표현했다.

그는 의사로서 직면하는 딜레마를 자신이 환자가 되었을 때의 경험과 사랑하는 사람을 잃었을 때의 슬픔에 비추어 해결하려 한다. 이를 통해 환자를 더 잘 이해할 수 있게 되고, 환자의 신체뿐만 아니라 환자의 삶 전반을 감싸려 애쓰게 된다. 그가 환자를 열심히 진료하는 것은 단지 그 일을 좋아해서가 아니라 부분적으로는 자신이 옳은 일을 하고 있다는 느낌을 받고 싶어서이다. 이런 자세는 본인의 어린 시절 경험들과 합쳐져 자신이 의업에 몸담으며 마주칠 수많은 딜레마에 잘 대처할 수 있도록 도와준다.

어느 3학년 학생은, "모든 의사는 개인의 가치관을 자신의 진료에 반영해야 한다고 생각한다. 의학의 치유의 돌봄의 측면에 관심을 기울이는 의사와 제도적이고 정치적인 규제들 때문에 답답해하는 의사 중에서 어느 쪽이 더 환자에게 도움이 될지는 명백하지 않은가?"

미네소타 대학의 의대 1학년 학생들은 가치관과 관련된 질문들에 답을 한다. 한 학생은 자신의 가치관에 근거하여 다음과 같은 개인적 사명을 기술했다.

무엇보다 우선적으로, 나는 멋진 남편과 아빠가 될 것이다. 나는 가족들 및 친구들과 함께 시간을 보내고 그들에게 언제든 도움을 줄 것이다. 가정과 직장, 두 가지를 적절히 조화시킬 것이다. 환자가 모든 일의 중심이라는 것 또한 기억할 것이고, 환자들을 단지 증례가 아니라 하나의 인간으로 바라볼 것이다. 환자에 대해 멋대로 짐작하지 않고 늘 그들의 이야기에 귀를 기울일 것이다. 나는 환자의 문화적 배경을 고려하여 진료를 할 것이다. 환자들에게는 각기 다른 반응과 관점이 있다는 것도 항시 기억할 것이다. 나는 내가 아는 것을 기꺼이 다른 사람들에게 가르쳐줄 것이다. 그들 나름의 반응과 시각이 있다는 것도 항시 기억할 것이다. 내가 내 행동들이 내 신념과 가치관에 부합하는 것인지 지속적으로 검토할 것이다. 나는 내가 범한 실수에 대해서는 책임을 질 것이다.

다른 학생은 다음과 같이 말했다.

환자와 그의 가족을 대할 때에는, 정직이 지식 못지않게 중요하다. 의과대학에서는 진실을 말함으로써 전문가로서의 책임을 다해야 한다는 것을 따로 가르치지 않지만, 그것이야말로 임상의학의 본질이다. 진실을 말하는 데는 오랜 시간이 걸리지 않는다. 따뜻한 의사가 되는 데 오랜 시간이 걸리지 않는 것처럼 말이다. 우리가 만난 환자들 대부분은 거의 같은 기본적인 것들을 요구했다. 문제의 원인을 모른다면, 아는 체 하지 마라. 원인을 안다면, 알기 쉬운 말로 솔직하게 설명하라. 그리고 무엇보다도, 들어라. 이렇게 함으로써 환자들은 의사가 자신의 안녕을 위한 후원자 역할을 하고 있음을 느낄 것이다.

의대생들은 이런 점들을 잘 알고 있다. 그들의 숙제는 초심을 잃지 않으면서 자신의 가치관을 더 정교하게 다듬는 것이다. 그들은 "열악한 외부 환경들 속에서 어떻게 초심을 잃지 않을 수 있나요?"라고 흔히 묻지만, 방법은 많다.

대화를 나누라. 비밀은 물론 지켜야 하지만, 믿을 수 있는 동료나 친구들과 일상과 딜레마와 가치관에 대해 대화를 나누라. 그리고 의사가 아니어도 좋으니, 다른 사람에게 기대보라. 성직자들, 사회사업사, 간호사, 환자나 그들의 가족 등은 모두 지혜로운 사람들이다.

귀를 기울여라. 환자가 중시하는 가치가 무엇인지 주의깊게 귀를 기울여라. 환자의 사소한 말 한마디 속에 숨겨진 그들의 진심을, 그들이 진정 원하고 해결하고자 하는 그 작은 것을 놓치지 않도록 늘 관심을 가져라.

읽어라. 책을 읽되 항상 비평하는 자세를 지녀라. 소설이든 논픽션이든, 아니면 신문이든, 가치관이 담긴 이야기가 실린 글을 읽어라.

반성하라. 동료, 책, 토론, 컨퍼런스, 혹은 환자들과의 만남으로부터 "무엇을 배웠는가?"라는 질문을 스스로에게 던져라. 그것이 어떤 의미였는지, 시간을 갖고 심사숙고하라.

가르쳐라. 우리는 가르치는 과정을 통해 우리 스스로에 대해 생각하고 표현하고 가치관을 정돈할 수 있고 자신을 방어할 수도 있다. 또한 학생들과의 교류를 통해 모범을 보임과 동시에 새로운 가르침을 얻을 수 있다.

모범이 되는 본보기를 정하라. 당신이 존경하는 의사들을 본보기로 삼고 그들에 대해 알아보라. 의사들은 일상적인 대화에서 가치관에 관해 거의 이야기를 하지 않는다. 하지만 그렇다고 해서 그들이 가치관에 대해 전혀 생각하지 않을 것이라 착각해서는 안 된다. 내 수업에서 강의한 모든 의사들은 심오한 자기만의 생각과 소신을 가진 사람들이었다. 정형외과 교수한 분은 어려운 환자들을 진료하고 레지던트 교육도 총괄하지만 "내 가족, 내 일, 그리고 내 정신적, 신체적 건강"과 같은 분야의 연구도 수행했다. 가정의학과 교수 한 분이 언급했던 자신의 연구 주제는 "환자들이 스스로를 이해할 수 있도록 격려하기"라거나 "실수에 대한 자기 용서"와 같은 것이었다.

의사에게는 말하자면 다음 세 가지 역할이 있다. 나는 전문가이다. 나는 의사이다. 나는 아무개(자신의 이름)이다. 각기 다른 이 역할들은 저마다 특정한 가치관을 갖는다. 명확한 가치관을 지니고 있으면 시간이나 자원이나 열정을 배분함에 있어 타협할 필요가 적어진다. 타협을 위해 필요한 시간이나 노력 등을 줄일 수 있다. 자신의 가치관에 부합되지 않는 일에 직면했을 때, 우리는 단순히 "이건 아니다."라고 말하기만 하는 되는 것이다.

미네소타 의대 1학년생들은 1월이면 환자를 돌보기 시작하면서, 가운 착복식(White Coat Ceremony)이라는 통과의례를 갖는다. 2001년에 개최된 행사에서는 "사회가 의사들에게 보내는 존중과 관심은 의사 본인의 전문적 가치와 책임감, 소명의식과 직접적인 관련이 있다. 동정, 친절, 자기희생, 과학적 전문성, 윤리, 인본주의, 미래에 대한 평정심 등 수많은 가치들에 대해 우리는 사회적 본보기가 되어야 한다."라는 선언이 있었다.

모든 의사는 전문직으로서의 가치의 수호자다. 의사는 자신이 담당하고 있는 환자와 그들의 질병에 대해 속속들이 알고 있다. 환자의 옹호자로서, 의사는 의료 체계 안에서 효과적으로 환자들을 보살핀다. 환자들을 불필

요한 검사와 처치, 그리고 제3자의 부당한 간섭으로부터 보호한다. 나아가, 우리 스스로의 가치관 변화도 막는다. 그리고 전문가로서 의사들은 의대생, 동료, 그리고 병원 및 직원에게 모범이 된다. 규칙들은 모두 곧 가치관의 표현이다. 이런 가치관은 환자들을 보호할뿐더러 의사가 자신의 본 모습을 잃지 않도록 보호한다.

이런 맥락에서, 의사는 변화를 단지 지켜볼 수도 있고, 위기나 기회 상황을 발견할 수도 있다. 의사는 환자가 건강의 변화나 기대 여명의 변화나 다른 상실과 같은 모든 변화들에 잘 적응하기를 기대한다. 의사들도 그래야 한다는 생각은 왜 못하는가? 다른 모든 분야에서 그러하듯이, 의학에서도 변화는 하나의 실체다. 어차피 삶이란 변화의 연속인 것이다.

한 명의 의사가 관장하던 진료가 여러 전문적인 인력의 진료로 더욱 세분화된다면, 이는 곧 더 좋은 진료환경이 갖추어질 확률이 높아진다는 것을 의미함과 동시에 코디네이터 역할을 담당하는 사람이 필요하다는 것을 뜻한다. 훌륭한 간호사가 있다면 간호사와 의사가 협력하여 진료하는 게 합리적이며, 함께 일하면서 서로 배울 수 있는 것들 또한 많다. 기술의 발달로 인해 더욱 정밀한 진찰과 치료가 가능해졌고 더 많은 생명을 구할 수 있게 됐다. 하지만 그런 기술을 사용한다고 해서 신중한 생각이나 임상적 판단을 게을리해서는 안 된다. 미디어와 인터넷의 발달로 인해 환자들이 더 많은 정보를 갖게 됐지만, 정확한 정보를 전달하고 조언을 해야 하는 책임은 여전히 의사의 몫이다. 보험 제도의 탓으로 어쩔 수 없이 담당 의사가 바뀔 수도 있지만, 그럴수록 의사-환자 관계의 중요성은 더 커졌다. 의학이 점점 더 인간적인 측면을 잃어가지만, 좋은 돌봄의 기본은 인간적인 측면에 있다는 사실을 잊어서는 안 된다.

학생들이 이 모든 상황을 통합하여 이해한다면, 흠잡을 데 없는 훌륭한 의사가 되기 위해서 여러 가지 방법이 있다는 것을 알 것이다. 이런 작업의 궁극적인 목표는 "의사가 된다는 것의 의미"가 무엇인지를 깨닫게 하는 것이다.

제18장

의사 되기 : 전문가로의 진화

"당신이 누구인지는 당신이 어디에 있는가에 달려 있다."

의사직의 초창기를 떠올려 보라. 의사로서, 혹은 교수나 연구원으로서 첫 월급을 받았을 때가 아닌, 의과대학에 입학하여 의학에 첫발을 들여놓게 됐을 때를 말이다. 이후 많은 변화가 일어난다. 학생에서 의사나 교수로, 무경험자에서 유경험자로, 초보에서 전문가로 바뀌고, 쥐꼬리만한 봉급이 늘어나고 근무지가 달라진다. 변화는 나이, 기대, 가치관, 성격 등 모든 면에서 일어난다. 새로운 질병들이 생겨나고, 의학 기술은 끊임없이 발달한다. 하지만 그럼에도 불구하고, 의사가 다루는 질병 및 관련된 문제들은 대체로 그대로이며, 의학의 인간적인 측면도 시간에 따른 변화가 없다.

인턴 생활을 할 때부터 알았던 내 동료는 어느 날 이렇게 말했다. "50세가 되니 세상이 달라 보여. 40세 때는, 직업이 외과의사이니, 늘상 하는 일이 수술이었지. 하지만 지금은 그저 수술도 하는 의사가 됐어. 얼마 전 나는 지난 한 달 동안 무려 8번의 수술을 받은 한 여성의 가족들과 함께 회의를 했는데 말야, 딸이 '아빠, 엄마가 중풍으로 쓰러진 이후에 엄마는 하루도 행복해 보이지 않아요. 그런데 이 많은 일들은 도대체 왜 하는 거죠? 라고 말하더군." 나이를 먹고 좀 더 현명해지면, 외과의사는 젊은 시절에는 보지 못했던 문제들을 볼 수 있게 된다. 사실, 의사들이 진료하는 방식을 보면 그가 자신의 문제를 어떻게 처리하는지를 대강 파악할 수 있다. 또한 얼마나 행복한지, 얼마나 삶에 환멸을 느끼는지, 그리고 변화에 얼마나 잘 대처할지도 알수 있다. 전문가로서의 경력은 개인의 삶, 개인의 성공과 실패, 개인의 관심사가 달라지는 것, 인간관계들이 성숙해지는 것 등과 나란히 발전하기 마련이다. 성장하지 않으면 우리는 많은 것을 놓치게 된다.

현실이 아래의 각본처럼 흘러가는 일은 거의 없다.

· 당신은 의사가 되기로 결심하고 의과대학에 입학하여 이에 필요한 내용들을 배운다. 결국 의사가 됐다. 당신은 혼자 진료를 시작하거나 기존에 있는 연구실에 들어가서 경력을 쌓는다. 당신은 30~40년 동안 진료를 한다. 그 후에 진료를 그만둔다. 이야기의 끝.

· 당신은 감수성이 예민하고 이타주의적인 사람이다. 당신은 의사가 된다. 이야기의 끝.

· 당신은 피를 보는 것을 참을 수가 없다. 당신은 불치병에 걸린 환자를 다룰 수가 없고 죽음을 받아들이지도 못한다. 하지만 의사가 되기로 다짐하고서는, 급하게 이러한 순간들을 다루는 법을 배운다. 이야기의 끝.

이 책의 서두에 등장했던, 심장질환을 앓고 있어서 관상동맥 우회수술을 받은 어느 의사의 이야기에서도 그랬듯이, 의사의 "경력"이라는 것도 수많은 이면의 이야기들을 모두 다 담고 있지는 않다. 의사는 분명히 전문 기술을 배워야 하지만, 목표와 가치관을 가다듬는 일도 해야 한다. 이사를 가기도 하고 직장이 바뀌어 진료 방식이 달라지기도 한다. 세월이 가면서 지식이 쌓이고 환자를 더 현명하게 다룰 수 있게 되며, 할 수 있는 일과 예측할 수 있는 일들에 대해서는 더 현실적이 된다. 의사들은 환자와 관련된 문제가 아니더라도 셀 수 없이 많은 결정을 내린다. 의사직이 자신의 삶에 어떻게 영향을 미치는지, 그리고 수없이 많은 일들 중에서 무엇이 정말로 중요한 것인지에 대해서 말이다.

차임 포톡이 소설 〈시작(In The Beginning)〉에서 썼던 말을 나는 좋아한다. 그의 1인칭 소설의 주인공은 교사다.

처음은 언제나 어려운 법이다.

내가 열이 나서 누워있을 때 엄마가 낮은 소리로 말하는 것을 들었던 기억이 있다. "어린이들은 가끔씩 아프기도 한단다. 원래 그런 거야. 처음은 언제나 어렵지. 하지만 곧 괜찮아질 거야."

한때는 성경 구절이 너무 어렵게 느껴져서 울음을 터뜨린 적이 있다. 9살 때쯤이었을 것이다. 아버지는 그런 나에게 "지금 당장 모든 것을 이해하고 싶니? 그렇게 간단하게? 성경 공부를 시작한 지 일주일밖에 안 됐잖니. 처음은 언제나 어려운 거야. 그러니 계속해서 공부를 해야 한단다. 반복해서 복습하도록 해라."라고 말씀하셨다.

나의 연구에 도움을 주었던 동료는 자신의 아파트로 나를 초대했다. 식탁에 앉자, 그가 차분한 목소리로 나에게 말했다. "인내심을 가지세요. 한번에 세상을 다 가질 수는 없는 법이잖아요."

새 학기가 시작하여 첫 수업을 할 때나 책이나 논문을 읽기 시작할 때, 이를 나 자신에게 말한다. 처음은 언제나 어려운 법이다… 그리고 가끔씩 내가 스스로 터득한 사실을 덧붙인다. "특히나 당신 스스로가 만든 시작은, 다른 그 어떤 시작보다도 어려운 법이다." [1]

내가 태어나서 처음 관찰한 수술은 포경수술이었다. 당시 20살인 나는 학부 4학년으로, 곧 의대에 진학할 예정이었다. 수술을 지켜보다가 기절할 뻔했다. 하지만 이제는 피를 보는 일이 더 이상 나를 성가시게 하지 않는다. 나는 그만큼 성장한 것이다. 아니 진화한 것이다. 물론 오랜 시간이 걸렸다. 우리가 의사로서 어떻게 진화하는가 하는 것은—처음엔 의사가 되기로 선택하고, 그 다음엔 어떤 의사가, 아니 어떤 인간이 될 것인가를 선택한다—다음과 같은 세 가지 요소에 달려 있다. 개인적 경험, 역할 모델, 그리고 우리가 살고 있는 사회. 시기에 따라서 그 영향이 달라지기는 하지만, 궁극적으로 우리의 가치관과 성격은 이들 세 가지에서 비롯된다.

· *개인적 경험.* 환자와 마찬가지로, 의사도 개인적인 생활이 있다. 의사들도 병을 앓기도 하고, 부모, 자식, 돈벌이에 관한 근심이 있으며, 어른으로 산다는 것에 좌절감을 겪기도 한다. 훌륭한 의사라면 이런 근심이 환자 진료에 영향을 미치지 않는다. 하지만 개인적 경험을 통해 얻어진 통찰력과 현명함을 환자 진료에 활용하기도 한다. 그래서 나는 학생들에게 자신 혹은 자신의 가족이 겪었던 질병에 관해 생각해 보라는 과제를 내주었다. 그 상황에서 그들은 어땠는지, 좋았던 점과 나빴던 점은 무엇인지, 그리고 그것을 어떻게 극복해 나갔는지를 돌아보게 했다. 마지막에 나는 학생들에게, "이 과정에서 무엇을 배울 수 있는가?"를 물어보았다.

· *역할 모델.* 의사에 대한 나의 첫 번째 관념은 가정의에게서 비롯된 것이다. 학생들에게 물었다. "누구를 역할 모델로 삼고 있는가?" 그들은 부모님, 친척, 친구, 의사, 교수님, 그리고 자신이 갖고 싶은 특성에 관해 이야기했다. 수업의 말미에 우리는 우리의 역할 모델들의 목록을 작성했다.

· *사회.* 사회 속에서 우리가 서 있는 곳이 어디인지를 알게 될 수록 우리는 그 사회가 추구하는 가치를 생각해야 한다. 국적이나 종교나 사회경제적 지위가 가장 흔히 언급되는 사회이지만, 다른 것들도 많다. 이웃, 마을, 도시, 교회, 학교, 의사회, 의대 학생회, 전공의협의회 등등, 모든 곳이 다 가치관이 비롯되는 곳이다.

의사가 받는 교육

의학의 인간적 측면에 대해 배우는 것에는 끝이 없고, 또 정확한 시작점도 없다. 하지만 의대 입학 이전의 학부 시절, 의대생 및 레지던트 시절, 그리고 그 이후로 나누어 생각해 보자.

의과대학 입학 이전

학부 시절을 회상하니 내가 당시에 배웠던 내용들이 생각난다.

유기화학과 발생학 수업에서는, 벤젠 링, 오르소-, 파라-, 메타-구조, "개체 발생은 계통 발생을 반복한다", 태아의 대동맥궁과 출생 이후 동맥관 개존증(심장 주변 혈관의 선천적 이상의 일종) 사이의 관계 등이 부분적으로 떠올랐다. 많은 것들을 잊었다고 하더라도, 나는 정보를 조직적으로 정리하고 체계적으로 공부하는 방법은 확실히 배웠다. 배우면 배울수록 더 많은 것을 기억할 수 있음도 알 수 있었다. 많은 것을 알수록 새로운 정보와 연결시킬 수 있는 기본 틀이 더 많기 때문이다.

2년 동안 철학을 배웠지만 "의미"라는 것의 개념 외에는 별로 기억나는 것이 없다. 나는 지금 영적인 것에 관심을 갖고 있다. 누군가 말했듯 이는 삶의 의미를 발견하는 과정이다. 나는 종종 환자들에게 묻는다. "이 질병은 당신에게 어떠한 의미인가요?" 이 질문을 받은 환자들은 가끔씩 자신의 두려움에 대해 털어놓는다. 철학 역시 가치관에 관한 것이다. 의사로서 나는 가치관이 얼마나 중요한지 알고 있다. 초보 의사 시절에 가치관이 확립되지 않는다면, 나중에 가치관을 정립하고 적용시키기는 더 힘들다.

심리학 수업에서 배웠던 내용도 거의 다 잊어버렸지만, 나는 요즘 집단 심리학(조직, 모임, 지역사회 등)의 매력에 빠져버렸다. 가끔씩 환자에게 도움이 필요할 때 어디서 도움을 청하는지 알기 위해 "당신의 대인관계는 어떻게 되나요?"라고 물어본다. 그리고 심리학 강의에서 이런 연습문제를 풀었던 기억이 난다. "연필을 종이에서 떼지 않은 상태에서 9개의 점들을 4개의 직선으로 이어라(그림 18.1)". 점들에 의해 만들어진 가상의 사각형에서 벗어나지 못하면 대답이 보이지 않는다. 해답을 찾으려면 사각형 밖으로 나가야 한다(그림 18.2). 교수로서 나는, 좋은 의사라면 독창적인 사고가 필요하다는 점을 가르치기 위해 이 연습문제를 수업 시간에 활용한다. 주어진 문제의 틀을 넘어서는 것, 문제를 풀기 위해 주어진 조건을 한 가지 이상의 시각으로 바라보는 훈련이 필요하기 때문이다.

세계사 수업에서는 거의 기억나는 내용이 없다. 고등학교 때 배운 것처럼 누군가가 오스트리아의 왕자를 암살했기 때문에 1차 세계대전이 일어나지 않았던 것만은 확실히 기억한다. 전쟁의 근원은 훨씬 오래 전에 있었다. 유럽의 정복을 위해 여러 국가들은 작전을 짜고 동맹을 맺었었다. 의학에서도 마찬가지다. 환자들도 자신의 질병에 대해 털어놓을 때, 자신이 시초라고 *생각하는* 시점에서부터 이야기를 시작한다. 우리의 임무는 이야기를 철저히 분석하여 훨씬 오래 전에 일어났을 수도 있는 사연들을 찾아내는 것이다. 환자의 이야기를 이와 같이 발전시키는 것은 질병과 환자의 삶을 통찰할 수 있게 하고, 치료의 방침과 그 결과에도 영향을 준다.

대학 1학년 때 독일어를 배우기 시작했다. 독일어가 "과학의 언어"라고 생각했기 때문이다. 나는 4년 동안 독일어 교수와의 관계를 맺는 것이 좋아서 공부를 계속했다. 오늘날, 환자와 의사간의 관계에 대한 교육을 위해, 나는 가끔 학생들에게 "환자-의사 관계는 학생-교수 관계와 어떻게 닮았는가?"라고 묻는다. 나는 독일어 교수님으로부터 학생을 사랑으로 대하는 것의 중요성을 배웠다. 이는 의사와 교수에게 괜찮은 본보기가 된다고 생각한다.

나는 독일어로 독일인 환자와 대화를 나눌 수 있었다. 그리고 독일어를

그림 18.1

```
•     •     •


•     •     •


•     •     •
```

공부했기에, 이디시어(독일어와 유사한 동부 유럽 유태인들의 언어)를 뽐낼 수 있었다. 유태계 러시아 이민자를 치료하면서 이디시어를 사용할 수 있는 기회가 있어, 그들의 언어에 관한 나의 관심은 그들과 더 나은 관계를 유지할 수 있도록 했다. 이는 환자-의사 관계에 있어서 좋은 현상이다. 둘 사이의 관계가 원만하려면, 환자가 의사의 언어를 사용하는 것이 아니라 의사가 환자의 언어를 사용하는 것이 더 좋다.

　대학 4학년 때는 겨우 3명의 다른 친구들과 함께 언어학 수업을 들었다. 우리가 받은 과제 중에, 스와힐리어로 쓰여진 텍스트와 그 번역본을 분석하여 스와힐리어의 문법 구조를 파악하는 것이 있었다. 어려움이 풀린 것은 한순간이었다. 규칙들을 하나씩 세우고 그 규칙에 더해 새로운 규칙을 찾아내고 검증하다 보니 어느 순간 그 과제를 아주 완벽하게 해낼 수 있었다. 이 과정을 통해 나는 연역적이고 창조적인 사고가 무엇인지를 깨달았다. 그리고 그건 교수와의 능동적인 파트너십의 덕택이기도 했다. 연역적이며 창조적인 추리, 그리고 환자-의사 관계, 이 두 가지야말로 대단이 중요한 의학의 영역이다.

　1학년 영어 세미나 시간에는 나 자신에 대해서 자세히 쓰고 표현하는

그림 18.2

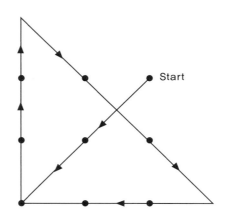

법을 배웠다. 그렇게 하기 위해서는, 내 생각들을 명확히 정리하고, 내 자신을 스스로 평가하고, 교수가 나에게 준 가르침을 내면화해야 했다. 그리하여 나는 스스로 나의 스승이 될 수 있었다. 4년간의 발표 수업을 들음으로써 나는 훨씬 더 관심을 끄는 발표를 할 수 있게 됐고, 내 글쓰기 실력에도 도움이 됐다. 의사이자 교수로서, 나는 단어 선정에 늘 주의를 기울인다. "어떤 단어가 가장 효과적일까? 이렇게 말하면 환자나 학생이 내 뜻을 정확히 이해할까?"라고 늘 스스로 묻는다. 진료를 할 때에도 나는 환자의 이야기를 적절히 '편집' 한다. 환자들이 자발적으로 털어놓는 이야기들을 정돈된 언어로 기술하면서도 그들의 느낌이나 사실이 왜곡되지 않도록 주의한다. 그렇게 하는 것은 옳은 결론을 이끌어내거나 동료들과 효과적으로 의사소통을 하는 데에 모두 도움이 된다. 지금은, 학생들이 나의 청중이며, 나는 그들에게 글쓰기와 말하기 실력이 평가의 주요한 항목이라고 말해준다. 의사들은 생각하고 말하고 쓰는 것이 명확해야 한다.

하지만 학부 시절에 나는 직업을 선택하는 것과 관련해서는 배운 것이 많지 않다. 한번도 나 자신과 나의 가치관을 깊이 생각해 보지 않았고, 나 자신을 내 직업과 어떤 방식으로 통합시킬 것인지, 나아가 의사가 된다는 것이 진정으로 어떤 것인지에 대해 생각해 본 적이 없었다. 내가 의사가 된 것을 후회하지는 않지만, 더 많이 알았더라면, 더욱 신중히 선택했을 것이다. 따라서 나는 학생들이 많은 정보를 바탕으로 선택할 수 있도록 도움을 주고자 노력한다.

돌이켜 볼수록 나는 점점 더 나의 학부 시절에 감사하게 된다. 그리고 다음과 같은 것을 알게 된다.

· 대학 교육은 보석이라고 표현할 수 있다. 직업을 준비할 수 있고, 우리의 능력과 성격과 요구를 알게 되고, 우리의 가치관을 정립 및 재정립하는, 살면서는 다시 오지 않을 기회이다. 어쨌거나, 직업을 고르는 일이야말로 인생에서 가장 중요한 선택 중의 하나다.

· 대학생이 듣는 모든 수업은 통찰력의 씨앗을 뿌리는 과정이다. 노력하는 학생이라면 통찰력을 기르는 것이 그들의 임무다. 아직 그런 통찰이 생기지 않았다고 해서 걱정할 필요는 없다. 필시 몇 년이 지나면 자연스럽게 생길 것이기 때문이다. 가장 중요한 자세는 개방적이고 탐구적인 마음가짐이다.

· 교수의 임무는 단지 정보를 주는 것이 아니라 공부하는 기술과 질문하는 방법을 전달하는 것을 포함한다. 학생들이 좋은 질문을 할 수 있도록 도와야 하며, 개방적이고 탐구적인 태도로 모범을 보여야 한다. 그리고 학생들로부터 배워야 한다.

의과대학에 입학하기 전의 학부 생활은 의학의 인간적 측면에 대한 다양한 교훈과 통찰력을 심어준다. 그리고 많은 것들을 배울 수 있는 기회를 무제한으로 제공한다. 인간적 이슈에 민감하게 반응하는 사람들은 다양한 방면에서 배출된다. 그들의 전공은 과학, 음악, 공학, 역사 등 다양하며, 이들은 모두 한결같이 지적 능력과 호기심, 그리고 평생 동안 '인간'에 대해 탐구하려는 헌신적인 마음을 갖고 있다.

의대생 및 레지던트 시절

의대생은 인문학으로서의 의학에 대한 감각을 어떻게 유지해야 하는가? 지금까지의 경험, 역할 모델, 사회로부터 확립된 가치관은 어떻게 유지해야 하는가? 만약 의대생이 처음부터 이런 현명함과 예민함을 가지고 시작한다면 그 결과는 어떠할까? 의과대학을 다니고 레지던트 수련을 받는 동안 우리는 진단, 치료, 검사에 필요한 최소한의 기술을 연마한다. 하지만 의학의 인간적인 측면은 어떠한가?

의대생 및 레지던트 시절은 의학 분야의 경력에서 결코 작은 부분이 아니다. 4년의 의과대학 시절과 3~6년의 레지던트 수련을 마친 후에 30년 동안 환자를 진료하게 된다면, 이 시절은 의료 경력의 4분의 1에 해당한다. 그리고 이 기간 동안 예비 의사들은 의사로서의 삶이 어떤 것인지를 알게 된다. 사람들은 이 시기를 "유쾌하고 너무도 멋진 기간"에서 "비인간적이고 끔찍한 시기"까지, 다양하게 묘사한다. 이런 차이는 준비의 정도, 목적의 명확함, 인생에 대한 목적의식, 스트레스에 대한 적응력, 학습 능력 등의 차이에서 비롯된다.

자기에게 맞는 의대와 수련병원을 고르는 것도 중요하다. 학생들은 주로 교육의 질과 비용을 고려하여 이를 선택하지만, 그 밖에도 아래와 같은 항목들을 고려한다.

· 그 기관의 '문화'를 중요시한다. 학생들이 자신의 정체성을 확립할 수 있도록 지원하는 학교인가? 환자들과 좋은 관계를 맺는 방법을 배울 수 있는 모범이 있는가? 가치관을 가다듬을 수 있는 환경인가? 의학의 생물정신사회적 모델을 가르치는

학교인가? 전문가가 된다는 것의 의미를 배울 수 있는가? 어떤 학생들이 진학하는 학교인가? 학생들끼리는 협력하는 분위기인가 서로 불신하는 분위기인가? 공동체/정신이 있는 학교인가? 학생들이 자신의 실패나 어려움에 대해 서로 대화를 나눌 수 있는 분위기인가? 학생 및 환자의 다양성, 즉 인종, 국적, 결혼 여부, 성적 정체성 등에 따른 다양성을 인정하는 곳인가? 학교는 개인의 요구에 대해 관심을 기울이는가? 학생들이 가진 가치관이나 인성을 직간접적으로 바꾸어 줄 수 있는 요소는 어떤 것들이 있는가?

· 위치를 고려한다. 의과대학이나 수련병원의 위치는 어디인지? 대도시인지 중소도시인지? 그 지역의 인종이나 문화적 배경이 의사 수련을 받기에 적절한지? 미혼이라면, 좋은 배우자를 찾을 가능성이 있는 곳인지? 가족이 있는 사람이라면, 가족들을 위한 생활 여건은 어떠한지?

"대학이나 병원들은 그들이 중요하게 생각하는 것들을 배양하기 위해 애쓴다."[2]라고 내 동료는 말했었다. 의대 및 대학병원이 의학의 인간적인 측면을 진정으로 중요하게 생각하여 교육과정 속에서 그런 내용에 큰 비중을 둔다면, 학생들이 의학의 인간적인 측면을 더 잘 이해할 수 있다. 하지만 단순히 규정 때문에 산발적이고 비체계적으로 시간만 때운다면, 학생들은 도대체 이런 과정이 왜 필요한지 의문을 품을 것이다. 시간이 장애물이 될 수 있다. 모든 프로그램은 운영에 시간이 필요하다. 점점 더 많은 대학들이 이런 프로그램을 강화하고 있다. 그래서 나는 학생들에게 이런 곳을 잘 찾아보라고 조언한다.

레지던트 수련을 마친 후

정보와 기술과 사람들의 관심사에 따라 시대는 변한다. 이런 변화는 의사의 업무 자체와 업무 공간에도 영향을 준다. 경력이 쌓이면서 근무처가 달라지는 것은 흔한 일이다. 근무처는 같더라도 업무의 패턴이 달라지는 경우도 많다. 가족들과 더 많은 시간을 보내기를 원하는 경우 등에서 그렇다. 의사들은 왕성히 활동하는 기간에는 진료를 하고 강의를 하고 조언을 하고 저술을 한다. 그 다음에는 국내의 빈곤층이나 제3세계 사람들을 위한 프로그램에 참여하여 봉사활동도 한다. 많은 의사들은 제법 훌륭한 음악가이기도 하다.

　의사는 한 평생 공부해야 한다. 의학의 인간적인 측면은 시대가 달라져도 바뀌지 않는다지만, 우리는 환자들과 효과적으로 대화하는 방법을 배우는 등의 방법으로 의학의 인간적인 측면에 대한 공부도 해야 한다. 정해진 울타리만 벗어나면, 환자, 동료, 그리고 의학 외의 분야에서 우리는 날마다 배울 것이 있고 가르칠 것이 있다.

　의사가 되는 것은 뭔가 새로운 시도를 할 수 있는 기회를 마련해 준다. 몇 년 전에 어느 너싱홈의 직원들을 위해 강연회를 준비하는 과정에서, 나는 의사이자 교육자인 세인트 폴 대학의 학장에게 이 프로그램의 진행에 참여할 사람을 추천해 달라고 했다. 그랬더니 그는 "제가 할게요."라며, "해마다 새로운 일을 시도하는 걸 좋아하거든요."라고 말했다. 다른 어떤 직업도 의사만큼 공부할 기회를 많이 제공하지는 못할 것이다.

　유능한 의사는 스트레스도 잘 다룰 수 있다. 많은 지식을 알고 있으면서 그것들을 적용하는 방법도 잘 알고 있다면, 스트레스 상황을 최소화할 수 있다. 스트레스가 생긴다면, "이 스트레스는 어디서 온 것인가?", "이를 통해 무엇을 배울 수 있는가?"와 같은 질문을 해봐라. 이런 질문들은 우리의 열린 생각을 도우며, 마음 통하는 친구에게 고민을 털어놓는 데도 도움이 된다. 가끔은 의사 아닌 사람들과 대화하는 것이 필요하다. 이들은 의사와는 다른 생각을 가진 경우가 많다.

치료자들—의사, 간호사, 사회사업사, 성직자, 다른 병원 직원들—사이에는 동료애가 있고 같이 일한다는 즐거움이 있으며, 같은 마음을 가진 사람들끼리 가르치고 배우는 즐거움이 있다. "의사가 환자들과 시간을 보낼 때면 동료들의 필요를 절실히 느낀다. 그들과 경험을 나누고 서로 배우며, 격려와 지지, 그리고 때로는 비판을 주고받는 것이 얼마나 소중한지를 느낀다. 의사는 자신이 속한 조직의 단단한 틀 속에서 소속감을 느낀다."[3] 의사는 이처럼 매우 흥미로운 많은 사람들과 연관되어 있다.

개인적 삶과 직업적 삶을 통합시키는 방법은 사람마다 다르다. 물론 때로는 선택의 여지가 없을 때도 있다. 응급 상황이거나, 자신이 마을에 있는 유일한 의사라거나, 그 수술을 할 수 있는 의사가 주변에 아무도 없거나 하는 상황 말이다. 이럴 때는 직업적 의무가 개인의 사정보다 우선한다. 하지만 이런 경우만 아니라면, 우리는 삶의 우선 순위를 자의적으로 정할 수 있다. 의학이 인생의 전부는 아니다.

의사들은 모두 각기 다른 선택을 내린다. 누구는 아침부터 저녁까지 오는 환자를 모두 진료하지만, 다른 누군가는 환자가 너무 많다고 생각되면 새로운 환자 예약을 받지 않기도 한다. 파트타임으로 일하는 의사들도 있다. 점점 많은 의사들이 자신의 가족과 시간을 보내기 위해서 진료 시간을 줄이고 있다. 내 주변에 일주일에 하루씩은 수도원에서 지내는 외과의사 출신의 상원의원이 있다. 재선을 위해 출마 준비를 하던 그가 림프종 진단을 받은 후 출마를 포기하자, 지금은 고인이 된 폴 총거스는 이렇게 말했다. "임종의 순간에 '좀 더 많은 일을 할걸'이라고 말하는 사람은 아무도 없다네"라고. 어떤 의사가 되기를 바라는가—단지 어느 분야의 전문의가 될 것인가가 아니라 전문가로서의 삶 전체를 어떤 모습으로 꾸려갈 것인지—는 결국 가치관의 문제다. 많은 의사들은 흔히 "내년에는 어디로 갈까? 5년 후에는? 이 일이 내 가치관에 부합하는가?"와 같은 질문을 스스로에게 던진다. 의사라는 직업은 자신의 요구에 부합하도록 삶의 방식을 조율할 수 있는 기회를 제공한다. 내 친구는 이렇게 말했다. "당신이 누구인지는 당신이 어디에 있는가에 달려 있다."

의사는 여러 측면에서 선택된 사람들이다. 처음부터 끝까지 우리에게 자극을 주는 동시에 봉사할 수 있는 많은 기회를 주며, 자신의 가치관과 생활의 즐거움을 유지하면서 많은 것들을 변화시키거나 발전시킬 수 있는 기회도 제공하기 때문이다.

제3부

─────

의사-환자 관계

제19장

의사-환자 관계의 질

"오랜 시간이 걸릴지라도"

셰익스피어가 "모든 세상은 연극무대다."[1]라고 말한 것처럼, 의사와 환자 사이의 모든 만남이 하나의 드라마라면, 그리고 그 드라마의 주인공이 환자라면, 그 간단한 전제로부터 다음과 같은 추론들이 가능하다.

· 환자는 도움을 필요로 한다. 만약 환자가 그들이 가진 자원을 활용해 스스로 문제를 조절하거나 해결할 수 있었다면, 그들은 의사를 찾지 않았을 것이다. 의사가 환자에게 도움을 주기 위해서는 환자들이 가진 문제를 정확하게 파악해야 한다.

· 의사는 자신의 언어가 아닌 환자의 언어로 말해야 한다. 의사가 환자에게 하는 말은 모두 이해 가능한 것이어야 한다.

· 의사는 환자가 지금 어떤 상황에 놓여 있는지부터 우선 파악해야 한다. 이러한 단순한 원칙에 주의를 기울이는 것이 전체적인 일 처리를 매끄럽게 하고 그 과정에서 환자가 중심이 되도록 이끈다.

· 의사도 진료를 통해 행복을 추구할 필요가 있지만, 의사는 언제나 환자의 요구

가 우선 충족되도록 배려해야 한다.

· 환자의 현재 문제가 치료과정의 중심이다. 환자들이 관심을 갖는 것은 의사가 예전에 치료했던 비슷한 환자가 아니라 바로 환자 본인인 것이다.

· 환자에게 나타난 문제가 흥미롭든 그렇지 않든 환자를 소홀히 다루어서는 안 된다.

의사가 환자에 관해 얻은 모든 정보들—병력, 이학적 검사결과, 여타의 자료들—은 전 치료 과정에서 활용된다. 또한 치료과정에서 최종적으로 얻은 결론들이 다시 활용된다. 그래서 의사와 환자 사이의 관계를 철저히 서술하는 것은 시간과 노력을 들일 충분한 가치가 있는 것이다. 그것은 단순히 "환자에게 좋은 것"만이 아니다.

만약 그 관계의 중요성이 의심된다면, 다음을 생각해 봐라. 의사와 환자 사이의 관계는 의사가 환자에게 고통을 가하는 행위—예를 들면, 아픈 복부를 세게 누르는 행위—나 지극히 개인적인 신체검진—직장, 골반, 유방 검진 등—를 할 수 있도록 허락한다. 또한 다음 의문들을 생각해 봐라.

· 20세기 초반 이전에는 진정으로 효과적인 시술법이 많지 않았고 그 이후에야 기술과 의약품들과 치료법이 크게 발전했다면, 과거 사람들이 의사를 찾아갔던 이유는 무엇일까?

· 의사와 환자와의 관계가 질병의 예후와 환자 본인과 그 가족들에게 중요한 것이라면, 의사는 환자와의 관계 형성 없이는 아무 것도 할 수 없지 않을까?

· 환자의 질병과 관련하여 확실한 것이 아무 것도 없을 때, 의사들은 무엇을 할 것인가? 어떤 처방이나 시술도 행하지 않고 손 놓고 있을 것인가?

이전 장들에서, 나는 환자가 된다는 것의 의미와 의사가 된다는 것의 의미에 대해 구체적으로 기술했다. 의사-환자 관계에 의사와 환자는 각각 어떤 영향을 줄까. 환자들의 영향은 다음과 같다.

- 그들의 필요와 두려움. 의사가 보기에는 별 것 아닌 증상—예를 들어 위장염으로 인한 복통—이 환자에게는 암이 아닐까 여겨질 수 있다. 불편함과 불확실성에서 비롯되는 두려움을 발견하는 것은 의사의 몫이다.
- 환자의 경험. 환자들은 다른 의사와 대면한 경험을 바탕으로 지금 만나는 의사도 그와 비슷할 것이라 생각하기 쉽다. 그들의 경험이 불유쾌했다면, 즉 예전의 의사가 무뚝뚝하고 도움이 안 되었고 설명도 제대로 해 주지 않았다면, 당연히 환자들은 의사에게 마음 열기를 주저하고 의심하며 따지려 들 것이다.
- 긍정적이거나 혹은 부정적인 편견. 민족, 인종, 성, 옷차림 등에 대해 긍정적이거나 부정적인 편견을 가진 사람들이 있다. 편견에 의한 나쁜 감정은 시간이 흐르면서 해소될 수 있기는 하지만, 첫 만남에서는 이러한 편견이 특히 중요하게 작용한다.
- 환자의 불명확한 진술. "무릎 수술을 앞두고 검사를 받으러 왔어요."라는 말은 "이제 늙어서 여기저기가 망가지기 시작하나봐요."라는 의미를 내포할 수 있다. 의사가 "이번 수술은 당신에게 어떤 의미가 있나요?"라고 묻는다면 환자는 자신의 두려움을 쉽게 털어놓을 수 있다.
- 환자의 목표와 기대. "완치되기를 원해요."라는 말에는 "나는 단지 내 딸의 결혼식에 참석할 수 있기를 원할 뿐이에요."라는 의미가 담겨 있을 수 있다.
- 환자의 가치관과 환자가 속한 지역사회의 가치관.
- 환자가 가진 강점과 자원 혹은 약점. 환자들은 곤궁에 처했을 때 유용하게 활용했던 지식과 경험을 갖고 있다. 그들은 가족과 친구들의 사례를 통해 도움을 받는다. "암으로 투병하셨을 때, 우리 어머니는 이런 훌륭한 방법으로 스스로를 조절하셨죠." 그들은 가족, 친구, 종교 혹은 철학을 통해 지지를 얻는다.

의사들의 영향은 다음과 같다.

- 의사 면허증, 그들의 기술적 전문성, 그리고 인간성.
- 의사로서의 과거 경험. 누가 뭐라고 해도 환자가 의사를 찾는 까닭은 환자가 가진 문제를 여러 차례 다루어 본 경험이 의사에게 있기 때문이다. 환자는 그런 경험이 없다.
- 의사의 편견. 의사들은 편견 없이 진료해야 함에도 불구하고 많은 경우 그렇지 못하다. 적어도 의사들은 환자와 대면하는 동안에는 스스로의 편견을 인지하여 중립적인 관점을 유지할 필요가 있다.
- 일관성. 의사는 변덕을 부려서는 안 된다. 환자는 첫 진료 시와 다음 진료 시에 전혀 다른 태도를 보일 수 있지만, 의사는 초지일관의 자세를 지켜 믿음직한 면모를 보여야 한다. 이러한 일관성은 "나는 항상 똑같습니다. 나는 결코 당신에게 거짓말 하지 않아요. 나는 당신을 그냥 내버려두지 않을 겁니다." 라는 무언의 메시지를 환자에게 전한다.
- 환자가 혼돈과 불확실성에 빠져 있는 순간조차 침착하기.
- 의사 자신이 가진 특유의 강점. 전문의 또는 세부전문의 자격, 그리고 특정한 질환에 대한 풍부한 경험, 잘 듣는 능력, 노인이나 반항적인 청소년들이 그들의 희망을 말하도록 이끌어내는 능력, 그리고 환자를 생물정신사회적 맥락에서 이해하는 능력.
- 의사가 삶 속에서 배운 것들. 의사들은 다른 누구보다 환자와 오랜 시간을 보낸다. 의사들이 진료 시간을 통해 맛본 성공과 실패는 좋든 싫든간에 그들의 삶에 잠재적으로 침투되어 환자-의사 관계에 영향을 끼친다.
- 의사의 가치관과 그가 속한 지역사회의 가치관. 의사는 의료인이기 이전에 자신의 종교적 가치관과 자신이 속한 지역사회의 가치관을 가진 사람이다. 그런 것들도 환자 진료에 영향을 끼친다.
- 두려움. 죽음에 대한 공포와 실수를 할지 모른다는 두려움.

두 세대 전, 의사-환자 관계의 가장 일반적인 모델은 아버지와 자식 관계 같은 온정주의적 관계였다. 의사는 환자에게 다음과 같은 식으로 말했다. "잘못된 것은 이것입니다. 그러니 당신이 할 일은 이것입니다." 이 당시 환자가 의사의 말에 의문을 가질 여지는 거의 없었다. 즉, 환자는 "의사가 최고로 많이 알고 있다."고 생각했다. 하지만 지금 받아들여지는 의사-환자 모델은 의사와 환자가 파트너 관계인 "자율성 강화 모델"[2]이다. 이 모델에서 의사는 환자에게 지시하지 않는다. 의사는 대화를 통해 환자의 치료에 필요한 자료를 모으고 진단을 내리며, 환자와 끊임없이 협상한다. "당신에게 무슨 일이 일어나고 있는지 함께 알아보죠. 당신이 말한 정보로부터 우린 함께 추론 가능한 것이 무엇인지 확인해 나갈 겁니다. 당신과 나는 동일한 목표를 가지고 그 과정을 밟아나가는 겁니다. 나는 내가 생각하는 것을 당신에게 모두 말할 생각이고, 그 후에 우린 이 문제를 같이 상의하게 될 겁니다." 대부분의 환자는 이러한 접근에 감사한다.

환자에게 발생한 의학적 문제가 무엇이든간에 성공적 치료과정은 궁극적으로 관계의 질적 수준에 달렸다. 관계의 질을 높여나갈 능력을 갖춘 의사만이 성공과 실패에서 배울 수 있고, 환자와의 관계에서 통찰력을 발휘할 수 있으며, 또한 어떤 상황에서든 대처해 나갈 방법을 깨닫게 된다.

다음과 같은 두 가지 결정을 비교해 보자. (표 19.1)

· 결정 A. 급성충수염으로 충수절제술을 실시할 것인지 여부에 대한 결정. 급성충수염은 수술이 가장 효과적이자 거의 유일한 치료법이다. 여러 개의 만성질환을 가진 노인이라 하더라도 수술이 최선의 방법이다.

· 결정 B. 몸 전체로 전이된 유방암 환자에게 완화적 항암요법을 시행할 것인지 여부에 대한 결정. "완화적"이라는 말은 질병을 치료한다는 뜻이 아니라 단지 질병의

진행 속도를 늦춘다는 의미다. 항암치료는 확실히 오심, 식욕 상실, 탈모, 장기 독성 등의 부작용을 초래한다. 그러나 항암치료는 성공이 보장된 치료법이 아니다.

의사의 역할은 무엇인가? 의사-환자 관계의 중요도는?

충수절제술을 받은 환자의 치료는 단순하며 불확실성이 거의 없다. 치료 결과도 대부분이 좋은 편이다. 반대로, 악성종양 환자는 항암치료를 받느냐 그렇지 않느냐의 문제를 결정할 때 의사들과 충분히 상의해야 하며, 환자의 가치관 또한 그 선택에 반영될 필요가 있다. 하지만 의사가 "선택사항이니, 당신이 고르세요."라고 환자에게 말하는 것만으로는 충분하지 않다. 환자가 질병을 앓는 기간 동안, 의사는 가능성 있는 모든 치료법에 대해 환자에게 설명해주고 믿음직한 지지자가 돼야 하며, 불필요하거나 효과 없는 처치로부터 환자를 보호해야 한다. 의사-환자 관계는, 일련의 치료과정이 가장 효과적이 되기 위한 측면에서도 중요하다.

환자의 예후가 나쁠 경우, 환자와 그 가족이 치료 기간 내내 잘 견디는 데 있어 의사-환자 관계는 특히 중요하다. 말기 암 환자에서처럼 "더 이상 어떤 처치도 할 수 없는 상태"에서도 의사가 환자에게 해 줄 수 있는 것은 많다. 의사는 이때 환자에게 편안함을 제공하고 지지자가 되어주며, 환자의 상태를 예측하고 해석해 준다.

관계의 질 측면에서 의사가 환자의 감정에 공감을 표하는 것은 기본이다. 한 랍비가 다음과 같은 이야기를 들려준 적이 있다. 랍비의 아들과 그의 친구인 두 소년이 어느 날 역할놀이를 했다. 랍비의 아들이 "네가 랍비를 해. 내가 신자가 될게."라고 말했다. "신자"가 "랍비"에게 "내 결혼 생활은 가시밭길입니다. 게다가 직장 상사와도 갈등이 있고 딸과도 문제가 있죠."라고 말했다. 그러자 "랍비"는 "신자"에게, "아내에게 더 관심을 기울이고, 직장 상사와는 직접 대면해 문제를 해결하십시오. 또한 딸에게 먼저 화해의 손길

표 19.1

충수염과 전이된 유방암의 특징 비교

특징	충수염	전이된 유방암
치료하지 않는 경우 · 결과 · 결과와 관련 불확실성 수위	나쁘다 낮다	나쁘다 낮다(더 악화될 것이다)
치료하는 경우 · 결과 · 결과와 관련된 불확실성 정도 · 치료기간 · 이환률 - 불편감을 느끼는 기간 - 불편감의 수위	좋다 적다(개선될 것이다) 짧다 짧다 낮다	다양하다 상당히 높다 길다 길다 다양하다
결정을 내리는 데 있어서, 환자의 가치관의 중요도	대부분 중요하지 않다	중요하다
장기간 추후 관리의 필요도	낮다	상당히 높다

* 이환률 : 질병이 지속되는 기간과 질병의 중증도를 말한다.

을 내미십시오."라고 말했다. 이에 랍비 아들은 "아니, 아니, 아니야. 그게 아니잖아"라며 이렇게 말했다. "처음에 '오오!' 라는 말을 하지 않았잖아!' 이 이야기는 내가 가장 좋아하는 이야기 중 하나다. (원문에서는 'oy' 라는 이디시어 감탄사로 표기되어 있는데, 이는 랍비들이 공감의 뜻을 담아 관용적으로 말머리에 덧붙이는 감탄사다-역주)

나는 환자를 진료할 때 종종 이 이야기를 상기한다. 의사로서 경험이 많지 않았을 때, 나는 죽음과 삶이라는 딜레마 상황에서 나를 찾아온 환자의 기분이나 괴로움이나 대처 능력 등을 고려하지 못한 채 그저 치료만 했었다. 나중에 나는 깨달았다. 환자와 대면했을 때 내 입에서 처음 나오는 말이 "아, 네" 인 경우가 없지는 않았지만, 그것이 진정한 공감의 표현으로서의 "아, 그러시군요" 와 같은 것은 아니었다는 것을 말이다. 일전에 어느 제자가 임상실습 중의 자신의 경험을 들려준 적이 있다. "제가 교수님의 진료에 참관하는 동안, 환자 한 분이 암에 대한 공포를 교수님께 토로한 적이 있었어요. 환자는 정말로 힘들어 보였는데, 교수님은 아무런 반응을 보이지 않은 채 듣기만 하시더군요. 그 순간 저는 진짜 아무 생각 없이 '정말 힘드시겠군요'라고 말을 했죠. 그 순간부터 환자는 교수님이 아니라 나를 바라보며 나를 향해 이야기하기 시작했어요. 그리고 훨씬 편안해 보였죠."

"가장 좋은 관계는 존중과 신뢰, 그리고 솔직함에서 비롯된다."[3]이 세 요소 중 하나라도 빠지면 환자와의 관계는 훼손된다. 솔직한 대화는 관계를 강화시킨다. 환자는 의사를 믿길 원한다. 환자에게 전해 줄 소식이 나쁠 때에도 의사는 진단과 치료("어려운 선택이죠."), 예후("좋지 않을 수 있습니다."), 심리사회적 문제("당신은 우울해 보이는데, 내가 제대로 본 건가요?"), 환자와의 관계 그 자체("나는 요즘 우리 사이에서 약간의 서먹함을 느낍니다. 왜 그런지 알고 싶군요?")에 대해 솔직할 수 있다.

환자는 자신을 신뢰하지 않는 의사를 믿으려 하지 않는다. 환자가 병원이나 너싱홈에 입원한다고 해서 스스로의 통제 능력을 상실하진 않는다. 환자가 의사, 간호사 또는 의료기관을 불신한다면 어떤 일이 벌어질지 상상해 보라. 마찬가지로, 의사 역시 환자에게 완전무결한 정직을 기대한다. 그래서 모든 치료 과정은 '신탁기금'에 돈을 예치하는 것과 같다. 모든 치료 과정은 신뢰 관계를 더 굳건히 만들 수도 훼손할 수도 있다. 정직은 신뢰의 기초다. 어떤 환자들은 의사에게 "나에 관한 어떤 것도 숨기지 마세요."라고 말해야 한다고 생각한다. 자신에게 뭔가 숨길지도 모른다는 걱정은 모든 치료 과정에서 환자를 괴롭힌다. 현명한 의사는 "나는 항상 당신에게 모든 것을 솔직하게 말할 겁니다. 내가 거짓말 한 사실을 당신이 알게 된다면, 우리 관계는 회복되기 무척 어렵다는 걸 잘 알기 때문이죠."라고 말한다.

의사는 환자가 현재 처한 상황을 최우선적으로 생각해야 한다. 다음 사례는 이런 기본적인 이치를 무시할 때 생길 수 있는 나쁜 상황을 잘 보여준다.

너싱홈에서 치료를 받던 한 91세의 치매 노인이 진전(tremor) 증상과 더불어 호흡 곤란에 빠져가고 있었다. 이 노인에게 'DNR('do not resuscitate'의 줄임말, 심폐소생술을 하지 않는다는 서약-역자 주)' 약속이 없었기 때문에, 담당간호사는 내게 전화를 했다. 나는 그의 딸에게 이 모든 사실을 알렸다. 그녀는 필요하다면 호흡보조장치를 비롯해 할 수 있는 모든 것을 해달라고 요청했다. 나는 이 노인에게 호흡보조기가 필요하다고 판단해 환자를 병원으로 옮겼다. 그리고 호흡기내과 전문의에게 진료를 의뢰했다. 이 전문의는 호흡보조기가 고도의 치료기술인 만큼 노인들에게 낭비일 뿐이라고 생각한다고 말했다. 그 당시 우리가 살던 사회는 의료 재원이 넉넉하지 않았다.

이 경우, 보호자의 생각이나 전문의의 판단 중 어느 것이 우선일까? 이슈는 많다. 비용, 노인에 대한 고정관념, 온정주의 등등. 노인에 대해 매기는 가치는 사람마다 다르다. 호흡기내과 전문의는 그 가치가 사회가 부담해야 하는 비용 이상이 되어야 한다고 생각했다. 하지만 보호자에게 그 가치는 아버지와 맺어온 관계적 차원의 문제였다. 그 노인은 치매 환자지만, 보호자의 삶에서는 중요한 존재다. 보호자와 전문의는 이와 관련해 딜레마에 빠졌다.

이 치료 과정은 매우 힘들었다. 이 드라마의 새로운 등장인물이라 볼 수 있는 호흡기내과 전문의와 나는 보호자와 적절한 관계를 맺지 못한 상태였고, 보호자는 의료진들이 자신의 뜻을 따라주기만 바랐다. 결국 우리는 치매 노인에게 호흡보조장치를 연결했다. 그는 비록 얼마 뒤 병원에서 숨졌지만, 보호자는 아버지를 잃는 데 대한 마음의 준비를 할 수 있는 시간을 벌었다(물론 돈을 더 지불했다). 적절한 정보 제공 없이 타인의 의견을 거스르는 것은 관계를 악화시킨다. 정보 제공보다 훨씬 더 좋은 방법은 타인에 대한 이해를 바탕으로 서로의 견해를 조정하는 것이다. 치매 노인이 입원해 치료 받는 기간 동안, 나와 호흡기내과 전문의와 보호자는 서로의 의견을 나누며 공감대를 형성했다.

관계는 의료 체계의 첫 관문이다. 의료 체계 전체를 놓고 볼 때, 일차진료의사는 "일반적인 계약자"인 동시에 환자의 옹호자다. 특히 심각한 질환으로 환자가 입원 및 여러 의사들의 협의진료가 필요할 경우, 일차진료의사는 이 환자에 대한 모든 정보를 관리 · 조절한다. 일차진료의사가 이러한 역할을 담당하지 않게 되면, 환자는 여러 의사가 제공한 정보로부터 혼란을 겪게 된다. 다음의 이야기를 예로 들어보자.

혼자 살고 있는 60세 남자가 여러 해 동안 건강 문제를 등한시하며 지내오다 치유되지 않는 발의 염증을 포함한 복합적인 당뇨 합병증이 생겨 내원했다. 공포심을 치료의 '무기'로 활용할 만한 대상이 아니라고 판단했기에, 나는 환자에게 발의 염증이 적절한 치료를 받으면 치유된다는 확신을 심어주었다. 내 계획은 이 문제의 해결을 계기로 하여 환자의 생활습관을 변화시킴으로써 긍정적인 결과를 유도하는 것이었다. 나는 식사 조절 방법을 알려주기 위해 그 환자를 영양사에게 보냈다. 하지만 그가 들은 이야기는 이것이었다. "계속 이런 식으로 지낸다면, 발을 잘라야만 할 걸요."

의사가 환자와 지속적으로 관계를 맺는 것은 매우 중요하다. 이 책의 1장에서 관상동맥질환에 이환된 환자가 수술 전에 "나는 나의 원래 주치의인 내과의사와 심장내과의사와 외과의사 모두에게 나를 계속해서 진료해 달라고 요청했다. 나는 그들에게 매일 나에게 들러 달라고, 공적인 관계로 생각하지 말고 친구 대하듯 나를 봐 달라고 요청했다. 나는 내 병의 치료와 관련된 일이 나의 상태에 대해 완벽하게 알지 못하는 누군가에 의해 결정되게 하고 싶지는 않았다. 나는 내가 누구인지 잘 아는 사람에게 돌봄을 받고 싶었다. 너무 많은 요리사가 있어 음식을 망치는 일도 원치 않았다. 버려졌다는 느낌을 받고 싶지도 않았다. 그들은 내 부탁을 들어줬다."고 한 말을 상기해 봐라.

만성 신장질환을 앓고 있는 64세 노인 환자가 투석이 필요한 시점까지 상태가 악화됐을 때, 나는 그에게 모든 사실을 숨김없이 알려주었다. 그는 아주 오래전부터 만성신장질환을 앓아왔으며, 그의 아내 역시 그 당시 심각한 질환에 이환된 상태였다. 나는 우리가 오랜 기간 동안 쌓아온 신뢰를 바탕으로, 어려운 결정을 조금 더 쉽게 내릴 수 있었다.

나는 환자들과 그 가족들이 의사를 찾기 전에 이미 많은 생각을 했을 거라고 생각한다. 그러므로 의사는 환자의 행동이나 의견이 즉각적으로 변화되리라 기대해선 안 된다. 만약 환자가 어떤 증상도 느끼지 못하는 상태라면, 환자는 의사가 권유한 수술을 해야 할지 말아야 할지 곰곰이 생각해 볼 것이다. 또한 환자들은 암이나 심장질환, 고혈압 진단이 자신에게 어떤 영향을 미칠지 생각해볼 것이다. 의사에게 병명을 처음 들었을 때, 환자는 모든 삶이 변화될 거라는 느낌을 받을지도 모른다. 하지만 일반적으로 환자들은 건강한 방법으로 그 질환을 받아들이고, 다음 치료 단계로 넘어간다.

환자-의사 관계의 연속성은 환자뿐 아니라 의사에게도 중요하다. 내가 말기 질환으로 입원한 80세 여자 환자의 완화 치료에 참여하게 됐을 때, 나는 이번 입원이 그 환자에게 단순히 여러 번의 입원들 중의 하나가 아니라 오랫동안 그녀를 돌봐온 딸과의 마지막 순간이라는 사실을 깨달았다. 그 의미를 알게 된 나는 환자와 그 딸을 최대한 도우려고 노력했다. 나 스스로 "나는 당신과 내 앞에 놓인 일이 어떤 것인지 알고 있습니다."라고 되뇌었다. 연속성은 시간의 문제다. 연속성은 의사로 하여금 환자에 대해 심사숙고하게 만들고, 진단과 치료에 대한 새로운 통찰력을 준다.

이러한 시간이 허락되지 않을 때조차, 환자-의사 관계를 강화시켜나갈 수 있다. 그것이 특별히 필요한 순간에는 더욱 그렇다. 다음 이야기는 산재로 장애를 입은 환자를 전문적으로 돌보는 정신과 전문의에게 들은 것이다.

한 젊은 남자가 산업장에서 왼쪽 손목을 다쳐 바로 의사를 찾아왔다. 환자가 어떻게 다쳤는지 간단히 들은 의사는 진료에 들어갔다. 의사는 다치지 않는 오른 팔을 부드럽게 들어올린 후, 주의 깊게 팔목과 팔꿈치 사이를 촉진하며 "아무렇지 않은데요?"라고 말했다. 그 순간 환자는 "이 의사는 적어도 정상과 비정상은 구분하는군!"이라고 생각했다. 그 다음에 의사는 다친 왼쪽 팔을 통증이 없는 팔꿈치부터 시작하여 팔목 부위까지 세심하게 살펴보았다. 의사의 손가락이 마침내 환자의 부상 부위에 닿는 순간, 그 젊은 남자는 그 의사에게 관대함뿐 아니라 자신을 치유하는 데 적격이라는 신뢰감마저 얻었다.

그 정신과 전문의는 "그 의사가 다짜고짜 환자의 다친 팔을 먼저 살펴봤을 때 환자가 어떻게 느꼈을지를 생각해 보라"고 말했다. 다음 이야기는 조금 더 복잡한 상황이다.

고혈압 때문에 나를 처음 방문한 60세 여자의 상태는 투약이 필요한 상황이었다. 일주일 뒤, 그녀는 정상 혈압으로 돌아왔지만, 두 번 정도의 순간적인 언어장애를 경험했다고 말했다. 이는 경동맥이 좁아져 발생하는 "일과성 뇌졸중"을 강하게 시사하는 증상이다. 즉시 검사가 시행됐다. 혈관조영술을 해 보니, 경동맥 하나가 굉장히 좁아져 있었다. 나는 그녀를 신경과 전문의에게 보냈고, 내가 생각했던 대로 그 의사는 경동맥 수술이 필요하다고 판단했다. 수술을 하지 않는다면, 환자는 심각한 뇌졸중에 빠질 위험이 컸다. 그래서 그녀는 수술을 받았다. 그런데 그만, 수술 도중 심각한 뇌졸중이 생겨버렸다.

여기서는 두 가지 문제가 발생했는데, 첫 번째 문제는 아주 초반에 생겼다. 환자와 그 가족들에게는 낯선 의사인 나는, 수술의 필요성을 어떻게 설명할 것인가? 나는 이렇게 말했다. "자, 우리는 지금 어려운 상황에 놓여 있습니다. 지금 당신은 아무런 통증도 느끼지 못하지만, 수술이 필요하다는 것은 이미 설명해 드렸습니다. 수술 여부를 결정하는 일이 당신에게 얼마나 어려운 일인지 나는 잘 알고 있습니다." 그러고 나서 나는 어떤 어려움이 발생할지 그 환자에게 세세하게 설명했고, 문제의 발견은 어떻게 이루어졌는지, 수술을 받을 경우와 그렇지 않을 경우에 질병이 어떤 식으로 진행될지에 대해 말했다. 나는 그녀의 가치관을 확인하고, 발생할 수 있는 모든 위험 상황에 대해 설명했다. 이러한 과정에서 나는 환자와 그 가족과의 관계에서 기술자가 아니라 의사로서 신뢰를 높여갔다.

두 번째 문제는 훨씬 더 어려웠다. 뇌졸중을 예방하려고 진행한 수술 과정에서 환자에게 뇌졸중이 발생했다는 사실을 가족들에게 어떻게 말해야 하는가? 그녀에게 수술을 하도록 권유한 것이 결국 그녀를 큰 재앙에 빠뜨렸다. 이러한 나쁜 소식을 가족들에게 전하면서, 동시에 그들이 느끼는 죄의식뿐 아니라 내 스스로 느끼는 죄의식도 돌봐야했다. 나는 우선 그녀의 가족들에게 애도를 표했다. 그리고 우리가 이러한 결정을 내린 과정을 되짚어갔다. 먼저 어려운 상황을 암시했던 혈관조영술 결과, 수술치료 여부와 무관하게 그리 좋지 않았던 그녀의 예후, 선택 가능했던 치료방법들, 그리고 무엇이 최선의 방법인지에 대한 의사들의 공감대 등등. 나는 이 결과에 대해 환자의 가족에게 "'우리가 과연 옳은 선택을 한 것인가' 라는 의문이 생기는 것은 당연합니다. 여러분과 마찬가지로, 저도 매우 애석하게 생각합니다. 나는 마음속으로 처음부터 지금까지 밟아왔던 모든 치료과정을 되짚어봤고, 우리가 택한 방법이 최선이었다고 믿습니다."라고 말했다. 나는 또한 가족들이 그녀가 잃어버린 것—건강, 언어 능력, 한쪽 몸의 운동 능력—들에 적응하는 데는 시간이 걸린다는 점을 받아들일 수 있도록 도왔다.

그 후 6개월간, 환자는 부분적으로 회복됐다. 갑자기 맺어진 관계였지만, 이 관계를 통해 환자와 가족들은 이 사건을 극복해 나갈 수 있었다. 그녀는 지금도 여전히 내 환자이며, 그녀의 가족 또한 내 환자가 됐다.

조산사들은 "아무리 오랜 시간이 걸릴지라도 환자와 함께 한다."를 신조로 삼는다. 이는 "나는 당신을 방치하지 않을 겁니다."라는 뜻이다. 의사-환자 관계는 의학의 인간적 측면의 핵심이다.

제20장

나쁜 의사-환자 관계

"이 문제를 해결할 방안이 있습니까?··· 이 환자를 치료할 방법은 있나요?"

한 친구가 나에게 어떤 의사 이야기를 해준 적이 있다. 그 의사는 환자들이 흔히 자신의 치료 방법을 결정함에 있어 삶을 단축시킬 수 있는 위험한 방식을 택한다고 생각했다. 환자의 결정이 잘못된 추정과 부적절한 판단을 기초로 내려지는 경우가 많은 것은 사실이다. 하지만 그 의사는 환자의 잘못된 견해를 바로잡으려는 노력은 전혀 하지 않고 환자에게 이렇게 반문했다. "다른 방안이 있습니까?" 라고. 이는 환자가 의사에게 때때로 묻는 "치료할 방법은 있나요?" 라는 질문과 비슷하다. 다음은 환자-의사 관계를 망치는 의사들의 행동들이다.

의사의 부재. 의사가 약속 시간을 제대로 맞추지 못하거나 약속한 전화를 제대로 걸지 않을 경우다. 환자 곁에 있기는 하되 환자에게 집중하지 않을 때도 포함된다.

환자의 질문에 충실히 답하지 않는다. 한 중년 여성이 유방 조직검사 준비에 대해 의사에게 문의하고자 수차례 전화를 했다. 의사는 그녀의 질문

이나 걱정이 충분한 이유가 있음에도 불구하고 제대로 설명해 주는 대신 그녀를 "지나치게 질문이 많은 환자"라 치부해 버렸다. 이 여성은 지병으로 복용 중인 약물을 얼마나 오랫동안 중단해야 하는지 궁금해했다. 게다가 그녀는 검사 시각을 구두로 예약했다가 변경한 적이 있어서, 정확한 검사 시각을 확인하려 했었다. 또한 그녀는 이 검사에 대한 두려움이 컸다. 그녀의 걱정과 질문들은 그러므로 타당한 반응이다. 즉 그녀를 "까다로운 환자"로 취급하는 것은 부당한 처사다.

감정 표현을 차단한다. 환자가 감정을 표현할 때, 의사는 흔히 조용히 이야기를 듣는 대신 울지 못하도록 막아 버린다. 환자가 분노, 불안, 공포, 의심 등의 감정을 표현하려 할 때 이를 막는 것은 환자가 가진 문제를 제대로 파악할 기회를 없애 버린다.

마무리를 제대로 안 한다. 때때로 의사는 환자에게 했어야 할 말이나 행동을 하지 않은 채 진료를 끝낸다. "정형외과 의사는 코티손을 내 무릎에 주사한 다음 조수와 함께 가 버렸어요. 나를 남겨두고 말이죠. 뭘 하라거나 뭘 하지 말라는 이야기는 전혀 없었죠. 심지어 나는 진찰대 위에서 내려와도 된다는 말도 듣지 못해서, 그냥 누워 있기만 했죠." 말에 대해서만 그런 것이 아니라 행동에 대해서도 마찬가지다.

치료 초점을 환자에게 맞추지 않는다. 때로는 환자의 가족이 "드라마의 주연"을 차지한다. 의사와 환자 가족들 사이의 갈등은 부지불식 중에 일어난다. 환자가 아니라 가족들의 관심사에 따라 치료 방침이 결정되기도 한다. 때로는 의사가 "드라마의 주연"이 된다. 의사는 환자가 다른 의사의 견해를 구하고 싶다고 하거나 자신의 진단 및 치료방침에 대해 의문을 제기할 때 일종의 위협을 느낀다. 미처 생각하지 않았던 검사 등을 환자가 제안할 때에도 방어적인 태도를 취한다. 때로는 어떤 기관들이 "드라마의 주연"이 된다. 병원의 경영진이나 보험회사는 흔히 "이 환자는 더 이상 입원해 있을

필요가 없습니다." 혹은 "이 검사는 보험 급여가 안 됩니다."라고 통보한다. 그러면 의사는 어쩔 수 없이 그에 따른다.

사람에 따라 제각각인 환자의 요구를 이해하지 못한다. 50세 여자환자가 자신이 받게 될 척추수술의 위험 요인들에 대해 문의하려고 전화했을 때, 전화를 받은 의사의 조수는 의사로부터 받은 정보에 따라 이렇게 설명했다. "감염 위험성은 5% 이내이고, 마비 위험성은 1% 이내, 사망 위험성도 1% 이내입니다." 이 환자에게 진실로 필요했던 것은 수술에 대한 두려움을 의사에게 표현할 시간과 이 수술이 꼭 필요하다는 확신이었다. 그리고 모든 것이 잘될 거라는 믿음을 갖고 싶었던 것이다. 모든 환자들이 의사들에게 높은 수준의 이해를 구하는 것은 아니다. 단지 환자들의 다양한 요구에 반응하는 것, 이것이 의사에게 중요하다.

무슨 일이 일어나고 있는지 제대로 파악하지 못한다.

일반적으로 나는 환자들과의 약속 시간을 잘 지키는데, 어느 날 75세 남자 환자의 초진 시간에 5분 늦은 적이 있었다. 그 환자는 "늦었군요. 당신이 뭐 대단한 사람인 줄 아는 모양이죠?"라고 비아냥거리며 나를 맞았다. 나는 화가 나서 "우리는 잘 지내지 못할 것 같군요. 당신은 다른 의사를 찾아가는 게 나을 것 같아요."라고 말할까 싶었지만, 성질을 죽이고 자문해봤다. "무엇이 그를 화나게 한 거지? 나는 왜 화가 났지?" 그 순간 나는 여러 해 동안 우울증을 경험했던 한 남자를 떠올렸다. 그는 화를 내는 것으로 우울함을 표현했었다. 그 환자를 내쫓는 대신, 나는 화를 가라앉히고 면담을 진행했다. 그는 실제로 우울증 상태였다. 나는 그의 치료기간 내내 이러한 통찰을 가지고 진료에 임했다.

30초도 안 되는 짧은 시간 동안의 정신적 훈련을 통해서, 나는 의과대학에서 배웠던 방법들을 적용했다. 환자의 정신상태 검진 부분에는 이런 게 있었다. "환자에게 나는 어떻게 반응하는가와 내 반응이 어떤 의미를 갖는 가?"에 대해 자문해 보라.

　환자가 현재 상태가 그의 삶 속에서 어느 위치에 놓여 있는지 파악하지 못한다. 환자가 또 다른 질환을 갖고 있거나, 또 다른 의사에게 진료를 받고 있거나, 혹은 오랜 기간 동안 어떤 억측 속에 시달려왔을 때, 처음 만난 의사의 견해에 거부감을 갖는 것은 자연스러운 일이다.

　환자가 순간적으로 결정을 내릴 것이라 기대한다. 어려운 결정을 단 한 순간에 내릴 수 있는 사람은 없다.

　환자와 환자 가족들의 행동양식 또한 의사와의 관계에 부정적인 영향을 미칠 수 있다. 여기에 일반적인 두 가지 경우가 있다.

　의사의 동기를 잘못 해석한다. 너싱홈에서 치료를 받고 있던 환자가 혼돈 증상을 보인 적이 있다. 그 환자의 아들은 자신의 어머니를 정신과에 의뢰해 달라고 요청했다. 그러나 그때 나는 다른 대안을 제시했다. "먼저 혼돈 증상의 원인을 정신과적 문제가 아닌 다른 곳에서 찾아봤으면 합니다." 그 말을 들은 보호자는 나의 말을 "얼마의 돈을 더 벌어보려는 얄팍한 술수"로 오해하여 내 제안을 거절했다. 우리가 관계가 제대로 형성되어 있었다면 좋았을 것이다. 그 아들은 나를 단단히 오해하고 있었다.

　환자가 부적절한 행동을 보일 때, 때로는 이에 정면으로 맞서는 것이 좋다. 아직 드러나지 않은 환자의 문제를 발견할 수 있는 기회인 동시에 환자-의사 관계를 강화시킬 계기이기도 하기 때문이다. "자신이 싫어하는 의사에게 치료를 받아서 낫는 사람은 별로 없다… 나는 의사이지만, 내가 정말로 싫어하는 환자에게는 많은 것을 해 줄 수가 없었다."[1] 만약 의사-환자 관계가 지속적으로 적대적이라면, 의사는 "무엇이 문제죠?"라고 물을 필요가 있고, 때로는 환자에게 다른 의사를 찾아가도록 권유하는 것이 합당하다.

　지속적으로 닥터 쇼핑을 한다. 신뢰가 부족하고 의사-환자 관계의 형성

이 잘 되지 않을 때, 환자는 이 의사 저 의사를 찾아다닐 것이고 모든 이야기를 하지 않은 채로 자기가 필요하다고 여기는 분야의 의사들을 만나러 다닐 것이다.

의사-환자 관계가 잘못되는 사례 중 가장 최악은 무엇일까? *환자와 의사 모두 의사-환자 관계에 아무런 기대를 걸지 않고, 둘 다 무엇이 빠져 있는지조차 인식하지 못할 때다.*

어려운 환자

불만족 상태에 놓여 있는 환자들 중 상당수가 소위 "어려운 환자"들이다. 이들은 종종 다음과 같은 특성들 중 하나 혹은 그 이상을 갖고 있다.

불명확한 진단. 환자의 증상이 여러 주 혹은 여러 달 지속되었지만, 그렇다고 그의 건강 상태가 악화된 것도 아니었다. 흔한 혹은 드문 질병을 찾아내기 위한 여러 종류의 검사를 시행했지만 모두 정상이었다. 반복적으로 검사를 실시해도 결과는 마찬가지였다. 그의 상태는 어느 질병의 양상에도 맞지 않았다. 그가 호소하는 흉통은 심장, 폐, 그리고 흉부에 위치한 다른 어느 기관과도 상관이 없었다. 그가 호소하는 복통은 확실히 복부 장기 어떤 곳에도 원인을 가지고 있지 않다. 증상은 지속되었지만 그런 증상을 유발하는 질병들은 아닌 듯했다. 하지만 그는 확실히 어떤 질병에 이환된 상태이며, 의사는 아직 그 원인을 명확히 판단할 수 없다. 우리는 다음과 같은 사례를 이미 알고 있다. 설명되지 않는 흉통을 호소하며 여러 과를 전전하며 진료를 받았던 환자가 수개월 후 심장발작을 일으킨다거나, 원인불명의 복통을 호소하던 환자가 최종적으로 난소암이나 췌장암으로 진단된다거나 하는 사례 말이다. 문제가 있다는 사실은 알지만, 의사도 모든 질문에 답할 수는 없다.

부적절하게 연장되는 치료기간. 적절한 진단과 치료를 받았음에도 불구하고, 환자가 좋아졌다고 '느끼지' 않는다. 모든 요소가 성공적인 치료 상태임을 보여주지만, 환자는 아직 예전과 같거나 혹은 더 안 좋다고 느낀다.

라뽀 형성의 곤란. 좋은 의사-환자 관계의 모든 요소를 갖추고 있음에도, 환자는 의사를 신뢰하지 않고, 의사-환자 관계 형성이 어려운 경우다.

지속적으로 요통을 호소했던 정육점 주인과 같이(제9장), 의사는 종종 "어려운 환자"의 정신적인 문제와 사회적 문제를 중요하게 다뤄야 한다. 의사가 환자의 정신사회적 문제들을 확인해 통합적이고 사려 깊은 치료를 지속적으로 제공함으로써 환자는 변화될 수 있다. 이로 인해 의사-환자 관계가 급격히 좋아지고, 환자에 대한 진단과 치료 관련 문제는 해결된다.

그러나 우리는 이러한 통찰 없이 환자 치료에서 다음과 같은 단계를 밟아나갈 수 없다. "울혈성심부전"(표 20.1) 환자가 한 개 혹은 여러 개의 증상을 갖고 있어서 감별 진단해야 할 질병이 많은 것과 마찬가지로, "어려운 환자"(표 20.2)도 외형은 비슷해도 감별해야 할 원인은 다양할 수 있다. 우리가 한 개 혹은 그 이상의 증상에 기초해 "울혈성심부전"이라고 진단하는 것처럼, "어려운 환자"라는 이름도 한 개 혹은 두 개의 범주에 기초해서 붙일 수 있는 것이다.

불명확한 진단으로 "어려운 환자"로 구별된 환자들은 비록 명확하진 않지만 진짜 질병을 가지고 있다. 물론 그 질병은 정신사회적 문제와 관련된 것일 수 있다. 적절한 치료를 받았으나 좋아지지 않고 있다고 느끼는 "어려운 환자"는 숨겨진 합병증 때문이 아니라 스트레스가 되는 생활환경 때문에 그럴 수도 있다. 특히 의사가 많은 노력을 쏟았음에도 불구하고 라뽀가 형성되지 않았을 경우, 정신사회적인 문제에 그 원인이 있을 수 있다.

"어려운 환자"와 유사하지만 구별되는 진단으로 나는 표20.2에서 "어려운 의사"와 "어려운 의료체계"를 포함시켰다. 이는 〈말에 문제가 없다면,

표 20.1

울혈성심부전 : 증상 및 감별 진단

· 증상 : 호흡 곤란, 운동내성 저하, 빈맥, 발목 부종
· 감별 진단 : 관상동맥질환, 심장판막질환, 원발성 심근병증

표 20.2

어려운 환자 : 증상과 감별 진단

· 증상 : 진단이 분명하지 않고, 치료기간이 연장되며, 환자-의사 사이의 라뽀가 형성되기 어렵다
· 감별 진단 : 진단하기 어려운 암, 드문 원인의 흉통이나 복통, 다른 희귀질환, 정신사회적 문제, "어려운 의사", "어려운 의료체계"

문제는 오직 마부에게 있다)라는 책 제목과 같은 관점이다.[2] 만약 의사가 지속적으로 평정심을 유지한 채 많은 진료를 한다면, 환자의 행동 양식과 그에 대한 적절한 대처 방법에 대한 자료가 쌓이게 된다. 하지만 의사의 태도가 때에 따라 달라진다면, 그런 자료의 축적을 기대할 수 없다. 의사는 항상 이렇게 물어야 한다. "이러한 반응을 불러일으킨 게 환자였을까 아니면 나였을까?" 그에 덧붙여 "환자의 요구를 만족시키지 못하는 의료체계가 어려운 환자를 만든 것은 아닐까?" 하는 질문도 던져야 한다.

한 동료가 "어려운 환자는 때로 복잡한 환자에서 비롯되는 것"이라 말한 적이 있다. 질병이 아주 복잡한 환자나 삶의 굴곡이 많은 환자의 경우, 의사가 나름대로 끈기를 갖고 접근한다 해도, 불충분하다고 느낄 수 있다. 의사가 환자에게 온전히 주의를 기울이지 못할 때, 환자는 불만족하며 좌절감에 빠질 수 있다. 그럴 때면 의사 역시 좌절하게 되고, 환자에게 '어려운 환자'라는 딱지를 붙이게 된다. 이 상태에서는 어느 누구도 만족하지 못한다.

그러나 복잡한 환자가 모두 어려운 환자가 되는 것은 아니며, 모든 어려운 환자가 복잡함에서 비롯되는 것도 아니다. 의사가 심각한 질환을 하나의 도전으로 받아들이는 것처럼, 의사들은 "어려운 환자" 또한 하나의 도전으로 본다. 이러한 도전에 대한 해결책을 찾는 것은 아주 재미있으며, 의사들이 찾은 해결책은 많은 사람을 기쁘게 한다. 쉬운 상황은 누구든 잘 대처할 수 있다. 좋은 의사, 즉 진정한 전문가인지 아닌지 여부는 어려운 상황을 잘 다루는 능력에 달려 있다.

사회사업사들은 이런 격언을 배운다. "관계는 자동차와 같다." 다른 어떤 관계와 마찬가지로, 의사와 환자 사이의 관계도 잘 사용될 수도 있고 남용될 수도 있다. 한번 신뢰가 성립되면 다른 관계에도 모범이 될 수 있다. 로버트 콜은 그의 스승이 어려운 환자를 다루는 것에 관해 가르쳐 준 내용을 다음과 같이 기록했다. "알려고 노력해라. 그리고 환자가 의사가 제공한 통찰과 관계를 잘 이용해서 자기 이익을 챙기려 하더라도, 그것으로 만족하라."[3] 만약 의사-환자 관계가 잘 이루어진다면, 환자가 다른 관계를 맺는 데에도 유용한 전범이 된다. 좋은 관계는 진단과 치료뿐만 아니라 전체 치료 과정을 촉진시킨다.

제21장

의사–환자 관계와 관련된 기존 관념들

"내가 어떻게 감정을 배제해 나갈 수 있겠는가?"

의과대학 1학년 수업과정에서 필독서인 아나톨 브로야드의 〈스스로의 질병에 함몰된 사람〉에 등장하는 어구다. 전립선암을 진단받은 브로야드는 의사에 대해 다음과 같은 요구를 했다. "신체뿐 아니라 마음도 치료할 수 있는 재능있고 어느 정도는 순수철학자인 의사... 그리고 나로 인해 즐거움을 얻는 의사."[1] 그 책을 읽은 학생들은 내게 "환자를 치료할 때 어떻게 감정을 배제해 나가죠?"[2]라고 물었다. 몇몇 다른 학생들은 내가 "의사 수련 과정에서 여러분들이 직면하는 가장 중요한 문제는 무엇이죠?"라고 학생들에게 묻자 "지나치게 감정적이 돼서 환자 치료에 참여하는 것", 그리고 "인간미를 잃는 것"이라고 답하기도 했다. 앞의 질문과 같은 맥락의 답변이다. 환자들과 친구들은 종종 내게 그와 같은 질문을 던진다. 로버트 콜은 그의 저서 〈이야기의 부름〉에서 '나는 내 스승에게 환자의 일에 대해 '너무 많이' 관여하지 않는 것이 최선이라고 배웠다"고 기술했다.[3]

　　그날 토론에서 학생들은 "의사가 환자의 치료에 지나치게 감정적이 되는 것"을 명백히 나쁜 의미로 사용했다. 이는 의사들에게 일정 부분 취약함이 있다는 뜻이다. 또한 의사들이 그리 유능하지 않고 그리 전문적이지 않으며 객관성을 상실할 수도 있다는 의미도 담겨 있다. 의사들이 감정적으로 환자들과 얽히는 것, 즉 업무의 일부를 개인적 삶에 전가하는 것은 위험한 일이다.

하지만 좋은 의사는 환자를 치료하는 데 있어서 환자들에게 깊숙이 관여하면서도 함정에 빠지지는 않는다. 그래서 "감정적으로 관여하는 것"을 무조건 부정적 관점에서 보는 것은 타당하지 않다. 학생들의 요청에 따라 그 질문에 대해 중점적으로 논의를 진행했으나, 그 문제는 부적절하고도 제한적인 범주를 벗어나지 못했다. 나는 더 논의를 진행하기 전에 그 문제의 의미를 다시 규정하는 것이 필요하다고 생각했다. 그래서 나는 다음과 같은 연속선을 제안했다. "저 의사는 '냉담한 사람'이야"라고 할 때의 '냉담'을 한쪽 끝에, 그리고 다른 쪽 끝에는 '감정 이입'을 두고, 중간에는 말그대로 '중간적 입장'을 놓기로 했다.

냉담--------------중간자 입장---------------감정 이입

우리는 양 끝 중 어느 하나의 입장에만 치우치지는 않기로 했다.

나는 학생들에게 중간적 입장에 대한 정의를 명확히 하도록 했다. 그들은 다음과 같이 답했다. "환자가 앓는 질병에 대한 기술적인 차원의 접근을 뛰어넘기, 환자들에게 그 질병이 어떤 의미인지를 파악하기, 환자와 함께 시간을 보내기. 질병이 환자의 수입, 직업적 경력 및 자아상에 미치는 영향을 이해하기. 질병이 환자의 가족에게 어떤 의미를 띠는지 확인하기. 질병은 가족 구성원 모두의 경험이라는 사실을 이해하기. 질병이 환자 가족의 삶에 역동적인 영향을 미친다는 점을 이해하기. 이 문제를 다룰 수 있도록 적절한 질문을 하기." 학생들은 이미 적절한 질문들을 통해 환자의 경험을 이해하는 것이 환자와 가족, 의사 사이의 관계를 강화시킬 뿐 아니라 치료 과정 및 치료 결과에도 긍정적인 영향을 끼친다는 사실을 알고 있었다.

이어 학생들은 "중간적 입장"에 대해 다음과 같은 정의를 덧붙였다. "공감과 이해. 단순히 아는 것이 아니라 이해한 바를 환자에게 '말로써' 표현하는 것." 슬프게도, 많은 환자들이 더 이상 의사들에게 이런 것을 기대하지 않는다. "환자에게 표현한다는 것"은 의사가 환자에게 감정이입을 했다는 신호이며, 환자가 겪는 일에 대해 고민하고 심지어 "그것이 내 일이라면 어떻겠어?"라며 걱정하며 환자가 겪는 문제에 접근한다는 의미다.

한 학생이 "회진을 돌 때, 침상 옆에 서지 말고 앉기"를 제안했다. 우리는 전에 회진을 도는 의사가 서 있을 때보다 앉아 있을 때 환자는 더 오랜 시간을 함께 했다고 느낀다는 사실을 논의한 적이 있다. 학생들은 환자에게 적절한 질문을 던지고 적절히 감정을 이입하며 느긋하게 진료하는 것이 '수용할 만한' 일이 아니라 '권고할 만한' 일임을 인식했다. 앉는다는 것은 의사가 서두르지 않고 환자에게 집중한다는 의미다. 환자들은 의사의 관심과 공감을 미묘한 동작이나 태도에서 알아차릴 수 있다. 눈 맞춤, 환자가 하는 말에 집중하기, 환자의 말에 맞장구치기, 환자의 생각과 가치관을 존중하기 등등. 학생들은 이러한 특질들을 갖춘 의사가 많지 않다는 사실 또한 알고 있다. 그러므로 '중간적 입장'은 연속선상에 있다. 너무 과도하지 않은 수준의 적절한 감정 이입은 다양한 수준에서 얼마든지 가능하다.

"과도하게 감정 이입을 한다는 말은 무슨 뜻인가요?"라고 나는 학생들에게 질문했다. "'너무 감정이 이입된' 상태는 또 무엇이죠? '중간적 입장'을 넘어서는 '과도한 개입'의 사례는 무엇이 있을까요?"라고도 물었다. "환자의 자녀들을 돌보아주는 일"은 그에 대한 한 가지 답변이다. 나는 "환자의 자녀들을 돌봐주는 일과 비슷한 사례는 또 무엇이 있을까?"라고 연이어 질문했다. 할인된 가격으로 환자를 치료해 주는 행위는 적절하다. 그러나 환자의 집세를 지불해 주거나 환자에게 돈을 빌려주는 것은 부적절하다. 환자의 요청에 의해 기도 모임에 참석하는 일은 적절하지만 의사가 나서서 기도 모임을 주선하는 것은 부적절하다. 그건 환자에게 의사의 가치관을 강요하는 행위가 될 수 있기 때문이다. 또한 의도가 매우 중요하다. 성적인 의도를 가지고 환자의 몸에 손을 대는 것은 부적절하다. 그러나 위로를 주기 위해 환자의 몸을 어루만지는 행위는 적절하다. 환자와 성적 관계를 맺거나 함께 술을 마시는 것은 최악의 경우다.

"의사의 사생활을 환자와 공유하는 것"도 부적절한 사례 중 하나다. 의사가 환자의 고군분투를 이해한다는 것을 알려주기 위해 자신이 겪은 질병 경험담을 환자와 공유하는 것은 나쁘지 않다. 그러나 의사가 가정불화나 경제적 문제를 환자와 공유하는 것은 옳지 않다. "우리가 환자의 짐을 일부 떠맡을 수는 있다. 하지만 우리가 가진 능력의 한계를 잘 알아야 한다."

"의사가 자신의 친구나 가족을 치료할 때에는 더 좋은 점이 있을까?" 이 질문에 대해 답은 지금까지의 논의를 보충해줄 뿐만 아니라 이 문제를 더욱 구체화시킨다. 작은 공동체-작은 마을 혹은 소수민족 사회-에서 일하는 의사들의 경우 이러한 상황을 피하기 어렵다. 하지만 이런 경우도 그리 곤란하지 않다. 치료의 원칙은 언제나 똑같다. 의사가 부적절하게 결정을 바꾸거나 진단과 치료의 정해진 패턴을 변경하지만 않는다면, 의사들은 "감정 이입"으로 인해 생길 수 있는 위험을 피할 수 있다.

우리는 스펙트럼의 다른 한 끝에 놓여 있는 "냉담"의 의미를 살펴봤다. "의사는 환자에게 전혀 말도 안 하고 관심도 나타내지 않아요. 의사는 오직 의학적인 측면에서 기술적으로만 환자를 봐요."

우리가 이 논의를 끝냈을 때, 우리는 앞에서 그렸던 연속선에 새로운 이름을 부여했다. 우리는 "감정 이입"이라는 어구에 너무나 많은 부정적인 의미가 내포돼 있다는 사실을 알게 됐으며, 또한 "냉담"이라는 말에도 경멸적인 의미가 담겨 있다는 사실을 인지했다. 그래서 우리는 연속선을 다음과 같이 바꾸었다.

불개입--------------개입--------------부적절한 이입

이렇게 바꿈으로써 우리는 방어적 입장을 버리고 개입에도 '차원'이 있음을 이해할 수 있게 된다. 또한 우리는 적절한 감정 이입이 좋은 의사의 미덕이자 필요조건이라 여길 수 있게 된다. 다음 이야기는 나의 경험담이다.

60대 중반의 은퇴한 연구실 기술자가 거의 모든 당뇨 합병증으로 입원했다. 시력은 거의 없었으며, 다리는 혈액순환 부전 상태였다. 신경손상으로 발의 통증 감각이 상실됐으며, 이전에 발생한 심장발작으로 심근도 손상되어 있었다. 이번 입원이 신부전으로 인한 세 번째 장기입원이었는데, 폐에 물이 찼으며 화학적 불균형 상태도 수반되어 있었다. 환자에게 가능한 치료법은 신장 투석이었지만 단기간의 해결책일 뿐이었다. 환자와 그의 아내는 다가오는 그의 죽음을 준비해야만 했다.

개입의 정도에 대한 선택 방안들은 이렇다.

· 불개입 : 단순히 기술적인 문제들에 대해 대처한다. 투약과 투석으로 울혈성 심부전과 신부전을 치료하고 인슐린으로 당뇨를 조절한다.

· 부적절한 개입 : 환자와 그 아내를 대신해 내가 그 부담을 떠맡는다. 그들에게 예견된 상실에 대해 괴로워한다.

· 개입 : 내 주요 관심사는 무익한 치료법과 거짓된 희망으로 환자와 그의 아내

가 그들에게 남겨진 고귀한 시간을 낭비하지 않는 것이다. 또한 나는 환자가 임종한 후 홀로 남겨진 그의 아내가 "내가 그와 조금만 더 이야기를 나눴다면, 아니 내가 우리 관계가 얼마나 의미 있었는지 그에게 한번이라도 말했더라면…" 이라든가 "내가 했던 것이 내가 할 수 있는 최선이었는지 모르겠어요" 라며 슬픔을 연장시키지 않도록 하는 일에 대해 걱정했다. 나는 그들에게 법적인 문제 등을 포함한 구체적 문제를 해결하고 그 밖의 감정적인 문제를 다룰 시간을 주고 싶었다.

나는 개입을 선택했다. 우리 셋은 함께 이러한 문제들에 대해 논의한 후 환자의 고통 경감 차원 뛰어넘는 적극적인 치료를 그만두는 데 동의했다. 환자는 일주일 뒤에 죽음을 맞이했다. 이후 그의 아내는 "그와 내가 가질 수 있었던 소중한 일주일" 에 대해 감사한다는 뜻을 편지를 통해 나에게 전했다. 내가 했던 일은 대수롭지 않은 일이 아니었다.

의사들은 흔히 이러한 종류의 개입은 사회사업사, 간호사, 성직자, 임상심리사가 더 적절히 수행할 수 있는 일이라 생각한다. 그리고 이렇게 말한다. "그건 시간이 너무 많이 걸려요. 의사들은 그 시간에 오직 의사만이 할 수 있는 다른 적극적 치료 행위를 하는 것이 옳아요" 라고. 하지만 나는 묻는다. 의사보다 이러한 역할들은 더 잘해낼 직종이 어디 있는가? 환자에 대해서, 미묘하고도 복잡한 질병에 대해서, 그 불확실성과 예후에 대해서, 환자 및 그 가족과의 관계에 대해서, 의사보다 많이 아는 사람은 없다. 의사야말로 이런 종류의 개입에 대한 특별한 사명을 부여 받은 유일한 직종이다.

이러한 개입에 많은 시간이 소요될 것이라고 걱정하는가? 내가 앞에서 말한 환자 및 그 아내와 함께 이러한 중요한 문제들을 논의했던 시간은 단지 몇 분에 지나지 않았다. 그 환자가 당뇨에 이환되어 내게 치료를 받는 오랜 기간 동안 우리 사이의 "신용 계좌" 에는 적지 않은 잔고가 쌓여 있었다. 오랜 관계는 일련의 과정을 더 쉽게 한다. 개입에는 별로 긴 시간이 걸리지 않는다.

아마 실제적인 문제로 대두될 또 다른 걱정거리는, 모든 환자의 모든 치료 과정에 적절하게 개입하는 일이 의사에게는 너무 과도한 짐이 될 수 있다는 점이다. 하지만 적절한 수준의 개입이 꼭 필요하다면, 병력을 기록하고 신체검진을 할 때 조금만 더 신경을 쓰면 된다. 앞에서 본 연속선상에서 꼭 필요한 만큼만 조금씩 자료를 모으면 된다. 이렇게 한다면 의사는 괴로움보다는 오히려 만족감을 얻게 될 것이다.

관계를 강화하고 신뢰를 쌓는 것은 의사와 환자 모두에게 필요하다. 지난 1998년 가을, 유방암에 이환됐었던 두 여성이 미네소타의대 1학년들에게 그들의 질병이 삶에 미친 영향과 그들의 질병 대처 방법에 관해 강연했었다. 질의응답 시간에 두 학생이 손을 들어 그들에게 감사를 표했고, 모든 학생들이 일어나서 갈채를 보냈다. 의대 강의실에서는 보기 드문 광경이었다. 학생들은 환자가 아니라 스승으로 두 여성을 대했다. 그 효과에 대해 학생들은 다음과 같이 말했다. "우리는 당신이 말한 것을 들었어요. 우리는 이제 당신에게 그 질병이 무엇을 뜻하는지 이해했어요. 아니, 이해하기 시작했어요. 우리는 당신들이 질병에 대처한 방식을 존경하고, 당신을 존경합니다."

혹자는 이 두 여성이 그러한 존경과 갈채를 필요로 했던 것이 아니라고 말할지도 모르겠다. 하지만 학생들은 그들의 마음을 드러내 보인 것이었다. 우리 모두—환자, 의대생, 의대 교수, 의사는 확인과 인정을 필요로 한다. 이와 같은 확인이 언제나 기립박수로 나타나는 것은 아니다. 단순히 "잘 들었어요. 나는 당신의 경험을 단지 상상할 수 있을 뿐이지만, 당신은 충분히 존경받을 만한 일을 했어요"라고 말하는 것, 그것이 중요한 것이다. 표현할지 말지 선택해야 할 순간은 언제나 있다. 그럴 때 표현하라. 이것이 적절한 개입의 한 가지 방식이다.

관계적 차원에서 "감정 이입"은 무엇을 뜻하는가? 환자에게 있어서, 의사의 감정 이입은 질병의 기술적인 차원을 뛰어 넘어 인간적인 보살핌으로 존엄을 보장받는다는 의미다. 환자에게 의사를 다음과 같이 여기도록 해준다. "이 의사는 나를 하나의 완전한 인간으로 봐. 그는 나를 이해하고, 내 질병에 있어서 우리는 동등한 파트너야." 질병이 특히 복합적으로 발생했을 때, 감정의 이입은 환자에게 "일반적인 계약자"로서 의사가 옹호해주는 역할 이상을 확신하게 만든다. 더불어 환자는 의사를 항상 궁금한 사항에 대해 알려주고, 공포와 같은 그들의 감정에 대해 인정해 주고, 이러한 느낌들을 표현하게 해주는 사람으로 인식한다. 감정 이입은 모든 치료과정을 강화시켜준다. 이입의 부재는 환자와 그 가족이 가장 최소한의 옹호조차 받을 수 없음을 뜻할 뿐 아니라 선택의 기회들, 질병으로 인한 불확실성, 그들의 가치관, 그리고 미래에 대한 전체적인 계획에 대해 논의할 기회조차 상실했음을 뜻한다.

그러나 모든 관계는 양방향에서 이뤄진다. 의사에게 있어서 이입은 확약과 강화를 의미한다. 한 의대생은 "경험은 깊이 있는 현명함으로 우리를 이끌며, 누차 우리에게 그 힘과 기운에 경탄하게 만듭니다. 의사로서 나는 영혼에 대한 놀라움을 목격하게 될 것이고, 이러한 방식으로 나는 존경받는 치료자라고 느끼게 될 겁니다."라고 이입에 대해 기록했다. 오랜 기간 투병하는 환자들에게 감사를 받을 때는 특히 더 그렇다. 관계를 통해 환자가 기쁨을 느낄 때, 의사 또한 기쁨을 느낀다. 이입이 부족하면 치료조차 유명무실하게 된다. 이입이 부재할 때, 의사는 환자가 복통을 호소할 경우 그 통증이 인간사와 관련하여 야기됐다고 생각해 보지도 않은 채 통증이라는 문제에 국한해서만 생각할 것이다. 브로야드는 다음과 같이 말했다. "좋은 관계를 만드는 데는 오랜 시간이 걸리지 않는다. 그러나 환자를 피함으로 인해 생기는 감정적인 짐들은 상상하는 것 이상으로 의사를 힘들게 한다."[4] 그리고 작가 앤 라모트는 죽어가는 친한 친구의 주치의가 남긴 말을 다음과 같이 서술했다. "지금 바로 그녀를 주의 깊게 살펴봐요, 왜냐면 그녀는 당신이 어떻게 살아야 할지 가르쳐 주거든요."[5]

결혼식 주례사에는 흔히 "인간은 관계를 통해 비로소 완성된다"는 표현이 등장한다. 관계의 부재는 환자와 의사 모두에게 패배를 안겨준다.

제4부

인문학으로서의 의학 :
통합적으로 보기

제22장

다시 들여다보는 의사의 하루

"기본, 기본, 기본."

이번 장은 제8장 "의사의 하루"를 되풀이하는 것이다. 나는 이 책의 각 장에서 환자들을 어떻게 대해야 하는지 그 방법론을 알려줬다. 환자의 이야기를 탐험해가는 과정은 병력의 타당도를 높이고 문제 확인과정을 돕는다. *의사-환자 관계*는 모든 과정을 순조롭게 이끈다. 진료실에서, 환자의 집에서, 병원 침상 옆에서 *"나는 뭘 배웠지?"*라고 스스로 묻는 것은 전문가적인 성숙뿐 아니라 치료과정을 한층 더 강화시킨다.

지적인 도전의식과 봉사의 기회와 더불어, 이런 일상들은 의사를 자극하고 마음의 충족을 제공한다. 선하고 사려깊은 의사들은 자연스럽게 이러한 모든 일들을 훌륭히 해낸다. 여기에 쓰이는 시간들은 좋은 돌봄에 결정적인 영향을 준다. 의사들의 이러한 일상들의 지속은 환자들에게 의사가 헌신하고 있음을 알게 한다. 환자들은 의사들의 언어 및 행동 양식을 언제나 지켜보고 있다.

장기적 관점에서 훌륭한 돌봄은 좋은 의무기록에 달려 있다. 문제 중심

기록의 "다섯 단계"와 생물정신사회적 기록 방식 모두 임상에서 유용하게 사용되는 틀이다. 의무기록은 의사들이 복잡한 결정을 어떤 판단에 근거하여 내렸는지, 그리고 무엇을 하고 무엇을 하지 않았는지에 대한 의사의 통찰이 담긴 일람표와도 같다. 여러 환자들에 대한 의무기록은 의사 스스로의 교육에 좋은 자료가 된다. 하루 동안의 의무기록이 일년치의 가르침을 담고 있는 경우도 있다. 여러 환자들에 대한 의무기록을 하루 동안 보면 한 해 동안 의과대학에서 배우는 모든 과정을 경험한다.

나는 의사의 하루를 다시 짚어보면서 의학의 인간적 측면을 곁들여 제시한다. 기호 H가 붙어 있는 문장이 바로 그런 측면들이다.

병원

병원에 입원한 환자들은 단 한 가지 문제보다는 복잡하고 꽤 진행된 문제들을 가진다. 그들은 종종 많은 의사들, 그리고 의사 이외의 보건의료 직종들과 만난다.

(제8장에서 다뤘던 사례들을 참조하라. 친숙하지 않은 전문 용어들에 대한 설명도 제8장의 주석을 참조하라.)

환자 1. A. B., 29세.

의무기록

복통 및 체중감소 : 여전히 식욕이 없음. 직장 내시경, 바리움 조영술, 위 내시경, 복부 CT 촬영 등의 검사 결과, 난소에 종양이 발견됨. 갑상선 검사는 정상.

발작 : 가끔씩.

그녀의 복통과 체중감소는 발작 억제 약물 및 정신사회적 문제와 복잡하게 연관된 것으로 보임. 퇴원조치 이전에, 처방 교체나 적절한 정신과적 추적관찰이 필요함.

추가적인 이야기, 추가적인 병력

여러 해 동안 그녀는 발작을 경험했고, 여러 종류의 투약치료를 받았음에도 불구하고 발작은 조절되지 않았다. 물론 그녀가 처방된 용량대로 약을 복용했는지 여부에 대해서는 다소 의문이 있다. 지난 몇 달간, 그녀는 20파운드나 체중이 줄었고, 설명되지 않는 복통을 몇 차례 경험했다. 그녀의 삶은 혼란에 휩싸여 있다. 최근 그녀는 약혼을 했고, 약혼자는 상식을 벗어난 성적 관계를 요구하고 있다. 그녀는 아파트 월세를 낼 여력도 없다. 현재 그녀는 정신적으로 의지할 친구나 가족도 없는 상태다. 그녀에 대한 돌봄은 신경과의사, 내과의사, 정신과의사, 임상 담당 사회사업사, 복지 담당 사회사업사 등이 역할을 나누어 제공하고 있지만, 정작 그녀는 누구에게 자신을 맡겨야 할지 알 수가 없다.

문제들

· 체중감소의 원인은 무엇인가? 그녀는 악성종양에 이환된 것인가, 아니면 갑상선호르몬 과다 분비 상태인가? 발작 억제 약물 복용이 체중 감소를 유발한 것인가?

· H 그녀의 삶에서 체중감소를 일으킬 만한 요인은 무엇인가?

· 복부 CT 촬영에서 발견된 난소 종괴가 내분비장애로 인한 것인지 악성종양인지 여부를 확인하기 위해 추가적 검사가 필요한가? 아니면 특별한 문제가 없는 우연한 소견일 뿐인가?

· H 그녀의 치료 전담자는 누구인가? 그녀의 발작을 다루는 신경과의사? 그

녀를 진료한 후 통원치료실로 보낸 내과의사나 정신과의사? 아니면 그녀 자신? 환자가 돌연한 공황 상태에 처한 것은 질병 때문인가, 부적절한 지지체계 때문인가, 아니면 치료 전담자의 부재 때문인가?

의사-환자 관계

· 나는 그녀에게 악성종양이 아니라고 안심시켰다.

· H 나는 신경과의사에게 발작 억제 약물 복용에 대한 관리 및 적절한 정신과적 추후관리에 대해 부탁했다.

· H 나는 그녀에게 전화를 걸어 치료 계획을 요약해주고, 2주 후로 진료시간을 배정했다고 알려주었다. 또 비록 내가 그녀의 주치의가 아니지만 언제나 그녀가 필요할 때 함께 있겠다고 말해줬다.

내가 배운 것은 무엇인가?

· 어떤 결정들은 복잡성을 띤다.

· 단순한 문제들(복통, 체중감소, 식욕감소)에도 많은 차원들이 있을 수 있다.

· H 체중감소는 기질적 요인 외에도 심리적 사회적 요인들에 의해서도 나타난다.

· 어떤 문제들은 해결에 오랜 시간이 소요된다.

· H 정신사회적 문제들은 신체적 문제를 야기할 수 있고, 치료를 지연시키기도 한다.

· H 환자들은 그들의 문제가 여러 전문분야에 걸쳐 나뉘어져 그들을 전담할 누군가가 없을 때 공황 상태에 빠질 수 있다. 치료과정 전체를 조정하고 지속적으로 지침을 일러줄 한 사람이 필요하다.

환자 2. C. D., 85세.

의무기록

요통 : 지속됨. X-레이 검사 상, 요추 골다공증과 오래된 압박골절이 발견되며, 새로운 골절은 없음. 검사결과는 거의 변화 없음. 그녀는 진통제를 거의 요구하지 않음.

추가적인 이야기, 추가적인 병력

최근 여러 해 동안의 기억력 감퇴에도 불구하고, 그녀는 음식배달 프로그램, 가정부의 주기적 방문, 그녀의 남동생들의 방문과 전화 등으로 인해 자택에서 생활할 수 있었다. 그녀는 예전에 방광암으로 항암치료를 받은 바 있다. 또한 그녀는 심장판막결손으로 대동맥 부전 상태다. 최근의 요통 발생은 그녀의 독립생활을 위태롭게 한다. 그녀는 더 이상 혼자서 지내기가 어렵다.

문제들

· 종양이 퍼져 요통이 발생한 것인가? 요통의 또 다른 원인으로 추정할 수 있는 것은?

· H 그녀는 어디서 살아야 하나? 가정부의 도움으로 집에서? 아니면 너싱홈에서? 정말 중요한 문제는 요통이 아니다. 급성골절 및 종양은 이미 감별된 상태이고, 통증은 먹는 약으로 쉽게 조절되고 있기 때문이다. 진짜 문제는 그녀가 혼자지낼 수 없을 만큼 취약한 상태라는 것이다.

의사-환자 관계

· H 나는 기억력 및 판단력이 온전치 못한 그녀가 스스로에 대한 주요 결정들을 합리적으로 내리지 못하리라 생각했다. 나는 여러 문제들을 그녀의 남동생들

에게 정리해 전달했다.

· H 나는 집에서 너싱홈으로 옮기는 것이 아주 어렵고 조심스러운 일이라는 사실을 알고 있다. 나는 그녀에게 충분한 시간과 편안한 장소를 제공하고 심사숙고를 하게 했다. 또 누이를 너싱홈에 보내는 것에 대해 죄책감을 느끼는 남동생들에게 정서적 지원을 해주었다. 나는 그들에게 "여러분은 그녀를 위해 최선의 결정을 한 겁니다."라고 말했다. 또 병원의 사회사업과 직원들과 이러한 계획을 공유했다. 그리고 치료가 덜 된 상태에서 그녀를 너싱홈으로 보내는 일은 없을 것이라고 남동생들에게 말했다.

내가 배운 것은 무엇인가?

· 요통은 많은 요인들에 의해 발생한다. 그리고 그 원인에 따라 다른 치료적 접근이 필요하다.

· H 어떤 환자든, 일상 생활에 대한 질문은 기본이다. 이 환자의 경우에도 요통 이야기만 했더라면 문제를 제대로 해결할 수 없었을 것이다.

· H 환자와 가족들에게 진단 및 치료를 제공하는 것 외에, 정서적 및 도덕적 지원을 제공하는 것도 의사의 역할에 포함된다.

환자 3. E. F., 85세.

의무기록

발열과 어지러움 : 그녀는 더 이상 어지럽지 않음. 열도 사라짐.
칼륨 결핍 : 교정됨.

추가적인 이야기, 추가적인 병력

C. D. 환자와 동갑이지만, 그녀와 달리 이 여성은 매우 예민하고 자립

심이 강해 홀로 살고 있으며 아주 활동적인 삶을 영위하고 있다. 이 여성이 병원을 찾은 까닭은 발열과 함께 어지럼증이 발생했기 때문이다. 그녀는 여러 해 동안 고혈압으로 이뇨제와 칼륨 보조제를 복용하고 있었다. 입원한 이유는 아주 단순했으나 그녀가 퇴원할 시기가 됐을 때까지도 이 문제들은 해결되지 않았다. 그녀와 나는 그녀가 집에 돌아간 후에야 문제가 해결될 것이라고 느꼈다.

문제들

· 발열의 원인은 무엇인가? 폐렴 혹은 방광염? 단순한 감기? 아니면 드러나지 않은 다른 원인이 있는 것일까? 그녀는 즉각적이고 광범위한 발열 진단 검사가 필요할 만큼 위중한 상태로 치달았는가? 아니면 조금 더 지켜보다가 하루나 이틀 뒤 그녀의 상태가 악화되는 경우에 추가 검사를 하면 되나?

· 어지러움이 발생한 원인은 무엇일까? 탈수, 발열, 고혈압약물? 아니면 이 세 가지 모두? 그녀의 증상은 복합적 문제에 의해 발생된 것일까?

· 혈중 칼륨 농도가 낮다. 그녀는 최근 제대로 약을 복용해 왔을까?

의사-환자 관계

· H 10년 동안 내가 그녀의 주치의였으므로 그녀는 상태가 악화됐을 때 언제든 나를 부를 수 있다는 것을 알고 있으며 나 또한 내가 제안한 방법을 그녀가 신뢰하여 잘 따른다고 생각했다. 따라서 모든 문제들이 해결되기 전임에도 그녀가 집으로 돌아가는 것에 우리 둘 모두 저항이 없었다.

내가 배운 것은 무엇인가?

· 발열과 같은 문제는 즉각적이고 광범위한 검사가 필요하지 않을지 모른다.

· H 나이가 사람들의 활력과 자립 성향을 결정하는 것은 아니다.

· H 오랜 기간 환자를 알게 되면 어려운 결정을 내릴 때 가치 있는 통찰을 갖게 된다.

환자 4. G. H., 78세.

의무기록

발열 : 호전되고 있음. 기침 없음, 오한 없음. 소변검사 정상. 흉부 X-레이 정상.

당뇨병 : NPH 및 레귤러 인슐린 투여로 혈당이 100~200 범위.

관상동맥질환 : 숨찬 증상 없음, 흉통 없음, 부정맥 없음.

정신과적 문제 : 여전히 전투적인 태도. 나에게 이야기하려 하지 않음.

이학적 검사 : 의식 명료. 급성 병색 없음.

호흡음 : 정상. 심음 : 정상.

항생제 정맥 주사 이후 호전되고 있지만, 발열의 원인은 여전히 불투명함.

추가적인 이야기, 추가적인 병력

이 노인은 최근 소련에서 미국으로 이주했는데, 최근 몇 달 동안 엄청난 질병들에 직면했다. 심장의 완전 전도 차단으로 시작하여 울혈성 심부전과 호흡 부전이 왔으며, 때문에 인공심박동기 삽입과 인공호흡기 사용이 필요하다. 게다가 하지에 정맥염이 생겨 항응고제 투여도 필요하다. 당뇨 역시 인슐린 투여가 필요한 수준이다. 너싱홈에서 그는 의사와 간호사를 불신하여 모든 투약을 거부하고 있다. 언어 장벽으로 말미암아 정신과의사는 그가 우울한지, 망상에 시달리는지, 혹은 혼돈 상태에 있는지 파악하지 못해 도움을 줄 수 없었다. 그에게 새롭게 생긴 증상인 원인 불명의 발열은 이 모든 문제들 위에 겹쳐져 있었다. 부양가족인 딸 또한 아버지의 복잡한 질병들로 당혹해하고 있다.

문제들

· 발열의 원인은 무엇인가? 폐렴 혹은 요로 감염? 아니면 폐색전?
· 당뇨, 심혈관질환 및 원인불명의 발열과 관련해 어떤 치료가 필요한가? 확실한 진단을 알지 못하는 이러한 불확실성 속에서, 치료를 시작할 수 있을까?
· 그가 전투적 태도를 취하는 이유는 무엇일까? 모든 원인들 가운데, 일부는 치유될 수 없는 것일 게다. 그것은 무엇일까?
· H 이 "어려운" 환자에 대한 이상적 치료를 위해 어떤 타협을 끌어내야 하는가? 어려운 환자가 된다는 것은 무엇을 뜻하는가?
· H 의사로서 그의 딸이나 다른 가족에게 주의를 기울일 필요가 있는가?

의사-환자 관계

· H 질병의 악화 위험이 높은 환자가 치료에 비협조적이기 때문에, 나는 그 가족 구성원 중심으로 치료에 접근했고, 이 가족들의 어려움을 인지해 그들이 아버지를 대신해 치료에 대한 결정을 하도록 도왔다.

내가 배운 것은 무엇인가?

· 나는 가능한 발열의 원인들을 더 많이 알게 됐다.
· 명명되는 질환이든 그렇지 않은 간에 질환 각각에 대한 기술적 차원을 넘어, 환자의 전투적 태도 자체가 도움이 필요한 문제임을 명확히 했다.
· 모든 문제가 다 해결되는 것은 아니다.

환자 5. I. J., 68세.

의무기록

울혈성 심부전 : 대체적으로 좋아짐. 숨찬 증상 없음. 잘 잠. 퓨로세마이드 용량을 조절중인데, 입원 이후 5킬로그램 정도 체중 감소.

이학적 검사 : 맥박 60, 불규칙적. 혈압 120/80. 그는 자신의 질병에 대해 이야기하며 울먹임. 경정맥이 30도에서 평편해 짐. 호흡음 : 정상. 심음 : 부정맥, 예전에 비해 S-1 흔들림. 간 : 만져지지 않음. 천골 및 경골 부위에 부종 없음.

통풍 : 손의 발적과 통증이 소실됨.

골반 종양 : 무증상.

추가적인 이야기, 추가적인 병력

그는 울혈성 심부전이 재발되어 입원했는데, 그것은 급성 통풍으로 인도메사신(소염진통제 종류)을 복용하면서 자의적으로 이뇨제 복용을 중단한 이후 나타난 증상이다. 15년 전 드문 형태의 골반 종양을 절제한 이후 그는 추후 관리를 거부해왔다. 18개월 전 종양이 재발됐고 부분적인 방광 절제술이 요구됐다. 이때를 전후로, 심방세동 형태의 부정맥과 울혈성 심부전이 시작됐다. 그는 심한 흉통을 호소한 적이 없었지만 심전도 상에서는 심근경색이 관찰됐다. 그는 또 다시 치료를 거절했으며, 종양 상태를 확인하기 위한 검사 역시 거부했다.

문제들

· 울혈성 심부전의 원인은 무엇인가? 약제의 변화로 울혈성 심부전이 촉진된 것은 아닌가?

· 심방세동과 울혈성 심부전과 관련해, 그는 혈전 형성의 위험에 노출된 상태인가? 예방적 치료로 항응고제 투약이 필요한가? 종양이 있을 때 항응고제 투여는 금기가 아닌가?

· 드문 형태의 종양에 대한 최상의 치료법은 무엇인가? 항암요법? 방사선치료? 이 둘을 혼합한 치료방법? 아니면 아무것도 하지 않는 것? 그의 종양은 매우 드물기 때문에 이러한 물음에 대해 답변할 근거 자료가 충분치 않다.

· H 그는 왜 울먹였을까? 우울증 상태인가? 두려워하는 뭔가가 있는 걸까? 울먹임을 어떻게 해석할 것인가?

· H 그가 의사의 치료 권고를 거부할 때, 어떤 윤리적 문제가 생기는가?

· H 치료에 대한 결정을 할 때, 의사는 어떠한 방식으로 환자의 가치관을 반영해야 하는가?

의사–환자 관계

· H 나는 "당신에게 이것은 무엇을 의미하죠?"라는 질문을 던지며, 질병에 대한 그의 인식과 느낌을 탐험해갔다.

내가 배운 것은 무엇인가?

· 울혈성 심부전과 같은 질병은 원인이 더욱 구체적으로 밝혀져야 한다. 원인이 무엇이냐에 따라 치료가 달라지기 때문이다.

· 많은 증상들은 약물 혹은 치료로 인해 유발된다. 새로운 약이나 치료가 처방되거나 중단될 때, 우리는 이와 관련해 가능한 모든 부작용을 예측할 필요가 있다. 인도메사신은 울혈성 심부전을 촉진시킬 수 있다.

· 일부 암을 비롯한 몇몇 질환들은 출혈을 유발하는 경향이 있다. 그래서 이러한 질환의 경우 항응고제 사용이 금기다. 어떤 문제들은 다른 문제에 대한 치료를 제한하기도 한다. 안전을 위해, 의사들은 문제들과 치료법들 사이의 상호관계에

대해 주의해야 한다.

· H 의학에는 불확실성이 존재한다. 때때로 어떤 치료방법은 아무 효과가 없을 수 있다. 희귀 종양과 같이 완치 불가능한 질환에 대해서도 그러하다.

· H 의사들은 치료 결정 시 환자의 가치관을 반영할 필요가 있다.

· H 입원 환자든 아니든, 모든 환자는 치료를 거부할 권리가 있다.

클리닉

클리닉을 방문한 환자들의 문제는 단순하다. 때론 그들도 복잡하고 다양한 문제로 방문하지만, 입원 환자들과 같이 급성적인 질병양상을 보이진 않는다. 처음 두 사례는 "정기검진"을 위해 방문한 환자로, 지난 일 년간의 건강상태 전반을 평가하고 의학적 문제와 사회정신적 문제들에 대해 깊이 있게 생각할 수 있는 기회를 준다. 이러한 각각의 환자들에 대한 진료시간은 45분에서 60분 정도 소요된다.

환자 6. K. L., 45세.

의무기록

45세 여성이 정기검진을 받으러 옴. 문제들은 다음과 같음.

승모판 점액종으로 승모판 대체 수술 후 와파린 복용중. 흉통 없음. 숨찬 증상 없음. 부정맥 없음. 오늘 실시한 EKG 검사 상 분당 56회 가량의 서맥과 심실성 기외수축 및 1도 방실전도장애 보임.

정신과적 문제 : 지속됨.

체중감소 : 새로운 문제. 14개월 전 체중은 150파운드이나 지금은 138파운드. 그녀는 재정적 어려움을 겪고 있어 식사를 제대로 못했다고 말함. 갑

상선기능항진증을 시사하는 날씨에 대한 선호는 보이지 않음.

약 : 와파린과 약국에서 구입한 몇몇 기본약과 건강기능식품.

ROS : 특이사항 없음.

정신사회적 문제 : 재정적 어려움을 겪고 있으나 심리적으로 의존할 대상은 없음. 그녀는 자신의 조카에게 의지할 수 있으리라고 생각함.

추정진단 : 영양부족 때문인 것으로 추정되는 체중감소. 적절한 식사가 시급함.

부정맥. 특별한 임상적인 의미는 없음.

그녀의 동의를 구한 후, 그녀의 조카와 면담을 할 예정.

3개월 안에 재방문 권유.

추가적인 이야기, 추가적인 병력

여러 해 동안, 그녀는 심장 판막에 문제가 있었다. 처음에는 아무런 증상이 없었지만 후에 칼로 찌르는 듯한 흉통으로 발전돼 응급 수술을 받았다. 또한 울혈성 심부전이 생겨 인공 승모판 삽입을 위해 두 번째 심장 수술을 받았다. 이후 일 년이 되지 않아 치과 치료 후 인공판막에 심각한 감염이 발생해 심내막염에 이환됐다. 현재 심장은 안정된 상태다. 그녀는 판막 주위 혈전 혈성을 예방하기 위해 와파린을 복용중이다.

그녀는 오랜 기간 정신과적 문제가 있었지만, 대학을 졸업했으며 질병이 심각해지기 전까지는 안정적인 직장 생활을 해 왔다. 정신과적 문제와 관련해 그녀가 타인에 비해 조금 더 취약한 것은 사실이다. 그녀는 현재 재정적 곤란을 겪고 있는데, 이는 재정적 문제와 관련해 몇 가지 아둔한 결정을 했었기 때문이다. 생존해 있는 부모나 형제자매는 없다. 그녀는 어려운 상황이 닥치면 조카에게 의지할 수 있으리라고 생각하고 있다.

문제들

· 심장 상태는 충분히 안정되어 있는가?

· 치과치료 이후 심내막염이 발생한 것은 단지 우연의 일치일까? 재발을 방지하기 위한 방법은 있는가?

· 체중 감소의 원인은 무엇인가? H 식사를 제대로 못하기 때문인가? 만약 그렇다면, 재정적으로 현명하게 결정을 내리지 못하고 현재 안정적 수입이 없기 때문에 그런 것인가?

· H 그녀는 논리적 판단이 가능한 상태인가? 아니면 어른의 몸을 가진 아이인가? 가족구성원을 치료에 참여시킬 필요가 있는가? 윤리적으로는 어떤 문제가 있는가?

의사-환자 관계

· H 그 환자와 나는 오랜 시간 알아왔기 때문에 우리는 그녀의 아주 사적인 문제까지 논의할 수 있었다. 그녀의 수입원은? 그녀를 경제적으로나 정서적으로 돌봐줄 이는 누구인가? 그녀의 프라이버시를 존중하면서, 나는 그녀의 조카에게 건강 및 재정 문제에 대해 상의해 보라고 조언했다.

내가 배운 것은 무엇인가?

· 모든 문제가 바로 직전 사건에 의해 일어나는 것은 아니지만, 그녀의 심내막염은 치과치료로 발생되었을 가능성이 높다. 향후 치과 치료시, 예방적 항생제 투여를 해야만 한다.

· H 치료과정에서 윤리적 문제는 빈번히 발생한다.

환자 7. M. N., 50세

의무기록

50세 여성이 정기 검진을 받으러 왔다. 문제들은 다음과 같다.

당뇨병 : 근력약화 없음, 무감각 없음, 얼굴 및 팔다리에 얼얼함 없음, 오심 없음, 설사 없음, 시야 변화 없음. 정기적으로 안과 검진 받고 있음. 저혈당을 시사하는 증상 없음. 아침, 점심, 저녁 식사 전에 12에서 18단위의 인슐린, 저녁 식사 전에는 NPH 30단위 추가로 투여중. 정기적으로 혈당을 체크하지는 않으나 예상되는 활동량에 따라 스스로 인슐린 용량을 조절함. 단것의 섭취를 거의 하지 않으며, 혈당을 잴 때마다 별로 변화가 없는 상태임.

고혈압 : 두통이나 어리러운 증상 없음. 바소텍 5mg을 매일 복용중.

천식 : 천명음 드묾. 달리기 전이나 필요할 때에는 알부테롤 2회 흡입하며, 하루에 두 번씩 테오더르 600mg 복용중.

카페인 : 매일 약 두 잔의 커피와 두 캔의 콜라를 마심.

페니실린 알러지의 가능성 있음.

술, 담배, 마약 : 여러 해 동안 하지 않았음.

직장 출혈 : 없음.

속쓰림 : 없음.

청력 감퇴 : 변화 없음.

ROS : 특이사항 없음.

정신사회적 문제 : 모든 면에서 비교적 양호함. 새로운 일자리를 얻었으며, 자신의 감정을 남편과 공유하고 있음. 다른 도시로부터 더 높은 지위의 일자리를 제안 받았으나 거절함.

추정진단 : 당뇨병 : 적절히 조절되고 있음. *Hgb A1C* 검사 필요.

고혈압 : 적절히 조절되고 있음.

천식 : 적절히 조절되고 있음.

계획 : 현재의 처방을 유지함. 검사 결과를 알려면 4일 후에 전화할 것.

추가적인 이야기, 추가적인 병력

그녀는 청소년 시절 당뇨병에 이환됐는데, 나는 그때부터 그녀의 주치의였다. 그 동안, 그녀는 약물 남용과 알코올 중독으로 몇 차례 입원한 적이 있으며, 담배 또한 피웠다. 수년간 그녀는 이러한 중독증상으로 힘든 시간을 보내면서 스스로를 파멸로 몰았다. 그러나 이 시기 동안 그녀는 당뇨 치료를 받았다. 현재 그녀는 이러한 중독에서 벗어나 재활 치료와 함께 만족할 만한 직장에서 성공적으로 일하고 있으며 충실한 결혼생활을 영위하고 있다. 당뇨 관리도 성공적이어서, 그녀는 주기적으로 클리닉을 방문해 당뇨 관리에 대한 제반사항을 재확인한다. 여러 해 동안, 그녀는 당뇨관리에 점점 더 세심히 신경쓰고 있다.

문제들

· H 당뇨, 천식, 고혈압과 같이 명명되는 질병을 넘어서서, 나는 환자의 건강에 역효과를 부르는 니코틴, 카페인, 알코올, 약물 복용 등을 포함한 생활습관에 주의를 기울였다.

의사-환자 관계

· H 그녀의 삶의 과정에 맞춘 당뇨 관리가 필요하다. 언제 타협할 것인지를 알아야 하고, 무엇이 타협인지 충분히 알 수 있을 만큼 솔직해야 한다. 이처럼 진솔하고도 열린 관계는 적절한 대화를 가능하게 했고, 그녀의 다른 문제를 다룰 때에도 비슷한 방식의 접근을 가능하게 했다. 혈당은 잘 조절되지 않을 때도 그녀는 그로 인해 자신을 책망하지 않았고, 나 역시 그녀를 무

시하지 않았다. 중독에서 성공적으로 벗어난 그녀를 높이 평가하기에.

내가 배운 것은 무엇인가?

· H 물질 남용과 같이 굉장히 예민한 특성을 지닌 정보들은 매우 중요하지만 첫 대면에서 획득하지 못할 때가 많다. 의사는 환자가 자신에 관해 이야기할 때 항상 마음을 열고 들어야 한다.

· H 이야기는 결코 끝나지 않는다. 중독과 당뇨로 인해 엉망진창 상태에 놓였던 그녀의 삶은 충만한 관계로 인해 정돈되고 생산적으로 진화했다.

· H 그녀의 당뇨병이 그녀를 규정하는 것은 아니다. 의사로서 우리는 당뇨와 같은 만성질환 진단과 관련해 사람들을 너무나 편협하게 생각하고 그들의 삶 모두가 엉망이 될 것이라고 생각한다("당뇨병 환자 치고 혼란과 분노와 우울을 느끼지 않는 사람이 어디 있겠어?"). 편협한 시각은 효과적인 질문을 가로막는다.

· H 환자를 치료하고 질병을 관리하면서 우리는 종종 환자 개개인의 인생 역정과 적응력에 따라 적당한 타협점에 도달한다. 하지만 환자나 의사 모두는 시간이 흐름에 따라 문제를 다시 생각하여 새로운 타협점을 찾을 필요가 있다.

다음 일련의 기록들에는 15분 정도 소요되는 짧은 진료와 5분을 넘지 않는 전화 상담 내용이 담겨 있다. 이러한 짧은 진료에도 인간적 측면은 존재한다. 하루 종일 나는 클리닉의 다른 직원들과 환자 관련 정보를 교환한다.

환자 8. I. J., 68세(전화 – 아들이 걸었음)

의무기록

울혈성 심부전과 기존의 심장 질환 및 종양으로 입원하고 있는 그의 아버지에 대해, 그리고 질병과 관련된 불확실성에 대해 대화를 나눔.

추가적인 이야기, 추가적인 병력

전화를 건 사람은 현재 입원 중인 환자 5. I. J.의 아들임.

문제들

· **H** 퇴원 후 최선의 계획은 무엇인가?

의사-환자 관계

· **H** 환자의 가족들은 환자에 대해 큰 관심을 갖고 환자를 돕고 있었다. 가족들 또한 고통 받고 있다. 내 역할은 그들에게 퇴원 후에 대해 정보를 주고 정서적 지지를 해주는 것이다. 그때 가족들은 나에게 환자가 처한 상황에 대한 가치 있는 정보를 주었고, 퇴원 후 치료 계획에 대한 일련의 결정에 도움을 주었다.

내가 배운 것은 무엇인가?

· **H** 질병은 모든 가족의 일이다. 각각의 가족 구성원은 협력팀으로서 중요한 역할을 할 뿐 아니라 가치있는 정보를 제공해준다.

환자 9. O. P., 72세(전화)

의무기록

갑상선종 : 재검에서도 *TSH* 수치 낮게 나옴. 동료인 닥터 S와 방사선종양학과 의사인 닥터 M과 추가적 검진 및 치료계획에 대해 토론함. 결절은 1989 방사선 스캔에서 '콜드(cold)'로 나타났으나, 세침흡인검사 결과는 정상임. 변화 여부를 확인하기 위해 스캔 재검사 필요. 스캔 결과를 보고 치료

방침 결정할 예정.

추가적인 이야기, 추가적인 병력

이 환자는 미망인이어서 새로운 위기들을 모두 홀로 대처해야 한다. 그녀는 수년 전에 유방암으로 내원한 적이 있으며, 그때 광범위 유방절제술을 시행 받았고 악성 종양과 관련해 불확실성, 손실, 죽음에 대한 문제들로 힘든 시기를 보낸 바 있다. 그녀는 우울증으로 치료 받은 적도 있다.

문제들

· 갑상선의 부종 상태인 갑상선종은 악성종양을 의미하는가? 갑상선 제거수술에 대해 어떻게 이야기하는 것이 최선일까? 여러 해 동안 갑상선이 커져 있고 이 상태로 수년간 변화가 없었다면 악성종양을 배제해할 수 있지 않은가? 만약 악성이라면, 최선의 치료책은 무엇인가?

· H 새로운 악성 종양의 가능성을 알게 되면 그녀는 어떻게 대처해 나갈까?

의사-환자 관계

· H 다년간 나는 그녀의 주치의였다. 그래서 악성종양의 가능성을 생각하고 그녀에게 확실한 정보를 줌으로써 그녀를 안심시킬 수 있다. 비록 갑상선종이 악성이어서 그녀가 외과나 다른 과 의사들에게 치료를 받게 되더라도, 그녀는 내가 이러한 새로운 위기에서 조언과 지지를 통해 그녀를 이끌어줄 것이라고 믿고 있다.

내가 배운 것은 무엇인가?

· 갑상선 부종이 오랫동안 지속됐기 때문에, 미묘한 악성 변화가 잘 드러나지 않았을 가능성이 있다(나는 다른 환자를 치료하면서 이 사실을 알게 됐다).

· 의학은 협력을 필요로 한다. 나는 내분비내과의사와 방사선종양학과의사에게 협진을 요청했다.

· H 우리는 발생 가능한 최악의 소식을 전하는 일을 회피해서는 안 된다.

환자 10. Q. R., 78세(전화)

의무기록

혀 생검 결과, 악성 세포가 발견되지 않았다고 함. 필요하면 전화하라고 이름.

추가적인 이야기, 추가적인 병력

일년간, 그녀는 특이한 혀 통증으로 치과 전문의뿐만 아니라 여러 타과의사들에게 진료를 받았다. 어느 의사도 통증의 원인을 밝히지 못했으며 통증조차도 조절하지 못했다. 지금 그녀는 악성 세포 유무를 확인하기 위해 받았던 혀 생검 결과를 나에게 전화로 알려왔다.

문제들

· 일반적으로 혀 통증은 왜 유발되나?
· 이 환자의 경우, 혀 통증의 원인은 무엇인가?

의사-환자 관계

· H 그녀가 지닌 문제에 정확한 답이 없었음에도 그녀는 갈팡질팡하지 않았다. 우리의 오랜 관계에서 그녀는 내가 이 문제에 관심을 갖고 계속해서 그 답을 찾으려고 노력한다는 사실을 알고 있었다. 나는 그녀에게 편하게 마음먹도록 권고했고, 전화하면 언제든 닿을 수 있는 거리에 있을 것임을 알려줬다. 그러나 그녀

는 드물게 전화할 뿐이었다.

· H 우리 관계가 지닌 영속성으로 인해 그녀는 통증을 잘 견뎌낼 수 있었다.

내가 배운 것은 무엇인가?

· H 답이 없을 때, 때로는 시간이 최선의 방책이다.

· H 신뢰관계가 형성되면 환자는 불확실성에 더 잘 견뎌낸다.

· H 일차 진료의에게 치료 과정의 감독은 중요한 역할이다. 일차 진료의는 타과 의사들과 정보를 주고받으며 환자에게 필요한 검사가 이뤄지도록 하며, 치료 과정에 대해 적절히 설명하고, 환자가 답을 듣지 못한 질문에 대해 답을 주는 존재이다.

환자 11. S. T., 46세

의무기록

간수치 비정상 : 3일 전에 실시한 검사 결과 감마 GT 수치가 67. 지난번 검사보다는 호전된 수치.

이학적 검사 : 혈압 130/80. 병색 없음. 호흡음 : 정상. 심음 : 정상. 복부 : 정상. 간 : 촉진되지 않음.

비정상으로 나온 간수치는 임상적으로 큰 의미가 없어 보임. 추후 재검사의 필요성도 높지 않으므로, 1년 안에 재검사하기로 함.

사마귀 : 손가락의 사마귀로 인해 W 합성약 사용중이며, 손가락 피부 건조로 인해 피부 보습제 사용중.

추가적인 이야기, 추가적인 병력

비정상적 간수치는 최근 실시한 혈액검사에서 나타났다. 간염이나 담석의 징후는 관찰되지 않았으며 현재 투약 중인 약물도 없었다. 또한 음주도 과하지 않아서 그녀에게 이런 비정상적 간수치가 나올 만한 별다른 이유가 없었다.

문제들

· 비정상적 간수치의 원인은 무엇인가? 중요한 의미를 갖는 것은 아닐까? 나중에 뭔가 심각한 것으로 밝혀질 수 있는 질병의 초기 신호일까? 이유를 모르겠으니 다음 단계의 검사, 예를 들어 간생검 등을 해야 하나, 아니면 조금 더 지켜볼 것인가? 의사로서 어떻게 이 문제에 대처해야 하는가? 환자는 또 어떻게 대처해야 하는가?

의사-환자 관계

· **H** 나는 그녀가 이해할 수 있는 맥락에서 검사 결과들을 알려주고 해설을 덧붙였다. 평소의 관계가 이 과정에 도움이 됐다.

내가 배운 것은 무엇인가?

· 비정상적 검사 결과가 반드시 질병의 징후인 것은 아니다. 실제 질병이 있을 때조차 종종 치료 없이 좋아지기도 한다.
· 때때로 의사는 거의 증상이 없는 질병에 이환된 환자도 만난다.

환자 12. U. V., 58세(전화)

의무기록

고콜레스테롤 : 높은 콜레스테롤 수치에 대해 그녀와 대화를 나누었으며, 식이요법을 일러줌. 3개월 안에 지질 프로필을 다시 검사하기로 함.

결절 : 결절제거술을 받았으며, 양성으로 밝혀짐.

추가적인 이야기, 추가적인 병력

과거 그녀는 빈맥 현상을 경험한 적이 있고, 현재는 콜레스테롤에 문제가 있음. 그녀는 남편과 함께 살지만, 그들은 수년간 사이가 틀어진 상태임.

문제들

· 높은 혈중 콜레스테롤 수치에 항상 약물치료가 필요한 것은 아니다. 그녀가 전에 가벼운 심장 문제를 경험했다는 점을 고려할 때, 나는 그녀의 고콜레스테롤 혈증을 얼마나 적극적으로 치료해야 하는가? 치료를 하기는 해야 하는가?

의사-환자 관계

· H 남편과의 불화와 관련해 나는 정서적 차원에서 그녀에게 지지를 제공하는 중요한 역할을 수행했다.
· H 결절과 관련해, 상호간의 신뢰로 말미암아 우리는 서로 간에 정보를 교환하며 외부 협진체계로 문제를 해결했다.

내가 배운 것은 무엇인가?

· H 의사에게 사소한 일로 비춰지는 문제들이 환자에게 아주 중요한 부분이 되기도 한다.

환자 13. W. X., 58세(전화)

의무기록

어제 내렸던 지시사항에 대해 다시 검토함. 대변이 단단해지면 설사약을 끊도록 함.

추가적인 이야기, 추가적인 병력

여러 해 동안, 환자는 당뇨로 혈액순환 부전과 하지 궤양 등을 포함한 당뇨합병증을 경험했다. 하지 궤양 때문에 나는 환자를 외과 전문의에게 보냈다. 다리 궤양에 대한 항생제 처방이 설사를 일으켰고, 계속 설사가 심해졌다. 그는 당뇨 치료에 있어서도 시키는 대로 하는 편이 아니었다. 그는 수년 전 심근경색을 경험했다. 지금 그는 홀로 산다.

문제들

· 설사는 당뇨 조절에 어떤 영향을 미치나? 인슐린 용량을 조정해야 하나?

· 항생제 외에 설사를 유발하는 또 다른 원인이 있을까? 최선의 방책은 무엇일까? 이에 대한 결정은 얼마나 시급히 내려져야 하나?

의사-환자 관계

· **H** 우리는 오랜 기간 의사-환자 관계를 맺어왔다. 그래서 그는 설사 원인에 대한 내 권고안을 최선의 방책이라 여기고 편안해 한다.

· **H** 얼마 전, 우리는 그가 내 당뇨치료 권고안을 잘 따르지 않는 것이 그에게는 일종의 타협이라는 사실을 알게 됐다. 따라서 그 문제는 더 이상 우리 관계에 장애가 되지 않는다.

· **H** 비록 그는 내가 권한 외과 전문의를 알지 못했지만 나의 판단을 믿었기 때문에 의뢰된 의사에게 편안함을 느꼈다.

내가 배운 것은 무엇인가?

· 증상의 원인에 대한 합리적 추론이 가능하거나, 특별한 치료가 필요한 질병

일 가능성이 적거나, 혹 오판을 하더라도 치료 지연의 위험이 크지 않은 경우라면, 우리는 굳이 확진을 위한 검사를 적극적으로 시행할 필요는 없다.

· H 신뢰는 옮겨질 수 있다. 이 경우에는, 외과 전문의에게 옮겨졌다.

환자 14. Y. Z., 72세

의무기록

류머티스성 다발성근육통 : 근육 및 관절의 통증이 지속됨. 그는 입원 당시인 12월만큼 나쁜 상태라고 느낌. 매일 프레드니손 8mg 복용중.

이학적 검사 : 혈압 140/80, 맥박 분당 80회. 급성 병색 없음. 쿠싱 징후 보임.

헤모글로빈 : 13.6. 침강률 : 43. 전해질 : 신장기능 정상.

프레드니손 하루 10mg으로 증량. 처방 : 5mg, #60, 매일 오전 2알씩 먹도록 함.

6일 후에 전화하도록 함.

추가적인 이야기, 추가적인 병력

근육 및 관절에 나타난 이러한 증상들은 치료가 어렵다. 그는 지난 10년간 골관절염 통증으로 고생했는데, 여기에 겹쳐 무릎, 발목, 다리 관절의 퇴화가 진행되어 갑자기 증상이 더 악화되면서 류머티스성 다발성근육통으로 진전됐다. 그는 고혈압에도 이환됐다. 또한 여러 해 동안 홀로 살면서 우울한 상태이며, 몸이 아픈 형을 돌봐야 한다는 책임감을 느끼지만 형과의 사이는 별로 좋지 않다.

문제들

· 프레드니손 용량은 어떻게 결정할 것인가? 통증과 경직도로, 아니면 검사 결과에 따라, 아니면 둘 다?

· 프레드니손은 고혈압과 우울증에 얼마나 악영향을 끼치나?

의사-환자 관계

· H 프레드니손 용량을 일주 간격으로 조금씩 증량했을 때, 그는 즉각적인 효과가 없었음에도 긍정적 결과가 나타날 것이라고 믿고 나의 처방을 따라주었다.

· H 우울증의 악화를 막기 위해 나는 그에게 정서적 지지를 제공했다.

내가 배운 것은 무엇인가?

환자의 증상에 별다른 차이가 없을지라도, 때때로 유사한 증상의 새로운 질병이 겹치기도 한다. 추가적 진단을 간과하지 않기 위해, 우리는 이러한 현상을 알고 있어야 한다.

환자 18. D. F., 88세(전화 – 간호사가 걸었음)

의무기록

탈장 수술 후 모든 것이 양호함. 소변줄 제거한 이후 정상적으로 배뇨중.

추가적인 이야기, 추가적인 병력

그의 지적 상태는 양호하며, 오랜 기간 전이된 전립선암으로 투병 중임에도 그는 대체로 편안한 상태다. 암으로 인한 통증은 약한 진통제로 잘 조절되고 있다. 그는 너싱홈에 거주하는데, 이 곳을 다른 환자들 및 직원들과 함께 하는 하나의 공동체로 인식한다.

문제들

·H 전체 치료 계획이 암 전이로 인해 수정되어야 하는가?
 의사-환자 관계

·H 내가 만약 그를 단순히 전이된 암으로 투병중인 노인으로만 대했다면, 나는 그의 지적 능력이나 삶을 관조하는 여유를 간과하면서 새로운 질병을 치료될 수 없는 것으로 치부했을 것이다.

내가 배운 것은 무엇인가?

암 전이에도 불구하고, 일부 환자들은 오랜 기간 편안함을 느끼며 삶을 영위한다.

환자 20. F. H., 67세(전화)

의무기록

기침을 함. 상기도감염으로의 진행일 수 있음.
일단 관찰하기로 함. 호전되지 않을 경우 다시 전화하도록 함.

추가적인 이야기, 추가적인 병력

그는 호흡기감염에 더해 만성 궤양성대장염을 앓고 있음. 만성 궤양성대장염으로 결장 절제수술을 받은 바 있으며, 고혈압으로 약물 복용중. 그는 약간만 아파도 그것이 심각한 문제로 발전되리라는 걱정을 함.

문제들

단순히 "감기"로 판단해 증상에 대한 치료만을 할 것인가, 아니면 세균성감염에 대한 항생제 치료를 할 것인가? 항생제 사용이 장관계에는 어떤 영향을 미칠까?

의사-환자 관계

· **H** 나는 그에게 확신을 심어주었다. 확신은 우리 관계로 인해 더욱 공고해진다.

내가 배운 것은 무엇인가?

· **H** 때로는 환자에게 치료보다 더 필요한 것이 확신이다. 환자들은 그들의 증상이 심각한 질병에서 비롯된 것이 아니라는 확신이 필요하다.

환자 21. G. I., 78세

의무기록

복통, 대장염 : 많이 호전됨. 하루 세 차례 대변을 보는데, 과거보다 굳어졌다 함. 곧 반코마이신을 끊을 예정임.

이학적 검사 : 혈압 130/80. 맥박 분당 92. 급성 병색 없음. 호흡음 : 정상. 심음 : 정상. 복부 : 이상 소견 없음. 장음도 정상.

아줄피딘 계속 복용토록 함. 상태 봐서 일주일 내에 전화하도록 함. 호전되지 않을 경우 항살모넬라 약물 투여 고려.

추가적인 이야기, 추가적인 병력

그녀는 연약한 독거노인이다. 소장과 대장의 만성 염증성 질환인 크론병에 더해 기관지염으로 항생제를 복용중이다. 항생제 복용과 관련해 설사가 발생했다. 클로스트리듐 디피실 박테리아에 대한 항생제 관련 결장염 검사에서 양성 반응이 나왔다.

문제들

· 설사는 최근 기관지염으로 항생제를 복용했기 때문에 생긴 것인가? 부패한 음식을 섭취했기 때문인가? 아니면 염증성장질환이 악화된 것인가? 이 원인들이 하나 혹은 그 이상 연관된 것은 아닌가?

의사-환자 관계

· H 나는 여러 날 동안 순차적으로 진단을 내리고 치료를 결정함으로써, 우리 오랜 관계에서 "신용 계좌"를 열었다.

내가 배운 것은 무엇인가?

· 설사는 여러 원인으로 인해 발생하고, 복합적인 원인에 의해 야기될 수도 있다.

· 때때로 한 질환에 대한 치료가 다른 질환을 악화시키기도 한다.

환자 22. H. J., 74세

의무기록

고혈압 : 두통 및 어지러움 없음. 바소텍 하루 2.5mg 복용중.

이학적 검사 : 혈압 140/80. 병색 없음. 바소텍 용량 유지.

전립선 비정상 : 일주일 내에 전립선 생검 예정이며, 악성 가능성 및 비뇨기과 진료에 대해 많은 질문을 함. 그에 관하여 오랫동안 이야기 나눔.

변비 : 지난달부터. 임상적으로 큰 의미는 없어 보임. 3개월 전에 직장 내시경 검사 받음. 자두 주스가 도움이 될 듯함.

3개월 후에 재방문하도록 함.

추가적인 이야기, 추가적인 병력

위의 문제 외에, 직장암으로 수술받은 바 있음.

문제들

· 전립선이 비정상인 이유는 무엇일까? 혹 악성인가?

· H 전의 악성 종양과 관련해 현재 전립선 문제는 그에게 어떤 의미를 담고 있나?

· H 그의 아내에게 이번 사건은 무엇을 의미하나?

· H 그는 비뇨기과 전문의에게 처음 진료 받는다. 그래서 비뇨기과 전문의의 능력을 믿지 못해 그의 조언을 잘 받아들이지 않는다.

의사-환자 관계

· H 환자와 나의 좋은 관계에 더해, 내가 전에 함께 일한 바 있는 비뇨기과 전문의와의 친분을 활용하여 나는 환자에게 비뇨기과 전문의가 신뢰할 만한 의사라는 확신을 심어줬다. 또한 환자에게 입원 및 그 외의 치료과정에 나 역시 참여하게 된다고 말했다. "우리가 하는 모든 일들에 좋은 결과가 있을 겁니다." 라고 나는 말해주었다.

내가 배운 것은 무엇인가?

· H 환자치료와 관련해 기술적 부분을 다른 의사에게 맡겼을 때조차, 일차 진료의는 환자 치료에 대한 전반적 사항을 감독함으로써 중요한 역할을 수행한다. 일차 진료의는 전체 치료 경과에 대해 환자에게 설명하고 필요할 때는 다른 의사의 권고를 조율하기도 한다.

환자 23. I. K., 82세(전화 - 간호사가 걸었음)

의무기록

발가락 궤양 : 소량의 화농성 분비물. 현재의 국소 약물 도포 중단하기로 함. 하루 세 차례 따뜻한 비눗물에 담금. 클린다마이신 300mg을 하루 세 차례, 10일 동안 투여. 설사를 할 경우 즉시 중단. 내일 다시 진찰하기로 함.

추가적인 이야기, 추가적인 병력

너싱홈에 거주하는 이 환자는 장년 이후부터의 당뇨로 인해 혈액 순환 장애를 포함한 여러 합병증을 앓고 있다. 발가락 염증이 진전되어 이미 한쪽 다리를 절단한 바 있어, 다른 쪽에 발생한 발가락 궤양을 두려워한다. 지금 그녀는 우울 상태다.

문제들

· 감염의 원인이 된 세균은 무엇인가? 그것을 알아야 항생제를 선택할 수 있다.

· 대장염을 야기할 수 있는 항생제인 클린다마이신 복용은 잠재적으로 어떤 합병증을 초래할 수 있나?

· 어느 시점에 외과적 치료를 의뢰해야 하나?

· H 새로 생긴 발가락 궤양은 우울증에 얼마만큼 영향을 미칠까?

· H 이번에도 절단수술을 받게 되면, 그녀는 감당할 수 있을까?

· H 병원에 입원시켜야 하나, 아니면 너싱홈에 계속 두어도 괜찮나?

· H 그녀의 판단력이 온전하기는 하지만, 나는 가족 중 누구와 이 문제를 상의해야 하나?

의사-환자 관계

· **H** 나와 그녀의 가족들은 이미 사망한 그녀의 남편과 관련된 사항 등 여러 문제들을 다룬 바 있을 정도로 오랜 관계를 유지해왔다. 이런 우리의 관계가 치료와 관련된 어려운 결정들을 내리는 데 도움이 됐다.

내가 배운 것은 무엇인가?

· 당뇨가 늦게 발병했고 혈당수치가 높지 않았음에도, 그녀는 많은 혈관성 당뇨 합병증이 생겼다. 혈관성 합병증은 진단 이후의 기간이나 혈당 수치와는 무관하게 일어날 수도 있다.

· **H** 너싱홈에 있는 환자의 경우 지나간 인생사를 아는 것이 도움이 된다. 나는 초진 환자를 만날 때마다, 정보 수집과 좋은 관계 형성을 위해 가족들과의 면담시간을 배정한다.

환자 24. J. L., 61세

의무기록

두통 및 고혈압 : 때로 오심이 있음. 모두가 오래 지속된 증상임. 약국에서 구입한 약들을 복용해 왔다고 함.

이학적 검사 : 혈압 120/80. 맥박 60. 급성 병색 없음. 목을 왼쪽으로 돌리는 데에 약간의 제한. C4~5번 척추 좌측 부위를 만질 때 통증.

하루에 아테놀롤 25mg 처방.

환자는 '혈관의 수축발작'을 느낀다면서 신경과 진찰의 필요성을 질문함.

두통과 목 부위 통증은 경추의 골관절염에서 비롯되었을 가능성 있음. 경추 X-레이 촬영을 지시함. 다이아제팜 2mg씩 하루 네 번 복용하게 함. 2주 후 재방문토록 함.

환자는 자신의 아내에 대한 걱정도 함. 아내는 귀에서 소리가 나는 증상이 지속되고 있다 함. 그는 아내를 메이요 클리닉에 보낼 수 있는지 물었으나, 나는 우선 동네 이비인후과에 가 보라고 권함.

추가적인 이야기, 추가적인 병력

소련에서 이주한 그는 영어를 매우 유창하게 하여 다른 이주자들이 병원을 방문할 때 통역을 해옴. 그의 아내는 만성질환을 앓고 있음.

문제들

· 두통의 원인은 무엇인가? 고혈압? 아니면 과도한 긴장이나 혈관염, 종양 등 어떤 다른 원인들과 연관된 것일까?

· 목 부위 통증의 원인은 무엇인가?

· H "혈관의 수축발작"은 무엇을 의미하는가?

· H 그가 부적절하게 요구하는 것이 있는가? 만약 그렇다면, 그것은 무엇을 뜻하는가?

· H 아내의 질병은 그에게 어느 정도 영향을 미치는가?

의사-환자 관계

· H 내 치료의 효과는 좋은 관계의 수립에 크게 좌우된다. 관계는 환자의 모든 질문들에 대해 내가 얼마나 주의를 기울이는가에 달렸다.

내가 배운 것은 무엇인가?

· 많은 증상들이 의사에게는 흔히 접하는 것이다. 두통도 그렇다. 대부분의 원인은 사려 깊은 병력 청취와 신체검진을 통해 발견될 수 있다. CT와 MRI같은 검사는 암이나 다른 심각한 원인이 의심될 때에만 드물게 시행한다.

· H 증상에 대한 환자 자신의 생각을 명확히 인지하고 대화하는 것이 중요하다. 때때로 환자들은 자신의 증상에 대해 일종의 환상을 갖고 있다.

· H 소련에서는 사람들이 흔히 적절한 의학적 치료를 받기가 어려웠다. 때문에 이 환자는 자신이 필요로 하는 것을 얻기 위해 공격성을 띠는 것인지도 모른다. 미국 의사들은 환자의 이런 태도를 부적절하고 과도한 요구라고 오해할 수 있다. 그가 아직 미국의 의료 체계 및 주치의인 나에 대해 믿음이 부족하다는 것을 이해해야 한다. 그는 질병의 불확실성으로 인해 고통받는 여느 환자와 다르지 않다.

· H 환자의 문화적 배경을 아는 것은 중요하다. 다른 나라 출신이 아니더라도 마찬가지다. 모든 환자들은 다 다르다.

환자 25. K. M., 67세.

의무기록

고혈압 : 두통이나 어지러움 없음. Calan SR보다 바소텍이 증상 호전에 더 좋음. 피로 없음.

이학적 검사 : 혈압은 앉아서 160/70. 서서는 160/80. 맥박 80.

바소텍 용량을 매일 아침 10mg으로 올림. 한 달 후 재방문토록 함.

당뇨 : 오후 2시 50분 현재 혈당 257. 체중 감소 원함.

추가적인 이야기, 추가적인 병력

오랜 기간 그녀는 체중 과다 상태였다. 그녀는 미망인이며 성년에 이른 미혼 자녀와 함께 살고 있는데, 그 자녀는 간헐적으로 우울 증상을 보인다.

문제들

· H 당뇨와 고혈압의 중증도나 치료 방침은 종종 체중에 영향을 받는다. 체중

이 적게 나갈수록 좋다. 그녀의 체중 감소를 위해 나는 얼마나 적극적인 역할을 해야 하나? 그녀가 체중에 대해 별로 신경쓰지 않는다는 점을 어느 정도로 지적해야 하나? 더 중요한 문제들을 다루는 데 걸림돌이 될지 모르니 그 문제는 논의하지 말아야 하나?

· 때때로 당뇨와 고혈압 모두 부신의 과도한 활동 상태인 쿠싱증후군으로 말미암아 발생된다. 그 부분에 대한 검사가 필요한가?

의사-환자 관계

· **H** 우리는 합의를 통해 이러한 문제를 조정할 정도의 관계이며, 그녀는 이 과정에서 스스로를 방어하지 않고 솔직히 논의에 참여했다.

내가 배운 것은 무엇인가?

· 당뇨, 고혈압, 비만, 쿠싱증후군 사이에는 잠재적 연관성이 존재한다. 실제 임상에서 나는 당뇨와 고혈압을 모두 가진 환자들을 많이 만난다. 당뇨와 고혈압의 병발이 쿠싱증후군보다 훨씬 흔하기 때문에, 나는 쿠싱증후군 감별을 위한 간단한 방법을 알아야 한다.

환자 26. L. N., 72세(전화)

의무기록

변비 : 그녀의 배변 문제에 대해 논의함. 마그네슘 우유를 일주일에 4일 먹는 것이 도움이 될 듯함. 5일째 되는 날, 설사를 함. 마그네슘 우유를 필요할 때에만 잠들기 직전 15~30cc 복용하라고 함.

약간의 어지러움 있음. 하루 네 차례 복용하던 다이아제팜을 필요할 때에만 네 차례까지 2mg씩 복용하게 함.

추가적인 이야기, 추가적인 병력

너싱홈에 거주하는 이 환자는 여러 해 동안 변비로 고생했다. 그녀는 변비를 일으키는 기저 질환의 유무를 확인하느라 많은 검사를 받았다. 우리는 그녀의 장기능 개선을 위해 식이요법과 약물 투여를 함께 고민했었다. 또한 그녀는 만성 요통으로 고통 받고 있으며, 관상동맥질환으로 관상동맥 우회수술을 받았고, 고혈압과 만성 우울증도 갖고 있다. 그녀는 60세 때 뇌졸중을 앓았다. 그녀는 담배를 피운다. 오래 전, 그녀가 원인을 알 수 없는 복통과 요통으로 잦은 입원을 할 때부터 나는 그녀를 진료해 왔으며, 그녀가 더 이상 홀로 지낼 수 없을 때 너싱홈으로 옮기라고 권유한 것도 나였다. 당시 그녀는 너싱홈에서 가장 나이가 적은 사람 중의 하나였지만, 내 권고에 따라 너싱홈에 입소했다.

문제들

· H 그녀는 오늘 왜 전화한 걸까? 문제의 해결책을 찾기 위해서? 아니면 단지 자신의 말을 들어주기를 원했던 것일까?

의사-환자 관계

· H 관계가 오래 지속됨에 따라 그녀에 대한 인식의 폭이 넓어진 상태였기 때문에, 나는 수년 전에 그녀에게 너싱홈으로 옮기라고 조언할 수 있었다. 환자를 지속적으로 돌본다는 것은 그런 것이다.

· H 내가 그녀의 질문에 명확한 답변을 하지 못함에도, 그녀는 내가 그녀의 말을 들어주고 그녀를 비판하지 않는다는 사실에 감사한다.

내가 배운 것은 무엇인가?

· H 때때로 의사들이 해야 하는 중요한 일은 듣는 것이다. 이 환자는 제4장에

서 "내 이야기를 잘 들어주는 의사를 만났을 때, 마치 마술에 걸린 것 같았어요."라고 말했던 바로 그 환자다.

환자 27. M. O., 49세.

의무기록

좌측 하지 부종 : 원래 있던 것이지만 현재는 심화됨. 약간의 불편감 있음. 혈전예방약을 복용중.

이학적 검사 : 혈압 130/80, 맥박 80. 급성병색 없음. 보행은 정상. 좌측 하지에 부종 2+.

부종이 허벅지까지 확대됨. 뚜렷한 골반 통증은 없으나, 림프 폐색을 고려해야 함.

현재의 처방 유지하고, 2주 후 재방문토록 함.

추가적인 이야기, 추가적인 병력

남미에서 이주해온 그는 모국어와 영어 모두를 유창히 구사했다. 그는 업무 도중 무릎에 상해를 입었는데, 이로 인해 삶이 엉망진창으로 변했다. 그는 유능한 노동자이자 훌륭한 아버지였다. 하지만 상해를 입은 후, 그는 더 이상 일할 수 없었으며 10대인 아들들을 부양할 수 없었다. 결혼 생활은 파탄 났고, 우울증에 걸렸다. 그는 나를 만나기 전까지, 이 의사 저 의사를 전전했다. 어떤 의사도 그의 문제를 종합적으로 살피려 하지 않았으며, 그의 정신사회적 문제에 주의를 기울이지 않았다.

문제들

· 하지 부종과 무릎 통증의 원인은 무엇인가?

· H 그의 생활 여건들은 그의 기분과 그의 회복에 얼마나 많은 영향을 미치는가?

· H 어떻게 해야 그가 이 모든 문제들을 극복할 수 있을까?

의사-환자 관계

· H 지금까지 그는 "내가 이제부터 치료 전반을 살펴 당신을 도울 겁니다."라고 말하는 의사를 만나지 못했다. 나는 그러한 역할을 담당했고, 급성적 문제들에만 국한하지 않고 사회심리적인 차원의 문제까지 고려해 진료했다. 나는 정신과 전문의를 치료 과정에 참여시켰다.

내가 배운 것은 무엇인가?

· H 예상과 다르게 환자 상태가 호전되지 않을 경우, 우리는 명확히 보이는 문제를 뛰어넘어 환자의 정신사회적 문제까지 헤아려야 한다.

하루의 끝

나는 다시 병원으로 돌아가 환자 한 명을 두 번째로 회진한 다음 집으로 돌아가는 것으로 하루를 마감한다.

환자 28. N. P., 40세.

의무기록

저녁 무렵, 40세 여자 환자의 남편으로부터 전화를 받음. "뭐라고 말은 하는데 하나도 사리에 맞지가 않습니다."라고 함. 환자의 집으로 향해가는 동안, 나는 그녀에게 무슨 문제가 생긴 것일지를 숙고함. (이 환자에게 대한

토의는 제10장의 두 번째 케이스를 참고하기 바람)

다른 날과 마찬가지로, 이 날도 복잡하고도 매력적인 하루였다. 나는 아침 7시30분에 집을 나서고 저녁 6시에 집으로 돌아오며, 저녁에 한 시간 동안은 가정방문을 한다. 임상의사로 일하는 대부분의 기간 동안, 나는 다른 3명의 의사들과 함께 야간 및 주말의 호출을 분담해 왔다. 나는 내 나름대로 내 일을 다듬고 발전시켜, 환자가 가진 문제들에 대해 효과적이고 생산적으로 질문하고 상호 작용함으로써 환자를 진료하는 데 있어 별로 시간에 쫓기지 않는다. 내 환자들도 그러하기를 바란다. 실제로 나는 나를 찾은 모든 환자들로부터 배움을 얻었다.

임상은 어려운 것이지만, 방법을 제대로 터득하고 나면 대부분의 업무가 쉬워진다. 우리가 문제를 분석하고 그 문제의 요소를 파악하고 그 관계들을 이해했을 때, 최선책을 찾을 수 있으며 효율적으로 대처하여 쉽고 명확하게 그 문제를 다루게 된다. 각각의 문제를 따로 떼어놓고 해결책을 찾으려 하면, 해결방법을 찾기 어렵다. 하지만 경험에서 배움으로써 쉽게 해결방법을 찾게 된다. 또한 사람들을 좋아하고 그들과 함께 있는 것을 즐길 때 의사 노릇은 더 쉬워진다. 사람은 항상 곤경을 통해 강인함을 얻는다.

우리의 일은 본래 예측 불가한 측면이 있지만, 계획을 잘 세움으로써 느긋하게 보낼 수 있다. 갑작스러운 일들이 계속 우리를 혼란에 빠뜨린다면 어렵겠지만 말이다. 내가 캣스킬 마운틴 리조트에서 웨이터 보조로 일했을 때, 여러 해 동안 그 리조트에서 일한 "내 스승"이었던 한 치대생은 다음과 같이 충고했다. "빈손으로 주방에 가는 일은 절대 없도록. 만약 주문을 받아 주방에 갈 일이 생긴다면, 테이블 위의 빈 접시들을 치워서 가지고 가. 그래야 두 번 발걸음 하지 않고 시간도 낭비하지 않을 테니까." 이것을 임상에 적용하면, 다음과 같은 의미가 된다. 효율적으로 당신의 시간을 계획하라. 전화 문의에 대한 답변은 일과 후로 미루지 말고 일과 중 짬짬이 해치워라. 의무기록도 그때 그때 작성하라. 진료가 모두 끝난 뒤에는 기억이 퇴색하고 집중력이 떨어지기 마련이다.

뉴욕에 대한 유명한 이야기 중 이런 것이 있다.
여행자 : 카네기홀에 가려면 어떻게 해야 하나요?
뉴욕 시민 : 연습하고, 또 연습하고, 또 연습하는 수밖에요.

어떻게 해야 의사로서의 하루하루를 잘 보낼 수 있을까? 그것은 기본에 충실한 것이다. '루틴(routine)'을 지키는 것이 중요하다. 환자의 증상을 파악할 때, 당뇨를 치료할 때, "환자의 복통은 왜 생겼을까?"를 궁금해할 때, 타과 진료가 필요한 환자를 전문의에게 의뢰할 때, 언제나 기본을 잘 챙겨야 한다. 지속적으로 질병을 다루고 환자를 진료하고 업무를 처리함에 있어서 우리가 '루틴'을 만들어놓고 따르지 않으면, 우리의 일처리는 매우 늦어질 것이다. 매번 환자를 대할 때마다 "내가 무엇을 배웠는가?"에 대해 스스로 묻고 이를 챙겨 적어둔다면 시간을 절약해 가장 훌륭히 일상을 처리해 나가게 된다.

의료행위의 상당 부분은 '루틴'에 속하지만, 그 '루틴'도 매우 매력적이다. 의사들은 진단명을 추론하거나 핵심적인 치료를 행하거나 회귀한 질병을 찾아내거나 다른 의사가 놓친 것을 발견하거나 아주 미세한 변화를 알아차릴 때, "쾌감"을 느낀다. 사망에 이르거나 심한 장애가 남을 뻔한 환자를 구해냈을 때도 쾌감을 느낀다. 급성 폐부종이나 심각한 감염증에 빠진 환자를 살려냈을 때가 그렇다. 외과의사들이 이런 순간을 더 많이 경험하는 것은 사실이지만, 그들이 극적인 순간을 맞이하는 것은 그래봐야 가끔씩이다. 혈관외과 전문의는 파열된 동맥류에 대한 수술도 집도하지만, 하지정맥류 수술도 시행한다. 정형외과 전문의는 교통사고로 크게 다친 환자에게 응급수술을 하기도 하지만, 만성 요통 환자도 치료한다.

물론 "좌절"의 순간도 있다. 제15장에서 논의한 것처럼, 실수가 그러하다. 환자의 죽음은 의사에게 항상 상실감을 안겨주지만, 그렇다고 해서 반드시 좌절감을 맛보는 것은 아니다. 환자의 죽음은 오히려 의사에게 소중한 자양분을 제공하고, 다른 환자들에게 적절한 위안과 지지를 제공하는 기회도 된다. 불충분한 수면과 끊임없이 이어지는 업무도 의사에게 좌절감을 준다. 하지만 여기에 대한 대책은 분명히 존재한다. 밤에 숙면을 취하고, 쉬는 날을 가져라. 고마워하지 않고 심지어 화를 내는 환자를 만나는 것도 의사에게는 좌절을 준다. 그러나 그런 환자는 많지 않다. 그리고, 진정한 전문가라면, 오히려 이들이 왜 화를 내는지 알아내는 일에 도전해야 한다.

의사의 일상에는 드라마틱한 사건은 가끔씩 존재한다. 하지만 인간적인 측면은 언제나 맞닥뜨리는 것이다. 의사들은 정말 소중한 순간을 수없이 많이 겪는다. 의사는 치유하기 힘든 질병을 가진 환자나 치료 결과가 좋지 않은 환자 및 그 가족들을 인도하고 지지하며, 분노에 휩싸이거나 고립된 환자들을 충만한 인간관계를 가진 좋은 성격의 환자로 변화시키며, 파경 위기의 부부가 다시 행복한 결혼생활을 이어갈 수 있도록 돕기도 한다.

의사에게는 드라마의 조연으로 출연할 기회가 무수히 많다.

제5부

인문학으로서의
의학을 가르치기

제23장

인문학으로서의 의학을 가르치기

"1년을 계획한다면 씨앗을 뿌려라. 10년을 계획한다면 나무를 심어라.

일생을 계획한다면 인재를 양성해라." - 중국 속담

학생들이 인문사회학으로서의 의학을 공부할 때, 결국 이익을 보는 것은 환자들이다. 차임 포톡의 소설(제18장 참조)에서 힌트를 얻어서, 나는 가끔씩 학생들에게 이렇게 얘기한다.

모든 시작은 어렵다. 배우는 과정에서는 좌절도 있다. 모든 것을 단번에 이해할 수는 없으니, 많은 반복을 통해 익혀야 한다. 너희는 질병을 이해하는 새로운 방식과 함께, 환자가 된다는 것, 그리고 의사가 된다는 것의 의미를 배우고 있다. 너희들이 지식과 경험을 점점 쌓아갈수록, 그것들이 너희들의 자산이 될 것이다. 기회가 있을 때마다 배워야 하고, 이미 알고 있는 것과 새롭게 알게 된 것을 통합할 줄 알아야 한다. 처음부터 쉽지는 않다. 교수로서 나의 책임은 너희들에게 그런 방법을 교육하는 것이며, 너희들의 책임은 이 과정이 얼마나 중요한지를 깨닫는 것이다.

교수는 따뜻한 마음을 갖고, 반갑게 맞아들이고, 격려하며, 지각력을 가져야 한다. 교육이란 "신념의 감각점"[1]을 건드리는 행위다. 다르게 말하면 가치관을 심어주는 것이다. 가르치는 사람으로서 우리는, 우리가 하는 일과 학생의 눈을 통해 보고자 하는 것 사이에 간극이 있음을 인정해야 한다. 좋은 의사는 환자들에게 "곧 괜찮아질 겁니다."라고 말한다. 좋은 교수는 학생들에게 "의도가 좋고 방향이 옳다면, 너희는 곧 좋은 의사가 되기 위한 방법을 알게 될 것이다."라고 말한다. 교수와 학생간의 협동은 흥미를 지속시킨다.

한 가지 주제에 대해서 익히고 싶다면, 스승을 찾아가라. 하지만 진정으로 한 가지 주제에 대해서 배우고 싶다면, 직접 스승이 되어라. 의학을 가르치는 사람은 지위와 기회를 얻는 동시에 잘 가르쳐야 할 책임도 갖는 것이다. 스승은 단지 새로운 정보를 전달해주는 사람이 아니라 새로운 문제에 접근하는 방식과 관계를 발전시키는 방법에 대한 역할 모델이 되어야 한다. 스승은 그 존재 자체로 나쁜 교육을 할 수도 있고 훌륭한 교육을 할 수도 있다. 우리는 좋은 교육이 성공적인 심장수술 못지않게 가치있는 일이라는 것을 명심해야 한다. 또한 학생들이 아무 말 안 한다고 해서 제대로 가르치고 있다고 착각해서는 안 된다. 나는 우리 학생들에게 나쁜 수업을 구별하고 거부하라고까지 가르친다.

예전에 의대 2학년 학생 한 명이 다음과 같은 이야기를 들려준 적이 있다.[2]

한 45세 남자가 수주일 동안 지속되다가 최근에 악화된 목 부위의 통증 때문에 입원을 했다. 내가 진찰해 보니 환자의 어깨 부위에 근력 감소가 있었고 팔 전체에 감각이 둔해져 있었다. 다른 검사 소견은 정상이었다. 환자는 몸 전체에 문신을 하고 있었다. 이틀 후 나는 교수님과 동료들 앞에서 이 환자에 대해 프리젠테이션을 하면서 척수 손상이 의심된다고 말했다. 하지만 그 때는 이미 환자의 모든 증상이 사라져버린 뒤였다. 교수님은 환자가 꾀병을 부리고 있는 것이라고 생각하여, 의심 없이 환자의 이야기를 믿은 나를 힐책했다. 교수님은 나와 내 동료 여덟 명을 향해 "문신을 하고 있는 사람들의 말은 믿지 마라", "환자의 모든 이야기를 믿어서는 안 된다"고 말씀하셨다. 나는 창피했다. 처음에 나는 환자와 내가 믿을 만한 관계를 맺었다고 생각했다. 하지만 나는 풋내기로 취급받게 되어 당황스러웠고, 환자가 나를 속였다는 사실에 마음에 상처를 입었으며, 환자의 이야기를 믿지 말라는 훈계를 받게 되어 혼란스러웠다. 나는 항상 환자의 이야기를 믿어 왔는데 말이다.

이것은 나쁜 교육이다! 교수는 그의 학생에게 불필요하며 잠재적으로 해로울 수도 있는 정보를 준 것이며, 환자와 관계를 맺는 방식 중 나쁜 예를 보여준 것이다. 하지만 나쁜 교육은 좋은 교육이 무엇인지를 보여주는 사례이기도 하다. 잘못된 교육의 사례 몇 가지를 보면서 어떻게 해야 좋은 교육인지를 살펴보자.

나쁜 교육 1. "문신한 사람들의 이야기는 믿지 마라"는 가르침은 인종차별 이상의 타당성이 없고, 임상적으로 유용하지도 않으며, 편견에 찬 발언이다. 우리가 편견으로 더럽혀진 채로 사람을 바라본다면, 우리는 환자의 모든 면을 볼 수 있는 기회를 스스로 배척하는 꼴이 된다. 우리가 의사로서 누군가를 매우 편협하게 정의한다면, 우리는 환자와 환자의 질병을 창의적으로 바라볼 수 없게 되고, 결국 우리는 환자들에게 정확한 진단과 치료를 해줄 수 없게 된다. 문신을 가지고 있는 사람들도 병에 걸린다.

다음과 같이 가르치는 것이 더 나은 방법이다.

· 학생의 발견은 신경학적인 구조로 설명할 수 없으므로, 우리는 "전환 반응"이라고 불리는 정신과적인 문제뿐만 아니라 꾀병도 의심해야 한다. 두 가지 모두 정신사회적인 표현으로 볼 수 있다.

· 환자의 첫 진찰에서 나타났던 소견이 이틀 후에 말끔히 사라진 사실은 환자의 증상이 전환 반응 또는 꾀병일 가능성을 시사한다.

· 전환 반응과 꾀병은 "근력 약화와 감각 소실"이란 증상을 가진 환자에 대한 감별진단에 포함되어야 하지만, 그것만 고려해서는 안 된다.

· 환자가 문신을 하고 있기 때문이 아니라 위와 같은 모든 이유 때문에 전환 반응과 꾀병을 의심해 보아야 한다.

나쁜 교육 2. "환자의 모든 이야기를 다 믿어서는 안 된다." 이보다 더 좋은 교육은 다음과 같다.

· 환자가 거짓을 말하고 있다는 것이 밝혀지기 전까지는 환자의 말을 믿어주는 편이 낫다. 환자의 관점에서 봤을 때, 의사가 자신을 믿어주지 않는 것은 가장 힘든 일이 될 수 있기 때문이다.

· 꾀병을 부리거나 전환 반응을 보이는 환자들이 기질적인 질병도 동반하고 있을 수 있다.

· 이 환자의 경우와 같이, 기질적인 원인이 있지만 매우 극적으로 저절로 좋아지는 질병들(예를 들면 신장 결석, 경련, 일과성 뇌허혈 발작 등)도 있다.

· 때론 가장 좋은 검사방법이 그냥 지켜보는 것이다. 시간을 두고 지켜보는 것이 환자에게 해를 끼치지 않는다면 비싸고 불쾌한 다른 여러 검사들을 처방하는 것보다 단순히 경과를 관찰하는 것이 도움이 될 수 있다. 이 환자의 경우에서도 시간이 지남에 따라 환자의 진단이 명확해진 것을 볼 수 있다.

· 진실을 말하지 않는 환자에게는 "왜 이제는 아프지 않다고 생각하시나요? 지금 당신의 삶에 무슨 일이 일어나고 있습니까?"라고 물어볼 수 있다. 이런 질문에 대한 대답으로부터 우리는 유용한 정보를 얻을 수도 있다.

좋은 교수는 잘못된 경험 또는 질문을 올바른 것으로 바꿔주며, 때로는 질문의 영역을 확대시킨다. 환자의 이야기에 대한 학생의 경험담과 이상적이지 못한 교육을 받은 학생의 경험에서부터 다음과 같은 측면들도 생각해 볼 수 있다.

· 이 환자의 장기적 관리는 어떻게 할 것인가? 의사와 환자의 동맹은 반드시 "제가 당신을 위해 최선을 다할 겁니다."라고 말해야만 형성되는 것은 아니다. 환자가 정직하지 못함을 발견했을 때, 우리는 환자가 그러한 비생산적 방식 대신 더 좋은 방식으로 자신의 문제들을 처리할 수 있도록 도움을 줄 수 있음을 깨달아야 한다.

· 환자에 의해 "풋내기로 취급받는" 경험을 한 의사는 어떤 기분일까? 나는 학생들에게 이러한 질문을 던지면서, 흔히 있는 일은 아니지만 의료에 종사하는 동안 겪게 되는 수많은 일들 중의 일부인 것은 분명하다고 말해 주었다.

· 우리는 의대생으로서 "곤란한 지경에 빠지는 순간"이 언제인지, "돋보이는 순간"은 또 언제인지 살펴보았다. 우리는 의료 행위를 하면서 언제나 완벽을 추구하지만, 수없이 많은 결정을 내리는 동안 때로는 불완전한 결정을 내릴 때도 있다. 늘 그런 것은 아니지만 불완전한 결정은 때로 환자에게 해를 끼친다. 우리는 이런 경우에도 감정적으로 잘 대처할 수 있어야 한다.

어느 학생은 한 가지 더 절망적이었던 경험에 대해 얘기했다. 학생의 담당교수는 "전문적인 의료 경험에 대해서 동료들 외에 다른 사람들에게 말하는 것은 비윤리적인 것이다."라고 말했다. 학생들의 대체적인 생각은 우리가 비밀을 지키는 한 믿을 만한 동료와 딜레마를 공유하는 것은 나쁘지 않다는 것이었다.

좋은 교수는 단순히 진단과 치료의 방법을 알려주고 경험을 쌓아가는 방법만 가르쳐서는 안 된다. 이것은 쉽다. 경험으로부터 교훈을 얻는 방법, 그리고 새로운 경험을 통합하여 올바른 판단을 내리는 방법을 가르쳐야 한다. 좋은 교수는 의료 행위의 모든 순간이 배움의 기회이며, 그 순간들을 통해 최대한 많은 교훈을 얻어내야 한다는 것을 가르쳐야 한다. 엘리노어 루즈벨트는 "교훈을 얻을 수 없는 경험이란 없다."고 하였다.[3] 랍비의 교훈을 모아놓은 〈퍼크 애봇〉에는 "누가 현자인가? 모든 이로부터 배움을 구하는 사람이다."라는 말이 있다.[4]

좋은 교수는 모든 사람들이 각기 다른 곳에서 출발하여 다른 방식으로 배운다는 사실을 잘 알고 있다. 과거에 내가 암실작업을 시작했을 때, 나는 숙련된 사진가인 내 친구에게 암실에서 일을 잘 할 수 있는 몇 가지 비법에 대해서 가르쳐 달라고 했다. 그러자 그 친구는 내게 엄청나게 많은 정보들을 알려주었다. 이와 대조적으로, 야구감독 휘트니 허조그는 그의 스승인 캐시 스텐젤에 대해 "최고의 스승들이 늘 그렇듯, 그는 단 몇 마디의 말로 커다란 그림을 보여주었다."고 말했다. 좋은 교수는 별 쓸모없는 교수법에 연연하지 않고 학생들이 있는 바로 그 곳에서 학생들의 언어로 이야기한다.

좋은 교수가 되는 법

두 명의 환자가 똑같은 경우는 없다. 두 환자의 질병이 같더라도 마찬가지다. 결코 똑같은 경험을 하지는 않는다. 질병에 대처하는 방식과 질병에 대한 감정은 서로 다르다. 좋은 의사는 이러한 차이를 잘 이해한다. 좋은 선생님은 학생들도 배우는 방식에 차이가 있다는 것을 이해한다. 교육자의 궁극적인 목적은 스스로 공부하는 법을, 그리고 환자와 동료들과 그들의 제자들을 잘 교육하는 법을 전수하는 것이다.

우리는 개인적인 경험을 통해 얻은 것을 교육한다. 의대 학생들은 전문적인 경험이 거의 없다. 하지만 그들은 환자 혹은 환자 가족으로서의 경험을 갖고 있을 수 있으며, 다양한 관계들과 다양한 경력들, 그리고 삶의 딜레마들을 처리한 경험을 갖고 있다. 좋거나 혹은 나쁜 선생님들도 만났다. 제5장에서 보았듯이, 우리는 우리가 갖고 있는 경험으로부터 많은 것을 배울 수 있다.

우리는 *각기 다른 상황에서 교육한다.* 환자의 침상 옆, 진료실, 정규 수업시간과 다른 모임 등 여러 가지 상황들이 존재한다. 우리는 임상 현장에서 교육에 필요한 상황을 창의적으로 만들어낼 수도 있다.

우리는 *이야기를 통해서 교육한다.* 인턴일 때, 나는 미네아폴리스에서 구급차를 타고 자동차가 나무를 들이받은 교통사고 현장으로 달려간 적이 있다. 내가 현장에 도착하니 경찰관이 운전자의 손에 수갑을 채워 핸들에 묶어 놓은 상태였다. 경찰관은 운전자가 차에서 내려 "주먹을 휘두르기 시작했기 때문"이라고 했다. 나는 진정제를 주사하기 위한 준비를 시작했다. 그런데 마침 주변을 지나가던 의대 교수 한 분이 이렇게 말했다. "내 생각에는 인슐린 반응이 아닌가 의심되는걸. 지금은 오후 5시고, 어떤 인슐린은 이 무렵에 최고 활성을 나타내지. 운전자가 제때에 음식물을 섭취하지 못했을 가능성이 있어 보이네." 나는 진정제 대신 농축 포도당을 주사했고, 운전자의 의식은 곧 회복됐다. 이 경험으로부터, 나는 의식이 혼미하거나 의식장애가 미묘하게 있는 경우에는 항상 인슐린 반응을 의심해봐야 한다는 것을 배웠다.

몇 년이 지난 후에, 점심시간 직전에 나를 찾아온 보험사 직원과 이야기를 나누고 있을 때였다. 그는 내가 말하고자 하는 것을 제대로 파악하지 못하여 같은 질문을 내게 반복하곤 했다. "혹시 당뇨병이 있으신가요?" 그는 "예."라고 대답했다. 나는 "지금 인슐린 반응이 일어나고 있는 건 아닌가요?"라고 물었다. 그랬다. 그는 즉시 음식물을 섭취했다. 의대생 시절, 나는 발한, 빈맥, 의식혼미 등 저혈당증의 증상에 대해서 공부했었다. 그러나 내가 인슐린 반응에 대해서 가르칠 때는 언제나 학생들의 이해를 돕기 위해 위와 같은 이야기를 해 주었다. 이러한 이야기들은 "인슐린 반응을 보이는 환자의 몇 퍼센트가 의식 상태의 변화를 보인다"고 가르치는 것보다 훨씬 더 효과적이다.

우리는 일반적인 것에서부터 특수한 것을, 특수한 것에서부터 일반적인 것을, 좁은 것에서부터 넓은 것을 교육한다. 선생은 학생들에게 "우리는 이 환자의 경우에서 무엇을 일반화시킬 수 있나요? 이 경우에는 무엇이 독특하죠?"라고 묻는다. 좁은 것에서부터 시작하여 점점 넓은 것으로 확장되어 갈 때, 우리는 세상 전체로부터 배우려는 의욕을 갖게 된다. 하나의 증례로부터 배울 수 있는 것은 많지 않다. 내가 레지던트 때, 알코올 남용에 의해 복통이 생긴 환자를 연이어 6명째 진료한 적이 있다. 나는 문득 스스로 질문을 던졌다. "다른 다섯 환자들과 같이 알코올성 위염일 가능성이 가장 높기는 하지만, 이 환자의 복통은 장간막동맥 허혈에서 비롯됐을 수도 있지 않을까? 비록 그게 복통의 드문 원인이기는 하지만." 나는 그 일을 계기로 교과서와 저널에서 이 주제에 관한 부분을 찾아 읽었다.

우리는 비유와 대조를 통해서 교육한다. 우리는 여러 환자를 진료한 경험을 통해 각각의 유사점과 차이점을 발견하고, 핵심적 사항을 추론해 내고, 그것을 다른 환자의 진료에 응용하면서 학생들을 가르친다. 실제 임상 사례를 활용하여 질병과 증상과 다른 문제들에 대해 폭넓은 교육을 한다. 우리는 우리가 더 배워야 할 것이 무엇인지를 발견한다. 그리고 우리는 묻는다. "이 환자를 통해 우리는 무엇을 배워야 하는가? 이 환자와 동일한 혹은 상이한 질병을 가진 다른 환자의 치료에 응용할 수 있는 점은 무엇이 있는가? 환자의 나이가 달라지면 무엇을 고려해야 하는가? 지지적인 배우자가 없는 환자라면 어떤 차이가 생길까? 아직 알려지지 않은 것들은 무엇이 있는가? 이 증례는 다른 증례와 얼마나 흡사한가?"

우리는 패턴을 발견하고 연관성을 발견하는 것을 교육한다. 그러면 다음에 "벨이 울렸을 때" 이러한 연관성을 생각해낼 수 있다. 나는 레지던트 때 심각한 복통을 호소하는 두 환자가 비슷한 패턴을 보이는 경우를 경험했다. 두 환자는 복통을 호소하다가 증상이 없어졌다가 결국 회복 불가능한 장 손상으로 인해 쇼크에 빠졌다. 나는 나중에 책을 읽고서 알게 됐다. 흔히 볼 수 없었던 이 두 환자의 증상 패턴이 상장간맥 동맥에 색전이 생겼을 때와 정확히 일치한다는 사실을 말이다. 심방세동을 가진 환자에게서 생긴 급성 복통의 경우라면 이를 의심해야 한다. 그리고 환자의 통증이 잠시 사라지는 것에 속아서는 안 된다. 나는 비슷한 양상을 보이는 복통 환자를 다시 만났을 때, 무엇을 해야 하는지 알았고 그 환자의 장이 손상되는 것을 막을 수 있었다.

우리는 질병이 나타나는 다양한 양태들에 대해, 또한 질병과 치료법 사이의 관계에 대해 열린 마음을 갖도록 교육한다. 우리는 "이 문제를 바라보는 다른 방식은 없는가?"라는 질문을 지속적으로 던져야 한다.

우리는 실수 사례를 통해 교육한다. 우리는 옳은 치료와 잘못된 치료를 모두 발견하게 된다. 그리고 "이 환자의 진단 및 치료 과정에서 잘못된 부분은 어디인가?"라고 묻는다. 배우 테오도르 비켈은 연기에 관한 그의 저술에서 "내 연기 하나 하나에 대한 비평들이 내 연기를 가다듬는 데에 큰 도움이 됐다. 다른 사람의 연기를 비평하는 것도 도움이 된다"고 썼다.[6] 비평이 초래할 수 있는 부작용만 잘 처리할 수 있으면, 우리는 언제나 실수를 소중한 배움의 기회로 삼을 수 있다.

우리는 여러 질병과 문제들에 대한 많은 정보들을 한꺼번에 추론하는 원리를 교육한다. 표 23.1에 몇 가지 사례가 있다.

우리는 반복과 강화를 통해 교육한다. 특히 저학년 학생들은 같은 내용을 서로 다른 맥락에서 두 번 이상 수업을 받는 것이 필요하다.

우리는 학생들의 행동을 서로 관찰하게 하거나 글을 쓰게 하거나 비디오 촬영 및 오디오 녹음, 역할극 등을 활용하여 교육한다. 각각이 갖고 있는

표 23.1

여러 질병과 문제들에 대한 많은 정보들을 한꺼번에 추론하는 원리를 가르치기

원리	질병 또는 문제	장, 쪽
환자의 이야기의 중요성	관상동맥질환	제1장, 45~69쪽
감별진단	의식상태의 변화 복통	제10장, 168~169쪽 제10장, 165~167쪽
문제중심 사고	당뇨병	제10장, 172~178쪽
패턴의 발견, 연결짓기	장간막동맥 색전	제23장, 367쪽

장점에도 불구하고, 이것들은 모두 비판받을 수 있고 다시 읽힐 수 있고 재구성될 수 있다. 나는 자주 우리 학생들에게 "환자와 실제로 주고받는 대화라고 생각하고 글을 써 보라"고 주문한다. 그리고 학생들이 써놓은 것을 보면서 그들이 의사 역할을 얼마나 잘 수행하고 있는지를 다른 학생들과 함께 비평한다. 나는 또한 우리 학생들에게 "글에는 글쓴이의 생각이 명확히 반영되기 때문에 나는 여러분이 쓴 글을 세심하게 비평하는 것"이라고 말한다.

　　우리는 점토에 살을 붙여 모형을 만들듯이 교육한다. 나는 자신의 학생들을 자기 공연에 초대하고 다른 공연의 관람도 권유하는 최고의 트럼펫 연주자를 알고 있다. 내 동료 교수의 제자 중 한 명은 나에게 "저는 아주 곤란한 상황에 직면했을 때, '빌(그의 스승인 내 동료)이라면 이런 상황에서 어떻게 했을까?'라고 묻곤 했습니다."라고 말했다.

　　가르친다는 것은 결국 지금까지 살펴본 많은 원칙들을 통합하는 일인지도 모른다.

· 한 학생이 환자의 이야기(과거력)와 신체검사 결과를 요약 발표한다.

· 그 학생이 발표하는 동안 다른 학생들은 환자의 문제 목록을 만든다.

· 학생들과 교수는 함께 비평을 하고 문제 목록을 가다듬는다. "이 문제 목록은 완벽한가? 환자의 모든 문제점들은 적절히 명명되어 있나?" 라고 묻는다.

· 위에서 정리된 질문들에 대해 답하기 위해 학생들과 교수는 환자에 대한 더 자세한 정보를 수집하고 명확히 한다. 교수는 학생들이 지켜보는 가운데 환자를 다시 면담한다.

· 환자, 질병, 아직 규명되지 않은 문제, 의사-환자 관계, 진단과 치료 방법 등에 대해서 학생들과 교수가 함께 토론을 진행한다.

· 마지막으로 "우리가 배운 것은 무엇인가?" 라고 질문한다.

이러한 각각의 단계에서, 교수는 학생들의 이해와 추론의 수준을 파악할 수 있고, 학생들의 수준에 맞게 보조를 맞출 수도 있다. 한 학생은 "어려운 과제를 받는 것도 학생의 권리다." 라고 썼다.

최고의 교수는 그의 일을 좋아한다. 그리고 자신의 학생들을 좋아한다.

최고의 교수는 학생들의 문제를 잘 이해한다. 이들은 잘 가르치는 최선의 방법이 무엇인지 알고 있으며 이를 설명할 수도 있다. 이들의 교육은 강의 내용과 목적과 의도가 명확하다. 이들은 명확한 질문을 던지며 "잘 이해했나요?"라고 확인한다. 나는 소아 환자에게 열이 몇 도인가보다 더 중요한 것이 '얼마나 아파 보이는가' 라는 사실을 의과대학과 전공의 수련 과정을 통해 깨달았다. 나는 이러한 교훈을 누구에게 배웠는가뿐만 아니라 언제 어디서 배웠는지조차 기억하고 있다. 흉부 엑스선 사진에서 "실루엣 징후"를 발견하기, 혈중 나트륨 농도를 해석하기, 폐부종을 감별 진단하는 방법, 갑상선을 촉진하는 방법 등을 배웠던 순간들이 너무도 생생하다.

최고의 교수는 상식, 그러니까 비의학적 상식을 잘 활용한다. 기술적인

지식은 신중한 결정을 내리는 데 도움을 주지만, 지식을 어떻게 적용하는지를 모른다면 규칙이란 것은 때로 생각을 방해할 수 있다. 그래서 나는 "결코 상식에 어긋나는 행위는 하지 말라"고 가르친다.

최고의 교수는 자신의 "인격"을 이용한다. 인격도 교수가 전달하는 내용의 일부인 것이다. 어느 목사 친구는 "설교란 인격을 통해 진리를 전달하는 것"이라 말한 바 있다. 장광설이 필요한 것이 아니라 진정성이 필요하다. 훌륭한 세일즈맨은 자신의 상품을 판매하는 것이 아니라 그들 스스로를 판매한다.

지금까지 열거한 훌륭한 교수의 요건이 친숙하게 느껴지는가? 그렇다면 그건 이 요건들이 곧 좋은 의사의 요건이기도 하기 때문이다. 나는 학생들을 대할 때 내 임상의사로서의 경험과 기술들을 이용하고 있음을 깨달았다. 의사와 교수는 유사한 점이 많다.

교수-학생 관계는 의사-환자 관계와 비슷하다. 의사-환자의 관계를 살펴보는 방법 중 하나가 바로 교수-학생간의 관계를 모델로 이용하는 것이다. 나는 학생들에게 "너희들은 학생으로서 교수에게 무엇을 질문할 수 있느냐? 너희들은 환자로서 주치의에게 무엇을 질문할 수 있느냐?"라고 묻는다. 나는 이런 방식으로 두 관계가 서로 비슷하다는 것을 학생들이 느낄 수 있도록 유도한다. 또한 나는 첫 수업시간에 우리들의 관계가 학기가 진행되는 동안 어떤 식으로 증진되는지를 살펴보라고 주문한다. 이런 과정을 통해 학생들은 의사-환자 관계가 어떻게 맺어지는지를 유추해 볼 수 있다.

최고의 교수는 자신의 학생들과 관계를 발전시킨다. 신뢰와 존경과 정직과 지속성은 모두 관계에서 비롯된다. 당신이 누군가를 믿지 않는다면 그로부터 배울 수 있는 것은 없다. 물론 교수도 학생들을 믿어야 한다. 관계의 지속은 교수가 학생들 각각의 처지와 지식의 정도를 이해할 수 있게 하고, 좌절하거나 뒤처진 학생들을 격려하는 것도 가능하게 한다. 최고의 교수는 만

나기 쉽고, 다가가기 쉬운 사람이어야 한다.

의사의 스승은 환자다

환자는 우리의 스승이다. 나는 폐렴이나 울혈성 심부전 환자가 의식이 흐려질 수 있다거나 관상동맥이 막힌 환자가 흉통 없이 단지 호흡만 가쁠 수도 있다는 사실 등을 교수나 책을 통해 배운 것이 아니라 환자로부터 배웠다. 또한 사람들이 여러 가지 방식으로 질병에 대처한다는 것과 거의 모든 약들이 거의 모든 부작용을 일으킬 수 있다는 것도 환자로부터 배웠다. 환자들은 매우 다양한 방법으로 그들이 가진 질병에 대해 어떤 교과서보다 더 훌륭하게 가르쳐준다. '환자가 된다는 것'이 어떤 의미인지도 환자로부터 배웠다. 나는 어떤 환자들은 환자용 가운을 입으면 "사람 취급을 못 받는 것"처럼 느껴져서 평상복을 입은 채 진찰을 받기를 원한다는 사실을 암에 걸린 내 친구로부터 배웠다.

나는 무엇을 말하지 *말아야* 하는지도 환자로부터 배웠다. 우리가 말을 조심하지 않으면 평범한 상황도 복잡해질 수 있다. 동시에 우리는 모든 진료 행위를 통해 교훈을 얻는다. 나는 췌장염, 알코올 의존, 우울증, 발작 등을 앓고 있는 젊은 환자를 격려하며 "우리의 목표는 당신을 원래 자리[이번 급성 질환을 앓기 전의 삶으로 되돌리는 것입니다."라고 말했었다. 그러나 그는 "저는 몸이 아픈 현재의 처지를 받아들여야 합니다."라고 대답했다. 여러 개의 질병과 많은 약과 많은 의사들에 지친 그는 과거의 자신으로 돌아갈 수 없다고 생각하고 있었다. 그러면서 그는 나의 이야기가 단지 이룰 수 없는 목표를 던져주는 것에 불과하다고 말했다. 그가 나에게 제안한 더 나은 목표는 바로 "가능한 만큼 좋아지는 것"이었다.

언젠가 나는 배우자의 죽음을 당한 누군가를 안정시킬 요량으로 "당신의 심정을 압니다."라고 말했었다. 하지만 그는 분개하며 "당신이 지금 내 심정을 안다구요?"라고 말했다. 나는 곧 알 수 있었다. 이제 나는 비슷한 상황에서 "당신의 심정을 조금이나마 이해하고 싶습니다."라고 말한다.

우리는 환자를 대하면서 어느 순간 병명을 알게 되는 경험을 한다. 그리고 우리는 "왜 좀 더 일찍 알아차리지 못했을까"를 궁금해한다. 하지만 그런 것이 원래 우리의 삶이다. 우리가 직면한 문제에 대한 해답을 얻기 위해 애쓰다 보면 어떤 결정을 내릴 수 있게 되고, 그 과정에서 새로운 통찰을 얻게 되는 것이다.

울혈성 심부전은 때로 무분별한 소금 섭취 때문에 일어날 수 있으며, 혈당 조절의 실패는 때로 환자가 인슐린 주사기의 눈금을 볼 수 없기 때문에 일어나기도 하며, 혈압 조절의 실패는 고혈압 약을 살 수 있는 돈이 없지만 차마 그 이야기를 하지 못하는 환자로 인해서도 나타날 수 있다. 의사는 이런 것들을 환자를 통해 배우는 것이다.

우리는 환자의 가족들로부터도 배운다. 가족들은 환자 상태의 미묘한 변화를 알아내는 데 있어서는 주치의보다 더 전문가다. 80세 여성의 자식들은 내가 간과했던 그녀의 미묘한 의식변화를 발견해내기도 했다. 그래서 경막하 혈종이라는 진단을 내릴 수 있었고, 수술을 통해 뇌를 누르고 있던 응고된 피덩어리를 제거할 수 있었다.

가끔 우리는 우리가 설명할 수 없을 정도로 극적인 회복을 보이는 환자들도 만난다. 우리는 어떻게 이런 일이 가능한지에 대해서 환자들로부터 배운다. 처음에 생각했던 나쁜 예후는 때로 틀린다. 애초에 진단이 잘못되었거나 문제가 명확히 정의되지 않았거나 미묘한 이상 징후를 간과했기 때문일 수 있다. 의사는 아직 퇴원할 때가 안 되었다고 생각하는 환자가 퇴원 후에도 아주 잘 지내는 경우도 있다. 의사가 생각하는 것보다 훨씬 좋은 환경에 놓여 있는 환자들도 있는 것이다.

의사로서의 성숙은 우리가 환자들에 대해서 배우는 단계를 지나 환자들로부터 배우는 단계로 넘어갈 때에 큰 도약이 일어난다. "환자의 질병은 새로운 배움의 기회를 제공하며, 의사와 환자는 그 경험을 통하여 서로에게 배운다."는 사실을 의학도들은 일찌감치 깨닫는다.

교수-학생의 관계의 진전과 의사-환자의 관계가 유사하다는 것에 대해서 어느 학생은 다음과 같이 썼다.

이번 수업을 듣기 전에는 저는 선생님에 대해 전혀 알지 못했습니다. 비록 제가 아직 수업시간에 제 의견을 말하는 것이 조심스럽긴 하지만, 선생님께서는 모든 학생들의 의견에 귀를 기울이고 존중해 주시기 때문에 훨씬 편안하게 말할 수 있습니다. 선생님께서는 뭔가 심사숙고해야 할 질문을 던지시고 모든 학생들이 토론에 참여하도록 열심히 유도하셨습니다… 저는 교수라는 직업이 배우는 과정에 있는 학생들을 잘 인도하는 것이라는 사실을 알게 됐습니다… 사람은 살아가면서 많은 스승을 만납니다. 선생님들은 교육자, 조언자, 친구, 지지자, 상담자, 그리고 용기를 주는 역할을 합니다… 교수와 학생의 관계는 사람의 성장에서 많은 부분을 차지하고 있습니다… 사람들은 학생과 환자뿐만 아니라 교수와 의사들도 여러 가지 제한이 있는 상황에서 일하고 있음을 알아야 합니다. 두 직업은 모두 신중해야 하고, 미묘한 차이를 발견할 수 있어야 합니다. 그래야 무엇을 가르칠 것인지, 어떻게 치료할 것인지에 대한 단서를 잘 발견할 수 있으니까요.

모든 의사는 교육자다. 모든 의사들이 직접 학생들을 가르치지는 않지만, 모든 의사는 환자들을 교육한다. 3세기 중국 속담에 "일 년 계획을 세우려면 씨앗을 뿌려라. 10년을 계획하고자 한다면 한 그루의 나무를 심어라. 일생을 계획하려거든 인재를 양성하라."는 말이 있다.7 우리는 공부하는 방법을 가르치고 가르치는 방법을 가르친다. 히포크라테스 선서에도 가르치는 일이 우리의 의무라고 되어 있다. 우리들 모두-의사, 교수, 학생, 환자는 더 많이 가르쳐야 한다. 그리고 경험을 되새겨야 한다. 좋은 교수의 목표는 뭔가를 공부하고 그것을 전달하는 역량을 키우는 일이다. 스승에게 필요한 덕목은 의사에게 필요한 덕목과 다르지 않다. 전념하기, 꾸준하기, 관계맺기, 그리고 만족시키기가 그것이다.

제6부

———

마무리

제24장

최선의 의료 시스템이란 : 환자에게 최선인 것과 의사에게 최선인 것

"훌륭한 의술은 우연히 일어나는 것이 아니다. 그것은 신중한 계획과 연습에서 나온다."

이 책에 등장하는 환자들은 줄곧 그들이 의사에게, 그리고 의료 시스템에게 무엇을 요구하는지를 표현했다. 젊고 경험이 부족한 맥칼리스터 대학의 학생들은 무엇이 환자에게, 그리고 의사에게 이상적인지에 대한 스스로의 생각을 가다듬었다. 의사가 자신의 일터에서 행복을 느끼지 못한다면 그것은 의사에게나 환자에게나 손해이기 때문이다.

내 수업을 듣는 학생들에게 주어지는 학기말 과제는 늘 똑같았다. '최선의 의료 시스템이란 : 무엇이 환자를 위해, 그리고 의사를 위해서 최선의 것인가' 라는 주제로 보고서를 작성하는 것이다. 나는 "국가적 차원의 보건 의료 시스템"에 대한 시시콜콜한 내용들을 쓰라는 것이 아니라고 말했다. 나는 그들이 "환자로서 의사나 의료 시스템에 대해 무엇을 바라는지, 또한 평생 헌신해야 하는 직업인 의사로서는 무엇을 바라는지"를 생각해 보기를 원했다. 나는 학생들에게 경험이나 느낌이나 지식은 물론이고 다른 여러 문헌들이나 수업 시간에 나눈 토론의 내용들까지, 다양한 자료들을 활용하라고 말했다. 나는 학생들에게 그들의 가치관을 알고 싶다고 말했다.

나는 과제를 내주면서 이렇게 말했다. "의학은 재능 있고 총명하고 열정적이고 신중한 인재들을 끌어들일 만큼 충분히 매력적인 것이다. 의학은 흥미진진하고 만족스러우며 지적 성취감이 있는 분야이다. 하지만 그와 동시에 오랜 기간 수련을 받아야 하고 평생 공부를 해야 하며 엄청난 시간과 돈을 투자해야만 한다."

나는 그들의 통찰력과 성찰이 자랑스럽다. 그들이 낸 보고서들은 경험 많은 의사들에게도 시사하는 바가 크다. 그들은 의학의 인간적인 측면의 정수를 그들 모두가 간직하고 있다는 내 생각을 확인시켜 주었다. 여기 몇 편의 아주 훌륭한 글들이 있다.

무엇이 환자를 위해 최상인가

우선 어느 학생이 쓴 다음의 글을 보자.

우리는 때로 무슨 일이 벌어지는지 알지 못하는 순간을 만난다. 우리의 안전이 위협받거나 익숙하지 않은 경로를 선택해야 할 때도 있다. 많은 사람들에게 있어 질병이란, 안락하고 안전하고 확실한 세상이 헝클어지는 순간이다. 우리가 아프게 되면, 일단 우리 몸의 각 부분의 기능들을 통제하지 못하게 된다. 어쩔 수 없이 주변 사람들의 보호를 요청하게 되고, 건강의 회복을 위해 타인의 지식이나 기술에 의존해야 한다. 이러한 의존은 환자와 치료자 사이에 독특한 관계를 만들어 낸다. 우리가 더 이상 우리 신체의 신호를 인지할 수 없게 됐을 때, 우리는 치료자가 대신 내 몸의 요구를 들어주고 이해해주고 응답해주길 기대한다. 따라서 어느 문화권에서나 치료자는 가치를 인정받고 존경을 받는다. 치료자와 환자의 관계는 치료자의 기술과 지식과 헌신에 달려 있지만, 언제나 환자의 이야기와 환자의 요구가 중심이 되어야 한다. 환자와 치료자 사이의 이상적인 관계의 기본은 바로 이러한 균형이다.

사람들은 의사에게 끊임없는 의학적 처치나 치료를 요청하는 것이 아니다. 결코 실패하지 말 것을 요구하는 것도 아니다. 오히려 환자들은 그들의 선택, 그들의 과거사, 그들의 미래에 대해 의사가 귀를 기울여주기를 바란다. 의사가 그들을 잊지 않고 하나의 개체로 기억해 주기를 바란다. 그들이 의사에게 바라는 것은 단순히 기술적인 능력 이상의 것이다. 의사가 가진 판단력과 기술을 환자들의 기대와 잘 조합하여 가장 효과적인 치료 계획을 수립해 주기를 바라는 것이다. 이같은 방식으로 우리는 관계의 균형을 유지한다. 초점은 환자에게 맞춰져야 하고, 모든 결정은 공유된 기대와 가치관의 산물이어야 한다.

환자들은 사소한 인간미에도 감동한다. 다른 학생은 본인의 오랜 주치의를 예로 들었다.

그녀는 내 친구를 통해 소개받은 의사다. 처음 그녀가 진료실로 들어왔을 때, 나는 방이 밝아지는 것을 느꼈다. 그녀는 따스한 웃음을 지녔고, 편안한 인상을 가졌으며, 나를 만나는 데 굉장히 열성적이었다. 그녀는 우아하게 내게로 다가와 악수를 청하며 자신을 소개했다. 순간 난 잠시 내가 아픈 것을 잊고 감탄에 빠져 있었다. 그녀는 분위기를 편안하게 만들 줄 아는 사람이었다. 그녀는 세심하게, 그리고 존중하는 태도로 나를 대했다. 내 이야기를 듣기만 할 뿐 종이에 뭔가를 기록하지 않았고, 질문은 내가 이야기를 멈추었을 때만 했다. 그녀는 나를 세심히 진찰했고, 옳은 진단을 내렸다. 난 그녀에게 모든 것을 털어놓아도 될 것 같다고 생각할 만큼 그녀를 신뢰했다. 그 신뢰는 불과 몇 분 사이에 쌓인 것으로, 난 그녀에게 나의 모든 삶에 대해 이야기해주고 싶었다. 그 만남 이후 과거의 긴 시간들에 비해 훨씬 행복해졌고, 그녀를 내 주치의로 삼았다. 이런 것이 모든 환자가 원하는 의사의 모습이다.

환자들은 스스로 선택하고 싶어한다. 또 다른 학생의 이야기다.

내 첫 요구는 담당 의사를 내가 직접 골랐으면 하는 것이다. 내가 찾는 이상적인 의사의 모습은 의학적으로 철저한 것과 인품은 물론이거니와, 나의 신체적 감정적 정신적 안녕을 모두에 관심을 기울이는 사람이다. 개인적인 이야기까지 주고받을 수 있는 사람이라면 더할 나위 없겠다. 복잡한 의료 체계 속에서, 나는 내 담당 의사가 나의 조언자인 동시에 나를 함께 진료할 다른 의사들 모두를 아우르는 오케스트라의 지휘자가 되었으면 좋겠다. 그런 의사를 만난다면 나는 의학적으로 올바른 처치를 받는 동시에 하나의 개체로서도 존중 받고 있다는 편안함을 느낄 수 있을 것이다.

환자는 관계, 그리고 이해를 원한다. 또 다른 학생이 제시한 이야기다.

최상의 의료 체계는 가족을 모델로 하는 것이라 생각한다. 부모와 자녀간의 관계는 실로 오묘하다. 그들은 분명 한 가족이라는 울타리 안에 있으면서도, 나이나 성별과 같은 여러 차이점들에 의해 각자 다른 경험을 하며 살아간다. 같은 뿌리를 지니고, 가족이라는 이름 아래 함께 생활을 하는 경우에도, 각 구성원들은 서로의 의견을 말하고 경청해야 한다. 의사와 환자는 서로 다른 세계에서 온 사람들이니까, 진료실에서도 이런 관계가 형성되어야 한다. 그들은 각기 다른 배경을 지녔고, 각자의 삶이 있다.

의사와 환자는 서로를 좋아해야 한다. 내 제자 중 한 사람은 자신의 주치의에 대해, "나는 처음부터 그가 좋았다. 그도 나를 좋아했다고 생각한다.

그게 아주 중요하다. 그는 마치 나 이외의 다른 환자는 없는 것처럼 내게만 집중해 주었다. 나는 나의 불확실한 미래를 포함하여 어느 것도 나 혼자 결정할 필요가 없다고 느꼈다."

환자는 의사와의 파트너십을 원한다. 한 학생은 의사와 환자간의 파트너십에 관한 의견을 제시했다.

의사와 환자 사이의 협력은 환자에게, 그리고 의사-환자 관계에도 중요한 요소다. 그것은 환자들을 격려하고 그들이 그들의 미래를 결정하는 일에 적극적으로 참여하게 해준다. 또 그것은 의사들이 환자의 판단을 믿을 수 있도록 해준다. 협력을 통해 환자들은 의사가 그들을 하나의 인격체로 대한다는 것과 다른 사람과 같은 병을 앓고 있어도 환자들은 각각 다르고 그들에게 맞는 치료법이 필요하다는 것을 의사가 충분히 인지하고 있다는 것을 알게 된다.

의사와 환자와의 관계는 악수로 맺어지는 사업 계약과 비슷하다. 의사가 항상 질문에 대답할 준비가 되어 있어야 한다거나 가능한 모든 치료를 제공해야 한다거나 치료에 있어서 항상 협조적이어야 한다는 등의 문서나 규칙이나 법률은 존재하지 않는다. 하지만 성공적인 의사-환자 관계에서는 의사와 환자간에 형성된 상호 신뢰와 존경에 기초해서 위와 같은 일들이 가능해진다.

다른 학생은 파트너십의 또 다른 특징을 찾아냈다.

의사들은 문제의 기술적이고 의학적인 방면에 있어서 "전문가" 이지만, 생활습관 등 일상의 다른 맥락에 있어서는 환자가 "전문가" 이다. 물론 그 경계가 완전히 명확하지는 않다(명확해서도 안 된다). 의사가 생활습관 변화에 대한 제안을 할 수도 있으며 환자가 치료법 선택에 대한 의견이나 통찰력이 있을 수도 있다. 그럼에도 불구하고, 두 분야의 전문가는 협력하며 서로에게 각자의 전문 분야에 대한 다양한 정보를 알려준다.

설명하는 방법은 달랐지만, 한 여학생은 환자가 수동적이지 않은 협력 관계에 대해 잘 기술했다.

물론 해부학, 생리학, 질병의 진단 등에 대해 많은 교육을 받은 것은 의사들이지만 그 몸 안에 살면서 그 몸으로 세상과 소통하는 것은 환자들이다. 그러므로 몸의 오랜 소유자이자 거주자로서 환자의 역할은 그들이 몸에 대해 알고 있는 것을 공유하는 것이고 의사의 역할은 그러한 정보를 바탕으로 의학적인 지식을 이용하여 진단을 내리는 것이다. 따라서 의사와 환자가 정확한 진단과 질병의 이해를 위해서 알고 있는 정보를 나누는 것은 필수적이다. 정보를 교환하는 과정에서 의사와 환자의 관계는 발전하며, 더 정확한 진단을 내리기 위한 정보와 통찰이 풍부해진다. 궁극적으로 환자들은 의사의 전문 지식의 도움을 받아 그들의 치료에 관한 공동 결정자가 되어야 하고, 그 결정은 환자 개개인의 요구를 만족시킬 수 있는 것이어야 한다.

때때로 환자들은 자신의 이야기나 느낌에 대해 솔직히 말할 수 있는 권한을 필요로 한다. 환자가 과묵하다면 조심스러운 질문을 통해서 그들을 돕는 것이 의사의 책임이다. 환자들로 하여금 정보와 느낌을 이야기하도록 격려하는 것은 환자의 이야기의 질을 높인다. 한 학생이 다음과 같이 지적했다.

많은 사람들이 개인적인 이야기를 하는 것을 불편해 하기 때문에 사실을 이야기하지 않거나 일부만을 이야기한다. 그들은 자신들이 그러한 이야기를 알고 있는 유일한 사람이어야 한다고 생각하거나 그들이 느끼는 방식을 "나쁘다"고 여기기도 한다. 여러 사람들은 각각 의사의 진료실에서 느끼는 편안함의 정도가 다른데, 그 정도는 그들의 이야기를 들어보면 알 수 있다. 중요한 증상을 별 것 아닌 것으로 여기거나 제대로 인지하지 못하는 것은 환자에게 해로울 수 있다. 많은 사람들은 잘 몰라서, 혹은 의심은 하되 그 의심이 터무니없다고 생각해서, 결정적일 수도 있는 증상을 의사에게 이야기하지 않는다.

환자들은 의사들이 그들의 이야기를 들어주길 원한다. 그들은 충분한 시간을 두고 이야기하고 싶어한다. 또 다른 학생은 가상의 환자의 느낌에 대해 서술했다.

의사가 환자의 이야기를 들을 시간이 없기 때문에 진단을 헷갈릴 수 있다는 사실은 상당히 두렵다. 그 의사는 널리 알려진 사람이지만, 그에게 나는 전혀 알려진 사람이 아니다. 그는 나의 이야기를 참을성 있게 들어주지 않는다. 나의 이야기를 하는 것이 내가 주도권을 가지고 있다고 느끼는 유일한 일인데, 의사는 내게 이야기할 기회를 주지 않는다. 그가 나의 이야기 전체를 다 알지 못하는데, 어떻게 특정한 치료법이 바로 나에게 딱 들어맞는 것이라고 확신할 수 있을까?

환자들은 공감을 원한다. 학생들은, 환자들이 원하는 것은 의사가 환자의 입장이 되어 병에 걸린다는 것이 어떤 일인지 이해하고 환자들이 결코 단순한 존재가 아니라는 것을 알아주는 것이라고 주장했다. 어느 학생은 "나는 의사들이 이성을 가진 한 환자의 인간적인 측면에 관심을 기울여주기를 바란다. 그것이 비록 그들의 최고 관심사는 아니라 할지라도 말이다. 나는 나의 의사가 내 병이 낫지 않는 이유를 내가 뭘 잘못해서, 즉 내가 '의사의 말을 잘 따르지 않아서'라고 설명하는 상황을 원하지 않는다. 나는 그저 힘겨운 시간을 보내고 있을 뿐이니까."라고 썼다.

또 다른 학생은 다음과 같이 서술했다.

의사들은 일반화와 편견이 가득한 세상에서 병을 앓는다는 것이 어떤 것인지 환자의 입장에서 이해하려고 노력해야 한다. 어느 병이나 사회적인 낙인을 동반하며, 특히 환자의 외모나 능력에 영향을 주는 병의 경우는 특히 심하다. 암 환자들은 항암제의 부작용으로 인해 머리가 빠진다는 것을 알고 있지만, 모든 사람들이 자신을 쳐다보면서 암 환자라는 사실을 알게 되는 상황에 대해서는 마음의 준비가 안 되어 있을 수 있다. 질병은 매우 개인적인 일이다. 좋은 의사들은 환자가 말하지 않은 걱정에 대해서도 자신이 이해하고 있다는 메시지를 전달한다. 질병의 정서적인 고통까지 드러내놓고 이야기하는 의사에 대해 환자는 신뢰를 갖게 된다.

한 학생은 환자의 경험과 느낌을 확인해 줘야 하는 의사의 독특한 임무에 대해 상세하게 설명했다. "의사는 환자의 불편함이나 질병이 그 환자에게는 인생의 위기라는 사실을 이해해야 한다. 환자 한 명이 늘어나는 것은 단지 회진을 돌아야 할 대상이 하나 늘어나는 것 이상의 일이다. 의사가 모든 환자의 개인적인 상담자가 되어주는 것은 비현실적이고 바람직하지도 않지만, 질병에 수반되는 환자의 감정을 단지 이해하는 것만으로도 의사는 환자와 소통할 수 있고 인격체로 대우받는다는 느낌을 심어줄 수 있다."

다른 학생은 간단하게 "의사에게 있어서 동정심은 덤이 아니라 필수조건이 되어야 한다"고 적었다.

환자들은 창의적인 의사를 필요로 한다. 앞의 학생은 "의사는 창의적이어야 한다. 의사는 모든 각도에서 문제를 바라보고 새로운 해결책을 모색할 줄 알아야 한다"고 기술했다.

환자들은 기술이 만능은 아니라고 생각하는 의사를 필요로 한다. 한 학

생은 "발전된 의학 기술의 존재가 병력 청취나 임상적인 판단 등의 '구식 기술'을 무시해도 된다는 뜻은 아니다. 오히려 그러한 것들이 CT 촬영이나 혈액검사로는 알 수 없는 정보를 주기도 하기 때문이다. 질병에 대한 올바른 지식이나 효과적인 치료법의 발견은 종종 검사결과를 통해서가 아니라 통찰력을 통해서 찾아졌다."고 말했다. 그는 의학 기술이 환자들에게 어떤 것을 상징하는지에 대해서도 관심을 보였다.

물론 CT 촬영, 복강경, 혈액 검사 등이 환자들에게는 안전과 확신을 의미할 수도 있다. 하지만 병원 경험에 대해 사람들과 이야기해 보면, 이러한 검사들이 뭔가 냉정한 것, 즉 의학의 비인간적인 측면을 상징하기도 함을 알 수 있다. 검사는 병과 관련되어 있는 생물학적인 변수들을 측정하기 위해 행해진다. 그러나 종종 이러한 측정이 환자에게는 그다지 필수적인 것으로 다가오지 않는다. 여러 검사들이 의사와의 적절한 면담과 병행되지 않는다면 환자는 의사의 주요 관심사가 알 수 없는 검사들일 뿐 환자 자신과 그의 경험은 오해되고 있다고 생각하게 된다.

감정을 다루는 능력은 의사가 갖추어야 할 중요한 도구 중 하나가 되어야 한다. 한 학생은 "개별 환자에게 꼭 맞는 치료와 인간적인 의학을 위해서 의사는 아픈 사람이 직면하게 되는 감정적인 어려움에 초점을 맞춰야 한다. 그것을 위해서 의사는 환자의 이야기를 잘 들어야 하며 특히 말로 표현되지 않는 것들에 더 예민해야 한다."고 언급했다. 또 다른 학생은 "환자와 보호자의 깊은 감정을 어루만지는 일은 다른 누구의 책임도 아니다. 환자의 감정을 다루는 일은 의사의 부차적인 의무가 아니라 오히려 병을 고치는 과정과 더불어 의사의 주요 목적이 되어야 한다."고 말했다.

환자들은 적절한 설명을 원한다. 또 다른 학생은 이해할 수 있는 용어로 충분한 정보가 제공되어야 하는 필요성에 대해 서술했다.

병에 걸리는 것은 힘든 상황이며 스트레스, 혼돈, 그리고 복잡한 의학 용어들 때문에 더 복잡해진다. 그러므로 나는 질병에 대해, 또 앞으로 벌어질 일들에 대해 명확하고 개방적으로, 그리고 솔직하게 이야기해 주려고 하는 세심한 의사를 고마워하게 될 것이다. 두렵고 불확실한 상황에서 명확하고 정확한 정보는 절대적으로 필요하다. 나에게 있어 이상적인 의사란 '안내자' 이자 '통역자' 로서 미래를 알려주고 나의 힘든 결정을 도와주는 사람이다.

환자들은 선생님 같은 의사를 원한다. 한 학생은 그 역할의 많은 측면에 대해 지적했다. "가르치는 사람으로서, 의사들은 가족에게 정보를 제공함으로써 그들의 힘든 싸움을 지원할 수 있다. 환자에게 의사는 병의 과정에서 어떠한 어려움이 있고 살아남기 위해서 어떻게 그것들을 피해야 하는지 알려주는 안내자가 될 수 있다."

치료에는 여러 차원이 있다. 환자들은 그것이 모두 필요하다. 어느 학생은 기술 이상의 의학적인 치료 차원에 대한 통찰력을 보였는데, 그것은 부분적으로 목사인 그녀의 아버지의 영향을 받은 것이었다.

나는 의술과 치료가 물리적인 측면뿐만 아니라 영적인 것도 갖고 있다고 생각하면서 자랐다. 만성적이거나 말기의 질병에 있어서 치료란 고통과 앞으로 닥칠 미래와 타협하는 것이다. 치료는 다른 사람의 지원을 필요로 하고 이 지원 체계는 사람들의 삶에서 낙담을 의미하는 것일 수 있다. 치료는 각자의 요구가 충족되고 꿈이 이루어질 수 있도록 사랑하는 사람과 어떻게 소통하는지를 배우는 것을 포함한다.

좋은 의사를 훌륭한 의사와 구별짓는 것은 결국 인간적인 온전함이다. 그것은 환자 중심의 치료와 정책, 효과적인 의사소통, 질병과 건강에 대한 가족적, 사회적 그리고 의학적인 맥락의 이해, 그리고 심오한 감각을 기초로 얻어진다. 훌륭한 의술은 우연히 일어나는 것이 아니다. 그것은 전적으로 신중한 계획과 연습으로부터 나오는 것이다.

질병은, 특히 중질환이나 말기 질환은 사람들로 하여금 그의 인생 여정을 되돌아보게 하고 자신의 목표와 가치관을 재점검하게 한다. 의사는 환자의 이러한 순간들을 함께 보내야 하는 특별한 사람들이다.

무엇이 의사를 위해 최상인가

이 대목은 한 학생의 관찰에서 힌트를 얻어 서술됐다. 본질적으로 가치관에 관한 것이다. 흉부외과 의사인 그 학생의 아버지는 그의 모델이자 스승이었다.

아버지는 언젠가 내게 자신이 "기술자"로 훈련을 받았지만 이제는 "치료자"가 됐다고 이야기했다. 그때 나는 아버지가 최우선으로 둔 것은 그의 일이 아니라 그가 돌본 사람들, 즉 환자들이었다는 알게 됐다. 의학에 있어서 진정한 인본주의가 무엇인지를 이해했던 것이다. 현대 의학은 과학과 예술이라는 두 개의 축으로 이루어져 있다. 치료에 필요한 기술은 과학이며, 치유에 필요한 것은 예술이다. 물론 의사와 환자간의 관계는 치유라는 예술의 기반이다.

의사에게 허락되는 특권은 다른 사람의 삶의 일부가 될 수 있다는 점이다. 환자를 돌보면서 배우는 것들은 의사의 전문가적, 개인적 성장에 도움이 된다. 의사가 환자를 가치 있는 자원으로 여길 때, 즉 의사가 환자의 이야기로부터 질병에 대한 진실을 찾으려 노력할 때, 환자는 최상의 치료를 받게 된다. 의사는 이 과정에서 의사가 된 보람을 얻는다.

의사에게는 시간이 필요하다. 어떤 학생은 "의사로서 나는, 내가 원하

는 의사의 모습으로 살 수 있도록 우리 의료 시스템이 갖추어졌으면 좋겠다. 나는 각각의 환자 모두를 제대로 알 수 있는 충분한 시간이 필요하다. 나에겐 내가 스스로 내 시간을 조절하면서 얼마나 많은 환자를 진료할 것인지 선택할 수 있는 자유가 필요하다"고 적었다.

의사는 배움과 학문적 도전, 협력적인 환경이 필요하다. 한 학생은 그녀의 목표에 대해 다음과 같이 설명했다.

나는 환자들 및 동료들과 상호 호혜적인 관계를 발전시킬 수 있는 교육 환경을 원한다. 교육은 지속적인 과정이며, 의사가 되는 것은 사람들 각자의 이야기와 경험을 통해 배울 수 있는 특별한 기회를 제공한다. 환자들, 동기들, 그리고 다른 동료들과 팀을 이루어 함께 일하는 것은 내가 문제 해결을 위한 싱크 탱크를 확보하는 것이다. 먼 훗날 내가 나의 인생과 경력을 돌아보았을 때, 내가 어떻게 인류를 도왔으며 내가 내 환자들과 동료들에게 무엇을 배웠는지 상기할 수 있기를 바란다.

그녀의 동급생 중 한 명도 비슷한 생각을 하고 있었다.

일차진료의사들은 그들의 환자의 문제를 처음으로 다루는 사람들이며, 따라서 다양한 역할을 수행해야 한다. 여기서 협력이 중요하다. 의사로서 나는 항상 새로운 것을 다루고 무언가를 알아내야 하는 학문적인 도전을 원한다. 얘기를 나눌 수 있는 동료들의 공동체를 갖는 것도 매우 중요하다. 나의 동료 의사들뿐만 아니라, 교수들, 성직자들, 간호사들, 가족들, 친구들 등 내가 배움을 구할 수 있는 모든 사람들로 구성된 공동체도 중요하다.

다양한 환자들은 내가 나 자신의 편견을 깨닫는 것을 도와줄 것이다. 나는 그들로부터 그들이 스스로를 어떻게 치료하고 동기를 부여하는지 배울 수 있을 것이다. 종교, 낙관주의, 명상, 영감을 주는 독서, 음악 등 세상에는 사람들이 "병을 이겨내기 위해" 기대는 다양한 것들이 있다. 다양한 환자들을 통해서 나는 다른 환자의 경우에 적용할 수 있는 기술을 배울 수 있기를 바란다.

의사는 숙고할 기회가 필요하다. 한 학생은 "동료들끼리 특정 치료법의 윤리적인 면에 대해서 토론을 하거나 상황에 따른 해결책을 제시하거나 그 이상의 정보를 나눌 수도 있다. 또한 건강에 대해 비슷한 관심사가 있는 사람들을 모아서 그들의 경험을 나누고 내가 자신을 돌보는 방법을 가르칠 수도 있는 프로그램도 원한다."라고 말했다.

의사는 누구도 완벽할 수는 없다는 사실을 편안하게 받아들여야 한다; 누구나 실수를 한다. 또 다른 학생은 이상적인 의료 시스템을 이렇게 표현했다. "의사도 사람이라는 것을 허락해야 할 것이다. 의사들도 사람이기에 어쩔 수 없이 오류를 범한다는 사실을 인정해야 한다는 의미. 그들은 그들이 한 실수에 대해서 동료들과 자유롭게 이야기할 수 있어야 한다. 사람은 누구나 실수 때문에 괴로워하며, 의사라고 해서 그런 고통에 대한 면역을 갖고 있는 것은 아니라는 점을 의사나 환자 모두가 이해해야 한다." 한 학생은 "의사들이 모여서 그들의 의학적인 실수에 대한 이야기하고 토론할 수 있는 대화의 시간이 정기적으로 마련되는 개방적인 환경"을 원했다.

의사가 얻는 이익은 경제적 이익 이상이다. 또 다른 학생은 "의학 분야에는 경제적 이익만큼이나 매력적인 학문적, 사회적 이익이 있다. 이러한 이익 중에는 지속적인 교육 프로그램에 참여할 다양한 기회, 풍부한 연구 환경, 그리고 좋은 조언자와 동료들도 있다. 문제들이 늘 같은 방식으로 해결되지 않는다는 점도 다양한 생각과 창의력을 발휘할 기회를 준다"고 적었다.

다른 한 학생은 의사라는 직업의 특성에 대해 다음과 같이 서술했다.

어느 의사는 이렇게 말했다. 시간이 흐르면 다양한 질병들에 익숙해지고, 그에 따라 의사 노릇이 과거에 비해 덜 흥미로워질 것이라고. 하지만 환자가 그의 질병을 경험하고 표현하는 방식은 늘 새롭기 마련이고, 때문에 의사는 언제나 자기 계발이 가능하다. 이처럼 의사가 늘 의학에 대해 흥미를 가질 수 있다면, 의사는 더 효율적으로 더 만족스럽게 일할 수 있을 것이다.

환자의 요구와 의사의 요구가 모두 충족되는 일은 우연히 일어나지 않는다. 그것이 중요한 교훈이다. 환자와 의사 모두가 원하는 것은, 인본주의, 관계와 협력, 서로의 이야기를 잘 듣고 거기에서 교훈을 얻을 수 있는 능력, 그리고 그렇게 할 시간이다. 의사로서, 또한 교육자로서 우리의 역할은 이러한 논지를 입증하고 강화하는 것이다. 이런 가치들은 맨 앞에 놓여져야 하는 것이고, 충분히 그럴 가치가 있다. 환자들과 학생들이 원하는 것도 바로 그것이다.

제25장

에필로그, 그리고 내 개인적 경험

"좋은 의사가 되기 위해 천재일 필요는 없다.
정확한 판단력과 선량한 마음이 있으면 된다."

지금은 회복됐지만, 심각한 병으로 진료를 중단할 수밖에 없었던 지난 1997년, 나는 내 모든 환자들에게 다음 내용이 포함된 편지를 보냈다.

　　의사를 바꾸는 것이 쉽지 않다는 것을 압니다. 여러분 중 많은 분들께서 저와 오랜 시간을 함께 하셨습니다. 물론 상대적으로 짧은 동안 함께 하신 분들도 있습니다. 어쨌거나, 여러분은 의사가 바뀌는 것을 일종의 상실이라고 생각하실지도 모르겠습니다.

　　저도 상실감을 느낍니다. 저의 의사 경력은 상당히 만족스럽고 즐거웠습니다. 많은 사람들이 "의사 노릇의 가장 좋은 점이 무엇입니까?" 라고 물을 때 제 대답은 간단합니다. 바로 환자들과의 관계입니다. 여러분들은 단순히 병에 대해서만이 아니라 여러분의 인생, 즉 일상생활, 도전, 성공, 좌절 등에 대해서도 저와 이야기를 나누셨습니다. 저는 여러분 각자의 믿음에 감동을 받았고 또 여러분들로부터 많은 것을 배웠습니다. 여러분이 저에게 나누어주셨던 그 지혜가 저를 더 나은 의사로 만들었다고 생각합니다.

최근에 제 자신의 병을 통해서 저는 이미 알고 있었던, 의술에 있어서 중요한 요소들 - 지속성, 공감과 위로, 이해할 수 있는 언어를 통한 적절한 설명, 그리고 의료의 접근성 등에 대해 새삼 깨닫게 되었습니다. 모두 시간이 걸리는 일이지만, 어느 것도 양보할 수 없는 것들입니다.

이 편지에는 많은 뜻이 담겨 있었다. 내 환자들에게 보내는 따뜻한 메시지일 뿐만 아니라 내가 맺은 동맹을 확인하는 것이기도 했다. 말하자면 그것은 내가 의학에서 가장 중요하다고 생각하는 신조였다. 내가 의사에게 있어서 최상의 것이라고 생각하는 것을 나의 환자들이 찾도록 하는 위임이며 격려였다. 그리고 편지를 읽은 내 동료들에게는 이러한 기준을 계속해서 충족시키라는 주문이었다.

이 장을 "내가 은퇴했던"이라고 시작하지 않고 "진료를 중단할 수밖에 없었던"이라고 시작한 것은 내가 여전히 의사 일을 하고 있다는 의미다. 나는 여전히 학생들을 가르치고, 여전히 내가 일할 때의 경험을 회고한다. 하지만 의사라는 직업이 나의 전부는 아니다. 나는 의사인 동시에 남편, 아버지, 아들, 형제, 교육자, 그리고 작가이다. 몇 년간에 걸쳐서 나는 여러 가지 일을 해 왔다. 나는 의사 사회 이외의 다른 많은 공동체—친구들, 유대인 공동체, 더 큰 성 바울 공동체, 맥칼리스터 대학과 미네소타 의대 공동체 등에 속해 있다. 의사가 됨으로써 나에게는 사람들과 나눌 수 있는 관심사가 많아졌다. 친구들과 가족들은 이제 진료를 받기 위해서가 아니라 조언을 얻기 위해 나를 찾는다. 나는 그들에게 적당한 의사를 소개해 주기도 하고, 예약을 잡아 주기도 한다. 이러한 기회는 시스템이 어떻게 돌아가는지를 알고 있는 사람과 친분이 없는 모든 환자들에게 주어져야 한다.

양식 있는 사람으로서 나는 항상 이러한 문제에 대해서 글을 쓰고 싶었으며, "이런 요소들이 가르쳐질 수 있는 것인지, 아니면 어떤 극적인 경험을 해야만 얻어지는 것인지?" 묻고 싶었다. 나는 이 책을 몇 년 전 내가 아직 진료를 할 때 쓰기 시작했고, 진료를 그만둔 이후에는 더 많은 시간을 할애할 수 있었다. 물론 이 책에는 내 경험들이 많이 담겨 있다. 내 자신의 경험이 굉장하기 때문이 아니라 오히려 내가 전형적인 의사의 이력을 밟아왔기 때문이다. 변화는 확실히 일어나고 있으며, 우리는 반드시 그 변화에 대처해야 한다. 가치관이 행동을 결정한다. 의사가 된다는 것은 많은 기회를 얻게 됨을 뜻한다. 의사는 단순히 의사일 뿐 아니라 가족과 공동체의 일원이다. 혼자서 모든 것을 짊어질 필요는 없다.

이 책에 대해 생각하던 지난 몇 년 동안 많은 일들이 나에게 일어났다. 의사들이 어떤 일을 어떻게 하는지에 대한 새로운 관점을 가지게 됐고, "전문가란 무엇인가?"와 같은 새로운 질문을 던지기도 했다. 예상치 못한 결과를 통해서 의학의 본질과 우리가 그것을 어떻게 배우는지에 대해 더 잘 이해하게 됐다. 나는 진료 과정에서 배우게 되는 이야기들과 교훈에 더 세심해졌고 하루하루가 항상 새로웠다. 몇 년간 나는 의학기록뿐만 아니라 환자들이 들려준 그들의 이야기와 그들의 느낌에 대한 기록도 남겨 놓았다. 내가 학생들을 가르칠 때 그들이 어떤 말을 했고, 어떤 것이 효율적이었는지, 또는 그렇지 못했는지에 대해서도 기록했다. 이 책을 쓰면서 나는 내가 가르치는 것들에 대해 다시 정리해 볼 수 있었고 가르치는 과정에 대해서도 다시 생각할 수 있었다. 이 책을 쓰면서 의학이 매우 복잡한 분야인 동시에 가치 있는 분야라는 사실을 새삼 확인하기도 했다. 한마디로, 멋진 일이었다.

내 자신의 이야기는 다른 의사들의 이야기보다 더 중요하거나 덜 중요하지 않다. 우리들의 이야기 각각이 경험과 귀감, 가치관, 그리고 우리가 환자와 인생을 통해서 배운 것에 대한 것이다. 나도 환자인 적이 있었다. 관상동맥 우회술을 받은 환자의 이야기(제1장)는 바로 나의 이야기다. 나의 가족들도 환자인 적이 있었다. 내 부모님 각각의 만성적인 질병은 나로 하여금 질병이 당사자뿐 아니라 그 가족에게도 어떤 영향을 끼치는지에 대해 이해할 수 있도록 해 주었다. 나의 어머니는 47세 때, 가슴에서 몽우리가 만져졌고 이후에 그것은 유방암으로 판명됐다. 어머니는 11년 후에 돌아가셨다. 유방암 진단이 나왔을 때 나의 아버지는 50세, 나와 내 여동생은 각각 20세와 15세였다. 오래지 않아 나의 아버지는 지속적으로 심각한 우울 증세를 보였고, 그것은 아버지가 90세 가까운 나이에 돌아가실 때까지 계속됐다. 가족으로서 우리는 크고 작은 질병들을, 그리고 그것이 우리의 일상생활과 인간관계에 미치는 영향을 경험하게 된다.

이 이야기들은 모두 나의 경험의 일부이고 우리 가족의 주치의였던 외과의사 어빙 크레이머의 이야기도 포함돼 있다. 어렸을 때 나는 그의 능력에 대해서 잘 몰랐으며, 단지 그가 자신이 하고 있는 일을 잘 알고 있다고만 생각했다. 그는 죽기 전까지 내 의사 경력의 절반 정도의 기간 동안 나의 멘토였다. 그는 여전히 나의 첫 번째 역할 모델이다. 그는 외과적 문제가 아니더라도 항상 나의 가족들을 돌보아주었다.

내가 환자들과 이야기할 때, 나는 이러한 경험을 바탕으로 대화한다. 우울증에 걸린 환자와 그의 가족들에게 이야기할 때는 나의 아버지 생각을 하게 되고, 그럼으로써 더 잘 이해하고 공감하게 된다. 유방암 환자와 그녀의 가족들을 대할 때 나는 나의 어머니와 아버지, 누이와 나를 생각한다. 단핵구증 환자를 볼 때는 나는 내 아내의 경험을 생각한다. 그녀는 그녀가 단핵구증이 있을 뿐, 악성종양은 아니라는 것을 알고 안도했었다. 어려운 상황에 부딪힐 때는 항상 내 자신에게 "어빙 선생님이라면 이런 상황에서 어떻게 했을까?"라고 물어보고, 그가 자주 쓰던 감탄사를 흉내내곤 했다.

제18장에 언급되어 있는 뉴욕 주 해밀턴대학에서의 학부 경험은 배움

의 즐거움을 감사하게 해 주었다. 로체스터 의과대학에서의 경험은 배우는 내용 못지않게 배우는 방법도 중요함을 알았다. 내과와 정신과를 모두 전공한 몇몇 의사들은 질병의 과정과 결과에 있어서 심리학적, 사회적 문제가 얼마나 중요한지를 알려 주었다. 4년간의 수업과 모든 임상실습 과정에서 우리는 생물사회심리적 모델에 입각하여 환자를 보았다. 정신과 병동에서든 외과 병동에서든 외래나 응급실에서든. 각기 다른 분야 - 내과, 외과, 정신과 등등-를 전공한 학창 시절의 동료들이 서로 만날 때마다 우리는 우리가 받은 교육이 우리에게 어떤 영향을 끼쳤는지를 이야기했다. 로체스터의 학생이 되는 것은 교육적이고 지지적인 분위기 속에서 공부하는 특권을 누리는 일이었다.

나는 의대생 시절 뉴펀들랜드 북부의 그렌펠 선교병원에서 여름 동안 자원봉사를 했는데, 그곳은 조산사가 마을 사람들에게 기본적인 진료를 해 주는 곳이었다. 그들은 나에게 간호사와 의사 관계의 중요함을 가르쳐 주었다. 그곳의 의사들은 모든 것을 알고 있었고 여러 가지 기술을 가지고 있었다. 미네아폴리스 종합병원(현재는 헤네핀 카운티 의료센터)과 클리블랜드 메트로폴리탄 종합병원과 클리블랜드 재향군인병원에서 수련의와 전공의로 일할 때에는 현명한 교수님들과 지역사회 의사들을 내 귀감으로 삼았다. 나의 전공의 경력은 2년간 미 공군에 복무하면서 잠시 중단됐지만 그곳에서도 나는 방사선학과 내과학을 공부할 수 있었다. 복무 중에 나는 내 자신의 병원을 열게 된다면 어떻게 할지에 대해서도 생각했다.

나는 25,000명의 환자와 가정의학과, 외과, 소아과, 산부인과, 내과 등을 전공한 25명의 의사가 있는 메사추세츠주의 북쪽 해안에 있는 글로스터에서 처음으로 개업을 했다. 인근 지역에 있는, 심지어 보스턴에 있는 의사들도 가끔 자문을 얻기 위해 우리를 찾곤 했다. 글로스터로 가면서 내 걱정은 환자들이 조금만 위중한 상태가 되면 불과 한 시간 거리에 있는 '의학의 성지'

보스턴으로 가지 않을까 하는 것이었다. 하지만 실제로 보스턴으로 가고 싶어하는 환자는 없었다. 그들은 가족과 친구들이 있는 고향에 머물기를 원했고, 지역 내의 병원에 있는 의사와 간호사들이 그들을 돌보아 주기를 원했다. 그들의 신뢰는 견고했다. 지역의 의사들은 상당히 많은 분야에 능숙했으며, 환자들에게 헌신했다. 환자가 다른 곳으로 전원되는 경우는 별로 없었다. 글로스터에서 보낸 2년 동안 나는 내가 무엇을 할 수 있는지, 무엇이 나의 능력 밖인지, 그리고 무엇이 나의 한계인지를 배웠다. 나는 효율적으로 일하는 법과 동료에게 의지하는 법을 배웠다. 내가 있는 곳에서는 얻을 수 없는 정보나 상담을 필요로 할 때는 전공의 시절에 배웠던 교수님께 연락을 취하기도 했다.

글로스터에서 나는 꽤 유능한 의사가 되었지만, 나에게는 가족으로서할 일이 있었다. 최소한 가족 중 한 사람과는 꾸준히 가까이 지내야 했고, 도시의 문화적 혜택도 누리고 싶었고, 종교적인 욕구도 채우고 싶었다. 그래서 나는 의사가 매우 적었던 작은 도시를 떠나 많은 의사들이 있는 세인트폴로 이사했다. 이후 내 상황은 몇 차례 바뀌었다. 7년 후 나는 나의 동업자를 떠나 같은 빌딩에 다른 곳에 나의 개인 의원을 열었다. 하지만 나는 항상 혼자가 아니었다. 나에게는 밤, 주말, 휴일과 휴가 동안 서로의 일을 대신해 줄 신뢰하는 동료들이 있었다. 우리는 어려운 상황에 대해서는 함께 토론했으며 나는 항상 더 큰 의사들의 공동체 속에 속해 있었다.

다시 4년 후 나는 이제 막 수련을 마친, 나보다 15살 어린 의사와 공동 개원을 했다. 우리는 의학을 바라보는 시각과 환자에 대한 태도를 공유한다는 사실을 알게 됐으며, 무엇보다 가치관이 비슷하다는 것을 알았기 때문이다. 하지만 공동 개원은 생각보다 어려운 일이었고, 결국 우리는 헤어졌다. 나는 내 예전 동업자와 함께 더 큰 집단에 소속되었는데, 그 집단은 공동 개원이 아니라 각각 의원을 운영하는 네트워크였다. 상황은 변화했지만 나는 시간과, 그리고 내 가치관과 타협하는 것은 피하려고 노력했다.

달라진 것은 또 있다. 내가 세인트폴에서 진료를 시작할 때 그곳에는 내과 세부전문의들이 많지 않아서 나는 상당히 넓은 범위의 환자를 진료했다. 이후 여러 분야를 세부 전공한 다른 의사들이 옮겨오면서 일반 내과의인 나는 덜 복잡한 환자들을 주로 진료하고 복잡한 환자들은 다른 전문의에게 의뢰했다. 하지만 나는 여전히 직업적으로 만족했으며, 즐거웠고, 바빴다. 환자들은 넓은 시각을 갖고 환자를 지속적으로 돌보아주며 필요한 경우 다른 전문가로부터 진료를 받을 수 있도록 조정해 주는 의사를 원한다.

나의 만족에는 다른 이유도 있었다. 그 몇 년간 나는 종종 새로운 것을 시도했다. 의학적 추론와 의무기록에 있어서 "문제 중심 체계"에 관심이 있었던 나는 지역병원에서 간호사-의사 협력 프로그램을 감독했으며, 컴퓨터 회사와 협의하여 의학에 컴퓨터를 응용하는 방안을 모색했다. 당시는 의료 체계에 컴퓨터가 막 접목되기 시작하던 무렵이었다. 나는 한 달에 한 번은 위스콘신의 작은 마을로 가서 내과 협의진료를 실시했으며, 간호사들이 보는 한 잡지의 편집에도 참여하여 간호 관련 주제들에 대한 의학적 관점을 제공했다.

그리고 나는 항상 가르쳤다. 가르치는 일은 나의 생각과 추론를 정제하고 내가 아는 것을 "재활용"할 수 있는 기회였다. 가르치는 일은 나를 항상 긴장하게 하고 고무시켰다. 나는 의대생, 전공의, 간호사, 성직자, 신학대학생, 일반 대학생, 그리고 지역사회의 주민들과 아이들을 가르쳤다.

아래는 내가 의사가 된 이후에 추가적으로 배운 사항들이다:

· 의사가 되는 것은 기술적인 전문가가 되는 것 이상의 일이다. 모든 환자에게 물어라. 모든 의사에게 물어라.

· 다른 사람들의 이야기를 듣는 것은 나로 하여금 나의 상황을 감사하게 하

고 긴 안목을 가지게 해 준다. 당신이 건강하고 가족들이 있다면 그 이외에 필요한 것은 거의 없다.

· 의학은 인생의 은유다. 우리들-환자와 의사 모두-이 질병을 다룸으로써 알게 되는 모든 것들은 인생에 대한 함의를 가진다.

· 의학의 인간적인 면을 잊어버린다면 환자와 의사 모두가 패배한다.

· 의학의 인간적인 면은 학부생이나 의대생일 때 일찍 배우는 것이 좋다. 전공의가 된 이후에는 배우기 힘들며, 전문의가 된 이후에는 더 힘들다.

· 환자들은 변하지 않는다. 질병의 원인, 치료법, 예후 등 우리가 질병에 대해 알고 있는 것들은 변한다. 의료 제도도 변한다. 의사도 변한다. 그들이 의사라는 직업을 선택하는 이유도 변한다. 의사들의 기대나 태도도 변한다. 하지만 환자들은 변하지 않는다.

· 주변에 정말로 좋은 의사들이 많다. 그들은 "의학계의 선두적인 권위자들"은 아니지만 정말 정말 정말 좋은 사람들이며, 기술적으로 능숙하고, 시간을 초월하는 의학의 인간적인 면에 중점을 둘 줄 안다. 어떠한 환자도 그 이하의 대우를 받아서는 안 된다. 이것은 더 이상 존재하지 않는 "좋았던 옛 시절"에 대한 동경이 아니다. 우리의 의무는 기술과 진보의 과정 중에서 각각의 분야에서 최고를 이끌어내는 것이고 그것을 새로운 것 중에서 가치 있는 것과 통합하는 것이다. 그것을 통해서 의사들은 지속적으로 안정되고, 일신되고, 고무되는 것이다.

· 당신과 비슷한 생각을 가진 사람들이 당신이 생각하는 것보다 훨씬 많다. 맥칼리스터 대학에서 가르치는 동안 나는 같은 느낌과 가치를 공유하는 학생들과, 그런 것들을 서로 이야기하고 싶어하는 많은 의사들을 만났다. 전에 만나지 못했을 뿐이다. 그리고 이러한 의사들은 의학 분야가 가진 최고의 자산이다.

· 의사의 직무에 만족하려면 의학의 인간적인 면에 대해서 더 이야기해야 한다. 우리는 그렇게 함으로써 서로의 삶을 풍부하게 할 수 있다.

· 의사들은 건강의 가치를 지키는 가장 중요한 수호자다. 우리의 면허는 여

전히 위력이 있다. 의사로서의 우리의 행동은 환자들에게나 우리들 스스로에게 모두 중요하다.

의학에 대한 통념 중에는 이러한 것들이 있다:

· 환자는 기술적으로 뛰어난 의사와 의학의 인간적인 면에 중점을 두는 의사 중에 선택을 해야 한다. : 아니다. 환자는 두 가지 모두를 누릴 권리가 있다.
· 의사-환자 관계는 무시해도 좋다. : 아니다. 그것은 환자와 의사 사이의 모든 접촉을 매개하는 가장 중요한 수단이다.
· 의사-환자 관계는 환자에게만 중요하다. : 아니다. 의사에게도 똑같이 중요하다. 관계 없이 우리는 일터에서 행복할 수 없다. 관계는 의사들이 직업적으로 만족함에 있어 매우 중요하다.
· 때로는 시간과 타협할 수 있다. : 아니다. 충분한 시간은 의학의 기술적인 면과 기술 외적인 면 모두에서 필수적 요소다.
· 의사는 개인의 생활을 포기해야 한다. : 아니다. 의사도 개인의 생활을 가질 수 있다. 의사의 전문가로서의 삶과 개인적 삶은 상호 보완적이다.

끝으로, 다시 한번 말한다. 좋은 의사가 되기 위해 천재일 필요는 없다. 정확한 판단력과 선량한 마음만 있으면 된다.

맥칼리스터 대학에서의
'인문학으로서의 의학 세미나' 개요

이것은 내가 미네소타에 있는 맥칼리스터 대학에서 행했던 인문사회의학 세미나의 개요다. 열 다섯 명의 학생들이 참여하여 진지한 토론을 벌였으며, 이를 통해 학생들과 나는 서로를 더 잘 알게 됐다.

인문사회의학 세미나 :

환자가 된다는 것, 그리고 의사가 된다는 것

이 과정은 환자와 그 가족과 의료진들이 질병을 어떻게 경험하는지를 배우는 것에 집중할 것이다. 환자들의 이야기가 어떻게 진단 및 치료의 기초가 되는지, 의사가 된다는 것은 어떤 의미인지, 그리고 치료적 관계란 무엇인지에 대해서도 배울 것이다. 교훈적 내용의 프레젠테이션과 환자와 학생들과 조교들의 경험 및 다른 문건들을 활용한 상호 토론들이 이 과정의 주요한 내용이 된다. 교수들과 의료진과 환자들 몇 사람이 이 과정에 필요한 자료를 제공할 것이며, 일부는 토론에도 직접 참여할 것이다.

본 과정의 배경

두 개의 전제가 본 과정의 기초를 제공한다.

· 누군가 의사나 다른 의료 관련 직종에 종사하고자 할 때에는, 기계적, 생물학적, 기술적 차원 못지않게 의학의 인문학적인 측면에 숙련되는 것이 중요하다.
· 의학의 인문학적인 측면은 교육 가능하다.

시대가 변화하면서 의학의 기술적인 측면이 점차 더 중요해지고 있는 가운데, 사람들은 의학의 인문학적인 측면이 간과되는 것은 아닌지 하는 걱정을 하기 시작했다. 의학의 인문학적 측면은 다음 몇 가지를 비롯하여 수많은 요소들을 포괄한다.

· 생물학적, 심리학적, 그리고 사회적 차원을 아우르는 의학에 대한 관점
· 사려 깊은 병력 청취 및 환자의 질병과 관련된 심리사회적 요인들을 탐색하는 여러 가지 방법들
· 의학에서 협력의 역할
· 임상의학에서 불확실성의 의미
· 의사-환자 관계의 속성

의학의 인문학적 측면이란 위의 사항들을 모두 포함하며, 이는 의료 기술의 완전성과 더불어 환자와 그 가족들의 강한 요구사항이다. 그리고 환자와 가족들은 그것을 요구할 자격이 있다. 나름대로 매력적으로 들리는 사항

들이지만, 실제로 이런 부분은 의과대학에서 주로 비공식적으로만 교육되거나 아예 교육되지 않는다. 이런 상황은 의사에게나 시민에게나 좋지 않다. 의학의 인문학적 측면을 알지 못하는 의사는 의사 생활의 진정한 즐거움 중 일부를 놓치게 되고, 이런 의사에게 진료를 받는 환자들도 손해를 보게 된다.

천성적으로 인정이 풍부하고 이해심 많은 사람이라면 모를까, 보통의 사람에게 의학의 인문학적 측면을 가르치기는 쉽지 않다는 주장이 있다. 하지만 나는 충분히 가르칠 수 있다고 믿는다. 또한 학부 과정에서부터 이런 훈련을 시키는 것이 매우 중요하며, 그래야 더 따뜻한 의사들이 늘어날 것이라고 생각한다. 이는 물론 시민사회 전체에도 이로운 것이다.

본 과정의 내용

이 과정에서 우리는 다음과 같은 일을 할 것이다.

1. 한 환자의 자세한 이야기를 살펴보는 것에서 시작하여 학생들 및 그 가족과 친구들의 경험들, 그리고 과정에 참여한 환자들의 경험담까지 알아봄으로써 다양한 '질병 경험'들을 살펴보기.
2. 환자와 그 가족들이 의사에게 바라는 것이 무엇인지 살펴보기.
3. 의학에 있어서 '불확실성'의 개념을 소개하고, 그것을 의사와 환자와 가족들이 어떻게 대처하는지, 그리고 불확실성의 존재에도 불구하고 우리가 행동을 취하는 방식을 살펴보기.
4. 환자와 가족들이 질병에 대처하는 다양한 방식들을 살펴보기.
5. 질병과 관련된 전후 맥락을 포함하여 환자의 질병에 대한 각종 정보들을 수집하는 주된 수단으로서 몇 가지 의학 면담 방식을 살펴보기.
6. 의사가 합리적 추론을 통해 최종 진단을 찾아가는 과정에서 '감별 진

단' 의 개념 살펴보기.

7. 의사-환자 사이의 미묘한 관계를 알아봄으로써, 단순한 과학자나 기술자가 아니라 맥락을 이해하고 전망을 제시하며 환자와 가족들을 정서적으로까지 지지하는 의사의 역할을 살펴보기.

8. 의사가 스스로 공부하며 더 나은 의사가 되어가는 과정을 살펴보기.

9. 의사로서의 삶이 어떠한지, 환자들의 삶은 어떠한지 살펴보기.

방법

1. 모든 단계에서 우리는 다음 차원들 중 몇 가지 혹은 전부를 다룰 것이다.

· 교훈적인 부분

· 학생들, 환자들, 그리고 교수들의 다양한 경험과 사례를 통한 실질적인 토론

· 활용 가능한 자원들의 목록

· 얻어진 교훈들이 갖는 더 넓은 함의들

· 수업 준비의 일환으로서의 숙제 및 연습

2. 대부분의 과제들은 두 사람씩 짝을 이루어 수행하도록 권유된다. 이는 의학이 협력을 필요로 하는 분야라는 사실을 일깨워주고 효율적인 협력의 장점을 체험해 보도록 하기 위해서다.

3. 교재들 : 의학의 인문학적 측면들, 환자의 경험, 그리고 의학의 불확실성에 관한 다양한 문건들을 사용한다(부록 참조).

4. 첫 수업에서는 다음 사항을 토의한다.

· 참가자들 소개

· 참가자들이 본 과정을 통해 얻고자 하는 것들, 그리고 본 과정의 목표

소개

　　· 협력

　　· 신뢰

　　· 교수진이 참가자들에게 바라는 바

　　5. 기말 시험은 없지만 기말 보고서를 작성해야 한다. 주제는 "가능한 수준에서 가장 이상적인 의료 시스템의 구상 : 환자에게 최선의 시스템과 의사에게 최선의 시스템"으로 한다. 본 세미나에서는 좋은 보고서 작성을 위한 충분한 자료들이 제공될 것이다.

　　6. 성적은 세미나에서의 토론 참여와 과제물 및 기말 보고서 등을 통해 매겨진다. 나는 학생들이 본인의 생각을 솔직하고 명확하게 표현하기를 권고한다. 이 과정의 목적 가운데 하나는 사고력과 표현력을 키우는 것이며, 그 능력에 대한 자신감을 키우는 것도 목적 중의 일부이다.

　　7. 과정의 절반이 끝난 후에는 본 과정에 대해 모두가 평가하는 시간을 가질 것이며, 과정이 완전히 끝난 후에는 좀더 자세한 평가 기회가 있을 것이다.

　　나는 참가자들 모두가 본 과정을 통해 많은 것을 얻기를 기대한다.

과정의 개요

환자가 된다는 것의 의미

수업 1. *관상동맥우회술 : 환자와 가족들로부터 배우기.* 의료 환경에 대한 소개와 더불어 다음 사항들이 토론에 부쳐진다.

· 실제 사례를 통해 배울 점들을 다음 다섯 단계의 질문을 통해 도식화하기

    1) 환자의 사연은 무엇인가?

    2) *병력*은 무엇인가?

    3) 어떤 *이슈*들이 존재하는가?

    4) 의사-환자 *관계*의 역할은 무엇인가?

    5) 나는 어떤 *교훈*을 얻었는가?

· 의학의 생물정신사회적 모델 소개

수업 2. *세미나 참가자들의 질병 경험들 공유. 환자가 드라마의 중심이다.*

수업 3. 사람들은 질병에 어떻게 대처하는가? 중병을 앓은 경험을 가진 환자들이 직접 자신들의 사연과 그들이 질병에 대처했던 방식을 들려줄 것이다. 또한 의료진들의 협력, 가족의 질병 경험, 의사들의 역할 등 다양한 주제들을 다룰 것이다.

수업 4. 불확실성. 환자와 가족과 의사들이 불확실성에 대처하는 방법. 진단 및 치료법 결정 과정에서 추론의 유용성.

의사가 된다는 것의 의미

수업 5. 병력청취. 환자의 이야기가 어떻게 진단 및 치료의 기초가 되는가. 질병에 대해 의사는 무엇을 알아야 하는가. 어떻게 환자로 하여금 자신의 이야기를 말하게 할 것인가. 환자가 자신의 이야기를 하는 동안 무엇을 얻을 것인가.

수업 6. 진단.
· 감별진단. 문제를 명명하고 가능한 진단명들 중에서 진짜 진단을 찾아가는 과정.
· 문제 중심 사고를 통한 의학적 추론과 의사 결정. 이를 어떻게 배울 것인가. 스스로 알아가야 할 것은 무엇인가.

수업 7. 오류의 발생 가능성.
· 약물 혹은 치료에 의해 생기는 질병. "무엇보다도, 해를 끼쳐서는 안 된다."
· 편견. 환자를 개인으로서가 아니라 전체 인구의 일원으로 바라보기. 편견을 살펴봄으로써 우리가 배울 수 있는 것들. 이것을 환자 진료에 어떻게 적용할 것인가.
· 오용과 남용.
· 실수들.

수업 8. 문제들을 명확히 하기. 문제들이 명확히 정리되어야만 환자 진료가 적절하고 완전하게 이루어질 수 있다. 문제를 더 명확히 정의할수록 문제의 해결은 가까워진다. "문제가 무엇인지 알면 그 문제의 절반은 해결된 것이다."

수업 9. 의학은 협력의 과정이다. 이 수업에서는 의사, 사회사업가, 간호사, 원목 등이 환자 및 그 가족들과의 협력을 통해 환자들의 문제를 명확히 하고 관련 이슈들을 가려내며 진료의 수준을 향상시키는 방법을 습득한다.

수업 10. 전문가란 무엇인가? 보건의료 이외의 분야에 종사하는 네 사람의 전문가가 자신의 일에 대해 설명하면서 무엇이 그들을 전문가로 만드는지에 대해 이야기한다. 그들과 더불어 우리는 다양한 전문가의 세계를 탐구하며 의료 분야의 전문가로서의 능력을 어떻게 배양할 것인지를 살펴본다.

수업 11. 의사라는 직업의 여러 측면들. 세 사람의 의사가 자신들의 전문가로서의 삶을 이야기하며, 전문가로서의 삶과 개인으로서의 삶을 어떻게 조화시키는지를 말한다. 가치관의 중요성과 변화에 대한 대처 방법.

의사-환자 관계

수업 12. 의사-환자 관계. 환자들은 의사들에게 무엇을 기대하는가. 의사-환자 관계는 교사-학생 관계와 어떻게 같고 다른가. 환자는 물론 의사에게도 '관계' 는 중요하다.

총정리

수업 13. 의사, 환자, 가족, 배우는 일과 가르치는 일, 진로 결정 등과 관련해서 우리가 배운 것들을 정리한다. '환자에 관해 배우는 것' 에서 '환자로부터 배우는 것' 으로의 전환. 최선의 의료 시스템은 어떤 것인가. 무엇이 환자에게 이상적인 시스템이며 무엇이 의사에게 이상적인 시스템인가.

각주

도입

1. Pirke Avot, Chapter 2, Mishnah 16. Pirke Avot is an early second-century collection of rabbinic law and thought.

2. Adin Steinsalz, The Talmud, the Steinsalz Edition (New York: Random House, 1989), p. 4.

3. Ibid., p. 9.

제1장

1. Quoted also as "80 percent of success is 'showing up'" in Current Biographies 1966, and American Behavioral Scientist, 1977(Mar./Apr.); Vol. 40, No. 5:672

제2장

1. Thomas Lynch, The Undertaking(New York: W. W. Norton and Company, 1997), p. 97.

제3장

1. L. A. Savett, Spirituality and Practice: Stories, Barriers and Opportunities. Creative

Nursing. 1997; No. 4:7-11, 16.

제4장

1. Anatole Broyard, Intoxicated by My Illness (New York: Fawcett Columbine, 1992), p. 44.

2. Ibid., p. 42.

3. Robertson Davies, The Cunning Man (New York: Viking Penguin, 1995), p. 245.

4. Broyard, Intoxicated by My Illness, p. 55.

제6장

1. For the validation of my reflections many years ago and for the additional stimulation to think more completely about these issues, I am indebted to conversations with Harold Bursztajn, M.D., and to the book he co-authored: H. Bursztajn, R. Feinbloom, R. Hamm, and A. Brodsky. Medical Choices, Medical Chances: How Patients, Families and Physicians Can Cope With Uncertainty (New York: Delacorte Press, 1981). Some of the material in this chapter has been presented in another form in L. A. Savett. Dealing with Uncertainty: Yet Another Dimension of Caring for Our Patients. Creative Nursing. 1995(Jan./Feb.); Vol. 1, Issue 3:11-13, 20.

2. Mike Augustin, ,"Twins Blast Bosox, 8-2" in St. Paul Sunday Pioneer Press, 1979(June 3); Sec. F:p. 1.

3. Jacob Bronowski, The Ascent of Man (Boston: Little, Brown and Company, 1973), p. 360.

제8장

1. Richard Scarry, Richard Scarry's What Do People Do All Day? (New York: Random House, 1968).

제9장

1. The full guote, from Emile Gruppe, a premier Cape Ann, Massachusetts, artist, is "Painting is like story-telling. No two people tell a story the same way. That's what makes art so interesting." The quote was displayed during the exhibit, "Emile Gruppe and His Contemporaries", August 2-31, 1997, at the North Shore Art Association,

Gloucester, Massachusetts.

2. Marian R. Stuart and Joseph A. Lieberman, The Fifteen Minute Hour (New York: Praeger Publishers, 1986), pp.102-103. The title of the book, a play on the traditional "fifty-minute hour" of the psychiatrist's session with a patient, indicates that a physician can use well-chosen questions to learn a great deal about a patient in a short period of time.

3. Robertson Davies, The Cunning Man (New York: Viking Penguin, 1995), p. 97.

제10장

1. First described by Lawrence Weed, M.D., my teacher at Cleveland Metropolitan General Hospital, the problem-oriented system has had a profound impact on how a whole generation of physicians has practiced and taught. See L. L. Weed, Medical Records That Guide and Teach. New England Journal of Medicine. 1978; Vol. 256:593-600(Part 1), 652-657(Part 2).

제12장

1. From L. A. Savett, Values: Personal and Professional. Creative Nursing. 2000: Vol. 6, Issue 3:3.

2. Douglas Wood, D. O., Ph.D., used this definition in a talk on June 28, 2000, at the biennial convention of the National Association of Advisors to the Health Professions in Orlando, Florida.

3. Robertson Davies, The Cunning Man (New York: Viking Penguin, 1994), p. 245.

4. Secretary of State Dean Acheson described his working relationship with President Harry Truman in this way in David McCullough, Truman (New York: Simon and Schuster, 1992), p. 752.

5. Most of the material in this section was origianally published in L. A. Savett and S. G. Savett. Genuine Collaboration: Our Obligation to Our Patients and To Each Other. Creative Nursing. 1994(Sept./Oct.), 11-13.

6. My wife, who co-authored the original article containing this story, and I are grateful to our friend, teacher, and model, Annie Laurie Baker, for allowing us to tell part of her story. For many years, Ms. Baker was director of the Department of Social Service at the University of Minnesota Hospitals.

제13장

1. H. Bursztajn, R. Feinbloom, R. Hamm, and A. Brodsky. Medical Choices, Medical Chances: How Patients, Families and Physicians Can Cope With Uncertainty (New York: Delacorte Press, 1981), pp. xv-xvi.

제14장

1. Arthur Frank, At the Will of the Body (Boston: Houghton Mifflin, 1991), p. 14.

2. Philip Roth, Patrimony (New York: Simon and Schuster, 1991), p. 233.

3. Adapted from H. Bursztajn, R. Feinbloom, R. Hamm, and A. Brodsky. Medical Choices, Medical Chances: How Patients, Families and Physicians Can Cope With Uncertainty (New York: Delacorte Press, 1981), pp. 3-19.

4. The exhibit, "Minnesota Communities", ran from October 1993 until October 1998 at the Minnesota Historical Society, St. Paul, Minnesota.

제15장

1. This section is adapted from L. A. Savett, Drug-Induced Illness: Causes for Delayed Diagnosis and a Strategy for Early Recognition. Postgraduate Medicine. 1980; Vol. 67:155-166. The two cases described are, respectively, Case 4 and 14 from this article.

2. From The American Heritage Dictionary of the English Language (New York: American Heritage Publishing Co., 1971), p. 1,033

3. Much of this section is adapted from L. A. Savett, Medical Care and Teaching: Stories of Inadequacy, Opportunities for Growth. Primarily Nursing. 1994(Jan./Feb.); Vol. 8, Issue 1:10-12

4. American Heritage Dictionary, p. 6.

5. Henry Louis Gates, "Powell and the Black Elite." New Yorker. 1995 (Sept. 25); 64-65.

6. David Hilfiker, "Mistakes", in eds., R. Reynold and J. Stone, On Doctoring. (New York: Simon and Schuster, 1995), pp. 379, 392.

7. Ibid., pp. 375-376.

제16장

1. James Agate, a British drama critic and novelist(1877-1947), wrote this in his

diary, July 19, 1945. Quoted in The Oxford Ditionary of Quotations, 5th editon, E. Knowles, ed. (Oxford, U.K.: Oxford University Press, 1999), p. 6.

2. From How to Abandon Ship, a 1942 handbook for merchant seamen, cited in editorial "Setting the Sextant Aside." New York Times. 1998(May 22); Sec. A:24

제17장

1. An earlier version of this chapter was originally published as L. A. Savett, Values and Dealing With Change. Creative Nursing. 2000; Vol. 6, Issue 3:11-14

2. See frontispiece.

3. Interview with Paul Newman on the television program, "Inside the Actor's Studio", broadcast on Bravo Channel, July 21, 1996.

4. Arthur Kleinman, The Illness Narratives. Suffering, Healing, and the Human Condition (New York: Basic Books, 1988), pp. 209-226.

제18장

1. Chaim Potok, In the Beginning (New York: Alfred A. Knopf, 1975), p. 3.

2. Thanks to Gregory Plotnikoff, M.D., for this insight.

3. Batya Gur, The Saturday Morning Murder (New York: HarperCollins Publishers, 1993), p. 61.

제19장

1. William Shakespeare. As You Like It, Act II, scene vii, verse 138.

2. Enhanced autonomy, a term introduced by Timothy Quill in T. E. Quill, "Physician recommendations and patient autonomy: Finding a balance between physician power and patient choice." Annals of Internal Medicine 125:763-769, 1996.

3. John Pratt, Foundation Grants 1999 Factbook. p. 57. Based in Minneapolis, Pratt is the director of a consortium of non-profit organizations.

제20장

1. Robertson Davies, The Cunning Man (New York: Viking Penguin, 1995), pp. 246-247.

2. Mary Twelveponies, There Are No Problem Horses, Only Problem Riders

413

(Boston: Houghton Mifflin Co., 1982).

3. Robert Coles, The Call of Stories (Boston: Houghton Mifflin Co., 1989), p. 8.

제21장

1. Anatole Broyard, Intoxicated My Illness (New York: Fawcett Columbine, 1992), pp. 40, 45.

2. Much of this section appeared in L. A. Savett, How Can I Keep from Becoming Emotionally Involved? Creative Nursing. 1998; Vol. 4:3-5. It was also presented in a talk to first-year medical students at the University of Minnesota on October 1, 1998.

3. Robert Coles, The Call of Stories (Boston: Houghton Mifflin Co., 1989), p. 9.

4. Broyard, Intoxicated My Illness, p. 49.

5. Anne Lamott, Bird by Bird (New York: Pantheon, 1994), p. 179.

제23장

1. Chaim Potok, In the Beginning (New York: Alfred A. Knopf, 1975), p. 3.

2. Previously reported in L. A. Savett, Medical Care and Teaching: Stories of Inadequacy, Opportunities for Growth. Primarily Nursing. 1994(Jan./Feb.); Vol. 8, Issue 1:10-12.

3. Blanche Wiesen Cook, Eleanor Roosevelt, Vol. 1, 1884-1933 (New York: Viking Penguin, 1992), p. 8.

4. Pirke Avot, Chapter 4, Mishnah 1. Pirke Avot is an early second-century collection of rabbinic law and thought.

5. Whitey Herzog, You're Missing a Great Game (New York: Simon and Schuster, 1999), p. 2.

6. Theodore Bikel, Theo: The Autobiography of Theodore Bikel (New York: Harper Collins, 1994), p. 319.

7. From the obituary of my former teacher, Paul Yu, M.D., Times Union, Rochester, N.Y., 1991, May 22; sec. B: p. 8. Also quoted as "If you plan for a year, plant a seed. If for ten years, plant a tree. If for a hundred years, teach the people." In Kuan Chung, Kuan-Tzu (Book of Master Kuan) - Kuan Tzu Chi P'ing. Ed. Ling Ju-heng, 1970, vol. 1, p.12.

차가운 의학, 따뜻한 의사

지은이 | 로렌스 A. 사벳
옮긴이 | 박재영

펴낸날 | 1판 1쇄 2008년 2월 25일
         1판 7쇄 2019년 5월 29일

펴낸이 | 이왕준
펴낸곳 | (주)청년의사
출판신고 | 제313-2003-305호(1999년 9월 13일)
주소 | (04074) 서울시 마포구 독막로 76-1(상수동, 한주빌딩 4층)
전화 | (02)2646-0852
FAX | (02)2643-0852
전자우편 | books@docdocdoc.co.kr
홈페이지 | www.docbooks.co.kr

ISBN 978-89-91232-13-2 93300

책값은 뒤표지에 있습니다.
잘못 만들어진 책은 바꿔드립니다.